아마존의 길

| 일러두기 |

이 책의 포르투갈어, 브라질 포르투갈어(브라질어), 스페인어는 현지 발음에 가깝게 표기했습니다. 단, 영어 등 그 밖의 외국어는 국립국어원이 정한 외래어표기법에 맞추어 썼습니다.

| 생태문명총서 4 |

아마존의 길

—

The path of the
Amazon

한국외국어대학교 중남미연구소 · 부산외국어대학교 중남미지역원 엮음

양은미 · 임두빈 · 최영수 · 차경미 · 하상섭 · 박원복 · 장유운 · 서지현 · 이미정 · 이태혁 · 장수환 지음

한울
아카데미

차 례

제3부

시장과 환경

『아마존의 길』을 펴내며

전용갑(한국외국어대학교 중남미연구소장)

임상래(부산외국어대학교 중남미지역원장)

아마존은 브라질, 베네수엘라, 볼리비아, 수리남, 에콰도르, 콜롬비아, 페루, 가이아나, 프랑스령 기아나 등 남아메리카 아홉 개 나라에 걸쳐 펼쳐진 (측정 방법과 범위에 따라) 500만 제곱킬로미터에서 700만 제곱킬로미터에 달하는 광활한 열대우림 지대를 일컫는다.[1] 전 세계 산소의 약 20퍼센트를 생산하며, 지구온난화의 주범인 이산화탄소를 많이 흡수해 '지구의 허파Lungs of the Earth'라는 별칭으로 잘 알려져 있다. 또한 전 세계 식물의 20퍼센트와 200만 종 이상의 동물이 서식하고 있는 '생물 다양성의 보고'이며, 아직도 전통적인 삶을 이어가고 있는 원주민들의 때 묻지 않은 모습이 보존되어 있는 '인류의 고향'이다.

그런데 최근 아마존이 위기라는 이야기가 심심치 않게 들려온다. 무분별한 벌목과 자원 개발로 생태계 파괴가 가장 급속히 진행되는 지역으로 거론되고 있다. 이산화탄소도 흡수되는 양보다 배출되는 양이 더 많다는 연구 결과가 나올 정도다. '지구의 허파'의 손상을 우려하는 목소리가 커지면서 범세계적인 대책 마련이 요구되고 있으나 상황은 녹록치 않다. 브라질은 2019년 자이르 보우소나루Jair Bolsonaro가 집권한 이래 아마존 열대우림 개발을 적극 추진하고 있다. 이렇듯 한 국가가 마음먹고 아마존에서 주권을 행사하려고 한다면 지이부

---

1   이 책의 집필에는 다양한 분야의 연구자들이 참여했다. 저자들이 실제 본문에 기술한 아마존 강의 길이와 면적은 하나로 일치되지 않으며 그럴 수도 없다.

지知而不知(알면서도 모르는 척함)할 수 있을 뿐 이를 제어할 만한 현실적인 방안은 그리 많지 않다. 게다가 아마존의 산수山水는 아홉 개 나라를 넘나들며 복잡한 회로처럼 얽혀 있기에 ─ 개발이든 보존이든 ─ 제반 정책들의 일원화도 쉽지 않다. 언어와 문화가 서로 다른 원주민 부족들의 고유한 관행과 이해관계 충돌도 날로 병세가 악화되는 '지구의 허파'를 치유하기 어렵게 만드는 요인 가운데 하나로 거론된다.

이처럼 지구온난화, 기후변화 등 환경 파괴에 대한 위기의식이 고조되고 대책 마련의 시급성이 제기되면서 전 세계적으로 아마존에 대한 관심도 높아지고 있지만 아직 국내에서는 관련 인식이 부족한 편이다. 10여 년 전 모 방송사에서 만든 〈아마존의 눈물〉이라는 다큐멘터리 프로그램이 아마존 지역의 생태와 전통문화 파괴의 심각성을 국내에 처음으로 알렸다. 그 뒤에 몇몇 번역서가 출간되었으나 아직도 '아마존'은 한국인들에게 추상적인 지명에 가깝다. 국내 포털 사이트에서 아마존을 검색하면 대부분 같은 이름을 가진 전자 상거래 기업과 관련된 항목들이 우선적으로 열거되고 있음이 이를 방증한다. 국내 학계가 보여주는 관심도 아직까지는 부족한 편이다. 몇몇 선구적인 학자들이 아마존의 생태·환경·개발 문제 등을 다룬 논문을 발표했으나 이 지역에 대한 총체적인 인식을 확보하는 데까지 나아가지는 못하고 있다. 특히 개별 논문 외에 국내 학자들이 직접 저술한 학술 단행본은 ─ 우리가 아는 한 ─ 지금까지는 전무했다.

『아마존의 길』은 이러한 문제의식의 산물이다. 이 책은 국내 학자들이 우리의 시각에서 직접적인 연구를 통해 도출해 낸 국내 최초의 아마존 관련 학술서라는 점에 의의가 있다. 라틴아메리카 연구를 전업으로 삼아온 11명의 학자들이 모여 이 작업에 참여했다. 저자들의 전공은 인문학, 사회과학, 자연과학(환경)으로 다양한데, 이는 아마존의 광활한 면적만큼 복합적인 이 지역의 정치·경제·사회·자연 여건을 다양한 학제적 관점에서 종합적으로 바라볼 필요가 있기 때문이다.

이 책은 한국외국어대학교 중남미연구소와 부산외국어대학교 중남미지역원이 공동으로 기획했다. 두 대학의 연구소는 그동안 한국연구재단이 주관하는 인문한국HK 사업을 수행하며 각자 라틴아메리카 지역연구에 매진해 왔다. 그러던 중에 2021년 5월 '중남미학 관련 인문한국 연구소 협의회'를 결성하면서 본격적으로 학술 교류를 추진했다. 이 책은 두 연구소가 진행한 협업의 의미 있는 첫 번째 결실이다. 책의 집필에 참여해 준 11명의 저자들과 이 책이 출간될 수 있도록 지원해 준 한국연구재단에 감사를 표한다.

우리가 아마존을 보고, 듣고, 생각하는 지평의 확대를 기대하며

양은미(한국외국어대학교 중남미연구소 HK연구교수)

임두빈(부산외국어대학교 중남미지역원 부교수)

남아메리카에 있는 아마존은 스페인어와 포르투갈어로 각각 'Amazonia'와 'Amazônia'로 적는다. 원어에 충실하자면 '아마조니아' 또는 '아마소니아'(스페인어 발음)라고 부르는 것이 맞지만 애석하게도 한국에서 이 남아메리카의 열대 우림을 부르는 이름은 'Amazon'이라는 영문 명칭에 따라 '아마존'으로 고착되었다. 더 안타까운 것은 한글 '아마존'이나 영문 'Amazon'으로 인터넷을 검색했을 때 마주하는 결과가 같은 이름을 가진 기업에 관한 정보 일색이라는 점이다. 이는 첫 번째로 남아메리카의 지명이 영문명에 잠식당하고, 두 번째로 그마저도 동명의 기업에 밀려 관련 내용이 검색 페이지 상단에 보이지 않고 추가 검색어가 수반되어야만 '그 아마존'에 대한 정보를 찾을 수 있다는 이중의 안타까움을 선사한다.

그러나 다시 생각해 보면 이는 특히 후자, 즉 현재 '아마존' 관련 자료가 차지하는 웹상의 지위는 그동안 아마존에 대한 우리의 인식 정도와 우리가 아마존과 맺어온 관계의 현주소를 말해준다. 지금 이러한 자각을 하게 된 것은 환경문제가 전 지구적으로 확산되고, 이것이 추상적인 집합체로서의 '우리'가 아닌 '나'의 일상에 영향을 끼치게 되면서 더 많은 집단과 개인이 생태, 자연, 환경과 같은 이슈에 관심을 두고 정보를 찾게 되었기 때문이다. 오랫동안 우리에게 아마존은 '지구의 허파'라는 기능적·상징적 이미지에 머물렀다. 하지만 시간이 흐르면서 아마존에 대한 한국 대중의 관심은 보다 다각화된 양상을 띠며 새로운 국면을 맞고 있다.

이 책은 점점 더 많은 한국인들이 아마존에 대해 궁금해하고 이에 대한 정보를 찾기 시작하는 지금 시점에 라틴아메리카 연구자들이 무엇을 할 수 있고 해야 하는지에 대한 자문에서 시작되었다. 앞서 말한 '아마존' 키워드의 검색 결과는 그 자체로 한계가 있고, 특정 분야에 치우쳐 있으며, 그마저도 온라인상에서만 접할 수 있는 경우가 많다. 또한 국내의 언론 보도나 농업을 비롯한 기타 산업·환경·생태 연구에서 나타나는 수요가 점점 더 빈번해지는 데 비해 아마존에 대한 논문 발표 등 학술 연구는 아직 활발하지 않다. 한국의 라틴아메리카 연구자로서 우리는 국내에서 아마존에 관한 시의성 있고 다학제적인 연구를 수행하고, 이를 한국의 대중과 공유할 필요성을 느낀다.

연구는 지적 생산 활동이다. 지적 생산이란 생각에 관한 생각, 생각을 통한 생산을 통해 새로운 성찰을 알리고 공유하는 것이다. 연구에는 절차가 필요한데 먼저 적절한 자료를 찾아야 한다. 연구자는 여러 자료를 정리하고 필요한 부분을 선별한다. 전문적이고 학술적인 내용을 다루기 위해 이른바 '자르기'를 통해 관심 대상을 되도록 좁은 범위로 축소한다. 그리고 상관성이나 인과성이 떨어지는 곁가지는 과감하게 잘라낸다. 이렇게 현미경의 배율을 높이면 논점이 분명해지고 이른바 전문가의 의견이 도출된다. 동시에 시야는 극히 좁아진다. 전문 연구자의 시각은 전문성을 가지지만 그만큼 한 가지밖에 모르는 바보가 될 수도 있다는 뜻이다.

특히 학술 논문은 학계가 가진 최대의 지식 창구로 지식의 재구성이 일어나는 대표적인 장소다. 연구자들이 각자의 전문 분야에서 지식을 축적하고 이를 바탕으로 새로운 지식을 창출하는 과정의 결과물이다. 일반적으로 인문·사회 계열은 자연과학 계열보다 개인 연구가 더 많이 이루어진다. 엄격한 형식과 동료 평가peer review라는 과정을 거치며 유효성을 검증받지만, 연구 대상을 전체에서 부분으로 박리시키면서 생기는 개인 연구의 한계는 여전히 존재한다. 그 한계를 보완하자는 차원에서 '학제 간 연구', '융합', '통섭'을 내세웠지만, 실상

당위성을 염두에 둔 기표만 난무했고 실질적인 성과는 미미했다.

대학 연구소가 할 수 있는 일 가운데 중요한 하나가 개인이 할 수 없는 일을 공동으로 수행할 수 있다는 것이다. 물리적으로 상시적인 집단 연구 체제를 갖추고 개개인의 다양한 관점과 역량을 하나로 묶어 사회가 필요로 하는 지적 생산 활동을 수행할 수 있다. '집단 지성'을 만들어내는 기본 인프라인 셈이다. 디지털 혁명을 통해 개방, 공유, 소통을 지향하는 변화된 사회에서는 개인의 지성이 교차되고 축적되며 만들어진 집단 지성이 개인 또는 개인들이 한시적으로 모여 창출하는 지식보다 유의미한 경우가 많다. 그래서 연구소가 중심이 되어 기획하고 세미나, 초청 강연회, 학술 대회를 열어 그 성과물을 모아 단행본을 엮는 작업은 중요한 가치를 지닌다.

이런 가치에도 불구하고 인문·사회 계열 대학의 부설 연구소에 대한 지원과 발전 의지는 미약했다. 다행스럽게도 2007년 한국연구재단의 인문한국 사업이 출범하고 인문한국플러스HK+ 사업이 후속으로 안착하면서 대학 부설 연구소의 인문·사회 연구 기반 조성이 가능해졌다. 이 책의 탄생도 인문한국 사업을 수행하는 두 연구소의 협동 연구를 통해 이루어졌다는 점에서 의미가 깊다. 현재 한국외국어대학교 중남미연구소는 '21세기 문명 전환의 플랫폼 라틴아메리카: 산업문명에서 생태문명으로'라는 대주제로 1단계 3년 차 연구 '지속 가능한 발전과 생태문명'을 수행하고 있다. 부산외국어대학교 중남미지역원은 '신전환의 라틴아메리카, L.A.T.I.N.+를 통한 통합적 접근과 이해'라는 연구 어젠다를 대주제로, 2단계 1년 차 연구 '라틴아메리카 평등과 불평등: 종교, 생태, 법과 제도'를 수행하고 있다.

이 책은 두 연구소가 가진 공통된 문제의식을 바탕으로 아마존에 관한 학술서 발행의 필요성에서 공동 기획한 두 연구소의 학술 도서 시리즈에 포함된다. 아마존 지역에 대한 인문·사회·자연 과학 분야 연구를 통해 통합적 성찰을 제시하는 학술서로, 국내의 아마존 관련 연구를 정리하고 향후 활발한 학제적 연구가 진행되도록 길잡이를 제시하는 협동 연구의 첫 행보라고 볼 수 있다.

11편의 글을 담은 이 책은 크게 3부로 구성되었다. 각 부에 실린 글은 각기 나름대로의 독자성을 가지고 있어 굳이 순서에 따라 읽을 필요는 없다. 이 책을 읽는 순서는 독자의 선택에 달려 있다. 분야별로 관심이 있다면 분야별로, 주제별로 읽고 싶다면 주제별로 읽을 수 있다. 그러나 전체적으로 같은 맥락과 고민을 공유하고 있어 상호 보완하는 성격을 가지고 있다.

제1부 '사람과 언어와 문화'에서는 아마존 지역에서 식민 시대부터 지금까지 이어지는 여러 이해관계를 둘러싼 갈등과 원주민 공동체가 처한 현실을 소개한다. 제1장 '식민 시대 아마존 일반어의 탄생과 확장: 21세기 넹가뚜어 부활과 원주민 문제 이해의 출발점'은 식민 시대 뚜삐Tupi족이 쓰던 '말'을 기반으로 만들어져 18세기까지 아마존 지역의 지배적 언어로 통용된 아마존 일반어 LGA: Língua Geral Amazônica를 '정복을 위한 소통'이라는 기능에 초점을 두고 접근했다. 아마존 일반어는 18세기 이후에도 넹가뚜Nheengatú어라는 이름으로 살아남아 현재 브라질 북부의 서웅 가브리에우 다 까쇼에이라São Gabriel da Cachoeira에서 공식어의 지위를 획득했다. 이 책은 16세기부터 18세기까지를 주로 다루고 있으나 이후 브라질의 다른 지역에서도 점차 원주민어를 공식어로 지정하는 사례가 이어지고 있다. 이민자의 나라 브라질 내부에서 다른 언어의 존재에 대한 논의와 연구가 확산되고 있다는 점은 분명히 현재성을 띠고 있다.

아마존과 원주민의 말에 대한 논의가 가진 현재성은 제2장 '사람이 살지 않는 땅에 사는, 사람의 사라져 가는 목소리들'에서도 구체적으로 확인된다. 이 장은 브라질 아마존의 개발사를 다루며 이 과정에서 사라지거나 감소한 원주민, 그와 함께 사라져 간 원주민들의 말이 그들의 정체성 희석으로 이어진 것에 문제를 제기한다. 정복 이후 오늘날까지 거의 모든 영역에서 아메리카 땅의 선주민인 원주민의 시각이 아닌 정복자인 유럽인의 시각이 패러다임으로 자리 잡고 기능해 온 것은 지극히 자연스러운 전제였다. 환경·생태 위기를 비롯해 현대사회가 여러 위기 앞에 직면해서야 아마존의 사라져 가는 목소리들과 가려진 존재들에 대한 사유의 공론화가 이루어지는 현실은 씁쓸하다. 그럼에도 지금은 새로운 국면으로의 안정적인 전환을 위해 놓칠 수 없는 기회다. 이 장은 식민 시대부터 현재까지 브라질의 언어정책을 다루면서, '언어는 차별 없이 평등한가'와 같은 본질적인 질문을 던지며 라틴아메리카 전체에 적용될 수 있는 성찰의 시작을 제안한다. 21세기에 억압과 견제로 이루어진 대립 구도가 스페인어/포르투갈어와 라틴아메리카의 수많은 언어 간에 맺어질 수 있는 유일한 관계라고 생각하는 것이 오히려 어려워 보인다. 라틴아메리카의 엄연한 현실인 다언어성과 다문화성이 정치적 수사가 아닌 일상의 온전한 토대가 되기 위해 필요한 것은 건설적인 상상력이 아닐까? 이러한 상상력을 어떻게 배양하고 구현할지는 사회 모든 분야의 주체들이 함께 고민해야 할 몫이다.

제3장 '아마존강 유역의 영유권 분쟁'은 발견의 시대에 포르투갈과 스페인의 해상 경쟁, 식민정책, 그리고 변화를 불러온 다양한 역사적 사건들과 국가 간의 협약들을 복기하며 오늘날 아마존의 경계와 아마존을 둘러싼 이해관계의 기원을 규명한다. 당장 아마존강 하나만 놓고 보아도 아마존은 간단하게 접근하기 어려운 지역이다. 이 강은 페루에서 발원해 볼리비아, 에콰도르, 콜롬비아, 베네수엘라, 브라질을 흐르며, 강의 본류와 유역 대부분은 브라질 영토에 속해 있다. 1494년 교황의 중재하에 체결된 또르데시야스Tordesilhas 조약에 따라 대부분 스페인령으로 인정되었던 아마존강과 그 유역이 포르투갈의 영토로 귀속된 것은 어찌 된 일일까? 또한 이러한 과정을 거쳐 정착된 현재의 국경은 실제 어떤 기능과 의미가 있는지에 대해서도 질문해야 한다. 이 장은 이어지는 제2부 '정책과 거버넌스'에서 다루는 아마존 개발과 보호를 둘러싼 현재의 갈등을 해결하고, 생태 파괴와 오염을 막기 위한 노력의 책임을 고민하는 데 있어 과거 치열한 분쟁을 통해 정착된 현재의 경계가 아마존을 거머쥔 남아메리카의 국가들에게 얼마만큼의 무게로 작용하고 있는지 생각해 보는 기회를 제공한다.

제4장 '콜롬비아 평화협정과 아마존 지역 원주민 공동체의 미래'를 통해 독자들은 콜롬비아 아마존 지역에 거주하는 원주민에 대한 개괄과 원주민 공동

체가 처한 현 실정을 알 수 있다. 이 장은 콜롬비아 아마존과 원주민의 특수한 상황을 보여주기 위해 콜롬비아에 속한 아마존 지역에서 활동하는 불법 무장 조직과 콜롬비아 정부의 갈등, 2008년 정부와 게릴라의 평화 협상, 내전으로 흑인·원주민 공동체가 겪은 삶의 기반 파괴, 내전 지역에서 피해 복구의 일환으로 진행된 토지개혁, 그에 따른 아마존 지역으로의 인구 유입과 아마존의 글로벌 경제로의 편입 과정을 지켜보며 보존과 공유의 공간으로서의 위치를 잃고 갈등과 탐욕의 땅으로 전락한 아마존 지역이라는 맥락을 제공한다. 콜롬비아 역시 브라질과 유사하게 강력한 고대 제국, 즉 언어적·문화적 평준화를 시도할 만한 제국이 없어 아마존 내의 다양성이 유지될 수 있었다. 그에 따라 현재 콜롬비아 아마존에는 23개 부족과 40개가 넘는 원주민어가 존재한다. 그러나 그렇게 유지되어 온 원주민 공동체의 정체성은 또다시 위기에 처해 있고, 이는 콜롬비아 아마존이 가진 정체성의 또 한 축을 이루는 아프리카계 후손들이 봉착한 위기이기도 하다.

제2부 '정책과 거버넌스'는 아마존을 비롯한 라틴아메리카가 처한 생태·환경 위기와 이에 대응하는 국가들의 정책과 거버넌스를 다루는 네 개의 장으로 이루어졌다. 제5장 '생태문명 위기의 현장 라틴아메리카를 가다: 멕시코 남부 치아빠스의 '분노'에서 브라질 아마존 열대우림의 '눈물'까지'는 먼저 멕시코 치아빠스Chiapas주와 아마존, 그 거주민들을 상대로 행해져 온 착취, 토지 갈등, 소외, 오염, 생태 파괴의 슬픈 역사를 소개한다. 저자가 특히 주목하는 것은 물의 사유화로 상품이 되어버린 수자원, 그 수자원의 오염, 그 밖의 제반 문제들과 그 해결을 위한 거버넌스의 주체와 방법이 화두가 된 라틴아메리카의 현재 국면에 대한 진단이다. 그동안 물, 산림, 토지를 대표로 하는 천혜의 자연환경과 자원을 보유한 땅으로 일컬어졌던 라틴아메리카가 신자유주의에 입각한 개발 과정을 거치더니 이제는 자원 저주론에 빠진 대표적인 지역으로 언론 지면을 장식하고 있다. 그중에서도 아마존 열대우림은 자원 저주의 가장 상징적인 지역으로 국제적인 관심과 공론 대상으로 부상하고 있다. 아마존은 인류 모두가

함께 관리해야 하는 '공유지 산림' 아이디어의 가장 핵심적인 대상이다.

브라질은 이러한 공유지 이론에 가장 민감한 입장을 보이는 나라다. 아마존 영역의 약 60퍼센트가 브라질에 걸쳐 있기 때문이다. 제6장 '아마존을 중심으로 본 보우소나루 정부의 환경 정책'은 보우소나루 정부(2019년 이후)가 수행한 환경 정책의 특징을 소개하고 이 정부의 정책 방향을 전망한다. 저자는 담론이나 이론보다 보우소나루 정부가 실제 집행한 정책들을 대상으로 브라질의 이전 정부들과 비교를 통해 그 특징을 분석한다. 다만 여기서 염두에 둘 것은 아직 보우소나루 정부의 임기가 남아 있고, 2021년 6월 보우소나루 대통령의 최측근 중 하나였던 환경부 장관 히까르두 살리스Ricardo Salles가 사임한 뒤에 들어온 조아낑 레이치Joaquim Leite가 이끄는 환경 정책은 이 장에 포함되지 않았다는 것이다. 실제로 레이치는 아마존 열대우림의 파괴 실태를 국내·국제 언론이 지나치게 부풀려 보도해 왔다고 주장하는 보우소나루와 달리 파괴 수준과 심각성 자체는 인정하는 것으로 알려져 있다. 따라서 보우소나루 정부의 전반적인 환경 정책의 성격을 파악하기 위해서는 레이치의 영입 뒤에 보우소나루와 레이치의 입장 차가 어느 정도이며 그것을 어떻게 조율해 갈지에 대해서도 꾸준히 주목할 필요가 있다.

이어지는 두 글은 브라질의 아마존 환경 정책과 환경 거버넌스를 각각 자연과학과 사회과학적 시각에서 다루고 있다. 먼저 제7장 '아마존 열대우림과 기후변화 정책'은 자연과학적 측면에서 아마존 산림 파괴와 그에 따른 지구온난화 가속화가 우려되는 현실에서 브라질의 온실가스GHG: Green House Gas 배출 특성을 분석하고 브라질 정부의 온실가스 정책을 평가한다. 이 장을 통해 독자는 북극 해빙 감소와 한반도에 불어오는 한파 간의 관계, 태평양에서 발생하는 엘니뇨El Niño, 라니냐La Niña와 대서양 진동Atlantic Multidecadal Oscillation에 따른 가뭄과 홍수가 아마존 열대우림에 미치는 영향을 이해할 수 있다. 이를 통해 궁극적으로 한국에 사는 독자들이 아마존 열대우림의 산림 황폐화 방지가 전 지구적 온난화 완화에 어떻게 중요한 역할을 하는지, 브라질 정부의 온실가스 저감 정책이 왜 중요한지 등의 문제에 우리가 관심을 기울여야 하는 이유를 전보다 실감할 수 있게 되기를 기대한다.

다음으로 아마존을 중심으로 하는 생태와 환경, 기후 문제의 심각성과 관련된 정책의 현황을 일부 제시한 앞의 세 장에 이어 제2부를 마무리하고자 제8장 '정치생태학적 관점에서 본 브라질 아마존 환경 거버넌스 형성의 역사'를 배치했다. 이 장에서 먼저 전제하는 것은 생물 다양성과 문화 다양성의 공간으로서 아마존 지역이 필연적으로 지닐 수밖에 없는 복합적 성격과 그에 따라 복잡하게 얽힌 이해관계다. 이 장은 환경 거버넌스를 이해하기 위한 이론적인 입장을 제시하고 이를 바탕으로 20세기 후반 이후 브라질 아마존이 국내외적으로 정치화되어 온 과정과 정치화된 브라질 아마존의 환경 거버넌스 형성사를 소개한다.

제3부 '시장과 환경'은 아마존 개발과 산업화로 야기된 아마존이라는 물리적 공간과 역학 구도의 변동을 다룬 세 개의 장으로 구성했다. 제9장 '아마조니아의 생태계 보전 궤도'에서는 브라질이 산업화에 들어서면서 겪어온 아마존 열대우림이라는 공간의 물리적 변화와 아울러 원주민을 포함해 그 안에 내재한 지역사회의 공간과 관계 변화를 분석한다. 저자는 브라질이 대대적인 국토 개발 사업을 통해 경제적 기반을 마련했고 이 과정에서 자연의 변화가 어느 정도 불가피했음을 감안하더라도 현재 진행 중인 브라질의 아마존 열대우림 개발은 시대에 뒤떨어졌다고 지적한다. 방대한 면적에 걸맞지 않는 구시대적 산업화가 가져온 엄청난 파괴는 아마존 산림뿐 아니라 전체 생태계가 위협받는 수준에 이르게 했다. 저자는 온전한 생태계 가동이 지속 가능한 성장으로 이어지도록 아마존 열대우림 개발이 지역사회의 현실에도 부합해야 한다고 강조한다. 하지만 동시에 이러한 시스템의 가동이 실제로 가능할지 아직 미지수라는 점도 분명히 인식하고 있다. 그러한 의미에서 아마존 열대우림과 관련된 정치·경제·사회적 현실을 파악하고, 아마존 생태계가 온전히 기능할 수 있는 범위를 찾으려는 노력은 매우 의미 있고 중요하다.

16

제10장 '도로망, 소, 대두 그리고 기후 위기: '트랜스-아마존'을 상상하며' 역시 같은 맥락의 성찰을 제공한다. 아마존의 순기능, 혹은 이름을 되찾아 주는 '재아마존reAmazon'은 어떻게 가능할까? 저자가 제시하는 방향은 단순히 태초모습으로의 역행이나 기후 대응의 양대 축인 '감축과 적응' 논리의 적용이 아닌 '트랜스-아마존trans-Amazon'의 지향이다. 먼저 저자는 아마존성이 파괴된 '현장'을 이해하기 위한 비판적 시각을 담은 생태주의 담론 사유의 비판을 고찰하며 대안적 사유를 탐구할 필요성을 제안한다. 이어 브라질 아마존의 실재實在 변화를 '도로망', '소', '대두'라는 세 가지 변수와 식민성을 야기한 세계체제 속 자본주의 자생과 민족주의성에 기댄 발전주의라는 한 가지 상수로 분석한다. 이로써 전 지구적 맥락에서의 설명력을 통해 현재 아마존의 개발과 아마존성의 유지 혹은 회복을 위한 대안을 제시한다.

마지막으로 제11장 '시장과 아마존의 공진화'에서는 제3부의 공통 고민인 시장과 아마존의 공존, 나아가 공진화coevolution를 보다 밀도 있게 제시한다. 이장은 브라질 아마존 열대우림을 중심으로 산림 파괴의 동인을 국제적 수요 증가와 이에 따른 무역량의 증가에 놓고 분석한다. 또한 거대한 아마존 생태계에 영향을 미치는 글로벌 경제 시스템과 최근의 국제 동향을 추적하면서, 지구촌이 아마존이라는 자연 체계와 사회-경제라는 인간 체계 간의 상호 관계에서 발생하는 취약성을 극복하고 회복력이 있는 공동의 지구 시스템으로 진화해 나갈 길을 모색한다. 현대 문명이 조직화된 기술과 체제로 지구 생태계를 교란하는 현실에서 브라질 아마존 열대우림 사례를 통해 자연 생태계와 인간 시스템 간의 공진화에 관해 고민하고 행동하는 것은 아직 많은 이들에게 공허하게 들릴지언정 분명 우리의 몫이다.

아마존을 품고 있는 라틴아메리카는 33개 국가와 6억 인구를 가진 거대한 대륙이다. 6억의 인구는 백인, 원주민, 메스띠소mestizo, 혹인 그리고 이들 간의 혼혈로 구성되어 있다. 이들은 카리브, 안데스, 아마존, 빰빠스Pampas 등 서로 다른 자연환경 속에서 다양한 일상을 살아가고 있다. 33개 국가들은 각각 고유한 개별성이 있어 경제협력개발기구OECD: Organization for Economic Cooperation and Development 회원국에서 최빈국에 이르기까지 삶의 수준도 다양하다. 이러한 다양성을 관통하며 라틴아메리카를 하나로 묶는 고리가 바로 아마존이다. 아마존은 국제적으로도 보존과 개발의 요구가 충돌하는 지역이다.

하지만 우리가 이들을 바라보는 시각은 이들의 현실과 동떨어져 있다. 대부분의 한국인에게 아마존은 지리적·문화적으로 자신의 일상과 관계없는 상상의 세계에 존재한다. 인간은 하나의 생명체로 생존을 위해 에너지 효율성을 추구하는 메커니즘을 가지고 있다. 즉, 뇌가 소비하는 에너지를 최소화하고자 '사고의 지름길'을 통해 신속한 판단과 결정을 내리는 것인데, 흔히 '편향'이라는 표현으로 많이 불린다. 라틴아메리카는 여타 지역과 마찬가지로 각자의 개별성과 이를 관통하는 동질성을 가지고 있지만 '아마존'으로 호명되는 순간 전형적으로 떠오르는 대표 이미지에 함몰된다. 문명과 야만이라는 이분법적 구도하에서 라틴아메리카는 '야만'으로 분류된다. 우리 사회에 유통되는 몇몇 특정한 정보(대표적으로 〈아마존의 눈물〉)에만 의존하는 탓에 '외집단 동질성 편향'에 빠져 대상을 바라보게 된다. 범주 원형성의 관점에서 집단에 대한 인상이 형성되는 것이다. 이러한 편향은 아마존이라는 시공간이 직접적인 접촉 없이 주로 책이나 미디어를 통해 간접적으로 만나볼 수 있는 대상이기에 필연적으로 발생한다. 이러한 현상은 문제가 있지만 앞서 밝힌 생존 메커니즘의 하나로서 우리 인간에게 본연적으로 발생한다. 따라서 매트 리들리Matt Ridley가 강조한 본성nature을 보완하는 양육nurture, 즉 학습을 통한 균형 잡기가 필요하다. 우리에게 '편향'이라는 사고가 본연적이라면, 이러한 사고가 형성되는 주변 환경과 구조를 먼저 돌아보아야 한다. 가령 많은 사람이 유독 특정 구역에서 교통법규를 어긴다면, 처벌을 우선하기보다 규칙을 위반하게 만드는 구조에 눈을 돌려야 하는 것과 같다. 한국에서는 햄버거와 같은 가공육의 소비와 아마존의 산림 파괴가 상관관계를 넘어 인과관계에 있다는 점을 알릴 필요가 있다. 개인의 기호 문제지만 햄버거는 즐기면서 아마존 환경보호 운동에 헌신하는 사람은 하나만 알고 둘은 모르는 사람이 된다.

　이 책도 좋은 의도와 책임 의식을 가지고 시작했지만 뻔한 이미지를 연상시키는 뻔한 이야기에 그칠 한계도 가지고 있다. 학자들이 모여 만든 책이라 일반 독자들은 선뜻 집기 어려운 책이 될 가능성도 크다. 그럼에도 불구하고 미약하지만 이렇게 첫걸음을 떼는 것은 국내의 아마존 관련 연구를 정리하고 향후 학제 간 연구가 활성화되는 길잡이를 제시하는 지침서로 기능하기를 바라기 때문이다. 이러한 노력이 아마존 지역과 삶에 대한 이해에 있어 학계뿐만 아니라 우리 사회를 위한 말귀, 리터러시의 초석이 되었으면 한다. 첫걸음이기에 우리는 우리의 다음 걸음을 기약하고 있다. 아울러 이 책을 연결 고리로 같은 문제의식을 공유한 다른 이들의 걸음이 나란히, 때로는 교차하며 끊임없이 이어지기를 기대하는 마음으로 저자들의 목소리를 대표하고자 한다.

브라질의 26개 주(州)와 연방 특구

약어	원어	우리말
AC	Acre	아끄리
AL	Alagoas	알라고아스
AP	Amapá	아마빠
AM	Amazonas	아마조나스
BA	Bahia	바이아
CE	Ceará	세아라
DF	Distrito Federal	지스뜨리뚜 페데라우(연방 특구)
ES	Espírito Santo	이스삐리뚜 상뚜
GO	Goiás	고이아스
MA	Maranhão	마라녀웅
MT	Mato Grosso	마뚜 그로수
MS	Mato Grosso do Sul	마뚜 그로수 두 술
MG	Minas Gerais	미나스 제라이스
PA	Pará	빠라
PB	Paraíba	빠라이바
PR	Paraná	빠라나
PE	Pernambuco	뻬르낭부꾸
PI	Piauí	삐아우이
RJ	Rio de Janeiro	히우 지 자네이루(리오데자네이루)
RN	Rio Grande do Norte	히우 그랑지 두 노르치
RS	Rio Grande do Sul	히우 그랑지 두 술
RO	Rondônia	홍도니아
RR	Roraima	호라이마
SC	Santa Catarina	상따 까따리나
SP	São Paulo	상빠울루
SE	Sergipe	세르지뻬
TO	Tocantins	또깡칭스

법정 아마조니아(아마조니아 레가우)의 개념과 한국어 표기

법정 아마조니아 또는 아마조니아 레가우-Amazônia Legal라는 개념은 아마존 지역의 경제발전을 촉진하기 위해 브라질 일반법 제1806호에 의거해 1953년 제뚤리우 바르가스Getúlio Vargas 정부에서 만들었다. 아마조니아는 원래 아마존 지역의 지리적·생태적 경계를 의미하지만, 아마조니아 레가우는 아마존 지역의 개발이 시작되면서 법적으로 구역을 지정한 것에서 생겨난 표현이다. 특히 이 지역은 개발을 위해 행정적 측면에서 브라질 연방 정부 산하의 아마존경제회복관리청SPVEA: Superintendência do Plano de Valorização Econômica da Amazônia 이 관리하다가 1966년 이 기관이 일반법 제5173호에 의해 아마존개발관리청 SUDAM: Superintendência do Desenvolvimento da Amazônia으로 교체되면서 아마존 지역은 광범위한 개발 정책의 대상이 되었다.

그런데 아마존개발관리청은 군부 시기에 설립되어 수많은 공공사업에서 과도한 가격 책정과 횡령·비리에 연루된 사실이 민정 이양 이후 드러나면서 브라질 국민들의 지탄을 받게 되었다. 이러한 이유로 2001년 페르낭두 까르도주 Fernando Henrique Cardoso 정부에서 해체되었다가 2007년에 룰라 다 시우바Luiz Inácio Lula da Silva 정부 때 보완법 제124호에 의해 새로운 기관으로 다시 태어나면서 법정 아마조니아는 아마존개발관리청이 정한 법적 개념과는 별개로 '브라질 아마조니아'로 통용되게 되었다.

이 책을 집필하며 'Amazônia Legal'의 한국어 표기를 놓고 '법정 아마조니아'와 '브라질 아마조니아'를 놓고 고민했다. 흔히 '아마존 = 브라질'로 공식화되는 국내 인식을 고려할 때, 실제 남아메리카 여러 나라에 걸쳐 있는 아마존을 칭하는 '국제적 아마조니아Amazônia Internacional' 또는 '범汎아마조니아Pan-Amazônia'와의 명칭상 구분을 위해 '브라질 아마조니아'라는 표기도 일리가 있을 것이다. 실제 브라질 현지 초·중등 교육과정에서는 법정 아마조니아를 '브라질 아마조니아'를 뜻하는 '아마조니아 브라질레이라Amazônia Brasileira'로 가르치고 있고, 일부 아마존 관련 기관들 역시 이렇게 칭하기도 한다.

그러나 이 책에서는 법정 아마조니아를 브라질의 지리적·생태적인 경계가 아니라 사회적·정치적·경제적인 차원의 구역이라는 데 초점을 맞추었다. 즉, 'Amazônia Legal'는 브라질 영토에 해당하는 전체 아마존 열대우림 가운데 사회적·정치적·경제적 발전을 위해 법으로 지정한 '일부' 지역이라는 사실에 착안해 법정 아마조니아(아마조니아 레가우)로 한국어 표기를 통일하고자 한다.

제1부
—
사람과 언어와 문화

제 1 장

식민 시대 아마존 일반어의 탄생과 확장

21세기 넹가뚜어 부활과 원주민 문제 이해의 출발점*

양은미(한국외국어대학교 중남미연구소 HK연구교수)

1 ι 브라질, 유일한 공식 언어 포르투갈어와 다른 언어들의 관계

포르투갈어는 크게 포르투갈식 혹은 유럽 포르투갈어와 브라질 포르투갈어로 구분된다. 더 진취적인 구분을 선호하는 이들, 특히 브라질에서는 현대 브라질 포르투갈어의 고유함을 강조하며 아예 포르투갈어língua portuguesa와 브라질어língua brasileira로 나누어 부를 필요가 있다는 데 힘을 싣기도 한다. 실제로 브라질 땅에서 사용되기 시작한 지 500년이 넘은 포르투갈어는 포르투갈에서 사용되는 포르투갈어와는 어휘, 발음, 문법 면에서 상당한 차이를 보인다. 라틴아메리카는 물론 일본, 미국, 유럽 등의 브라질인들의 디아스포라까지 포함하면 전 세계 브라질 포르투갈어 사용자 수는 포르투갈식 포르투갈어 사용자 수를 훨씬 넘어선다. 따라서 '브라질어'는 그것이 지닌 차별적 특성들과 세계적 위치를 자각한 브라질 사회의 건강한 자기 정체성의 표현이기도 하다. 원주민, 혹은 아메리카의 선주민, 노예로 강제 유입된 아프리카의 다양한 부족들, 20세기에 본격화된 대량 이민으로 브라질을 이루게 된 아랍 출신들, 유럽, 아시아에서 온 사람들의 언어는 브라질의 포르투갈어가 지금의 모습을 갖추는 데

---

* 이 장은 양은미(2020)의 내용을 보완한 것이다.

작용해 온 중요한 요소들이다. 그 덕에 브라질 포르투갈어, 혹은 브라질어는 이 사람들이 브라질 사회의 형성에 이바지한 것만큼이나 다채롭고 역동적인 면모를 갖추게 되었다.

이렇듯 언어를 비롯해 브라질을 이루는 이질적 요소들의 집합, 흔히 말하는 다양성은 자타공인 브라질 사회가 지닌 포용과 유연함의 원천으로 묘사된다. 브라질의 역사학자이자 사회학자 세르지우 부아르끼 지 올랑다Sérgio Buarque de Holanda는 이에 대해 정확하게는 그렇게 묘사되기를 바라는 브라질 사람들의 염원을 포장 없이 표현했다.

> 브라질인들의 집단의식이 기획하고 열망하는 국가 이미지는 오늘날까지도 제
> 정 브라질의 정신에서 크게 이탈하지 않았다. (……) 겉으로 표현하든 안 하든,
> 우리는 '세계의 모든 국가에 그 어느 나라보다 호의적인 대국'이라는 이미지를
> 지니기를 바라 마지않는다(지 올랑다, 2018: 255).

여기서 호의란 국가 내 이질적 요소들과의 관계 맺기가 어떻게 이루어지는 지의 문제라고 할 수 있다. 간과하면 안 될 것은 많은 나라들이 단일 왕국 또는 국가, 특히 근대적 의미의 국민국가를 건설하는 과정에서 다양성은 통일성을 저해할 수 있는 요소로 지배 계층에게는 경계해야 할 속성이었다는 사실이다. 브라질에서 다양성의 공식화는 21세기를 목전에 두고 있을 때쯤에야 이루어졌다. 국제사회에 성공적으로 진입한다는 목표를 위해 문화 다양성은 1988년 연방헌법에 비로소 하나의 긍정적 '가치'로, 보장되어야 할 권리로 등장한다. 언제나 그렇듯이 헌법 조항의 생성은 대단히 중요한 상징적인 첫걸음이다. 하지만 그 뒤 많은 경우 국가 내·외부를 안심시키고 위로하는 장치 정도에 불과한 상태로 방치되거나 다양한 삶의 현장에서 구체적인 갈등과 투쟁을 겪어내면서 어렵사리 구현되고 자리를 잡아간다. 언어는 어떤가. 브라질에서 시대에 따라 언어 다양성이 인정받는 범위와 정도는 변해왔다. 가장 비판적인 잣대로 보았

을 때 그 변화는 식민 사회의 탈피와 근대화 계획의 일환으로 브라질 지배층이 기획하고 허용해 온 포르투갈어와 브라질 안의 다른 언어들 사이의 관계를 본질적으로 벗어난 적이 없다고 할 수 있다. 브라질의 유일한 공식 언어인 포르투갈어와 브라질 포르투갈어의 형성에 기여한 재료나 배경, 이것이 20세기 후반부터 지금까지 공식화되고 굳어진 브라질 포르투갈어와 그 밖의 언어들과의 관계다.

19세기까지 아마존과 상빠울루 지역에서 광범위하게 주요 소통어로 사용된 원주민들의 언어도 예외가 아니다. 아리용 달리그나 호드리게스Aryon Dall'Igna Rodrigues[1]는 그러한 원주민어의 망각과 포르투갈어의 재료로서 희석되는 경향을 거스르며 브라질의 원주민과 원주민 부족어 연구의 방향을 재설정하고 체계화에 매진해 온 대표적인 인물이다. 그는 1950년대부터 브라질과 남아메리카 대륙의 원주민어들을 70년 가까이 연구해 온 브라질 언어학의 선구자로, 브라질의 원주민어 분류 체계를 구축한 것은 그의 주요 업적 중 하나다. 그간의 논문들을 바탕으로 1986년 발행한 『브라질 언어들: 원주민 언어들에 대한 지식 길잡이Línguas Brasileiras: para o conhecimento das línguas indígenas』는 학계뿐 아니라

---

1 히베이루는 당시 세워진 지 얼마 되지 않은 브라질리아 대학교(1962년 설립됨)에 언어학 대학원 과정을 개설하고 함께 운영할 조력자로 브라질인으로는 최초로 함부르크 대학교에서 갓 언어학 박사 학위를 취득한 호드리게스를 초청했다. 호드리게스의 분류에 따르면 브라질 원주민어는 크게 뚜삐, 마끄로-제(Macro-Jê), 아라와(Arawak) 어족으로 나뉘며, 그중 대부분이 뚜삐와 마끄로-제 어족에 속한다. 그는 언어의 역사학적 분석을 위한 이론과 방법론 구축에 공을 들였다. 원주민어들의 기원과 상호 관련성 연구에서 당시에는 다소 근거가 취약했던 접근 방식을 택해 초반에는 브라질 사회의 호응을 크게 얻어내지는 못했다. 아직도 접근하기 쉽지 않은 분야인 선사시대 뚜삐 계통 언어들에 관한 연구도 그중 하나다. 하지만 꾸준한 연구와 활발한 석·박사 논문 지도로 오늘날 원주민과 그 언어 관련 연구의 지평이 확대되고 심화되었다. 호드리게스가 배출한 루이스 보르제스, 아나 수엘리 까브라우(Ana Suelly Arruda Câmara Cabral), 앙데르비우 마르시우 마르칭스(Andérbio Márcio Silva Martins)와 같은 연구자들은 호드리게스의 연구를 재조명하는 한편 이것을 바탕으로 브라질 원주민어 연구를 이어오고 있다(Cabral et al., 2014).

일반 대중에게도 브라질에 존재하는 원주민어들에 대한 정보를 체계적이면서 접근하기 쉽게 풀어내 브라질 사회에 원주민과 그 언어에 대한 인식을 일깨우는 데 공헌했다(Rodrigues, 1986). 그의 분류 체계는 후세대 원주민 연구자들이 현재까지도 사용하고 있다. 한편 주로 1970년대부터 활동을 시작한 주제 히바마르 베싸 프레이리José Ribamar Bessa Freire[2]는 언어학자이자 사학자로서 원주민어의 사회적 역사에 집중한다. 그는 브라질이 독립하고 나서 포르투갈과 관계를 정립할 때 거리 두기와 차별점 부각을 중대한 과제로 내세웠으며, 이를 위해 문학·언어 분야를 중심으로, 특히 언어를 정체성 건설의 상징적 요소로 강조해 왔다고 지적한다(Freire, 2003: 38~39). 이어 그는 20세기 말까지 생산된 그나마 얼마 되지 않는 원주민 관련 연구 대부분이 브라질 포르투갈어가 원주민어들에 진 어휘상의 빚을 논하고 있다는 데 주목했다. 이러한 한계는 그가 정리한 것처럼 그 직전, 즉 독립 직후의 반세기 동안 브라질에서 발표된 약 24건의 연구와 선집들이 모두 국가 상징으로서의 언어를 부각시키는 데 한목소리를 낸 것을 고려할 때 사실상 극히 자연스럽고 예상 가능한 행보라고 할 수 있다(Freire, 2003: 39, 41).

언어 단일화에 본격적으로 힘쓴 지 약 250년[3]이 지난 지금 외부의 시선으로는 브라질의 언어 단일화 정책은 잘 정착된 듯 보인다. 브라질에서 다양한 원주민 부족의 말은 기껏해야 아마존을 중심으로 하는 해외 선교사나 비정부간 국제기구(이하 NGO) 등에 의해서만 그 가시성이 간혹 드러날 뿐이다. 브라질 사회에서 공론화된 원주민 문제의 흐름에는 과거와 현재 간에 무시할 수 없는 간극이 존재한다. 마리아 깡지다 바후스Maria Cândida Barros와 프레이리가 안타

---

2 프레이리는 1970년대 브라질과 라틴아메리카의 원주민어들, 아마존에 관한 연구를 시작한 이래 언어의 사회적 역사라는 접근 틀 안에서 주로 구전문학, 기억, 유산, 역사적 원천, 원주민 역사와 언어, 아마존을 주제로 한 연구에 주력해 왔다.

3 뽕발(Pombal) 개혁으로 원주민어 사용이 금지된 1758년을 기준으로 했을 때 브라질의 단일 언어화는 올해로 264년째를 맞는다.

까워하는 것은 그 간극 자체보다는 원주민들에 대한 "주변적인 관찰", 식민 체제하의 언어학적 문제에 대한 분석보다는 편견에 치우친 연구들이 그 간극을 메우고 있는 현실이다(Barros, 1982: 1; Freire, 2003: 40~41).

브라질 사회가 가진 원주민적 요소의 시간에 따른 퇴색과 가치 절하는 비단 언어에만 국한되는 것이 아니다. 이웃한 안데스 국가들과 달리 전체 인구 대비 원주민의 비율이 약 0.5퍼센트라는 사실은 언어를 비롯한 브라질 내 원주민의 전반적 지위에 대해 많은 것을 시사한다. 그간 그들에게 붙은 수식어는 대개 식민지의 부끄러운 잔재, 근대화·현대화된 브라질 사회에서 기껏해야 제한된 지역과 생태 다양성을 자랑하는 자연 자원에 대한 지식의 (대개 자원 자체가 아니라) 주인, 예술과 전통 등과 같이 제한된 분야의 주인, 오로지 자기 땅을 지키기 위해 국가와 기업의 개발 프로젝트에 맞서는 이기적이고 시대착오적인 방해꾼 등이었다. 이들에 대한 인식은 학문과 정책에서 대개 주변적인 연구 관찰, 일방적인 정책 집행의 대상에 머물렀다. 즉, 근현대 브라질 사회에서 원주민은 극소수 그룹이자 불완전한 시민으로 인식되고 존재해 왔기에 자신들을 향한 이러한 편파적 관찰에 대해 유의미한 파장을 만들어내지 못했다.

2 | 21세기 브라질 원주민과 원주민 문제의 새 국면

포르투갈 세력이 브라질에서 생존하고 지배하는 데 거의 전적으로 원주민에게 의지하던 시대와 원주민이 사회의 구석으로 밀려나 보호·관리의 대상으로 전락한 현재의 대조적 상황을 말해주는 자료는 많다. 그런데도 지금 한국인을 대상으로, 적어도 브라질을 연구하는 사람들을 대상으로 브라질의 원주민과 그 언어에 관해 이야기할 수 있는 것은 원주민들의 지리적 분포와 상관없이 브라질 포르투갈어와 사람들의 사고가 형성되는 데 원주민의 언어와 문화가 끼쳐온 영향을 결코 배제할 수 없음도 명백한 사실이기 때문이다. 브라질의 사학자이자 문학비평가 아우프레두 보지Alfredo Bosi는 한 인터뷰에서 이를 다음과 같이 설명했다.

> 원주민은 우리 사회 까보끌루들의 말 속에, 주제 알렝까르José Alencar나 마리우
> 지 앙드라지Mario de Andrade와 같이 우리 언어의 빼놓을 수 없는 작가들의 상상
> 속에서 흡사 땅속에 묻힌 것과 같은 모습으로 살아 있다. 이들은 우리 안에 있
> 는 야생의, 원시적인 무의식이다(Angelo, 1998).

그리고 무엇보다 정복 이후 급격하게 인구가 감소한 브라질 내의 원주민은 21세기인 지금도 살아남았다. 지리적 분포와 부족 수에서 브라질 원주민 연구를 가장 선구적이고 광범위하게 진행한 인류학자 다르시 히베이루Darcy Ribeiro도 1970년 『인디오와 문명화Os índios e a civilização』를 펴내며 점점 감소하고 그 입지가 작아져만 가는 원주민들의 미래에 대해 비관적인 입장을 표하면서도, 동시에 종족적 변형transfiguração étnica을 통해 원주민과 원주민적 요소가 존속될 가능성을 피력했다(Ribeiro, 1986). 그렇게 함으로써 오늘날의 맥락에 맞는 보다 현실적이고 건설적인 원주민 논의의 기반을 전망한 것으로 평가된다. 더욱 고무적인 것은 우려와는 다르게 1980년대부터 원주민 인구가 다시 증가하기 시작했다는 점이다. 특히 1990년대의 증가는 무엇보다 자신이 원주민이라고 밝힌 사람들의 숫자가 늘어난 덕분이었다. 물론 원주민 관련 연구자와 유네스코 UNESCO: United Nations Educational, Scientific and Cultural Organization를 비롯한 단체들이 우려하듯 많은 부족이 10명도 채 되지 않는 구성원을 가지고 있고, 이는 해당 부족어의 사용자 수를 의미하기에 부족 구성원의 감소는 부족어의 쇠퇴와 죽음으로 연결되어 원주민과 그 전통이 여전히 쇠퇴와 소멸 위기를 안고 있다는 것은 변하지 않은 현실이다. 그러나 이것을 사회가 위기로 인식하는 것 자체가 브라질 사회에 필요한 변화였다고 볼 때 이제 브라질은 분명히 원주민 '문제'에 대한 새로운 접근 국면에 들어섰다고 할 수 있다. 오랫동안 브라질 사회의 불

그림 1-1 **브라질의 다섯 권역별 원주민 분포** (단위: 명)

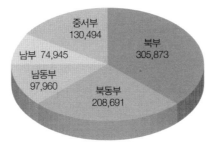

자료: 브라질 지리통계청(2010).

편한 진실로 남아 있던 원주민 문제problem는 어느덧 원주민 당사자뿐 아니라 브라질 사회의 다양한 주체가 공론의 영역에서 다루어야 할 현안question이 되었다.

원주민 인구와 분포, 부족 수 통계를 비롯해서 원주민 존재에 관한 객관적 자료를 파악하려는 시도는 여기에 기여한 상징적·실질적인 노력이다. 1987년부터 브라질 사회환경연구소ISA: Instituto Socioambiental가 발간해 온 방대한 분량의 브라질 원주민 부족 현황 보고서「브라질의 원주민 부족들Povos Indígenas no Brasil」은 원주민 공동체들에 대한 한층 더 정확한 통계 자료를 확보해 이와 관련한 제반 문제들의 스펙트럼을 구축하는 데 이바지했다. 가장 상징적인 통계 확보 노력은 단연 브라질 지리통계청IBGE: Instituto Brasileiro de Geografia e Estatística의 가장 최근 인구총조사인 2010년 조사였다.[4] 이 조사에서는 소속된 부족부터 거주지, 사용 언어, 교육, 보건 실태 등을 포함해 브라질 원주민에 대한 총체적이고 상세한 정보가 수집되었다.

---

4   브라질 지리통계청의 인구총조사는 10년 단위로 실시된다. 2010년에 조사했으니 2020년에 인구총조사를 진행할 예정이었으나 코로나19의 확산으로 1년 연기되었다가 예산 부족으로 실시하지 못하고 2022년으로 한 차례 더 연기되었다.

〈그림 1-1〉을 보면 브라질의 다섯 권역(북부, 북동부, 중서부, 남동부, 남부) 중 원주민 인구가 가장 많은 곳은 북부 권역으로 전체 원주민의 37.4퍼센트인 30만 5873명이 이곳에 거주한다. 〈표 1-1〉을 보면 그중 16만 8680명(북부 전체의 55퍼센트)이 아마조나스주에 집중되어 있다. 전체 원주민의 약 18.8퍼센트가 거주하는 아마조나스주와의 편차는 다소 크나 북부 외에도 북동부, 중서부, 남동부, 남부까지 다섯 권역 모두에 최소 3만 명 이상의 원주민이 거주하고 있음을 알 수 있다.[5]

이들은 최소 305개의 서로 다른 부족에 속하며 이들이 구사하는 말은 274개에 이른다. 그중 일부는 도시 지역으로 이주한 탓에, 또는 여전히 절반 이상(50만 2783명)은 농촌이나 산림지대 등 원주민 보호구역TIs: Terras Indígenas에 거주하지만 서구 문명의 침투를 받은 탓에 전체 원주민의 약 17.5퍼센트가 자기 부족의 말을 구사하지 못한다. 이외에도 2010년 조사에서는 과거 조사에서 파악하지 못한 원주민 관련 정보가 수면 위로 드러났다.

이 같은 실질적 기여와 함께 원주민을 대상으로 한 2010년 인구총조사의 가장 중요한 시사점은 브라질 사회에 원주민이 언어·문화적 측면에서 하나의 단위가 아니라 개별성과 특수성을 가진 다양한 부족들로 이루어졌음을 분명히 인식하게 해주었다는 점이다. 또한 아마존이라는 물리적이며 추상적인 공간의 거주자로 환원되거나 현재 속에서 과거를 사는 이들로 치부되던 원주민들의 존재와 이들이 처한 위기를 구체화함으로써 원주민들을 브라질의 다른 시민들과 동등한 온전한 '시민'으로 인식하고 관계해야 할 필요성을 조명했다.

이를 대단한 각성인 양 바라볼 필요는 없겠지만, 적어도 이제 브라질 사회

---

5 〈그림 1-1〉과 표 〈1-1〉은 전체 응답자 중 '피부색 및 인종 분류상 스스로 원주민'이라고 답한 사람만 포함한 것으로(전체 81만 7963명), 여기에 그렇지는 않지만 '문화 및 관습적으로 자신이 원주민이라고 느낀다'라고 답한 사람까지 포함하면 브라질 전체 원주민 수는 89만 6917명에 이른다.

표 1-1 브라질의 26개 주와 연방 특구 원주민 인구   (단위: 명)

순위	권역	주 이름	자신이 원주민이라고 답한 응답자
1	북부	아마조나스	168,680
2	중서부	마뚜 그로수 두 술	73,295
3	북동부	바이아	56,381
4	북동부	뻬르낭부꾸	53,284
5	북부	호라이마	49,637
6	중서부	마뚜 그로수	42,538
7	남동부	상빠울루	41,794
8	북부	빠라	39,081
9	북동부	마라녀웅	35,272
10	남부	히우 그랑지 두 술	32,989
11	남동부	미나스 제라이스	31,112
12	남부	빠라나	25,915
13	북동부	세아라	19,336
14	북동부	빠라이바	19,149
15	남부	상따 까따리나	16,041
16	북부	아끄리	15,921
17	남동부	히우 지 자네이루	15,894
18	북동부	알라고아스	14,509
19	북부	또깡칭스	13,131
20	북부	홍도니아	12,015
21	남동부	이스삐리뚜 상뚜	9,160
22	중서부	고이아스	8,533
23	북부	아마빠	7,408
24	중서부	지스뜨리뚜 페데라우(연방 특구)	6,128
25	북동부	세르지삐	5,219
26	북동부	삐아우이	2,944
27	북동부	히우 그랑지 두 노르치	2,597
		계	817,963

자료: 브라질 지리통계청(2010).

가 원주민을 그저 무의식의 영역에 방치하는 데 대해 불편을 느끼는 것은 사실로 보인다. 이것을 반성과 가책이라고 부를 수도 있고, 소수 그룹에 대한 인권 존중을 요구하는 외부의 시선에 부응해야 한다는 의무감과 열등의식의 혼합으로 볼 수도 있다. 혹은 전 세계가 기후·생태 위기 앞에 패러다임의 전환을 꾀하는 지금 이 같은 전환의 상징적·실질적 촉매제 역할을 하는 아마존과 원주민이라는 브라질 사회의 구성 요소를 향한 관심은 조바심에 가까울지도 모른다. 중요한 것은 지금이 브라질 사회가 원주민을 바라보는 시각을 재구성하기 알맞은 시기라는 점이다. 실제로 브라질에서 최근 진행되는 원주민과 아마존 관련 연구와 학제 간의 소통은 그 자체로 고무적이며, 이는 일반 시민들이 의식을 형성하는 토대가 되기에 이러한 소통의 내용과 방향에 주목할 필요가 있다. 언어학에서는 호드리게스와 프레이리로 대표되는, 1960~1970년대부터 사회언어학의 발달과 더불어 언어의 역사적 문제를 다루는 경향이 점차 공고화되었다(Freire, 1991, 2003; Rodrigues, 1986, 1993, 1996, 2000). 제국주의 시절 소수 문화를 정복하는 도구로 쓰였다고 비판받아 온 인류학계의 각성도 주목할 만하다. 에두아르두 비베이루스 지 까스뜨루Eduardo Viveiros de Castro는 원주민과 아마존에 관한 그의 일련의 저작을 두고 미래를 전망하기 위해 인류학의 과거를 비판적으로 횡단하는 '산책'으로 요약했다. 그는 과거로부터 이어져 온 인류학의 현 상황을 '구름'으로, 그 사이로 어렴풋하게나마 보이는 공간을 더 나은 미래를 꿈꿀 수 있는 '맑은 공간'으로 비유한다. 그동안의 인류학이 구름인 것은 그것이 항상 인류학적 담론을 비롯한 헤게모니 지식을 주체와 주체가 아닌 것, 인간적인 것과 비인간적인 것으로, 쉽게 말해 (문명 주체로서의) 우리와 타자를 구분하고, 그 구분이 곧 특권과 배제라는 차별적 관계의 기준인 것처럼 고착시키는 데 기여해 왔기 때문이다. 그에게 이른바 맑은 공간은 "인류학이 질식사가 아닌 다른 [형태의] 대단원을 상상할 수 있게" 해줄 가능성의 영역이다(까스뜨루, 2018: 21, 28). 이것을 가능성의 영역으로 만들어주는 본질은 자신과 세계를 바라보는 '다른 시선'이다. 이러한 문제의식 제기와 재해석의 노력은 아쉽게도 아직은 브라질 국내에서보다 국제적인 주목을 먼저 받으며 연대 의식과 조직이 형성되었다. 브라질의 원주민과 아마존에 관한 브라질 밖 세계의 이해가 높아질수록 브라질 정부의 무관심과 역행에 가까운 법규 개정에 대한 비판의 강도도 높아지겠지만, 그렇다고 이것이 브라질 정부에 무언가를 직접 강제할 충분조건이 될 수는 없다. 그래도 21세기에 일어나는 이러한 변화들을 보면서 브라질 원주민이 이제는 힘없는 과거의 유산이 아니라 현재와 미래의 헤게모니 지식 구상에서 주요한 반추의 대상이자 주체여야 한다는 사실을 인정하는 분위기가 좀 더 견고히 조성되고 있다고 조심스럽게 평가해 본다.

이에 힘입어 이 장에서는 과거 원주민 부족어를 기반으로 만들어져 한 시대를 풍미했던 인공어constructed language인 아마존 일반어LGA: Língua Geral Amazônica에 대해 이야기해 보려고 한다. 아마존 일반어는 18세기 아마존 열대우림의 광범위한 지역에서 최대의 전성기를 구가하다 18세기 중반 포르투갈의 뽕발 재상Marquês de Pombal이 주도한 개혁으로 사용이 금지된 뒤에 현재 브라질 북부 네그루Negro강 상류 지역을 중심으로 넹가뚜어[6]라는 이름으로 재조명되고 있다. 아마존 일반어의 마지막 보루라고 칭해지는 네그루강 유역에 위치한 아마조나스주 서웅 가브리에우 다 까쇼에이라[7]에서 2002년 공식 언어로 채택된 것이 브라질에서 원주민어가 공식 지위를 획득한 첫 사례다. 2002년 11월 22일 시 입

---

6 넹가뚜어에 대한 최초의 문서는 17세기로 거슬러 올라가는데, 주로 문법적·어휘적·종교적인 기록물들과 서사적인 기록물들에서 보인다(Borges, 1991). 19세기 브라질의 정치인이자 민속학자였던 꼬우뚜 드 마갈량이스(Couto de Magalhães, 1876)는 '좋은 언어(Língua boa)'라는 의미의 이 이름을 처음으로 문학계에 소개했다(Rodrigues, 1996: 10). 사실 아마존 일반어를 지칭하는 표현은 매우 다양해 'Nheengatú', 'Abanheengatú', 'Tupi', 'Tupi vivo', 'Tupi moderno', 'Tupi do norte', 'Língua geral brasílica', 'Língua geral brasiliana', 'Guarani', 'Tupi-guarani' 등 상이한 역사적 순간마다 또 공간에 따라 명확하거나 일관된 기준이 적용되지 않은 수많은 이름이 아마존 일반어에 붙어왔다(Freire, 2003: 84). 이 장에서는 아마존 지역 일반어를 칭함에 있어 학계에서 승인되고 통용되는 '아마존 일반어'와 '넹가뚜어'를 주로 사용하되, 일반어로서 공고화되는 과정에서 보이는 언어 자체의 수정과 확장 범위에 따라 '뚜삐어' 또는 '뚜삐낭바어'를 함께 사용한다.

7 서웅 가브리에우 다 까쇼에이라는 브라질에서 시 전체 인구 대비 원주민 인구 비율이 가장 높은 곳이다. FOIRN에 따르면 시내 원주민어의 수는 18개이며, 시가 위치한 네그루강 상류 지역은 브라질에서 원주민 부족과 언어 다양성이 가장 두드러지는 곳이다(FOIRN, 2020).

법 제145조[8]가 승인되었는데, 이는 1998년 이 지역의 원주민 교사들이 처음으로 문제를 공식 제기하고, 22개 부족을 아우르는 660개 원주민 단체로 구성된 네그루강 원주민조직연합회FOIRN: Federação das Organizações Indígenas do Rio Negro(이하 FOIRN)와 언어정책연구발전연구소IPOL: Instituto de Investigação e Desenvolvimento em Política Linguística(이하 IPOL)가 함께 노력을 기울인 끝에 얻은 성과였다(Brianezi, 2006). 그러나 다른 원주민어와 달리 넹가뚜어가 보유한 두 개의 속성, 즉 비록 뚜삐 계통의 원주민어를 바탕으로 만들어졌지만 본질상 식민 시대 유럽인의 아마존 통치의 도구였다는 모순적 속성 때문에 이것이 21세기에 한 도시의 공식어로 지위를 가지고 부활한 것을 어떻게 바라보아야 할지 애매한 상황이다. 따라서 이 장은 식민 시대 아마존 지역의 통치 도구로 쓰였던 넹가뚜어가 원주민의 정체성 회복이나 브라질의 탈식민 노력이라는 상징적 의미를 부여받는 것이 모순은 아닌지 하는 의문에서 출발한다. 다시 말해 뚜삐어를 기반으로 만들어졌으나 정복의 도구이기도 했던 넹가뚜어의 적극적인 복원이 현대 브라질 사회라는 맥락에 놓인 원주민들의 정체성 건설과 시민으로서의 자리 찾기 과정에서 상징적 절차로 이해되는 것이 다소 억지스럽게 느껴지지는 않는지 하는 의문이다.

현재 까쇼에이라 지역을 중심으로 넹가뚜어가 가지게 된 원주민 정체성 확립의 본질적 도구로서의 의미를 둘러싼 이러한 의아함을 떨쳐버리기 위해서는 몇 가지 사실을 이해해야 한다. 현재 넹가뚜어는 무엇을 표상하며, 이것은 식

---

8   원주민 의원 까미꾸 바니와(Camico Baniwa)가 주도한 이 입법 프로젝트의 시발점은 1998년 원주민 교사협의회의 문제 제기였다. 1987년에 FOIRN이 창설되면서 IPOL과 함께 법안 통과를 위해 원주민들의 참여를 이끌어내고 시를 설득한 끝에 입법이 성사되었다(Brianezi, 2006). 이 법이 통과되면서 포르투갈어와 나란히 세 개의 원주민어, 즉 뚜까누(Tucano)어, 넹가뚜어, 바니와(Baniwa)어가 시의 공식 언어로 인정받게 되었다. 이는 브라질에서 포르투갈어 외의 언어가 공식 언어로 인정된 첫 사례였고, 이후 다른 도시들에서도 원주민어를 비롯해 다양한 계통의 언어들에게 도시 내에서 공식 지위를 부여하려는 움직임이 진행되는 중이다.

민 시대와 제국 시대에 걸친 진화 과정의 어느 단계쯤에서 가졌던 의미와 맞닿아 있는가? 식민 시대부터 지금까지 넹가뚜어 또는 아마존 일반어의 지위와 표상은 어떻게 변화해 왔는가? 넹가뚜어 체제하에서 원주민들은 누구였는가? 같은 시대에 공존하기도 하며 시기에 따라 달라지기도 한 이 언어를 부르는 다양한 이름들은 과연 이 언어가 거쳐온 외형과 속성의 변질과 유관한가? 이는 무엇보다 현대 넹가뚜어의 부활과 함께 이들이 무엇이 되고자 하는지를 이해하기 위해서도 선행되어야 할 질문이다.

이어지는 절에서는 이러한 의문에 답을 찾는 과정으로 먼저 16세기 브라질 원주민과 포르투갈인들이 조우한 이후에 뚜삐어 계통의 언어가 아마존 지역의 소통 도구로 채택되고 18세기까지 이 지역의 초부족적 일반어로 변모해 간 과정을 살펴본다. 루이스 보르제스Luis C. Borges는 넹가뚜어를 연구하며 넹가뚜어라는 현상이 본질적으로 포르투갈인들의 아마존 점령 과정과 유의미한 상관성을 가지고 전개되었다고 전제한다(Borges, 1996). 따라서 넹가뚜어가 무엇이었는지와 거기서 파생되는 일련의 질문들에 대한 답변은 포르투갈 왕실과 예수회로 대표되는 정복자들이 브라질을 식민화하는 과정에서 넹가뚜어를 둘러싼 정책과 그것의 시기에 따른 변화상이 어떠했는지 살펴봄으로써 일부분 가능하다. 이 장의 목적은 식민 시대 포르투갈이 아마존 지역을 식민화하기 위해 아마존 일반어에 부여한 소통의 의미와 기능을 이해하려는 것이다. 그리하여 오늘날 원주민 정체성 구현의 도구라는 상징적 의미를 가지게 된 넹가뚜어에 대한 연구의 가능성과 방향을 가늠해 볼 수 있기를 희망한다. 역사서들은 현대 넹가뚜어가 재조명되기 전인 16세기부터 20세기까지 아마존 일반어의 생성과 쇠퇴를 크게 세 시기로 나눈다. 첫 번째 시기는 정복자들에 의한 뚜삐어 사용 장려기, 두 번째 시기는 뽕발 재상의 정치·행정 개혁에 따른 포르투갈어 단일 언어화와 아마존 일반어 사용의 금지기(1757년 이후), 세 번째 시기는 18세기부터 포르투갈 지배와 원주민성 해체에 저항해 원주민과 까보끌루Caboclo(원주민과 백인의 혼혈)를 비롯한 피지배 집단이 일으킨 까바나젱Cabanagem(1834~1840년) 직후까지다. 이 장에서 다루는 범위는 그중 앞의 두 시기, 즉 아마존 일반어의 확장이 정점에 이르고 동시에 포르투갈에 금지당한 18세기 중반까지다. 3절에서는 16세기 포르투갈이 직면한 아마존의 언어 다양성과 그에 대한 해석을 살펴보고, 4절에서는 뚜삐어가 아마존 지역의 초기 소통어로 선택되고 비非뚜삐족이 이를 매개로 뚜삐화되는 과정을 다룬다. 이어 5절에서는 아마존 지역에서 예수회가 뚜삐어를 체계적으로 수정하면서 부족성이 해체되고 명실공히 아마존의 공용어로 사용이 확대되는, 아마존 일반어가 지닌 정복의 언어로서의 성격에 주목한다. 마지막으로 그럼에도 불구하고 그다음 국면에서 전개되는 아마존 일반어의 넹가뚜어로서의 새 국면과 그에 대한 새로운 접근의 필요성을 시사하며 글을 마무리한다.

3 ı 16세기 아마존의 언어 다양성과 정복자의 해석

식민 시대와 제국 시대에 걸쳐 브라질에는 두 개의 일반어língua geral[9]가 있었다. 하나는 당시 남아메리카 대륙에서 포르투갈의 두 식민지였던 남동부의

---

9 'língua geral'의 한국어 표현으로 '공통(언)어'와 '일반어'를 놓고 고민했다. 저자가 넹가뚜어를 처음 다룬 2014년의 글에서는 '공통언어'를 택했으나(양은미, 2014), 이 장에서는 'geral(영어로 general)'의 통상적인 의미에 무게를 두면서 동시에 그 언어가 공용어나 공통어로서의 역할은 기본이고 원주민의 개별성 희석을 의도한 것에 초점을 두어 '일반어'로 통일했다. 이는 ≪이베로아메리카≫ 제10권 1호에 게재된 임두빈의 「브라질의 언어현실과 언어·사회적 편견에 관한 연구」에서 채택한 번역을 따른 것으로, 여기서 그는 '공통어' 혹은 '소통어'의 개념을 'língua franca'가 이미 선점한 것을 고려해 차별화할 필요성을 언급했다(임두빈, 2008). 이같은 선택은 이 장 5절에서 다루는 'índio genérico'를 '일반 인디오'로 번역한 것과도 통한다. 'índio genérico'에서의 'genérico'와 'língua geral'의 'geral'은 포르투갈어 관련 문헌에서 포르투갈 식민주의자들과 예수회에 의해 아마존 사회 원주민들과 그 언어들의 다양성 희석, 즉 부족성 해체라는 동일한 취지에서 사용된 것을 알 수 있다. 따라서 'língua geral'를 '일반어'로 표현하는 것이 그러한 의도를 드러내기에 더 적합하다고 판단된다.

브라질 식민주Estado Colonial do Brasil에서 사용된 제Jê 계통의 빠울리스따 일반어 LGP: Língua Geral Paulista이고, 다른 하나는 북부의 마라녀웅 이 그러웅-빠라 식민주Estado Colonial do Maranhão e Grão-Pará에서[10] 사용된 아마존 일반어다. 이 중 나중에 넹가뚜라고 불리게 되는 아마존 일반어는 뚜삐어족Tronco tupi, 뚜삐-과라니Tupi-guarani어파로 분류되는 언어로, 흔히 고대 뚜삐어라고 불리는 뚜삐낭바Tupinambá어를 기반으로 만들어졌다. 아마존 일반어는 17세기부터 본격적으로 사용되기 시작해 18세기에는 브라질 북부 아마존 지역을 중심으로 원주민뿐만 아니라 포르투갈에서 온 예수회 선교사와 정복자들에 의해 널리 사용되었다(Mariani, 2017).

아마존 일반어의 모태가 된 뚜삐낭바어는 당시 해안에 거주하던 원주민들의 다수를 이루던 부족들이 사용한 언어다. 이것이 변형되어, 아니 이것을 변형해 새로운 언어로 다시 탄생시킨 것이다. 왜 뚜삐낭바어를 원래 상태 그대로 쓰지 않았을까? 언어의 목적은 기본적으로 소통이다. 정복자들은 누구와 무엇을 위해 소통하고자 했는가? 정복자들이 애초에 목표한 원주민들과의 소통 범위는 어떠했는가? 서로 밀접히 연관된 이러한 질문들은 포르투갈 정복자들이 원주민들을 무엇 혹은 누구로 보았는지를 이해할 수 있게 한다. 16세기 유럽인들이 아마존에 처음 상륙했을 때 쓰이던 언어들은 매우 다양한 언어 줄기에 속했다. 16세기 아마존강을 탐험한 프란시스꼬 데 오레야나Francisco de Orellana (1541~1542년 탐험)와 뻬드로 데 우르수아Pedro de Ursúa·로뻬 데 아기레Lope de

---

10 1621년 포르투갈 펠리뻬 2세(Felipe II) 집권기에 당시의 포르투갈령 아메리카 북부에 마라녀웅주(Estado do Maranhão)라는 이름으로 생겨났다가 1654년에 그러웅-빠라 지역과 병합되어 마라녀웅 이 그러웅-빠라주(Estado do Maranhão e Grão-Pará)로 개명되었다. 1751년에는 그러웅-빠라 이 마라녀웅주(Estado do Grão-Pará e Maranhão)로 변경되고 이어 1772년에 분리되었다. 1774년에 잠시 재통합되었으나 1775년 또다시 분리되었으며, 1822년 브라질이 독립하고 1823년에는 브라질 식민주에 병합되어 그때까지 이원화되었던 포르투갈의 식민지는 독립국 브라질이라는 하나의 이름을 가진 통일체가 되었다. 현재의 마라녀웅과 빠라는 두 개의 독립된 주다.

표 1-2 **16세기 브라질 아마존의 언어 그룹**
(단위: 개)

어족	그룹 수
뚜삐	130
까리비((Karib)	108
아루아끼(Aruak)	83
빠누(Pano)	34
뚜까누	26
제((Ge)*	66
고립어 또는 미분류 언어들	271
전체	718

* 뚜삐 계통 언어와 대비된 따뿌이아 계통 언어를 가리킬 때 사용되던 'Ge' 혹은 'Gê'라는 이름은 언어학자들에 의해 20세기에 와 'Jê'로 바뀌어 정착되었다.
자료: 로우코트카(1968)의 연구 조사를 바탕으로 프레이리(Freire, 2003: 45 재인용)가 작성했다.

Aguirre(1560~1561년 탐험)의 기록에서 이들은 원주민어들의 방대함과 소통의 어려움을 호소한다. 1639년 뻬드루 떼이셰이라Pedro Teixeira의 포르투갈 원정대와 함께 아마존강을 건넌 스페인 예수회 소속의 끄리스또발 데 아꾸냐Cristóbal de Acuña 신부는 그곳에서 사용되던 언어가 "150개가 넘으며 모두 서로 다르다"라고 기록했다(Freire, 2003: 97~98 재인용).

체스트미르 로우코트카Čestmír Loukotka에 따르면 유럽인들과 남아메리카인들의 첫 접촉이 이루어지던 무렵 이 지역에서 사용되던 언어는 약 1500개에 달했고, 그중에 718개가 현재 브라질 아마존에 해당하는 영토에 집중되어 있었다(Loukotka and Wilbert, 1968; Freire, 2003 재인용). 호드리게스는 최근 연구에서 과거에 의지하던 출처보다 신뢰도가 높은 문헌을 근거로 같은 지역에서 언어 분포의 추정치를 제시했다. 그에 따르면 당시 포르투갈이 차지했던 아마존 지역에서 구사되던 언어 수는 1273개였고, 그중 495개가 오늘날의 브라질 아마존에서 사용되었다(Rodrigues, 2000: 24~25). 아마존 지역의 부족 수나 사용 언어 수는 자료마다 상이하며 그 편차는 무시하지 못할 수준에 이르기도 한다. 그러나 당시 포르투갈인들이 맞닥뜨린 원주민들이 사용하는 말들의 가짓수가 그들

그림 1-2 16세기 브라질의 주요 원주민 어족과 줄기들의 분포

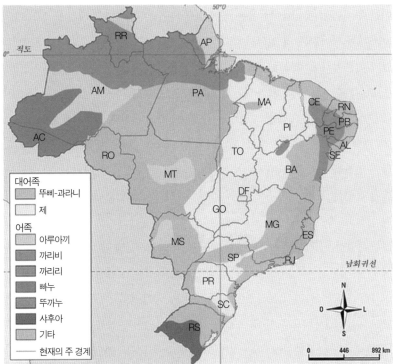

이 지도는 브라질의 현재 국경선과 주 경계선들 위로 16세기에 존재했던 원주민어 분포를 보여준다.
주 이름: AC(아끄리), AL(알라고아스), AP(아마빠), AM(아마조나스), BA(바이아), CE(세아라), DF(연방 특구), ES(이스삐리뚜 상뚜), GO(고이아스), MA(마라녀웅), MT(마뚜 그로수), MS(마뚜 그로수 두 술), MG(미나스 제라이스), PA(빠라), PB(빠라이바), PR(빠라나), PE(뻬르낭부꾸), PI(삐아우이), RJ(히우 지 자네이루), RN(히우 그랑지 두 노르치), RS(히우 그랑지 두 술), RO(홍도니아), RR(호라이마), SC(상따 까따리나), SP(상빠울루), SE(세르지삐), TO(또깡칭스).
자료: Pinterest.

을 당황시킬 만큼 충분히 많았다는 것은 분명하다.[11]

이 언어들의 줄기는 십수 가지로 뻗어 있으며, 16세기 대서양을 통해 현재

---

11 프레이리는 아마존 지역에서 사용되었던 원주민어 수가 자료마다 다르게 나타나는 것을 두고 출처, 추정에 쓰인 방법, 아마존의 경계 수립에 쓰인 기준이 서로 다르다는 사실과 함께 무엇이 언어인지를 결정하는 데 작용한 개념 차이에도 기인한다고 설명한다(Freire, 2003: 45).

의 브라질 지역에 상륙한 유럽인들과 접촉한 최초의 원주민들이 사용했던 언어는 뚜삐어/뚜삐낭바어[12] 혹은 뚜삐-과라니어였다. 이는 첫째, 〈표 1-2〉에서 보듯이 뚜삐어 계통의 언어를 쓰는 부족과 언어 그룹의 수가 130개로 가장 많았기 때문이기도 하고, 둘째로는 그 지리적 분포에 따른 것이었다. 뚜삐어는 남쪽 파라과이 평원부터 브라질의 대서양 연안 전 지역과 아마존강, 그 주요 지류 주변까지 거대한 원호를 그리며 수천 킬로미터에 걸쳐 분포한다(헤밍, 2013: 33~36). 흔히 알려진 것은 브라질 '해안의 주인'이라는 이름에 걸맞게 해안과 주요 강의 연안을 중심으로 분포한 뚜삐낭바족과 접촉하면서 뚜삐낭바어가 포르투갈이 점령한 두 개 식민주 안의 여러 지역에서 자연스럽게 초기 소통어로 쓰이기 시작했다는 것이다(Borges, 1996: 46).

스페인과 비교해 포르투갈의 아메리카 식민화는 상당히 소극적이고 느슨하게 이루어졌다. 이러한 포르투갈에게도 새로 확보한 땅에서 쓰이는 언어를 단일화하는 것은 식민지 브라질이 나아가야 할 방향으로 초반부터 공유된 과제였다. 이는 기본적으로 한 영토에 두 개 이상의 언어가 통용될 수 없다는 포르투갈 제국의 사고방식에 따른 것이었다. 현실적으로도 아마존의 언어 다양성과 이에 따른 소통의 어려움, 무엇보다 생존 자체의 위기를 직시한 포르투갈의 식민 통치자들은 아마존이 이제 '하나의 언어'가 통용되는 새로운 공동체로 재

---

12 흔히 뚜삐어는 여러 문헌에서 실제로는 뚜삐어족에 속하는 언어들 가운데 하나인 '뚜삐낭바어'로 대표 기술되기도 한다. 존 헤밍(John Hemming)도 '뚜삐어'와 '뚜삐낭바어'를 혼용하며 브라질 남부 일부 부족들과 아마존의 남쪽 지류 깊숙이 브라질과 페루에 자리 잡은 뚜삐 부족들이 쓰는 언어로 설명하고 있다(헤밍, 2013). 보리스 파우스뚜(Boris Fausto)에 따르면 과라니(Guarani)족은 빠라나-파라과이만 지역과 까나네이아(Cananéia)와 현재 브라질 최남단 사이의 해안을 따라 거주하던 부족이다. 뚜삐와 과라니라는 부족과 언어의 다양한 분포에도 불구하고 이들 사이의 문화와 언어의 상호 유사성 때문에 브라질에서는 흔히 뚜삐-과라니라고 칭해진다(Fausto, 2006: 37). 뚜삐낭바어는 이후 뚜삐어가 일반어화되는 과정에서 초부족적 성격을 가지게 된 뚜삐어, 이후 넹가뚜라고 명명되게 된 언어와 여전히 부족적 성격을 가진 채 보존된 부족적 성격의 뚜삐어를 구분해 후자를 명명하기 위해 생겨난 명칭으로 알려져 있다. 이에 대해서는 이후 예수회의 역할을 논할 때 설명한다.

편되어야 한다는 것에 동의했다. 숲의 안내자, 노를 젓는 자, 추출자(각종 천연 자원을 채집하고 활용을 가능하게 하는 자), 식량 생산자, 집과 도로의 건설자, 군인[13]에 이르기까지 아마존 정복과 식민 사회의 건설 과정에서 원주민에게 부과된 역할은 많고도 중대했다. 또한 원주민은 통역자였다. 먼저 땅과 숲의 통역자였으며 다른 부족들과의 소통을 매개하는 통역자였다(Freire, 2003: 46). 따라서 식민화 사업에 필요한 노동력을 제공하는 원주민과의 소통은 필수불가결한 것이었다.

그러나 한편으로 문자 없이 구술적 전통에만 의지하는 원주민의 '말'은 언어의 자격이 없어 소통어를 정하는 논의에 낄 수도 없다는 의견이 강했다. 다음은 16세기 브라질의 초대 총독 또메 드 소우자Tomé de Sousa[14]와 함께 브라질에 들어온 최초의 예수회 신부 마노엘 다 노브레가Manoel da Nóbrega[15]가 포르투갈 국왕에게 보낸 사역 보고서에서 토로한 원주민어가 가진 한계다.

그들에게 우리의 신앙을 제대로 선포하기에는 단어들의 수가 너무 적습니다. 그러나 저희들은 할 수 있는 최선을 다해 그것을 이해시키려고 애쓰고 있으며 어떠한 것들은 우회적으로 가르치기도 합니다(Nóbrega, 1988: A3).

기도문들과 주기도문에서 명하신 것들을 그들의 언어로 옮기려고 노력해 보았지만 저로서는 그것을 말하는 법을 알려줄 말(다시 설명하면 통역을 찾을 수가

---

13 식민 통치자들과 주요 관계를 맺었던 뚜삐족과 포섭된 일부 부족들은 포르투갈이 다른 부족들이나 유럽 세력에 대항해 전투를 벌일 때 주요한 병력이었다.
14 브라질을 발견한 뒤에도 거의 방치되었던 포르투갈의 브라질 관리는 프랑스의 해적 활동 등으로 점차 강화되다가, 1534년 세습 까삐따니아(capitania hereditária) 체제가 수립되며 다른 국면을 맞이했다. 식민화라고 부를 만한 관리가 시작된 것이다. 이후 중앙집권 체제를 더욱 강화하고자 1549년 총독제로 전환하면서 소우자 초대 총독과 예수회 신부들은 브라질의 식민화를 용이하게 하기 위한 전제 조건으로 단일 언어 지향성을 보다 뚜렷하게 강조하게 된다.
15 1549년 소우자 총독과 함께 다섯 명의 예수회 신부들을 이끌고 브라질 바이아에 도착했다.

없습니다. 왜냐하면 그들은 몹시도 야만적이어서 단어들조차 없기 때문입니다
(Nóbrega, 1988: 73).[16]

브라질을 식민화하려는 포르투갈인들에게 원주민은 "손과 발"이라고 표현
했던 앙또니우 비에이라Antônio Vieira 신부[17] 역시 정교한 묘사를 통해 원주민의
말들을 폄하했다. 예수회 신부들은 원주민의 보호와 교화를 자신들의 사명으
로 천명했고, 예수회는 물론 포르투갈 왕실의 대對원주민 정책은 가장 인도적
인 차원의 것이라도 어디까지나 원주민의 열등함을 전제로 했다. 1653년부터
1661년까지 그러웅-빠라 이 마라녀웅주에서 예수회 수장으로 있었던 그는 아
마조나스로 여행하기 전날 밤 마라녀웅의 서웅 루이스São Luís에서 했던 '성령
의 설교Sermão do Espírito Santo'에서 "야만적인", "알아들을 수 없는", "어두운", "복
잡하게 얽혀 있는", "비이성적인" 등 셀 수도 없는 형용사를 동원해 원주민들의
말이 소통어로 부적합하다고 주장했다. 그에게 "책도 없고, 선생도 없고, 안내
서/안내자도 없는" 원주민어는 식민지의 소통어로 쓰기에 치명적인 결함을 가
지고 있었다. 포르투갈어나 당시 최고의 교양과 문명의 표상으로 여겨졌던 라
틴어에 견주었을 때 원주민어는 그야말로 조잡해 보였다(Vieira, 2001: 427~429).
원주민어를 열등하게 보는 시선은 정복 초기 아마존 지역은 물론 포르투갈령
아메리카 전체에 팽배했고 이는 식민 시대 내내 계속되었다.

그 와중에도 원주민들의 언어에 대한 "소극적인 찬사"는 있었다(Rosa, 2003:
142). 1584년 예수회의 페르너웅 까르징Fernão Cardim은 이들의 말을 두고 "쉽고
우아하며 부드럽고 풍요롭다. 어려움은 다양한 조합을 하는 데 있다"라고 평했
다(Cardim, 1980: 101). 예수회 루이스 피게이라Luís Figueira 신부[18]는 1621년 뚜삐

---

16 1549~1560년까지 노브레가 신부가 브라질에서 포르투갈에 보낸 편지를 1988년 상빠울루 대
    학교 출판부에서 엮어 발행했다.
17 1653년 아마존에 와서 9년 동안 머물렀다.

낭바어를 비롯한 원주민어들을 다룬 책 『브라질어 문법의 기술A arte de gramática da língua brasílica』에서 인칭에 따른 동사의 활용 면에서 원주민어를 그리스어와 비교했다.

> 3인칭 단수를 1인칭 복수형 동사로 활용하는 것은 미개해 보인다. 그러나 이상
> 하게 여길 것은 없다. 그토록 기품 있는 그리스어에도 이와 비슷한 예가 있는데
> 복수 중성 명칭들은 흔히 동사의 단수형을 필요로 한다(Figueira, 1621).

이러한 호의적·중립적 평가들이 식민지 소통어의 선택에 얼마나 기여했는지 정확히 알기는 어려우나 포르투갈인들 다수가 주장한 원주민어들의 '열등함'을 따지기에는 브라질에서 이들이 처한 현실이 더 다급했음을 짐작할 수 있다. 우선 포르투갈령 아메리카의 원주민들의 규모와 비교해 포르투갈인들은 수적 열세에 놓여 있었다. 뻬드루 알바르스 까브랄Pedro Álvares Cabral 의 포르투갈 원정대가 처음 브라질 땅을 밟은 뒤에 이주해 온 포르투갈인의 수는 약 28만 명이었다. 1581~1640년 매년 평균 500명에서 5000명이 이주해 왔다. 그러나 항해 도중에 조난을 당하거나 다른 이유로 죽은 사람들, 다시 본국으로 돌아간 사람들을 고려하면 그 수는 훨씬 적을 수 있다고 추산된다(Venâncio, 2000: 66; Rosa, 2003: 138 재인용). 마라녀웅 이 그러웅-빠라 식민주의 경우는 인구 구성 때문에 더더욱 포르투갈어를 소통어로 강제할 수 없었다. 오늘날 상빠울루 지역에 해당하는 브라질 식민주와 다르게 마라녀웅 이 그러웅-빠라 식민주에서 포르투갈어를 구사하는 정착 인구는 약 150명으로 매우 미미했다. 이들 대부분은 군인들로, 1616년 이 지역에 정착한 프랑스인들을 내쫓기 위해 프랑시스꾸 깔데이라 까스뗄루 브랑꾸Francisco Caldeira Castelo Branco가 지휘한 군사 원정대의

---

18 총독 디오구 드 멩동사 푸르따두(Diogo de Mendonça Furtado)의 요청으로 1621년 마라녀웅
  에 선교 부락을 세웠다.

일원이었다. 한 세기가 지난 18세기 초에도 아마존의 포르투갈인 정착민들은 1000명가량에 불과했다. 반면에 다양한 부족으로 구성된 원주민들은 아직 자신들의 영토를 온전히 점유하고 있었고 지역 인구의 다수를 차지했다. 1720년 식민 체제에 편입된 '노예' 신분의 원주민들과 '자유' 원주민들의 수는 대략 7만 5000명에 달했다(Raiol, 1900: 132; Freire, 2003: 49 재인용).

이렇듯 영토 점유로 보나 인구 구성으로 보나 포르투갈의 점령이 아직 공고화되지 않은 상황에서 포르투갈어를 처음부터 소통의 언어로 택하는 것은 매우 비효율적이었다. 따라서 당시에 가능한 것은 다양한 원주민어들 중 가장 우세했던 한 언어와 그것이 적어도 당분간 짊어져야 할 '건설적인' 기능에 집중하는 것이었다.

4 | 뚜삐 대 따뿌이아의 대립 구도 강화와 따뿌이아의 뚜삐화

아마존 지역의 식민화가 본격적으로 시작된 17세기 초부터 18세기에 걸친 언어정책의 변화, 이들이 택한 뚜삐낭바어가 아마존 일반어로 이행된 단계들을 뚜렷하게 경계 짓기는 어렵다. 정확하게는 이 언어의 다양한 명칭 자체도 시기적인 구분이 있는 것은 아니다. 원주민어를 소통어로 삼을지 말지의 논쟁이 있는 와중에도 뚜삐낭바어는 실질적으로 이미 아마존을 비롯한 브라질의 해안지대에서 '일반적인' 또는 '공통적인' 언어로서 역할을 수행하고 있었다. 'geral'라는 수식어도 아마존 일반어의 기틀이 다져지기 전부터 쓰인 것으로, 16세기에도 이미 많은 이들이 이 언어를 정관사를 붙여 'a língua'('the language'라는 뜻임), 'a língua geral'로 불렀다는 기록이 있다. 다시 말해 '뚜삐낭바어'로 불리다가 어느 순간 갑자기 '일반어'로 이름과 속성이 바뀌었다는 식으로 특정한 시점을 구분 지을 수는 없다.

단일 언어화를 위한 이 시기의 정책들은 비록 원주민어를 출발점으로 삼기는 했으나 궁극적으로 아마존 지역의 언어문화적 정체성을 포르투갈적 요소로 바꾸어가는 큰 흐름에 속해 있었다. 그렇다면 이 목표를 이루기 위해 포르투갈이 의도한 다양한 원주민 부족들 간의 관계와 원주민과 포르투갈인들의 관계가 어떠했는지에 초점을 맞추어 살펴보는 작업이 필요하다. 이것으로 다소 중첩되기는 하나 어느 정도 순차성을 띠는 일련의 단계들을 드러내는 것이 가능하다. 보르제스와 바후스는 일반어 발명과 확장 과정을 크게 2단계로 구분한다(Borges, 1996; Barros, 2003).[19] 첫 단계는 다양한 원주민어가 사용되는 현실을 하나의 주된 원주민어인 뚜삐어 체계로 전환하는 것이었다. 이 첫 단계를 바후스는 '비非뚜삐족(따뿌이아)의 뚜삐화', 보르제스는 '뚜삐화와 따뿌이아(tapuia 또는 tapuya)화'라고 명명한다. 브라질의 해안 지역과 주요 강들의 주변 지역들은 하나의 소통어를 쓰기에 '이상적'인 여건을 가지고 있었다(Barros, 2003: 136). 이미 거주 부족들 다수가 뚜삐낭바어를 구사했기 때문이었다. 당시 빠우브라질 Pau Brasil 나무를 채취하고 해안에 정착하려던 포르투갈인들로서는 사실상 소통이 필요한 모든 원주민들과 뚜삐낭바어를 쓸 수 있었기 때문에 이 언어는 매우 효용가치가 높았다(Rodrigues, 1993: 83, 86). 프레이리에 따르면 아마존 일반어라는 이름이 공식적으로 쓰인 것은 1616년 포르투갈인들이 빠라의 식민화를 위해 처음 도착했을 때다. 대부분의 브라질 해안이 그랬듯 사우가두 Salgado 해안에서부터 또깡칭스강 입구에 이르기까지 여러 언어가 분포해 있었지만 그중 뚜삐낭바어가 두드러지게 사용되고 있었다. 이 정착민들은 빠라에 오기 전 마라녀웅과 뻬르낭부꾸 Pernambuco에서 '링구아 브라질리까 língua brasílica(브라질어)'라는 이름으로 불리던 뚜삐 계통의 언어를 배웠기 때문에 뚜삐낭바어가 자연스럽게 빠라에서도 포르투갈인, 원주민, 까보끌루들의 소통어가 되었다는 것이 그의 설명이다(Freire, 2003: 51).

반면에 다른 소수 언어들은 큰 관심을 받지 못했다. 바이슈 아마조나스 Baixo

---

19 마지막 단계는 18세기 중반 뽕발 개혁과 함께 시작된 아마존의 포르투갈화다.

Amazonas 지역은 뚜삐 계통의 언어와 함께 다른 부족의 언어들이 복잡하게 얽혀 있던 대표적인 곳이었다. 바후스는 17~18세기 바이슈 아마조나스 지역의 일반어에 관한 연구에서 아마존의 식민화 과정에서 언어정책이 브라질의 다른 지역에서와는 다르게 전개되었다는 것에 집중하며, 이 지역에서 뚜삐어화라는 과제가 지녔던 당위성을 조명한다. 상대적으로 언어학적 동질성을 보였던 브라질의 다른 지역들과 비교했을 때 이 지역의 언어 분포는 지나치게 복잡했다. 특히 뚜삐어로 비非뚜삐족들을 뜻하는 따뿌이아 언어들의 존재는 예수회에게는 (그리고 포르투갈 왕실에게는) "얼룩"과도 같았다(Barros, 2003: 86). 아꾸냐 신부는 이 지역을 관찰하면서 "그곳에는 온통 서로 다른 부족과 언어들이 분포해 있다"라고 말하고는 곧이어 "그나마 대부분의 지역에서는 그곳의 해안 지대에서 쓰이는 'a geral', 즉 일반적인 말을 알아듣는다"라며 뚜삐어화의 가능성에 주목했다(Acuña, 1641: 280; Freire, 2003: 52 재인용). 오히려 뚜삐어화가 이미 용이했던 다른 지역과는 반대의 상황 탓에 뚜삐어화가 더욱 시급하게 여겨졌던 것이다.

일단 식민 통치자들의 선택을 받은 뚜삐낭바어는 뚜삐족 외의 부족들인 따뿌이아의 동질화를 위한 수단으로 그들에게 강요되었다. 그것은 주로 식민화를 위해 조직된 선교 부락aldeias de repartição으로 원주민들을 편입시키고 그 안에서 규칙적으로 교리 교육을 하며 이루어졌다. 본래 내륙에 살며 수렵과 채집에 주로 의존하던 비非뚜삐족들은 본래의 생활 터전을 잃고 이 부락에 이식되었다(Barros, 2003: 85~87). 편입 경로는 크게 두 가지였다. 하나는 '정당한/정의로운 전쟁guerra justa'으로, 식민 통치자들에게 적대적인 원주민을 포획하고 노예화하는 것을 정당화했다. 다른 하나는 '설득descimento'[20]으로, 고분고분하지

---

20 아마존 산림지대에 주로 거주하던 원주민들을 해안으로 '내려오도록(descer)' 설득한다는 데서 그 이름이 유래했다. 이들은 원칙적으로 군사적 성격을 띠지 않은 원정대로 선교사들이 주축을 이루었다(Freire and Malheiros, 2020).

않은 원주민들을 비교적 평화로운 방식으로 원래 살던 마을에서 선교 부락으로 이전시키는 일종의 원정대를 이용했다. 원주민들을 부락에 모아 그룹화하고 실사하는 교리 교육aldeamento은 언어, 문화 등 부족 간의 여러 차이를 희석시키는 데 매우 효율적이었다. 지역마다 차이는 있겠지만 바이슈 아마조나스에서 진행된 것 같은 부락 내 편입은 배치 자체가 다양한 원주민들의 부족 간 구분을 고려하지 않은 채 이루어졌다(Perrone-Moisés, 1992: 118~119). 결과적으로 다양한 문화적·종교적 배경을 가진 원주민들의 정체성이 박탈되었는데, 이는 명백히 의도된 것이었다(Fausto, 2006: 49~50).[21] 뚜삐낭바어 또는 이미 일반어로 불리고 있던 타자의 언어를 사용하도록 강요받은 비非뚜삐족들은 이것을 어떻게 받아들였을까. 주어웅 다니엘João Daniel 신부가 남긴 기록에는 마라죠Marajó섬에서 한 넹가이바Nheengaíba족 여자가 자기 부족의 말을 버리고 일반어를 쓰는 것을 거부해 교육을 담당한 신부로부터 "두 손이 붓고 피가 날 때까지" 매질을 당한 사례가 남아 있다(Daniel, 2004: 272). 원주민들이 일반어 사용이라는 포르투갈 왕실이 제도화한 명령에 불복종해 매질을 비롯한 여러 신체적 체벌을 받은 일이 당시 남긴 기록에서 자주 등장한다. 아마존 식민화가 시작되던 17세기 초반까지는 비非뚜삐족들에게 훨씬 가혹했으며 그에 따라 이들의 저항 역시 거셌을 것이다. 그 이름이 뚜삐낭바어였든 일반어였든 아직은 뚜삐낭바

---

21 파우스뚜는 원주민을 복속시키기 위한 포르투갈의 두 가지 정책에 관해 설명한다. 널리 알려진 것처럼 하나는 식민 지배자들의 냉혹한 경제적 계산에 따른 노예화였고, 다른 하나는 예수회가 주축이 된 교단들을 통한 원주민의 영혼 구원을 명분으로 내건 정책이었다. 예수회의 정책은 원주민들을 한 장소에 모아 '선한 그리스도인'을 만드는 것으로, 유럽인의 관습과 노동의 가치와 전통을 그들에게 심어주어 왕실에 기여하게 만든다는 것이었다. 당연히 식민 지배자들과 예수회 사이의 갈등은 불가피했으나, 그렇다고 해서 예수회가 원주민 문화를 존중한 것은 아니었다. 예수회 신부들이 원주민이 과연 같은 인간인지 의문을 품기까지 했다는 사실이 당시 기록들에서 찾을 수 있다. "인디오들은 서로를 잡아먹고 죽이는 것이 마치 개들과도 같으며, 행동거지와 악한 습관을 보면 마치 돼지와도 같다"라고 쓴 노브레가 신부의 기록은 그중 하나다(Fausto, 2006: 49~50).

어가 체계적 수정 없이 부족어로 그대로 통용되었기 때문이다.

그러나 앞서 암시했듯 뚜삐낭바어가 식민화의 언어, 정복의 언어로 선택된 순간 이미 본질적으로는 예전과 같은 부족어로서의 뚜삐낭바어일 수는 없었다. 식민화 이전에 뚜삐낭바어의 사용은 뚜삐족에게 자발적이고 자연스러운 것이었다. 하지만 식민화 구도 안에서의 뚜삐낭바어 사용은 이제 강요된 것이었고, 이들의 주체성이 발현될 여지는 제한적이었으리라고 예상되기 때문이다. 물론 초기에는 여전히 외형적으로는 부족어로서의 성격이 강했기에 비非뚜삐족이 당면한 것과 같은 기술적인 어려움은 덜했을 것이다. 여러 의문이 떠오르지만 여기서는 흔히 식민화와 함께 선과 악, 우와 열의 구도로 고착화된 뚜삐와 따뿌이아의 관계 자체에 의문을 제기하는 것이 필요해 보인다. 앞서 살펴본 예수회 신부들의 기록에서처럼 포르투갈인들이 정복 초기부터 인지한 뚜삐족과 비非뚜삐 부족들의 구분은 이미 정복 전부터 이들 사이에 존재하던 것이었다. 따뿌이아는 뚜삐족이 내륙 지역에 모여 살며 뚜삐어를 사용하지 않은 방대한 부족들을 통틀어 부르던 이름이었다. 뚜삐족의 시선에서 따뿌이아는 모든 면에서 자신들과 반대 속성을 지닌 존재였다. '야만적'이며 농경의 전통이 없는 열등한 '유목민', 이것이 뚜삐족이 따뿌이아들을 보는 시선이었다. 하오니 하저웅Raoni Rajão과 샌드라 하딩Sandra Harding은 이러한 뚜삐-따뿌이아 관계를 "타자 안의 타자"를 나타내는 대표적인 사례로 설명한다(Rajão and Harding, 2018: 87~91). 이러한 적대적 관계는 유럽에 의한 식민화라는 맥락에 놓이면서 한층 더 체계적인 차별화와 수직적이고 이분법적인 구도로 고착되었다. 이 변화의 가장 핵심적인 본질은 이러한 구도를 만든 주체가 포르투갈인이라는 사실, 뚜삐와 따뿌이아의 우열을 가리고 이에 상응하는 관계를 맺는 것이 원주민 자신이 아니라 포르투갈인이라는 사실이다. 뚜삐족은 식인 풍습을 비롯해 포르투갈인의 눈에 야만적으로 비친 관습들을 가지고 있었지만, 일부 작물을 경작하는 등 농업의 전통도 가지고 있었다. 이는 뚜삐족 자신들도 자랑스럽게 여기는 전통이었다. 그래서 포르투갈인들은 뚜삐족을 식민지에서 포르투갈인들이 이루고자 했던 문명화된 사회의 모습에 그나마 가장 가까운 부족으로 생각했다. 농업에 필요한 정착 생활, 땅과 작물과 날씨에 대한 지식, 화전농법, '비교적' 규칙적인 노동의 전통은 매우 매력적인 요소였다. 따라서 뚜삐-따뿌이아의 구도 안에서 뚜삐족이 통합의 기준이 되는 것은 자연스러운 일이었다. 잊지 말아야 할 것은 포르투갈인은 이 구도의 바깥에 자리 잡고 있었다는 사실이다. 이것은 뚜삐족과 포르투갈인이 대등한 위치에 있는 것이 아니었듯 뚜삐어와 포르투갈어가 대등한 위치에 놓인 것은 아니었음을 의미한다. 뚜삐와 따뿌이아라는 명칭과 구분 자체는 뚜삐족의 것이었지만, 포르투갈인의 인식이 더해진 이 구분의 주체는 이제 뚜삐족의 것이 아니었다. 이미 존재했던 이러한 구도는 포르투갈이 아마존을 식민화하는 데 효율적인 수단이었다. 베아뜨리스 뻬호니-모이제스Beatriz Perrone-Moisés가 다양한 부족들로 구성된 따뿌이아의 이미지가 "이중 왜곡의 산물"임을 지적한 것은 이러한 맥락에서 이해될 수 있다.

> 이 부족들의 이미지는 이중으로 왜곡되었다. 왜냐하면 이들에 대한 정보들은 두 개의 문화적 시각을 통해 알려지게 되었기 때문이다. 하나는 포르투갈인들의 시각이며 하나는 그들의 정보원, 즉 뚜삐냥바족들의 시각을 통해서다. 따라서 따뿌이아들에 관해 알려진 것은 그만큼 공허하다(Perrone-Moisés, 2012).

가브리에우 아스니스Gabriel Asnis가 뚜삐와 따뿌이아의 관계가 상징적으로나 실질적으로나 이들 본연의 성질이 아닌 포르투갈인들에 의한 "대우의 차이에 따라 생겨났다"라고 분석한 것도 이와 일맥상통한다(Asnis, 2019: 21). 포르투갈인들은 자신들이 도착하기 전부터 존재했던 부족 간의 구분과 적대감을 효율적으로 이용했다. 식민화 이후 이 구분과 적대감은 적극 장려되어 뚜삐냥바어와 따뿌이아 언어는 각각 '인간의 언어'와 '비인간의 언어들'로 대비되는 지경까지 이르렀다. 당시 유럽인들이 남긴 기록들을 보면 다양한 원주민 부족들을 '사람'과 '동물', 혹은 '사람에 더 가까운' 원주민과 '동물에 더 가까운' 원주민으로 구분하는 차별적 시선을 읽을 수 있다. "인디오들은 (사람처럼) 집에서 사는데 아이모레Aymoré족은 동물처럼 숲에서 산다"라는 보고가 그것이다. 뚜삐낭바족과 아이모레족(따뿌이아에 속하는 대표적 부족)의 인육을 먹는 관습에 대한 평가도 그렇다. "뚜삐낭바족은 적들에 대한 보복으로 인육을 먹지만 아이모레족은 인육을 즐긴다"라는 것이다(Fausto, 2006: 37~38). 이러한 기술만으로 아이모레족의 식인 풍습을 더 혐오스러운 것으로 평가했다고 단정할 수는 없다. 그러나 왕실이 최초의 원주민 관련 법령을 공포했을 때 아이모레족만 원주민 노예화 금지 조항에서 제외되었던 사실을 통해 포르투갈이 뚜삐낭바족의 '약점'으로 인식한 특성까지도 다른 가치 평가를 적용함으로써 관용했음을 알 수 있다. 이는 물론 앞서 설명한 뚜삐족이 식민화에 유리한 특성을 가졌기 때문이기도 했고, 한편으로는 특히 호전적이고 정복에 협조적이지 않았던 아이모레족의 성향 때문이기도 했다. 뚜삐족에 대한 긍정적인 보고도, 아이모레족을 포함한 따뿌이아들에 대한 부정적인 보고도 결국은 포르투갈 식민 통치자들이 식민화에 도움이 되는지 그렇지 않은지를 기준으로 하는 편파적인 해석에 기반한 것이었다. 따라서 포르투갈과 아메리카의 조우 이후 원주민 사회에 대한 기록들은 해당 사회가 지녔던 다양성의 은폐, 왜곡, 편향에서 자유로울 수 없다. 아마존과 원주민은 정복과 함께 역사시대에 편입되었으나 이제 아마존의 주인도 아니었고, 문자가 없었기에 기록의 주체도 될 수 없었다. 포르투갈의 식민화 수단이 된 뚜삐와 따뿌이아라는 이름과 관계 틀은 상징적일 뿐 아니라 실질적인, 어쩌면 아마존 사회에서 유일하게 효력을 발생하는 틀이었을 것이다.

소통의 측면에서 보았을 때 원주민들의 분열과 동시에 정복지의 통일을 위한 언어적·문화적·심리적 대립 구도의 형성 도구로 쓰인 뚜삐낭바어의 소통기능은 의도적인 모순을 내포한다. 뚜삐계 부족의 우월성을 노골적으로 전제함으로써 표면적으로는 소통하지만 본질적으로는 분열을 일으키고, 열등화된 타자의 존재론적 발화를 억압하기 때문이다. 반복하건대 열등한 위치에 놓인 것은 비단 따뿌이아만은 아니다. 물론 따뿌이아가 겪은 열등화는 먼저 뚜삐족

에 의해, 이어 포르투갈에 의해 이루어졌다는 점에서 이중적이다. 그러나 뚜삐
족 역시 아류 억압자의 위치로 전락하면서 열등화되었다. 그렇다고 해도 식민
화의 첫 단계는, 즉 아마존 사회에 존재했던 다양한 언어와 문화를 두 범주로
단순화한 것은 포르투갈인들에 의한 통합의 측면에서 보았을 때 여전히 불완
전하고 도전을 내포하고 있었다. 비록 뚜삐 계통을 제외한 부족들은 따뿌이아
라는 하나의 단위로 환원되었지만, 본격적인 변형을 거치지 않은 뚜삐낭바어
는 여전히 원주민 부족의 언어였기 때문이다.

5 ǀ 부족성의 해체: 아마존 일반어와 '일반 인디오'의 주조

아마존 식민화의 다음 절차에서 필요한 것은 포르투갈어-뚜삐낭바어라는 언
어문화 구도를 포르투갈어 체계로 일원화해 식민지 내부 소통의 장에서 주도
권을 완전히 옮기는 것이었다. 이러한 이행을 매개한 것이 바로 뚜삐낭바어의
'수정'이라는 과정이다. 실제로 앞의 뚜삐 대 따뿌이아 구도의 강화와 함께 뚜
삐낭바어의 음운에 포르투갈어 문법 체계를 입혀 체계적으로 수정하는 작업이
병행되었다. 뚜삐낭바어 자체에 본격적인 식민화가 이루어진 것이다. 애초 포
르투갈인들이 원주민들에게 기대하고 부여했던 땅의 통역자, 부족 간 통역자
로서의 역할은 점차 비본질적이고 주체성이 축소되는 방향으로 흘러야 했다. 다
시 말해 체제 순응적인 온전한 객체로 만드는 과정에 착수해야 했다. 그러니 당
연히 소통어로 기능하던 원주민의 언어가 계속 원주민의 것이어서는 곤란했다.

이 과정을 보르제스는 '뚜삐낭바어의 부족성 해체destribalização do tupinambá',
바후스는 '예수회식 뚜삐어의 표준화estandardização do tupi jesuítico'라고 명명했다
(Borges, 1996; Barros, 2003). '예수회식 뚜삐어'라는 표현이 말해주듯이 뚜삐어
의 부족성 해체를 통한 일반어 넹가뚜어의 형성과 문법 체계 수립을 주도한 것
은 예수회였다. 당시 브라질을 체계적으로 식민화하는 데 가장 적합한 두 기관

으로 간주되었던 국가와 가톨릭교회는 정복과 확장이라는 대전제를 공유했다. 예수회는 아마존 일반어를 만들어 보급하는 과정에서 원주민들의 다양한 차이를 덮고 포르투갈 중심의 식민지 통합을 위해 언어의 일원화라는 목표를 공유했을 뿐 아니라 오히려 더 큰 공로를 세웠다고 평가받는다.[22] 예수회가 일반어의 문서화와 아마존 전역으로의 지리적 확산, 진화, 체계화를 통해 그 형성과 진화를 주도한 것은 17~18세기에 걸쳐서였다. 이는 비에이라 신부가 아마존 지역에서 사역을 시작한 1653년부터 뽕발의 개혁과 예수회 축출로 아마존의 마지막 신부가 된 다니엘 신부의 체류(1757년)까지의 시기에 해당한다. 이 시기의 정책은 예수회의 일반어 정책이라고 부릴 만큼 뚜삐어의 수정을 통한 일반어화 과정에서 예수회의 역할은 지배적이었다. 이러한 점에서 당시 브라질의 식민화를 기술하며 마리아 까를로따 호자Maria Carlota Rosa가 "대對원주민 정책에서 왕실이 일반어의 제도화를 지원했다"라고 표현한 것은 오히려 더 적절해 보인다(Rosa, 2003: 136). 실제로 일반어의 모태로 일단 선택된 뚜삐낭바어에 대한 포르투갈 왕실의 입장은 분명했다. 1549년 소우자 초대 총독과 예수회가 브라질에 입성하고 나서 뽕발 개혁을 걸쳐 포르투갈 왕실이 취한 원주민 정책 중 하나는 일반어의 사용과 확장을 장려하는 것이었다. 동 주어웅 6세Dom João VI는 1652년 왕실직령Carta Régia에서 예수회가 식민지를 교화하기 위해 이들의 교리 교육 활동을 인정하고 비에이라 신부에 대한 지원을 공식화했다. 이 지원에는 '그 언어', 즉 일반어에 대한 지원이 포함되어 있었다.

---

22 식민지 브라질의 총독으로 부임한 소우자와 함께 노브레가 신부가 브라질 땅을 밟았을 때는 적어도 표면적으로 예수회는 국가와 목표를 같이했다. 그 목표란 원주민들에게 교리를 교육하고 식민지에 드물게 존재하는 좋지 못한 평을 받는 사제를 훈육함으로써 국가의 식민화 사업을 지원하는 것이었다. 한동안 양측은 식민지에 국가와 교회를 이식하고 정비하기 위해 매우 긴밀한 관계를 유지하며 동행했다(Fausto, 2006: 47). 그럼에도 식민지에 대한 예수회와 교회의 입장은 동일시되어서는 안 되며, 실제로 예수회는 원주민에 대한 시각과 대우에서 다른 교단들과도 대비되는 독자적인 행보를 보였다. 훗날 예수회는 국가와의 견해차로 아마존을 비롯한 아메리카 대륙에서 축출된다.

(……) 나는 그대들이 복음 전파에 계속해서 힘쓰며 그 지역들(마라녀웅)까지도 복음을 가져가기를 격려한다. 그것을 위해 그대 사제들의 눈에 복음이 필요하다고 판단되는 곳, 그대들이 선택하는 곳 어디라도 가서 교회를 세우고, 선교부락을 만들 것을 명한다. 거기서 만나는 인디오들을 이끌어 선교 부락에 거주하게 해 그들의 회심에 필요하다고 판단하는 바대로 행하기를 명한다. (……) 인디오나 카누, 그 땅과 그 언어에 (능통해서) 쓸모 있는 사람들pessoas práticas na terra e língua, 그 무엇이든 (선교에 필요한) 모든 지원과 호의를 제공할 것이다(Carta Régia, 1652; Freire, 2003: 55 재인용).

또 다른 왕실칙령(1689년 11월 30일)에서는 아마존 일반어를 마라녀웅 이 그러웅-빠라 식민주의 공식 언어로 인정했다. 17세기 초부터 이미 선교사들은 원주민뿐 아니라 아마존의 중심 지역에 거주하던 포르투갈인의 자녀들에게도 이 언어를 가르쳐야만 했다(Kiemen, 1954: 170; Freire, 2003: 55 재인용).[23]

사용자 확대와 특정 부족의 정체성 제거라는 측면에서 온전한 일반어로 형성되고 있던 뚜삐낭바어는 원주민들의 가톨릭으로의 교화나 회심을 위한 설교, 교리 교육, 의식의 실행을 위한 지배적 수단으로 자리 잡아갔다. 연설 내용은 주로 브라질과 포르투갈 제국의 정치적 일원화를 정당화하는 것이었다. 소통 수단으로서 뚜삐낭바어의 지위가 격상되고 확장되면서 예수회는 본래 원주민들의 교리 교육과 브라질로의 파견 전후에 선교사들을 가르치기 위한 목적이었던 일반어의 체계를 정비하는 데 더욱 힘썼다(Orlandi, 2004; Mariani, 2017 재인용). 뚜삐낭바어 사전과 문법서들이 만들어져 보급되기 시작한 것도 이때다. 피게이라 신부는 1621년 일반어 사전과 문법서인 『일반어의 기술Arte da Língua

---

23 기록을 참고하면 포르투갈 국왕은 아마존의 가르멜(Carmelita), 메르체다리오(Mercedarian), 프란치스코(Francisco) 교단 수사들이 예수회 수사들만큼 일반어에 능통하지 않은 것을 두고 자주 꾸짖었다(Sweet, 1974: 106).

Geral』을 만들어 보급했으며, 이 책은 1685년에도 수정을 거쳐 재보급될 정도로 오랜 기간 일반어의 확장에 공헌했다. 피게이라는 그의 첫 일반어 교재가 나온 5년 뒤인 1626년에 그라웅-빠라 이 마라녀웅주에 이 지역 최초의 학교를 세웠다. 포르투갈인의 자녀들을 교육하기 위해 세운 이 학교의 교육은 일반어와 포르투갈어로만 이루어졌다. 이렇듯 원주민의 구조와 개종을 위한 교리 교육, 이들과 소통해야 할 포르투갈인 자녀들을 위한 교육 등과 같이 체계적 커리큘럼을 요구하는 활동 덕분에 하나의 일반어 사용을 위한 틀이 다져지고 확대된 것도 사실이지만, 동시에 이러한 교육 활동 자체가 하나의 통일된 언어를 필요로 했다(Freire, 2003: 53).

하나의 일반어로 향해가는 이 과정, 혹은 이 시기에 선교 부락을 중심으로 한 아마존 지역에는 두 형태의 뚜삐어가 공존하고 있었다. 추방당하기 전까지 14년 동안 아마존에 머물렀던 다니엘 신부는 그 상황을 묘사하며 이 둘을 각각 "뚜삐낭바족(이 사용하는) 옛 일반어"와 "변질된 일반어"로 명명했다.

> 전자는 살아남은 소수의 뚜삐낭바족들이 사용하고 예수회가 문법·교리 교육에 쓰는 뚜삐어로서 문어의 성격이 강하고, 후자는 더 늦게 식민 체제에 편입된 비非뚜삐족들과 포르투갈인들이 사용하는 뚜삐어로 선교 부락의 경제생활에서 주로 사용된다. 이 변질된 뚜삐어는 '진정한 일반어', 즉 본래의 순수한 뚜삐낭바어와는 너무도 달라 마치 다른 언어 같았으나, 뚜삐낭바족은 소수였고 따뿌이아는 다수였다(Daniel, 2004: 333~334).

여기서 그가 "본래의 뚜삐낭바어"를 "진정한 일반어"라고 말한 것은 부족어의 상태에 있는 뚜삐낭바어 자체에 대한 애착과 안타까움으로 이해하기는 어려워 보인다. 그보다는 앞으로 더 힘써 이룩해야 할 진정한 일반어의 기반이 될 자격이 되는 '(다른 원주민어에 비해) 비교적 나은 언어' 정도로 이해하는 것이 더 적절하다. 포르투갈인들의 눈에 이 상황의 본질은, 다시 말해 문제는 이도 저도 아닌 변질된 뚜삐낭바어 사용자가 다수를 차지한다는 사실보다는 이 상황이 아직 포르투갈인에 의해 통제되지 않고 있다는 것이었다.

다음에서 보르제스는 원주민성의 유무를 기준으로 ─ 비록 뚜삐낭바족으로 대표되기는 하나 ─ 이른바 양층언어diglossia 현상에 주목하는데, 이는 바로 앞의 문제 상황에 대한 예수회의 반응으로 이해할 수 있다. 예수회는 이제 본래의 뚜삐낭바어를 기반으로 한, 그러나 이미 '문자'를 가지게 되면서 그 초석을 다진 예수회식 뚜삐어와 이의 표준화를 공고히 하는 데 주력한다. 따라서 18세기 들어 더욱 두드러지게 아마존 지역에서 관찰되는 양층언어 상황을 보르제스는 다음과 같이 요약한다.

> 분명히 부족적 성격의 뚜삐낭바어, 즉 부족적 삶을 영위하며 구체적인 일상 속에서 뚜삐낭바족이 사용하는 언어가 있는 한편으로 포르투갈어에 의해 전유되어 식민지 북부 전역에 퍼져 부과된 일반어로서의 초부족적 뚜삐낭바어가 존재한다.[24]

먼저 언급한 다니엘의 기록은 교리 교육에 사용되는 일반어와 비非뚜삐족과 포르투갈 정착민들이 생산 활동에 사용하는 일반어의 양립 상황을 묘사한 것이다. 그다음으로 보르제스가 주목한 것은 초부족적·언어적 일반성generalidade이라는 기반이 다져져 새로운 언어로 출현한 예수회식 뚜삐어와 부족어로서의 뚜삐낭바어의 양립 상황이다. 그 출현이란 기존의 뚜삐어에는 없던 자음이 일부 생기고 인칭과 그에 따른 동사의 변화가 급격히 간소화되는 등 포르투갈어

---

24 호드리게스는 부족적 성격의 뚜삐어를 초부족적 성격의 언어와 구별하기 위해 뚜삐낭바어라는 명칭이 생겨났다고 설명한다. 이와 유사한 양층언어 현상의 또 다른 예는 파라과이에서 발생했는데, 부족적 성격의 과라니어와 소위 파라과이식 과라니어(Guarani paraguaio)라는 서로 매우 다른 성격의 두 형태가 존재한다(Rodrigues, 1986).

모델을 따른 재체계화를 거친 차별화된 언어로의 존립을 의미하며, 18세기부터 그 차이가 더 뚜렷해졌다(Borges, 1996: 48).[25] 보르헤스에 따르면 어휘는 여전히 뚜삐낭바어가 주를 이루었지만 포르투갈어에서 온 용어들이 추가되었으며, 그 밖에 원주민 부족들의 언어에서 유래한 단어들도 출현했다. 그러나 대개의 경우 음운론적·형태학적 적응 과정을 거치면서 포르투갈성을 축으로 하는 하나의 새로운 언어화가 추구되었다고 이해할 수 있다(Borges, 1996). 각기 다른 초점하에 기술된 이 두 언어의 양립 상황은 기본적으로 뚜삐낭바어의 일반어화 과정에서 나타나는 순차적 사건으로 볼 수 있다. 바후스가 식민지 아마존의 언어정책을 '따뿌이아 그룹들의 뚜삐화'와 '예수회식 뚜삐어의 표준화'로 정리한 것은 이러한 선후 관계를 나타낸다. 본래의 뚜삐낭바어와 원주민의 정체성이 제거된 일반어가 된 이른바 예수회식 뚜삐어, 혹은 프레이리가 부르는 "식민적 뚜삐낭바어" 사이의 구분은 점점 더 명확해졌다. 이제는 뚜삐낭바어나 뚜삐어라는 하나의 이름에 부수적인 어휘를 수반해 지칭할 수 없는 언어로 자리하게 되었다.

다시 말하지만 브라질의 식민 시대와 제국 시대에 걸쳐 형성된 이 일반어의 명칭은 다소 혼란스럽다. 특히 이처럼 '두 언어 간의', 아니 '두 언어로의' 구분이 불가피하게 된 18세기 이전의 상황을 기술하는 1차 문헌들에서도 그렇고, 이것을 토대로 나온 연구물들은 더욱 그렇다. 그나마 가장 명확하게 구분할 수 있는 것이 뚜삐어-아마존 일반어-넹가뚜어이고, 이 스펙트럼은 여러 다른 이름들로 채워져 있다. 그중에서도 뚜삐어와 뚜삐낭바어 그리고 일반어라는 명

---

25 정확히 언제부터 넹가뚜어라는 명칭이 쓰이기 시작한지는 분명하지 않으나, 존재하는 문헌들은 앞서 언급한 꼬우뚜 드 마갈량이스가 19세기에 아마존 일반어를 그 이름으로 부른 것을 공식적인 사용의 시작으로 본다. 19세기와 20세기의 넹가뚜어는 그 직전 시기의 아마존 일반어와는 또 다른 양상을 겪고 새로운 정체성을 부여받은 언어의 성격을 띤다. 이는 주로 다른 부족들은 물론 이민의 유입 등으로 아마존 사회의 새로운 구성원들과 그 언어들과의 접촉에 따른 것이다(Freire, 2003).

칭들이 종종 명확한 구분과 설명 없이 사용되는 것을 볼 수 있다. 먼저 뚜삐어와 뚜삐낭바어와의 관계를 정리하자면, 원칙적으로 뚜삐낭바어는 뚜삐어족에 속하는 하위 범주다. 뚜삐낭바어 외에도 뚜삐 계통의 언어들이 존재하고 실제로 빠울리스따 일반어는 뚜삐 계통의 다른 언어들을 모태로 만들어졌다. 다만 아마존 지역의 사용자 수와 분포에서 뚜삐낭바어에 필적할 만한 다른 뚜삐 계통 언어에 대한 언급은 거의 찾아볼 수 없다. 이러한 이유에서인지 뚜삐어와 뚜삐낭바어를 엄격하게 구분하지 않고 혼용하고 있으며, 이 장에서도 필요한 경우가 아니면 두 명칭을 함께 사용했다. 여기서 그보다 중요하게 짚고 넘어갈 필요가 있는 것은 뚜삐어/뚜삐낭바어와 아마존 일반어의 혼용에 따른 혼란이다. 이 혼란은 엄밀히 말해 불가피한 것이다. 이는 이 장의 서두에서 언급했듯 뚜삐낭바어가 일반어가 된 것은 하나의 연속적인 과정이기 때문이다. 더 정확하게는 아마존 일반어 자체를 하나의 과정으로 이해해야 한다. 그래서 아마존 정주가 본격화되기 전인 16세기에도, 식민화가 이제 막 시작된 17세기 초에도 뚜삐낭바어는 일반어일 수 있었고 실제로도 그렇게 불렸다.

과정 자체로서의 아마존 일반어는 포르투갈이 초반에 주력한 '뚜삐 대 따뿌이아' 구도를 거쳐 원주민 일반화를 강제하는 수단으로 쓰였다. 18세기 중·후반은 아마존 사회가 '원주민 대 포르투갈'로의 전환에 이제 막 접어들던 시기였다. 포르투갈인과 원주민들의 조우 당시 이미 뚜삐어가 가지고 있었던 지위이자 초기 소통어로 채택되게 했던 수적 우위라는 조건도 이제 의미를 상실했다. 실제 이 시기 뚜삐족은 소수에 불과했다. 특히 선교 부락에 정착한 원주민들의 대다수가 뚜삐어를 구사하지 않았음에도 뚜삐어가 모든 활동의 언어로 여전히 더욱 의식적이고 체계적으로 사용된 것은 포르투갈 식민 지배자들에게 뚜삐어는 더는 원주민의 언어가 아닌 것이 되었기 때문이다. 적어도 원주민들을 '위한' 언어는 아니었다. 과거에 속했던 사회로부터 뿌리 뽑혀 식민 체계에 이식된 원주민들은 과거에 주체로서 누렸던 전통적 지위에 전혀 상응하지 않는 복속과 문화 말살을 겪었다. 따뿌이아라는 추상적 범주가 말해주는 것처럼 이 과정은 각기 고유의 구체적인 역사, 언어, 문화를 가졌던 다양한 부족이 일반 인디오 índio genérico로 환원되는 식민의 역사다(Borges, 1996: 48~49). 부족들 각각이 지닌 문화의 개별성과 고유함을 유린하고 은폐하는 개념으로서 일반성의 주조는 원주민어의 일반화, 즉 일반어의 주조와도 일맥상통한다. '주조'라는 용어는 주물의 설계와 모형의 작성, 무엇보다 '용해'와 주입의 과정을 거치는 주물의 생산을 뜻한다는 점에서 여기에 더없이 적합하다. 아마존 일반어와 원주민의 일반화는 곧 개별성 희석과 평균치 산출을 통한 원주민 정체성의 일반화이자 몰개성화이기 때문이다.

이렇듯 포르투갈인들의 동기 측면에서 보면 다양한 부족으로 이루어진 원주민과 백인, 그 혼혈인 까보끌루 간 소통어로서 본격적으로 체계화되고 언어적 규범으로 부과된 아마존 일반어의 지위는 포르투갈어에 대립하는 것으로 구축된 것이 아니었음을 기억할 필요가 있다. 아마존 일반어에 부여된 사명은 애초부터 권력의 표준어로서의 기능이었고, 17~18세기에 걸친 변천 과정은 해당 기능의 공고화 과정으로 이해해야 한다. 원주민 정책에서 서로 견해차를 보였던 예수회와 포르투갈 식민 통치자들도 근본적으로 원주민들의 부족성 해체와 유럽 기준에 따른 브라질 사회 통합이라는 목표는 공유했다. 임두빈(2020)은 식민 시대 브라질에서 일어난 언어제국주의를 두고 "'넹가뚜어'를 통해 원주민의 내집단화를 시도하고, 이후 '포르투갈어'를 공용어로 끌어오면서 원주민을 '외집단'으로 배제한 것"이라고 분석한다.[26] 즉, 일반어는 원주민에게 "백인의 언어"로 강제되었다(Barros et al., 1996: 193~198). 포르투갈이 예수회를 통해 원주민들에게 일반어의 사용을 장려한 것은 일반어의 원주민성이 아니라 그 반대

---

26 이 내용은 2020년 한국외국어대학교 중남미연구소, 한국라틴아메리카학회, 부산외국어대학교 중남미지역원이 공동 개최한 하계학술대회 "Covid-19 시대의 라틴아메리카: 동일한 위기 상이한 대응"에서 저자의 「식민시대 아마존 공통언어의 상징적 의미 변천에 대한 고찰」에 대해 임두빈 교수가 진행한 토론에서 언급되었다.

속성, 즉 포르투갈어 중심의 단일 언어화로 이끌어줄 '일반성'에 주목했기 때문이다. 바로 이 덕분에 아마존 일반어는 애초 의도했던 사용 지역과 대상 범위를 넘어 점차 활발하게 통용되었다. 하지만 그 결과 포르투갈어의 위치를 위협할 수도 있는 대척점에 서게 된 것은 아마존 일반어의 존립과 직결되는 문제였다. 실제 아마존 일반어는 사용량이 정점을 찍은 18세기 중반인 1758년 8월 17일에 법령을 통해 돌연 다른 원주민어와 함께 사용이 금지되며, 포르투갈어가 유일한 공식 언어로 지정되었다. 프레이리는 이에 대해 다음과 같이 설명한다.

> 일반어의 성공과 영향력이 너무 컸던 나머지 (포르투갈 왕실이) 허용할 만한 한 계치를 넘어서 버렸던 것이지요. 일반어가 포르투갈어의 역할과 지위에 영향을 주기 시작했고, 브라질에서의 그 운명을 위협할 지경에 이르렀다고 판단했던 겁니다(Freire; FFLCH/USP, *Program of Tupi* 재인용, 저자 옮김).[27]

정점을 찍음과 동시에 쇠퇴의 길이 예정되었던 아마존 일반어의 숙명이 역설적이지만, 애초 이것이 식민화의 도구였다는 존재 목적을 생각한다면 극히 자연스러운 것이었다.

6 ┃ 나가는 말

아마존 일반어에 대한 지금까지의 분석, 즉 이것이 정복의 언어였다고 결론 짓는 것은 불가피하다. 적어도 아마존 일반어가 가장 활발하게 사용된 기간 동

---

27 해당 견해는 2014년 『라틴아메리카의 형성: 교환과 혼종(하)』에 실린 저자의 「브라질의 이중 언어 정책: 식민 시대 아마존 공통언어와 그 현대적 부활」에도 인용했다. 'língua geral'의 번역을 '공통언어'에서 '일반어'로 수정한 것 외에는 당시의 번역을 그대로 활용했다.

안에 이 인공어를 만들고 배포한 주체는 정복자였다. 그러나 분석 범위를 그 이후까지 확장한다면 이 인공어를 다르게 보는 것이 가능하다. 이 장에서는 아마존 일반어가 사용 범위와 위상에서 정점을 찍은 18세기에 주목했다. 하지만 예상할 수 있듯 그 영향력은 이후에도 오랫동안 지속되었다. 포르투갈어만이 유일한 공용어로 선포되면서 아마존 일반어의 입지가 점차 쇠퇴한 것은 사실이나, 아마존 일반어 혹은 넹가뚜어는 19세기까지는 여전히 일반어로서 아마존 지역의 상거래나 일상의 주요 활동에서 사실상 지배적인 언어의 위치에 있었다. 반면 포르투갈어는 공식 언어라는 이름이 무색하게 아직 행정 언어로서의 역할에 국한되어 있었다. 프레이리는 다음과 같이 설명한다.

> 1823년 브라질 식민주와 그러웅-빠라 식민주가 브라질이라는 이름으로 통일
> 되었을 때 포르투갈어는 이미 브라질의 대부분 해안 지역에서 헤게모니적 위상
> 을 보유하고 있었다. 그럼에도 아마존 지역에서 이 언어는 여전히 소수에 속했
> 다(Freire, 1991: 50).[28]

이와 같이 아마존 일반어가 더디게 쇠퇴한 데는 여러 이유가 있지만, 현재 넹가뚜어의 부활을 읽는 데 의미 있는 것은 무엇보다 원주민과 까보끌루의 저항이다. 따라서 우리는 쇠퇴하기 전까지의 아마존 일반어가 식민 지배자들에 의한 원주민과 그 언어의 일반화, 원주민의 비인간화 프로젝트임에도 불구하고 원주민의 인간성이 그대로 소멸하지 않았다는 매우 명백한 사실에 주목할 필요가 있다. 너무나 당연하게도 원주민은 여전히 인간이기 때문이다. 더욱이 아마존 일반어가 금지된 뒤에도 뚜삐-과라니계 원주민들이 전혀 거주한 적이

---

28 역사가 주제 오노리우 호드리게스(José Honório Rodrigues)에 따르면 "브라질에서 포르투갈
    어의 승리는 발견자들이 (브라질에) 도착한 뒤 300년이 지나 브라질인들이 1823년 헌정 의회
    의 토론에서 처음으로 자신들의 언어로 말했을 때야 이루어졌다"(Rodrigues, 1983: 21).

없는 지역에까지 퍼졌다는 점은 이 언어의 다른 국면에 관한 연구, 다른 시선에서의 접근이 필요함을 시사해 준다. 현재 넹가뚜어가 공식어로 지정된 서웅 가브리에우 다 까쇼에이라가 위치한 네그루강도 그중 하나다. 실제 아마존 일반어가 본격적으로 네그루강 유역에 도입된 것은 18세기에 들어선 뒤라고 전해진다(Cabalzar and Ricardo, 1998; Lasmar, 2005; Ricardo and Ricardo, 2006; FOIRN, 2013 재인용).[29] 이러한 맥락에서 아마존 일반어를 권력의 표준어로만 취급하는 것은 일방적이다. 아마존의 포르투갈화에 저항으로 발생한 까바나젱을 전후로 원주민과 까보끌루가 아마존을 주체적으로 수용하고 사용하기 시작한 것은 이것을 압축적으로 드러난 사건이다. 보르제스는 "아마존 일반어, 혹은 넹가뚜어는 자연적인 언어인가? 정복자들, 특히 선교사들이 주조한 언어인가?"라는 질문에 다음과 같이 대답한다.

> 나의 견해는 넹가뚜어가 유럽의 지배와 점유 정책의 역사적인 조건들 아래에서 뚜삐낭바어가 진화한 결과 나타났다는 것이다. (……) 넹가뚜어의 진화 과정에 있었던 간섭 요소들은 그 음운, 형태, 문장 구조를 변경하려는 의도적인 조치들에 따라서라기보다 시간과 수단의 특수성에 따라 야기되었다고 나는 믿는다. (……) 넹가뚜어에 일어난, 지금도 일어나고 있는 변화들은 첫째, 언어라는 것에 고유하게 내재된 역동성, 둘째, 지리적인 확장, 문화와 언어 환경의 다양성에서 원인을 찾아야 마땅하다(Borges, 1996: 44).

그의 견해는 넹가뚜어의 식민적 기원과 여기에 투영된 포르투갈의 정복 야욕을 부정하는 것이라기보다는 넹가뚜어의 진화 과정에서 나타난 역동성과 이

---

29 프랑수아즈 그레낭(Françoise Grenand)과 에빠미농다스 엥히끼 페헤이라(Epaminondas Henrique Ferreira)는 공통언어가 이 지역에 도입된 것을 1740년경으로 추정한다(Grenand and Ferreira, 1989; FFLCH/USP, *Program of Tupi* 재인용).

것을 가능하게 만든 피지배 계층 사용자들을 염두에 둔 것으로 이해할 수 있다. 정복자들이 촉발한 뚜삐낭바어의 '변질'만으로 현재 넹가뚜어의 의미를 무효화할 수는 없으며, 그 변질 혹은 변화라고 부르는 것도 온전히 정복자들의 통제 아래 있지 않았기 때문이다. 실제로 이 장에서는 다루지 않은 뽕발 개혁과 함께 찾아온 식민지의 포르투갈어화와 넹가뚜어 사용 금지를 전후로 전개된 원주민과 까보끌루를 중심으로 한 저항은 뽕발 개혁 전부터 시작된 이들의 주체적 넹가뚜어 사용과 이에 부여된 새로운 의미를 연구할 가치가 있음을 시사한다. 물론 이 언어는 브라질의 식민 시대와 독립 직후 정복자와 피정복자 간의 온전한 마주함이 있는 상호 소통의 언어는 결코 아니었다. 식민 통치자와 원주민이 각기 다른 시기에 전자는 후자를 상대로 하는 일방적 대상화의 수단으로, 후자는 전자에 대항한 주체성의 회복이라는 의미를 넹가뚜어에 투영했다는 점에서 그렇다.

이 장은 원주민들이 누구였는지, 오늘날 원주민은 누구인지와 같은 원주민들의 정체성에 관해 직접적으로 답하는 글이 아니며, 실제로 원주민을 비롯한 아마존 일반어의 사용 주체들의 관점을 직접적으로 다루지 못했다. 이는 먼저 식민 시대를 다룬 문헌에 접근하기 어렵기 때문이며, 또한 이 장이 먼저 아마존의 언어 다양성과 아마존 일반어를 향한 포르투갈의 해석과 행위에 초점을 맞추려고 했기 때문이기도 하다. 현재의 원주민 관련 문제를 논하려고 한다면 이 시기 언어정책을 통해 구축된 포르투갈과 원주민 관계의 변천 과정에서, 즉 과정으로서의 일반어 체제하에서 (포르투갈인들에게) 원주민은 누구였는지 혹은 무엇이었는지를 이해할 필요가 있다. 먼저 브라질 역사에서 이들이 위치해 온 타자로서의 위치를 추적함으로써 더디지만 이제 시민으로서의 자기 인식과 사회 참여를 위한 주체적 발의를 일구어 내려는 원주민들이 그 같은 과거를 어떻게 인식하고 – 단순 미화인지 아니면 비판적 인식인지 – 그것을 얼마만큼, 어떻게 현재와 미래의 질료로 소화하는지를 다룰 수 있을 것이기 때문이다. 지금으로서는 네그루강을 중심으로 하는 넹가뚜어의 '공식화'에 대해 지나친 환상을 품는 것은 위험해 보인다. 브라질 사회에서는 여전히 넹가뚜어 사용자들을 열등하고 동화되지 못할 성분으로 보는 시선이 존재한다. 가령 비원주민들이 이들을 부를 때 쓰는 '마꾸maku'라는 말은 '야생의', '문명화되지 않은 상태'라는 경멸적 의미를 담고 있다. 넹가뚜어는 식민 시대에 그랬듯 지금도 이중의 시선으로 다루어지고 있다. 정치적 수사에서 원주민은 브라질의 정체성을 풍요롭게 하는 모태이자 전 지구적 위기 앞에서 대안적 세계관을 제시해 줄 수 있는 생태·환경 지식 전문가지만, 일상에서 이들은 열등하고 야만적인 존재로 바라보는 시선에서 여전히 자유롭지 않다. 호드리게스와 프레이리가 넹가뚜어를 비롯한 식민 시대 남아메리카의 일반어들에 관해 연구해 오며 고백하듯 현재를 사는 사람들은 브라질의 식민화, 특히 언어적 식민화 과정이라는 전형적인 현상에 대해 아는 바가 거의 없다(Freire and Borges, 2003: 7~10). 따라서 지금 원주민에 관한 연구 혹은 어떤 형태로든 이들과의 관계에서 필요한 것은 이러한 무지와 모순 자체에 대한 인정이다.

참고문헌

1. 논문, 단행본, 기사

양은미. 2014. 「브라질의 이중언어 정책: 식민 시대 아마존 공통언어와 그 현대적 부활」. 서울대
학교 라틴아메리카연구소. 『라틴아메리카의 형성: 교환과 혼종(하)』. 한울엠플러스, 351~
375쪽.

_____. 2020. 「16~18세기 아마존 일반어(Língua Geral Amazônica)의 탄생과 확장: 원주민의 말
에서 정복의 언어로」. ≪라틴아메리카연구≫, 제33권 3호, 31~62쪽.

임두빈. 2008. 「브라질의 언어현실과 언어·사회적 편견에 관한 연구」. ≪이베로아메리카≫, 제
10권 1호, 261~294쪽.

지 까스뜨루, 에두아르두 비베이루스. 2018. 『식인의 형이상학: 탈구조적 인류학의 흐름들』. 박
이대승·박수경 옮김. 후마니타스.

지 올랑다(지 올란다), 세르지우 부아르끼. 2018. 『브라질의 뿌리』. 빠우-브라질 총서 3. 김정아
옮김. 후마니타스.

헤밍, 존. 2013. 『아마존: 정복과 착취, 경외와 공존의 5백 년』. 최파일 옮김. 미지북스.

Angelo, Claudio. 1998.11.30. "A língua do Brasil." *Revista SUPER Interessante*. https://super.
abril.com.br/cultura/a-lingua-do-brasil. (검색일: 2019.8.21).

Asnis, Gabriel Zissi Peres. 2019. "Da guerra a paz? Dicotomias que escondem múltiplos caminhos:
Análise histórica sobre os 'Cayapó' aldeados em Maria I e São José de Mossâmedes."
Master's Dissertation, Universidade Federal de Uberlândia.

Barros, Maria Cândida D. M. 1982. "Política de lenguaje en Brasil colonial(1549~1749)." Master's
Dissertation, Escuela Nacional de Antropologia y Historia.

_____. 2003. "Notas sobre a política jesuítica da língua geral na Amazônia(séculos XVII~
XVIII)." in J. R. B. Freire and M. C. Rosa(orgs.). *Línguas Gerais: Política Linguística e
Catequese na América do Sul no Período Colonial*. Rio de Janeiro: EdUERJ, pp. 85~112.

Barros, Maria Cândida D. M. et al. 1996. "A Língua Geral como identidade construída." *Revista
De Antropologia*, Vol. 39, No. 1, pp. 191~219.

Borges, Luiz C. 1991. "A Língua Geral Amazônica: aspectos de sua fonêmica." Master's Dissertation,
Universidade de Campinas(Unicamp).

_____. 1996. "O nheengatú: uma língua amazônica." *Papia*, Vol. 4, No. 2, pp. 44~55.

Brianezi, Thaís. 2006.11.10. "Presidente de federação indígena elogia adoção de três idiomas
por município do Amazonas." *Agência Brasil*. https://memoria.ebc.com.br/agenciabrasil/
noticia/2006-11-10/presidente-de-federacao-indigena-elogia-adocao-de-tres-idiomas-por-
municipio-do-amazonas. (검색일: 2020.9.12).

Cabral, A. C. et al. 2014. "A linguística histórica das línguas indígenas do Brasil, por Aryon
Dall'igna Rodrigues: perspectivas, modelos teóricos e achados." *DELTA: Documentação*

de Estudos em Lingüística Teórica e Aplicada, Vol. 30, pp. 513~542. https://doi.org/10.
1590/0102-445090644999061809.

Cardim, Fernão. 1980(1584). "Informação da missão do Padre Christovão Gouvêa às partes do
Brasil: anno de 83 ou Narrativa epistolar de uma viagem e missão jesuítica[1584]." in R.
Garcia(Int.). *Tratados da terra e gente do Brasil.* Belo Horizonte and São Paulo: Itatiaia/
Edusp, pp. 101~103.

Daniel, João. 2004. *Tesouro descoberto no Rio Amazonas*, Vol. 2. Rio de Janeiro: Contra-
ponto.

da Nóbrega, Manoel. 1988. *Cartas do Brasil: 1549~1560.* Universidade de São Paulo(org.).
Belo Horizonte and São Paulo: Edusp.

Faculdade de Filosofia, Letras e Ciências Humanas(FFLCH/USP). "A língua geral, língua oficial
da Amazônia no final do século XVII." *Program of Tupi.* Universidade de São Paulo.
http://tupi.fflch.usp.br/sites/tupi.fflch.usp.br/files/A%20L%C3%8DNGUA%20GERAL,%20
L%C3%8DNGUA%20OFICIAL%20DA%20AMAZ%C3%94NIA.pdf. (검색일: 2021.12.1).

Fausto, Boris. 2006. *História do Brasil.* São Paulo: Edusp.

Figueira, Luis. 1621. *Arte da língua brasílica.* Lisboa: Manuel da S. Menescal.

Freire, José Ribamar Bessa. 1991. "A Língua Geral Amazônica: aspectos de sua fonêmica."
Master's Dissertation, Universidade de Campinas(Unicamp).

_____. 2003. "Da Língua Geral ao Português: para uma história dos usos sociais das línguas na
Amazônia." Doctoral Thesis, Universidade do Estado do Rio de Janeiro(UERJ).

Freire, José Ribamar Bessa and L. C. Borges. 2003. "Apresentação." in J. R. B. Freire and M. C.
Rosa(orgs.). *Línguas Gerais: Política linguística e Catequese na América do Sul no
período colonial.* Rio de Janeiro: EdUERJ, pp. 7~10.

Freire, José Ribamar Bessa and M. F. Malheiros. 2020. "Os aldeamentos indígenas do Rio de
Janeiro." http://www.educacaopublica.rj.gov.br/biblioteca/historia/0039_10.html. (검색일:
2020.9.12).

Mariani, Bethania. 2017. *Colonização lingüística e outros escritos.* New York: Peter Lang Publishing
Inc.

Perrone-Moisés, Beatriz. 1992. "Índios livres e índios escravos: os princípios da legislacao
indigenista do periodo colonial(seculos XVI a XVIII)." in M. C. da Cunha(org.). *História
dos índios no Brasil.* São Paulo: Companhia das Letras/FAPESP, pp. 115~131.

_____. 2012.3.26. "Tupi e tapuia." in Laboratório de Ensino e Aprendizagem em Historia(LEAH),
Instituto da História, Universidade Federal de Uberlândia. http://www.leah.inhis.ufu.br/
node/62. (검색일: 2021.6.9).

Rajão, Raioni and Sandra Harding. 2018. "Why 'Tapuya'?." *Tapuya: Latin American Science,
Technology and Society*, Vol. 1, No. 1, pp. 87~91. https://doi.org/10.1080/25729861.2018.
1539562.

Ribeiro, Darcy. 1986. *Os índios e a civilização*. Rio de Janeiro: Petrópolis.

Rodrigues, Aryon Dall'igna. 1986. *Línguas brasileiras: para o conhecimento das línguas indígenas*. São Paulo: Loyola.

_____. 1993. "Línguas indígenas: 500 anos de descobrimentos e perdas." *DELTA: Documentação e Estudos em Linguística Teórica e Aplicada*, Vol. 9, No. 1, pp. 81~103.

_____. 1996. "As Línguas Gerais sul-americanas." *Papia, Revista de Crioulos de Base Ibérica*. Vol. 4, No. 2, pp. 6~18.

_____. 2000. "Panorama das línguas indígenas da Amazônia." in F. Queixalós and Renault-Lescure(orgs.). *As línguas amazônicas hoje*. São Paulo: IRD/ISA/MPEG, pp. 24~25.

Rodrigues, José Honório. 1983. "A Vitória da Língua Portuguesa no Brasil Colonial." *Humanidades*. Vol. 1, No. 4. Trimestral Publication of UNB, Brasília, pp. 21~41.

Rosa, Maria Carlota. 2003. "A língua mais geral do Brasil nos séculos XVI e XVII." in J. R. B. Freire and M. C. Rosa(orgs.). *Línguas Gerais: Política Lingüística e Catequese na América do Sul no Período Colonial*. Rio de Janeiro: EdUERJ, pp. 133~146.

Sweet, David. 1974. "A rich realm of nature destroyed: the middle Amazon Valley, 1640~1750." Doctoral Thesis, University of Wisconsin.

Vieira, Antônio. 2001. *Sermões*, Vol. 2. Alcir Pécora(org.). São Paulo: Hedra.

2. 웹 자료

브라질 사회환경연구소(ISA: Instituto Socioambiental). "Povos Indígenas no Brasil." Museu da Língua Portuguesa. https://img.socioambiental.org/v/publico/pibmirim/linguas/linguas-geraisOK.jpg.html. (검색일: 2019.9.30).

_____. https://www.socioambiental.org/pt-br.

브라질 지리통계청(IBGE: Instituto Brasileiro de Geografia e Estatística). https://www.ibge.gov.br.

FOIRN(Federação das Organizações Indígenas do Rio Negro). https://foirn.org.br.

Pinterest. https://pin.it/fmpswHe.

제 2 장

사람이 살지 않는 땅에 사는, 사람의 사라져 가는 목소리들

임두빈(부산외국어대학교 중남미지역원 부교수)

1 ∣ 아마존이 왜 문제인가

2021년 10월 31일 스코틀랜드 글래스고에서 제26차 유엔기후변화협약 당사국총회(이하 COP26)가 105개국이 참여하며 개막했다. 이 회의는 세계 각국이 2015년 제21차 당사국총회COP21에서 체결했던 파리협정Paris Agreement의 실행을 논의하는 자리였다. 파리협정의 핵심은 이미 심각한 수준으로 진행 중인 온난화가 초래할 수 있는 치명적인 결과를 막기 위해 향후 30년간 각국이 온실가스 배출을 줄이자는 것이다.

브라질은 라틴아메리카 대륙 면적의 47.3퍼센트를 차지한다. 또한 이 나라는 인도네시아, 콩고민주공화국과 함께 전 세계 산림의 85퍼센트를 차지하고 있다. 과거 알렉산더 폰 훔볼트Alexander von Humboldt[1]가 '히레아Hylea'로 이름 지었던 아마존 열대우림을 가장 넓게 보유한 국가로 알려져 있다.[2] 전체 면적이 750만 제곱킬로미터에 달하고 하천 길이가 총 6900킬로미터에 달하는 아마존

---

[1] 1799~1804년까지 아메리카 대륙을 탐사한 독일의 자연과학자다. 근대 지리학의 아버지로 알려져 있다.

[2] 아마존은 브라질, 베네수엘라, 볼리비아, 수리남, 에콰도르, 콜롬비아, 페루, 가이아나, 프랑스령 기아나 등 아홉 개 나라에 걸쳐 있다.

그림 2-1 **아마존 열대우림**

그림 2-1 **아마존 열대우림**

자료: Fotos Públicos.

열대우림 지역은 각종 자원의 보고이면서 지구 전체 산소 공급의 20퍼센트를 차지한다.

'지구의 허파'로 불리는 아마존 열대우림은 지난 30년간 5분의 1 정도(연간 약 17만 제곱킬로미터)가 파괴되었다. 이제는 산소 배출량보다 이산화탄소 배출량이 더 많은 곳으로 변하면서 브라질의 문제를 넘어 지구촌 전체에 우려를 주고 있다.

남반구에 속한 브라질은 한국과 반대로 겨울과 봄에 해당하는 7월부터 9월까지가 건기다. 사람들은 매년 건기마다 더 넓은 농경지와 목초지를 확보하기 위해 열대우림에 불을 놓는다. 이렇게 해서 브라질은 쇠고기 수출량 세계 1위, 대두 수출량 세계 2위 국가가 되었다. 하지만 아마존의 산림이 파괴되면서 아마존은 연간 30억 톤의 이산화탄소를 배출하는 '탄소 공장'이 되어 전 세계가 목표로 하는 탄소 중립[3] 시대에 역행하는 대표 사례로 손꼽히고 있다.

---

3   인간 활동에 따른 온실가스 배출을 최대한 저감하고, 배출된 온실가스는 산림 등 순흡수원을 활용하거나 탄소 포집·저장 기술을 이용해 제거함으로써 온실가스 순배출액을 영(0)이 되게 하는 것을 의미한다. 2050년까지 전 세계 탄소 중립 달성이 목표다. 경영 컨설팅사 KPMG가 2021년 10월 14일 발표한 탄소중립준비지수(NZRI: Net Zero Readiness Index)에 따르면 한국은 11위, 브라질은 18위를 기록하고 있다.

그림 2-2 **우주에서 본 아마존 산불**

자료: Fotos Públicos.

그림 2-3 **아마존 열대우림의 산불**

자료: Fotos Públicos.

　브라질 내 아마존은 보호구역, 사유지, 국유지로 구성되어 있다. 이 중 보호
구역이 아닌 사유지는 제대로 활용되지 않고 있으며 국유지는 제대로 관리되
지 않고 방치된 경우가 많다. 재레드 다이아몬드Jared Diamond는 열대 지역의 농
업 생산량이 겨울이 존재하는 온대 지역보다 낮은 이유로 두 가지를 들었다(다

그림 2-4 **아마존 열대우림 벌목과 목초지 개발**

자료: Fotos Públicos.

이아몬드, 2016). 첫째로는 열대 지역은 얼음으로 뒤덮인 적이 없어 영양분이 더해진 새로운 땅으로 재생되지 않고, 열대 우기에 내리는 비로 영양분이 땅에 머무르지 못하고 금방 씻겨나가기 때문에 토양의 비옥도가 낮다고 한다. 둘째로는 열대 지역에 서식하는 동식물 종은 매우 다양하고 많은 만큼 이 중 생산량을 떨어뜨리는 병원균, 벌레, 곰팡이 종류도 많다는 것이다.

아마존 사유지 개발은 식민 시대부터 널리 행해진 방식을 그대로 사용하고 있다. 바로 비가 오지 않는 건기에 방화하는 것이다. 열대우림이 소를 키울 수 있는 넓은 평지로 바뀌는 동시에 재레드가 분석한 것처럼 나무를 태운 재가 스콜squall에 씻겨나가지 않고 땅에 스며들어 비옥도가 높아지기 때문이다. 당연히 땅값도 오르고 토지 매매도 원활해진다. 현실적으로 산림보호법을 지키면서 사유지를 개발하기란 불가능하기에 세계 1~2위를 다투는 쇠고기와 대두 수출국인 브라질은 국부 창출 차원에서 다른 개발 방식을 찾거나 통제하기 어려

그림 2-5 **2021년 COP26에 참석한 브라질 부통령과 환경부 장관**

사진 중앙 인물이 조아낑 레이치 브라질 환경부 장관이며, 오른쪽 인물은 아미우똥 모우러웅(Hamilton Mourão) 부통령이다.
자료: Fotos Públicos.

운 실정이다.

방화뿐만 아니라 불법 금 채굴, 벌목, 국유지 무단 점거 등 법의 사각지대에 놓인 아마존 열대우림은 그야말로 울타리만 치면 내 땅이 되는 무법 시대와 같은 모습을 보여준다. 현지 경찰의 부패는 말할 것도 없고 중앙정부까지 불법행위를 묵인하고 있다. 실제로 극우 성향의 자이르 보우소나루 대통령이 2019년 1월 취임한 뒤에 아마존 밀림에서 산불이 급격히 늘어난 것도 브라질 정부가 방화를 묵인하는 탓이라고 전 세계 환경 단체들은 확신한다(Santana and Miotto, 2019). 브라질은 2021년 COP26에서 2024년까지 15퍼센트, 2025~2026년 40퍼센트, 2027년까지 50퍼센트를 줄이고, 2028년까지 불법 산림 벌목deforestation를 완전히 없앨 계획이라고 발표했다(김재순, 2021.11.19). 하지만 올해 아마존 열대우림 파괴 규모가 역대 최고로 기록된 것을 볼 때 브라질 정부의 의지와 진정성에 의문이 들 수밖에 없다.

실제로 브라질 국립우주연구소INPE: Instituto Nacional de Pesquisas Espaciais 에 따르면 2021년 10월 한 달간 브라질 영토 내 아마존 지역에서 877제곱킬로미터가 파괴된 것으로 조사되었다.[4] 이는 서울 면적(605제곱킬로미터)의 약 1.5배 넓이다. 2020년 10월과 비교해 5퍼센트가량 늘어난 것으로 보우소나루 정부가 들어서면서 계속해서 역대 최대 파괴 규모를 갱신하고 있다.

그러나 아마존 산불로 인한 열대우림 파괴는 브라질에게만 책임과 비난을 돌리기 어렵다. 좀 더 단순하게 우리 일상과 연결해 설명하자면, 브라질뿐만 아니라 전 세계 사람들의 햄버거 소비가 늘어난 만큼 사료로 쓰이는 콩과 쇠고기를 생산하고자 목초지를 확보하기 위해 아마존 열대우림이 파괴되고 그 결과 기후 이상에 영향을 미친다는 공식이 성립하기 때문이다. 결국 아마존 파괴는 오로지 브라질 때문만은 아닌 것이다. 전 세계인이 본인 스스로 의식하지 못하는 순간에 지구환경 파괴의 공범이 되어간다.

유럽연합EU: European Union 은 2009년 이래 벌목된 아마존 열대우림에서 생산한 콩의 수입을 제한하는 제도를 도입했다. 그러나 콩 소비의 절대량이 변하지 않는 이상 '부수적인 피해'는 피할 수 없다. 예를 들어 유럽연합이 2018년 남아메리카로부터 수입한 대두의 23퍼센트가 아마존 외 브라질에서 가장 위협받는 자연환경 지역에 해당하는 세하두cerrado 초원에서 생산되었다. 아마존 열대우림 대신에 다른 지역의 숲과 초원이 파괴 대상으로 대체되었을 뿐이다.

이러한 현상은 궁극적으로 역성장을 두려워하는 경제 분야와 연결된다. 기후변화의 악영향에 회의적인 입장을 가진 혹은 가질 수밖에 없는 극우파 보우소나루 대통령은 자신이 추진하는 아마존 열대우림 개발과 열대우림 파괴 간

---

4   산림 파괴를 규제할 정부 환경 기관의 역할이 중요한데, 보우소나루 대통령이 취임한 뒤에 관련 기관의 예산이 삭감되고 불법 산림 벌목에 대한 벌금 부과나 감시 활동이 최저치를 기록하고 있다. 심지어 보우소나루는 자신의 대선 공약인 아마존 열대우림 개발 정책을 위해 브라질 국립우주연구소가 제시한 데이터를 가짜 뉴스라고 비판하기까지 했다.

의 연관성을 부인하고 있다. 또한 아마존 산림에 국제적인 지위를 부여하자고 요구하는 국제사회의 목소리는 브라질 안에서 친정부파와 반정부파 모두에게 아마존의 주권을 빼앗으려는 외세의 간섭으로 인식된다.

실제로 유네스코에서 자연과학 연구를 목적으로 1948년에 설립한 국제아마존히레이연구소IIHA: International Institute for the Hylean Amazon 역시 시간이 지나면서 주요 활동이 아마존 지역 경제개발로 변질되어 해체된 바 있다. 브라질 정부는 기후변화에 대응하기 위해 적극적인 역할을 맡겠다고 하지만, 환경보호를 명분으로 선진국에 금융 지원을 요청하고 있다.

1) 브라질 아마존의 개발 역사

아마존 원주민들은 1500년을 기점으로 유럽인들과 접촉하게 되었다. 인도를 찾는 과정에서 크리스토퍼 콜롬버스Christopher Columbus가 '인도'로 착각한 '아메리카'를 발견한 뒤에 아마존은 콜롬버스 선단의 일원이었던 스페인 출신의 비센떼 야네스 삔손Vicente Yáñez Pinzón이 가장 먼저 발견한 것으로 역사에 기록되었다. 최초로 아마존강을 따라 대서양으로 나간 프란시스꼬 데 오레야나 등의 뒤를 이어 많은 유럽인이 황금의 땅 엘도라도El Dorado를 찾기 위해 들어왔다. 이 과정에서 유럽인들은 아마존 지역의 다양한 생태·환경과 그 안에서 살아가는 다양한 원주민 부족들을 만나게 된다. 유럽 출신 탐험가들의 목적은 오로지 황금을 찾는 것이었고, 이 목적을 위해 식민지 개발과 선교에 필요한 정착지 건설이 이루어졌다.

아마존은 남아메리카 내부에서 보아도 국제적인 지역으로 브라질이라는 한 나라에 속한 공간이 아니다. 브라질을 포함해 아홉 개 나라가 아마존과 경계를 공유한다. 우리가 이야기하는 아마존은 1953년 아마존 지역의 사회경제적 개발을 목적으로 제정한 브라질 연방법이 규정하는 브라질 영토 내 아홉 개 주에 걸친 아마존 지역, 법정 아마조니아 또는 아마조니아 레가우를 가리킨다.[5]

그림 2-6 **법정 아마조니아**

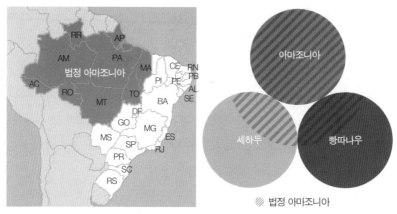

법정 아마조니아에 속하는 브라질의 아홉 개 주: AC(아끄리), AP(아마빠), AM(아마조나스), MA(마라녀웅), MT(마뚜 그로수), PA(빠라), RO(홍도니아), RR(호라이마), TO(또깡칭스).
그 밖의 주: AL(알라고아스), BA(바이아), CE(세아라), DF(연방 특구), ES(이스삐리뚜 상뚜), GO(고이아스), MS(마뚜 그로수 두 술), MG(미나스 제라이스), PB(빠라이바), PE(뻬르낭부꾸), PI(삐아우이), PR(빠라나), RJ(히우 지 자네이루), RN(히우 그랑지 두 노르치), RS(히우 그랑지 두 술), SC(상따 까따리나), SP(상빠울루), SE(세르지삐).
자료: 브라질 사회환경연구소.

오늘날 브라질 아마존을 둘러싼 주권 문제는 환경문제를 중심으로 브라질과 국제사회 간의 갈등으로 나타나고 있다. 아마존의 역사는 유럽인들에게 발견된 식민 시대 초기부터 아마존 하구 쟁탈전으로 점철되어 왔다. 현재의 빠라주[6] 벨렝Belém은 식민 시대 초기부터 포르투갈의 전초기지로 활용되었다. 브라질이 독립하고 나서 근대적 개념의 아마존 개발은 1940년 제뚤리우 바르가

---

5 법정 아마조니아는 아마조니아 오시뎅따우(Amazônia Ocidental: 아마조나스주, 아끄리주, 홍도니아주, 호라이마주)와 아마조니아 오리엥따우(Amazônia Oriental: 아마빠주, 빠라주, 또깡칭스주, 마라녀웅주, 마뚜 그로수주)로 나뉜다. 브라질 영토의 59퍼센트, 전체 인구의 12.34퍼센트, 브라질 원주민 인구의 55.9퍼센트에 해당하는 50만여 명이 보호구역에 거주하고 있다.
6 최근 빠라(Pará, 아마조니아 원주민어로 '큰 강'이라는 뜻임)주가 법정 아마조니아에서 산림이 가장 많이 파괴되는 모습을 보이고 있다[브라질 국립우주연구소의 아마존 산림 벌목 감시 모니터링(Prodes) 자료].

스 정부에서 시작되었다. 그때까지 대서양 해안 중심으로만 발전해 온 브라질은 영토의 실질적인 활용도를 높이기 위해 내륙 개발의 필요성을 절감하고 있었다. 1960년에 완성된 연방 수도 브라질리아Brasília 역시 내륙 개발을 통한 아마존 개발의 연장선상에 있다.

본격적인 아마존 열대우림 개발은 고도성장을 추구했던 브라질 군사정권 시기(1964~1985년)에 이루어졌다. 아마존 파괴를 가속화한 총길이 4260킬로미터의 (브라질-페루 간) 아마존횡단도로Transamazônica(뜨랑스아마조니까, 공식 명칭은 BR-230) 건설도 이 시기에 시작되었다. 이 고속도로를 만들기 위해 불법 비포장도로가 여기저기에 깔렸다. 전 세계에서 벌목꾼들이 몰려들면서 산림 파괴는 가속화되었고 브라질 연방 정부는 '땅 없는 사람들을 사람 없는 땅으로 이주시키자'는 프로젝트를 추진했다. 여기서 주목해야 할 부분은 실제 사람이 거주 중인 아마존 지역이 군사정권에 의해 졸지에 '사람이 없는 곳'으로 규정되어 버린 점이다. 즉, 아마존 원주민은 '사람'의 지위를 잃었을 뿐만 아니라 정부가 규정하는 '땅 없는 사람들'에 속하지도 않게 되었다는 사실이다. 따라서 아마존 열대우림 개발 정책은 환경 파괴는 물론 필연적으로 인간성 파괴를 수반했다.[7]

아마존횡단도로처럼 브라질의 군사정권은 아마존을 '비어 있는 땅'으로 간주하고 독점 개발과 이익을 위해 여러 초대형 프로젝트를 계획했다. 브라질 군사정권은 아마존 개발을 독점하고자 외세 진입을 경계했지만 아이러니하게도 이것이 경제 개방을 촉진하게 되었다. 개발을 통한 발전과 성장을 최고 목표로 삼던 선진국의 다국적기업들이 아마존을 천연자원의 보고로 주목하면서 브라질로 유입된 것이다. 이때부터 브라질 정부가 오늘날까지 우려하는 점, 즉 국제사회가 "아마존은 우리 모두의 것이다"라는 의식을 가지기 시작했다.

1985년 브라질이 군사정권에서 벗어나 민주화를 되찾으면서 비로소 환경 보

---

7   2010년 KNN에서 국내 최초로 로드 다큐멘터리 〈트랜스아마조니카〉 2부작을 제작해 방송했다. 이를 통해 파괴되는 아마존과 그 지역에 사는 사람들이 국내에 알려졌다.

존과 원주민 권리에 관한 우려가 나타났다. 1988년 개정된 연방헌법 제231조에 "원주민은 대대로 거주해 온 땅에 대한 권리를 가지고 있으며, 정부는 원주민 거주 지역을 구분하고 보호해야 할 의무가 있다"라고 명시되었다. 그러나 같은 해에 아마존 천연고무 나무에서 수액을 채취하는 노동자들의 권리를 위해 투쟁하던 환경 운동가 쉬꾸 멩지스Chico Mendes(본명은 프랑시스꾸 아우비스Francisco Alvez)가 암살당했다.[8] 여러 연구를 통해 브라질 사람들이 무분별하게 아마존 열대우림을 파괴하고 '지구의 허파'를 위협하고 있다는 생각이 퍼졌다. 그 결과 미국과 유럽의 주요 지도자들이 브라질은 아마존에 대해 상대적 주권만을 가지고 있다고 주장하면서 브라질을 압박하기 시작했다.

　군사정권에서 갓 벗어난 브라질 민주 정부는 이러한 국제사회의 움직임을 주권 침해로 인식하고 자국의 환경문제와 원주민 문제에 대해 지속 가능하며 원주민을 존중하는 개발 정책이라는 새로운 시각을 가지고 독자적인 로드맵을 그리기 시작했다. 그러면서 브라질은 1988년 연방헌법을 근거로 아마존 땅에서 원주민들이 거주할 권리를 보장하는 보호구역을 지정하고 무간섭·무접촉 원칙을 보장하면서 원주민과 비교적 평화로운 공존을 실현해 왔다. 그러나 지나친 애국심과 엘리트주의에 빠진 브라질 군사정권은 원주민 보호구역 지정이 아마존 전 지역에 내정 불간섭주의의 균열을 일으키는 시초가 되고 그 여파로 환경문제에서 브라질이 전통적으로 고수해 온 원칙들이 국제 기준으로 대체될까 두려워했다. 브라질 극우파 진영이 그린피스Greenpeace와 같은 주요 NGO를 우호적으로 대하지 않는 것도 이들이 과거 주적이었던 공산주의가 환경주의라는 옷을 입고 다시 등장한 것으로 여기기 때문이다. 실제로 아마존의 환경보호를 최우선시한다고 주장하는 다국적기업들이 실상 그렇지 않은 경우가 많은 것도 부정하기 어려운 사실이다.

8　이 사건을 계기로 비틀스(The Beatles)의 폴 매카트니(Paul McCartney)를 비롯해 전 세계 유명 인사들이 '아마존 보호 운동'에 동참했다.

그림 2-7 **방화로 불타는 아마존 열대우림**

자료: Fotos Públicos.

브라질 극우파로 과거 군부 시기를 찬양하며 '새로운 질서와 진보'를 만들고자 하는 보우소나루 대통령은 20세기 브라질 군부 엘리트들이 가졌던 우려를 21세기에 그대로 계승했다. 그가 공약으로 내세운 아마존 열대우림 개발 정책에 따르면 아마존은 자원의 보고로 브라질의 발전과 성장을 위해 반드시 개발하고 지켜야 하는 곳이다. 2019년 프랑스 에마뉘엘 마크롱Emmanuel Macron 대통령은 트위터로 아마존 파괴가 "전 지구적 문제"이며 "브라질의 손에만 맡겨서는 안 될 문제"라고 주장했다. 아마존 문제의 국제화에 대해 브라질 지도층의 반대 논리는 이렇다. "만약 미국이나 유럽이 아마존 지역 보호 문제에서 브라질을 신뢰할 수 없다는 이유로 국제화하려고 한다면, 그들이 보유한 핵무기와 같은 전략 자산도 국제화해야 한다. 핵무기가 가진 잠재적인 피해 위험이 그들이 문제 삼는 아마존 산불보다 훨씬 큰 재앙이지 않은가?"(르노, 2019). 이처럼 아마존 문제는 과거 미국의 앨 고어Al Gore 전 부통령, 프랑스의 프랑수아 미테랑François Mitterrand 전 대통령에 이어, 2019년 역사상 가장 큰 규모의 (방화로 추정되는) 산불로 국제사회의 주목을 받게 된 아마존 보호 문제를 두고 마크롱 대통령과 보우소나루 대통령 간에 국제 설전이 벌어진 것처럼 계속해서 풀리지 않는 숙제로 남아 있다.

오늘날까지도 아마존은 지구상에 마지막으로 남은 태초의 땅을 대표하고 있지만 동시에 '파괴'라는 단어도 떠올리게 한다. 과거에는 황금을 좇는 인간의 탐욕이 아마존 원주민들의 삶을 파괴했다면 오늘날에는 경제성장이라는 명목 아래 무분별하게 이루어지는 개발로 열대우림이 대규모로 파괴되고 있다. 그 결과 아마존이 졸지에 지구온난화의 주범으로 떠오르면서 전 지구적인 문제로 연결되고 있다.

2) 발전과 성장의 이면에 가려진 아마존 사람들

앞에서 살펴본 아마존 지역의 개발과 보호 문제는 대부분 경제문제로 환원된다. 따라서 개발과 성장, 십분 양보해서 '지속 가능한 발전을 목표로 한 성장'일지라도 잉여물을 축적해 성장하는 자본주의 논리 안에서 근본적인 해결은 요원하다. 개발과 보호의 주권을 가진 주체가 브라질 정부든 국제사회든 상관없다. 과거 군사정권을 찬양하고 역사상 가장 큰 규모와 속도로 열대우림을 파괴하고 있는 보우소나루 정부가 상정한 '아마존 원주민 보호구역 축소 법안', 즉 입법안PL: Projeto de Lei 490/2007(이하 PL 490) [9]이 2021년 6월 23일 하원을 통과해 브라질 연방 대법원의 위헌판결만 남아 있다. PL 490의 요지는 보호구역에 거주 중인 원주민들이 1988년 연방헌법이 보장해 준 토지 점유권을 인정받으려면 1988년 이전부터 거기서 거주했음을 입증해야 한다는 것이다. 여기서 문

---

9   1973년 12월 19일에 공포된 '인디오법(Lei 6.001)'을 개정하기 위해서 2007년 오메루 뻬레이라 (Homero Pereira) 하원의원이 발의한 법이다.

그림 2-8 브라질리아 국회의사당 앞에서 PL 490에 반대하는 원주민들의 시위

자료: Fotos Públicos.

제는 1988년 이전 군사정권이 원주민들이 조상 대대로 살아온 터전을 몰수했기에 원주민들로서는 토지 점유를 인정받을 만한 입증을 제시하기 어렵다는 데 있다. 실제로 이 법안이 연방 대법원을 통과하면 개발업자들이 원주민의 동의 없이 그들의 거주지를 개발할 수 있는 여지를 만들어준다. 최근 미국과 중국 간의 갈등으로 곡물과 광물 등 원자재 값이 오른 데 따른 경제적 이익을 얻고자 브라질은 곡물과 광물 생산량을 늘리고 싶어 한다. 이러한 배경 때문에 원주민 보호는 뒷전이 되고 개발 논리가 우선하기 쉽다. 16세기 식민 시대에 원주민들에게 일어났던 상황이 '국토 균형 개발'이라는 명목으로 21세기에 원주민들에게 또다시 재현되고 있는 셈이다.

(1) 유럽인의 눈에 비친 브라질 원주민

브라질 역사가 시작되었을 때 유럽 중심의 세계사에서는 브라질이라는 나라도, 브라질인이라는 사람들도 존재하지 않았다. 일부 원주민 부족들이 그들이 살고 있던 땅을 '질병이 없는 땅', '앵무새의 땅', '야자수의 땅'으로 불렀던 것처럼, 브라질은 지금보다 훨씬 더 낭만적인 이름으로 불렸다. 브라질 땅으로 한정 짓지 말고 당시 라틴아메리카에 도착한 유럽인들이 원주민들의 생활을 묘사한 기록을 한번 보도록 하자.

사냥감은 풍부했다. 물고기도 풍족했다. 열매도 많았다. 경작에 적합한 비옥한 땅은 부족한 적이 없었다. 각 부족들은 자신들의 땅이 어디에 있는지 알고 있었다. 우리는 소유권을 표시하기 위해 경작지를 구획할 필요가 없었다. 땅은 개인의 소유가 아니었다. 땅은 공동체 전체의 소유였다. 우리는 물건을 사지 않았다. 단지 만들기만 했다. 우리는 나무로 불을 지폈다. 우리는 진흙으로 냄비를 만들었다. 혼자 농사를 짓는 사람은 없었다. 어느 누구도 경작지에서 나온 수확물을 혼자 차지하지 않았다. 우리는 모든 것을 그것을 필요로 하는 사람들과 나누었다. 사냥을 하고 나누었다. 물고기를 잡아 나누었다. 음식을 장만하고 나누었다. 술을 담그고 나누었다. 항상 나누었다. 남자들만이 하는 노동이 있었다. 여자들만이 하는 노동이 있었다. 공동체는 각자 개개인의 정해진 노동에 기초하고 있었다(나송주, 2003).

부의 획득과 기독교 선교를 목적으로 신세계에 도착한 이방인들의 눈에 비친 원주민들의 삶은 두 가지로 해석되었다. 먼저 정복 초기에는 원주민들이 공동체 의식을 지니고 있고 유럽인들보다 훨씬 더 조화롭고 행복하게 살고 있다고 보는 시각이 더 일반적이었다. 새로운 세계를 접한 유럽인들의 눈에 이 야만인들의 모습이 품위 있고 목가적으로 비친 것이다(나송주, 2003). 나송주는 이러한 유토피아적 시각을 다음과 같이 묘사했다.

원주민들은 거추장스러운 옷도 입지 않고, 저울도 법률도 돈도 없이 살고 있으므로 유럽인들보다 행복하다. 문명으로부터 더 멀리 떨어질수록, 자연에 더 가깝게 살수록 가장 이상적인 사회로 상정하고 이러한 삶을 구현하고 있는 이 원주민들이 가장 행복하다고 보았던 것이다. 한마디로 물질적인 소유에 집착하는 세속적인 유럽인들과 반대되는 기교 없는 자연스러움, 물질적 무관심, 순수하게 자연의 질서에 순종하고, 미래의 불확실성에 대해 걱정하지 않고 사는 사람들이다.

또 다른 시각은 나중에 원주민들과의 접촉이 빈번해지면서 원주민들의 본성은 스스로 행동할 수 없고 아주 거친 사람들이라는 기억이다. "이들을 그대로 놔두면, 게으름 피우고, 옷을 안 입고, 춤만 추고, 거미와 뱀을 먹고, 마법을 믿고, 술에 취해 옛날 습관에 젖어 살 것"이라고 생각했다. 당시 포르투갈의 식민정책과 신세계로의 복음 전파는 불가분의 관계였고, 이에 따른 서로의 세계관 차이도 지대했다. 정치·군사와 종교 사이에 명확한 차이가 없었던 이 시기에 영토 확장은 종교적인 확장을 의미했으며 또한 이것은 정치적·경제적 기반 확립을 도와주었다(나송주, 2003).

이러한 활동을 위해서는 제국의 언어를 식민지에 정착시키려는 일이 우선적으로 필요했다. 종교적 언어관은 언어 자체를 탈인간화, 탈사회화, 신비화시키는 경향이 있어 인간을 선험적인 단일 언어 체계에 복종시킨다(유제호, 2002: 251). 무엇보다 정복 초기 포르투갈을 비롯한 유럽인들이 원주민들에 가지고 있던 경제적 동기는 확실했던 반면에 원주민어는 원주민의 존재와 마찬가지로 국가 발전의 장애물로 평가되고 점차 외면받았다. 그리고 그 경제적 동기에 따라 설정된 불평등한 관계가 이후 수백 년간 원주민들이 겪는 역사가 된다.

브라질 사회는 식민지 역사의 굴곡과 오랜 이민이 빚어낸 다인종적 혼혈 사회다. 다른 국가들과 비교해 인종 간에 조화로운 관계를 유지하고 있는 나라로 알려져 있고, 실제로 그러한 '대중적'인 인식을 바탕으로 인종차별이 존재하지 않는다는 인종 민주주의democracia racial[10] 이데올로기 효과가 존재한다. 브라질

---

10 제1차 세계대전과 세계 대공황 이후 백인 우월주의 신화와 우생학적 논리가 퇴색하면서 유럽의 백인 우월주의 사상에 대응하고 브라질만의 것을 찾으려는 차원에서 브라질의 사회학자 지우베르뚜 프레이리가 혼혈 인종은 열등하고 건강하지 않다는 주장에 맞서 혼혈에 대한 긍정적인 관점을 내세웠다. 한 가족 안에서도 다양한 피부색을 볼 수 있어 브라질에서는 피부색 차이만으로 차별이나 거부감이 심하게 나타나지 않는다. 하지만 현격하게 구분된 사회계층 차별이 결국 인종 문제와 환원적으로 연결되는 것을 보면 인종 민주주의는 혼혈 사회에서 인종 간 불평등 문제가 사회문제로 확대되지 않게 하는 안전장치 역할로 사용되었다.

사람들은 인종차별이나 편견 문제에 의식적이든 무의식적이든 개입하지 않으려는 성향을 보인다. 하지만 한 공동체 안에서 차별받고 소외받는 대상은 대개 그러한 '이데올로기 효과'에 가려 문제를 인식하기는커녕 자신의 목소리를 낼 수 있는 통로나 힘을 가지지 못하는 경우가 대부분이다. 실재하는 차별을 변화시키고 극복하기 위해서 제도적 장치를 포함해 여러 노력이 필요하지만, 구성원의 대다수가 필요성을 느끼지 않거나 인식조차 하지 못할 경우 공론화는커녕 논의를 시작하기조차 어렵게 된다.

(2) 식민 시대 원주민에 대한 말살 기도

포르투갈인들이 도착했던 1500년 당시 브라질에는 1000개 이상의 부족과 200만 명에서 400만 명 사이로 추정되는 원주민들이 살고 있었다.[11] 오늘날에는 255개 부족에 150개 언어의 화자들이 원주민의 삶을 이어가고 있다. 과거에 비해 급격하게 줄어든 원주민 숫자에는 여러 복합 요인이 작용했지만 가장 직접적인 요인은 정복자들의 폭력, 면역 체계가 없었던 전염병에 대한 무방비적인 노출을 들 수 있다.

일반적으로 유럽인들과의 접촉 초기에 나타난 원주민 사회의 급격한 인구 감소는 유럽인들을 통해 의도되지 않았거나 이해하지도 못한 채 유입된 황열병, 천연두, 볼거리, 홍역, 독감, 발진티푸스, 결핵 등의 질병에 대한 면역 부재에서 원인을 찾았다(네틀·로메인, 2003: 199).[12] 하지만 놀랍게도 19세기에 브라질 백인들은 인위적으로 전염병을 퍼트려 원주민들을 말살하려고 했다. 한 예로 인류학자 메르시우 뻬레이라 고메스Mércio Pereira Gomes는 1815년 지금의 마

---

11 원주민들은 언어가 서로 다른 여러 종족으로 나뉘어 있었고, 그 종족은 다시 여러 부족(tribo)으로 이루어져 있었다. 각 부족들은 각기 고유한 전설, 신화, 종교적 신념, 관습, 습관을 가지고 있었다.

12 유럽에서 건너온 질병으로 카리브해의 토착 인구는 거의 사라졌다. 아메리카에서 가장 조밀했던 중부 멕시코의 인구는 1519년 2500만 명에서 1580년에는 200만 명으로 줄어들었다.

라녀웅주 남부의 까시아스Caixas 지역에서 일어난 사건을 증거로 제시한다. 당시 대농장주들이 목축에 필요한 땅을 더 많이 확보하고자 칭비라Timbira족 원주민들에게 천연두를 앓다 죽은 환자들의 옷을 선심 쓰듯 선물로 주었다고 한다. 백인들에게 옷을 받아 돌아간 마을에서는 농장주들의 계획대로 전염병이 돌아 원주민들이 거의 전멸해 버렸고 가까스로 살아남은 원주민들도 집을 버리고 숲속으로 숨어들게 되었다고 한다. 전염병에 걸린 원주민들이 이동하면서 다른 부족에게까지 병을 옮기게 되었고 계속해서 다른 주에까지 퍼졌다고 한다.

다른 예로 19세기 이민 회사의 후원을 받은 브라질 남부 상따 까따리나주와 빠라나주의 부르주아들이 쇼끌렝Xokleng족과 까잉앙Kaingang족이 가져가게끔 일부러 홍역이나 천연두 바이러스가 묻은 담요를 물물교환 구역에 두기도 했다고 한다. 고메스는 『원주민과 브라질Os índios e o Brasil』(1988)에서 다음과 같이 쓰고 있다.

> 전염 병원체와 그 감염 사실이 밝혀졌을 때조차 포르투갈인들과 그 자손들인 브라질인들은 아무런 죄책감도 느끼지 않았고, 그러한 경험을 자신들의 이익에 반하는 다른 원주민 부락을 말살시키는 데 이용할 궁리만 했다. 오늘날 그러한 사건은 원주민을 대상으로 한 "세균전"으로 불리고 있다.

이런 사건들이 라틴아메리카 전역에서 일어났고 브라질에서는 1960년대까지 발생한 기록이 남아 있다. 1967년 브라질 연방 검사 자데르 피게이레두Jader Figueiredo가 작성한 5000쪽 분량의 20권짜리 보고서가 이듬해 3월 리마Lima 당시 내륙부 장관을 통해 발표되었다.[13] 기자회견 중 리마 장관은 지금 국립원주

---

13 이 보고서는 영국 NGO 압력단체 국제생존기구(Organização britânica Survival International) 가 2000년에 출간한 『브라질의 원주민(Índios do Brasil)』의 근간이 되었다(http://www.socio ambiental.org).

민재단Funai: Fundação Nacional do Índio의 전신인 원주민보호청SPI: Serviço de Proteção aos Índios[14]의 폐쇄를 둘러싼 부정행위를 질타하는 동시에 다이너마이트, 기관 총, 비소를 섞은 설탕 등으로 원주민 부족을 살해하는 행위를 고발했다. 이러한 사실은 ≪르몽드Le Monde≫, ≪선데이타임스The Sunday Times≫, ≪뉴욕타임스The New York Times≫ 등 유수의 외신을 통해 전 세계로 알려졌다. 미국의 인류학자 셸턴 데이비스Shelton Davis는 『기적의 피해자들: 발전과 브라질의 원주민Vitimas do Milagre: O desenvolvimento e os índios no Brasil』(1978)에서 다음과 같이 피게이레두 검사의 보고서를 인용했다.

> 대농장주들이 1957~1963년 마뚜 그로수주 원주민들에게 고의로 전염병을 퍼뜨린 사실이 정부 보고서에서 드러났다. 보고서에는 그 밖에도 1964~1965년 아마존 북부 원주민 지역에서도 의도적인 전염병 확산 기도가 있었다는 사실이 밝혀져 있다.

1988년에는 마르크스주의자이자 아마존 고무 생산 노동자 출신으로 대농장주와 정부의 무분별한 개발 정책에 맞서 아마존 생태와 원주민 보호를 위해 일생을 바쳐온 환경 운동가 멩지스가 자택에서 암살당한 사건이 발생해 전 세계적인 기사가 되었다.

하지만 대농장주들과 정부는 '그들'이 역사적으로 가져온 원주민에 대한 인식과 '그들'이 원하는 국가 비전에 대한 청사진으로 이러한 비인도적인 범죄에 대한 죄의식을 가려버렸다. '원주민'들은 존재하되 국가 발전을 위해 소외되고 삭제되고 가려질 수밖에 없는 존재가 된 것이다. 20세기 초 브라질에서 국가 통합 이데올로기의 기제로 사용된 인종 민주주의[15]라는 허울 아래 근래까지도

---

14 1910년에 설립되었다가 1967년 국립원주민재단으로 개편되었다.
15 이 개념은 1933년 브라질의 사회학자 지우베르뚜 프레이리의 『대저택과 노예숙사(Casa Grande

이러한 인식은 무관심을 통해 재생산되어 원주민들에 대한 사회적 편견과 차별을 빚어내고 있다.

1920~1930년대 브라질은 국가와 국민 통합을 위해 문화적으로 유럽과 단절하고 브라질 고유의 것에 가치와 의미를 부여하기 시작했다. 유럽이 민족을 바탕으로 근대국가를 세웠다면 브라질은 외부 세력에 의해 나라가 먼저 세워졌기 때문에 그 나라에 필요한 '민족'과 '국민'의 창조가 필요했다. 즉, 다인종, 혼혈 문화가 사회를 퇴화시키는 요소가 아니라 브라질만이 가진 긍정적인 요소로 재평가할 필요가 있었다. 브라질의 현실인 혼혈 문화를 긍정적으로 해석하고 이를 통해 인종 간 충돌과 대립을 피하려는 의도는 바람직했다. 하지만 현실에서는 브라질에 만연한 사회문제를 드러내지 않고 덮는 수단으로 곧잘 악용되고는 했다. 브라질 정치권에서도 인종 민주주의를 선호했는데, 저소득층이 겪는 문제가 피부색과 같은 인종차별 탓이 아니라 전적으로 평등한 개인의 능력 차이 때문이라는 능력주의meritocracia 문제로 몰아 인종 간 불평등 문제가 사회문제로 번지지 않게 하는 데 유용했기 때문이다. 저명한 사회학자 지우베르뚜 프레이리Gilberto Freyre도 브라질을 식민화한 포르투갈에 대해 우호적으로 기술함으로써 백인에 대한 적대감을 누그러뜨려 현실적 지배에 대한 '망각'을 유도했다는 비판에서 자유롭지 못하다.

아이러니하게도 원주민들은 인종차별을 방지하기 위해 주창된 인종 민주주의 이데올로기에 의해 가려졌다. 아마존 땅의 원래 주인이었던 존재들이 존재하지만 존재하지 않는 존재, 혹은 천연기념물이나 살아 있는 박제 인형처럼 취급당하는 대상으로 전락해 버렸다. 원주민 학살이나 테러는 오늘날에도 심심

---

e Senzala)』에서 처음으로 언급되었다. 이 책은 영미권에서 주로 '주인과 노예'라는 제목으로 번역되었다. 하지만 '주인과 노예'는 인적 주종 관계에만 논점을 두는 한계 탓에 원래 저서가 중점을 둔 식민 시대의 사람-공간-환경을 관통하는 부분을 간과하게 만드는 단점이 있다. 그러나 여전히 책 제목으로 '주인과 노예'가 '대저택과 노예숙사'보다 매력적인 것은 사실이다.

치 않게 일어나는 사회문제다. 그와 동시에 수천 명의 브라질 원주민들이 조상의 땅을 되찾기 위해 무단으로 농장을 공격하는 등 생존을 위한 끊임없는 갈등이 계속해서 이어지고 있다(임두빈, 2015).

2 | 사라져 가는 목소리들과 가려진 존재들

이제 아마존 생태 파괴의 초점을 '자원'이 아닌 '사람'에게 돌려보자. 태생적으로 타자로부터 명명된 '브라질'이라는 공간에서 '선주민'이 이방인에 의해 '인디오'로 호명받고, 이방인의 언어를 강요받으며, 사회적으로는 소외된 '브라질 원주민'의 과거, 현재, 미래에 대한 전망을 이들의 '언어 문제'를 통해 살펴보고자 한다. 공동체 중심의 삶을 영위해 온 원주민들은 오래된 관습에 따라 부족을 지켜왔지만, 문자가 없었기 때문에 문서로 된 성문법은 존재하지 않는다. 오직 구어 전승을 통해 자신들의 관습과 전통을 후세로 전해왔다는 점에서 원주민들의 역사와 존재 양식을 보존하면서 자신들의 사회적·역사적 행위를 상징체계로 남길 수 있는 유일한 수단으로서 언어, 즉 '글'이 아니라 '말'이 지닌 중요성은 크다고 볼 수 있다.

임두빈(2006)은 식민 시대 이래 브라질이 겪은 역사적 과정(독립, 공화국 선포, 군사정권 시기)을 통해 생성된 사회적 특징을 '정치적으로 권위주의적 성격', '경제적으로 소수 독점 형태', '문화적으로 엘리트주의'라는 세 가지로 요약했다. 이러한 역사적·정치적 유산은 이데올로기 구성체로서 오늘날까지 브라질 사회구조에 영향을 끼치고 있으나 여기에 원주민의 언어와 문화는 철저하게 배제되었다. 지리상의 발견 이후부터 근대사회를 지나는 동안 원주민은 착취 대상에 불과했다. 물론 현재는 법적인 장치가 있기에 공식적으로는 착취한다는 표현을 쓸 수 없다. 영국의 언어학자 제임스 밀로리James Milory의 말을 되새길 필요가 있다(Milory, 1998). "우리는 현재 인종, 피부색, 종교, 성차별을 공개적으로 할 수 없는 시대에 살고 있다. 하지만 아직까지 명백한 사회적 차별의 일종으로 언어 사용을 통한 차별은 공공연하게 드러나고 있다"(임두빈, 2006).

1) 언어는 차별 없이 평등한가?

김주관(2012)은 주로 교과서나 언어를 연구하는 학자들이 얘기하는 "언어는 평등하다"에 의문을 던지고 있다. 언어가 평등하다고 생각하는 이유는 첫째, 이론적이나 기능적으로 언어의 불평등함을 위계적으로 증명할 수 있는 우열의 척도를 만들 수 없고, 모든 언어는 일정 수준 이상의 '통역'이 가능할 만큼 기능적으로 표현 능력이 동등하기 때문이다. 그러나 '실제로 언어가 사용되는 특정의 사회문화적 맥락에서 평등한가'에 대한 질문은 앞에서 말한 언어의 평등함으로 설명하기 어렵다. '언어 자체'가 아닌 '언어 사용'은 사회적 실천 행위로서 사회문화적으로 구조화되고 체계화된 위계적인 질서, 즉 담론 구성체에서 구현되기 때문이다.

2) 식민 시대의 브라질 원주민들의 언어 상황

포르투갈인들이 도착했을 때 브라질 전역에는 〈표 2-1〉처럼 약 200만 명에서 400만 명 정도의 원주민들이 살고 있었다고 추정된다. 이들은 서로 다른 언어를 말하는 여러 종족으로 나뉘어 있었다.

브라질 원주민어의 수는 다양하지만 대부분 어원, 형태론, 의미론, 통사론적으로 동족어 관계에 있다. 모두 문자가 없는 구어다. 브라질 원주민어들은 전문가들이 유전적 동족 관계를 근간으로 여러 어족으로 나누고 있다.

브라질에서 최초의 원주민 부족 분류는 1884년 독일의 의사이자 여행가 카를 폰 스테이넌Karl von den Steinen이 진행했다. 그는 언어에 따라 다음과 같이 브라질 원주민을 네 그룹으로 분류했다(임두빈, 2015).

표 2-1 **16세기와 현재 브라질 원주민의 인구 수 비교표** (단위: 명)

원주민 분포 지역	추정 인구	
	16세기	21세기
아끄리주(뿌루스강)의 약 16개 부족	30,000	3,000~5,000
아마조나스주[브랑꾸(Branco)강]의 9개 부족	33,000	11,000~16,000
또깡칭스주의 19개 부족	101,000	5,000~5,600
북동부(Nordeste) 해안의 7개 부족	208,000	1,000
북동부 내륙의 약 13개 부족	85,000	-
마라녀웅주의 14개 부족	109,000	2,000~6,000
바이아주의 8개 부족	149,000	-
미나스 제라이스주의 11개 부족	91,000	0~200
이스뻬리뚜 상뚜주 일례우스(Ilhéus)의 9개 부족	160,000	-
히우 지 자네이루주의 7개 부족	97,000	-
상빠울루주의 8개 부족	146,000	-
빠라나주와 상따 까따리나주의 9개 부족	152,000	3,200~4,200
히우 그랑지 두 술주의 5개 부족	95,000	-
마뚜 그로수 두 술주의 7개 부족	118,000	6,200~8,200
마뚜 그로수 중앙의 약 13개 부족	71,000	1,900~2,900
기타	786,000	…
총인구 수	2,431,000	…

자료: IBGE(2000: 222).

① 뚜삐-과라니: 남쪽의 쁠라따Plata강에서 북쪽의 아마존강까지 주로 해안 지
방에 거주하고 있었다. 이러한 주거 환경 탓에 가장 먼저 포르투갈인들과 접
촉하게 되었으며 다른 종족에 비해 앞선 문화를 가졌던 것으로 알려졌다.

② 제Jê 또는 따뿌이아: 주로 내륙 지방에 살고 있었다. 포르투갈의 식민 지배
에 특히 강하게 저항한 종족으로 히우 지 자네이루와 북동부 지방에 퍼져 있
었다. 과거 히우 지 자네이루에서 공통어 생성의 흔적을 찾아볼 수 없는 이
유도 이 지역 원주민들의 강력한 저항에 따른 총독부의 말살 정책 때문이다.

③ 누아루아끼Nuaruaque 또는 마이뿌레Maipuré: 주로 아마존강 상류와 하류 지
역에 살고 있었으며, 특히 도자기 기술이 발달했다.

④ 까리비Caribe와 아루아끼Aruaque: 아마존강 중류와 중부 아메리카에 널리 퍼

져 있었다.

브라질의 원주민어 전문가 아리용 달리그나 호드리게스는 현재 남은 브라질 원주민어들을 크게 두 개의 어군, 하나의 고립된 어군, 기타 방언들로 분류했다(Rodrigues, 1999).

① 뚜삐어군: 뚜삐-과라니, 아리껭Ariquem, 아우에띠Aueti, 주루나Juruna, 마우에 Maué, 몽데Mondé, 뿌로보라Puroborá, 뭉두루꾸Mundurucu, 하마라마Ramarama, 뚜빠리Tupari.

② 마끄로-제어군: 보라라Borara, 끄레나끼Crenaque, 구아또Guató, 레Lê, 까라자 Carajá, 마샤깔리Maxacali, 오파이에Ofaié, 힉박따Ricbacta, 이아떼Iaté.

③ 고립어군: 아이까낭Aicaña, 아라우아Arauá, 아루아끼, 과이꾸루Guaicuru, 이랑쉬Iranxe, 자부띠Jabuti, 까노에Canoe, 까리비, 까뚜끼나Catuquina, 꼬아자Coazá, 마꾸Macu, 무라Mura, 나낭비꾸아라Nanambicuara, 빠누Pano, 뜨루마이Trumai, 치꾸나Ticuna, 뚜까누, 차빠꾸라Txapacura, 라노마미Lanomâmi.

④ 기타 방언들.

브라질 사회환경연구소의 자료에 따르면 현재 브라질에 원주민으로 등록된 인구는 89만 6917명(2010년 전체 인구의 0.47퍼센트에 해당함)으로 약 255개의 원주민 부족이 남아 있다고 한다. 원주민어는 150개 정도 확인되는데, 이는 16세기 포르투갈인들이 도착할 때 1000여 개에 달했던 것에 비하면 15퍼센트가량 살아남은 것이다. 산술적으로 보면 식민 시대, 왕정 시대, 공화국 시대 500년의 세월을 거치면서 1년마다 두 개씩 언어가 소멸한 것이다. 그럼에도 남아 있는 원주민어의 수가 표면적으로는 150개나 되는 탓에 보호의 대상이 아닌 듯한 인상을 주어 언어 소멸의 위급한 현실이 호도될 가능성마저 있다. 〈표 2-2〉를 보면 브라질 원주민어의 87퍼센트 이상이 1000명 이하의 화자 수를 가지고

표 2-2 브라질 원주민어 분포 비율

화자 수	언어 수(개)	백분율(%)
1,000명 이상	24	13
100~1,000명	108	60
100명 이하	50	27
50명 이하	25	13
…	…	…

자료: Rodrigues(1993: 83~103).

그림 2-9 현재 브라질에서 사용되는 원주민어 분포도

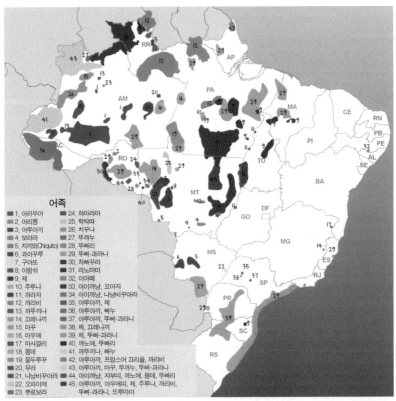

주 이름: AC(아끄리), AL(알라고아스), AP(아마빠), AM(아마조나스), BA(바이아), CE(세아라), DF(연방 특구), ES(이스뻬리뚜 상뚜), GO(고이아스), MA(마라녀웅), MT(마뚜 그로수), MS(마뚜 그로수 두 술), MG(미나스 제라이스), PA(빠라), PB(빠라이바), PR(빠라나), PE(뻬르낭부꾸), PI(삐아우이), RJ(히우 지 자네이루), RN(히우 그랑지 두 노르치), RS(히우 그랑지 두 술), RO(홍도니아), RR(호라이마), SC(상따 까따리나), SP(상빠울루), SE(세르지뻬), TO(또깡칭스).
자료: 브라질 사회환경연구소.

있으며 전체 화자 수가 20명도 되지 않아 소멸의 기로에 처한 언어들도 많다. 인류 문화유산 보존 차원에서도 소멸 기로에 서 있는 언어, 다시 말해 그 언어를 말하는 사람의 보존이 시급하다.

3) 브라질에서 사용된 언어의 역사와 정책

1500년 포르투갈인들이 브라질에 상륙할 때 대부분의 브라질 해안에서 사용되던 뚜삐어들Tupis(뚜삐스)은 오늘날 우리가 '고대 뚜삐어Tupi antigo'로 부르는 말과 동의어다. 고대 뚜삐어는 현재 사멸한 언어지만 브라질 상빠울루 대학교의 에두아르두 지 아우메이다 나바후Eduardo de Almeida Navarro 교수가 대학 내부뿐만 아니라 유튜브에도 강좌를 개설하고 있다.

예수회의 주제 드 앙쉬에따José de Anchieta 신부가 남긴 기록에 따르면 해안에 거주하던 원주민들은 일반적으로 뚜삐스라고 불렸던 한 공통 어족에서 갈라져 나온 다양한 방언들을 사용하고 있었다. 브라질 현지에서도 표기와 명명의 오류가 종종 발생하는데 뚜삐스는 앞서 얘기한 대로 오늘날에는 고대 뚜삐어라고 부른다. 바로 '뽀띠과라스Potiguaras', '뚜삐낭바스Tupinambás', '까에떼스Caetés', '뚜삐니낑스Tupiniquins', 지금의 상빠울루에 해당하는 서웅 비셍치São Vicente 까삐따니아capitania(식민 행정구역)[16]에서 사용하던 뚜삐어들이 바로 그 방언에 해당된다. 서웅 비셍치, 뻬르낭부꾸,[17] 마라녀웅의 뚜삐어는 앙쉬에따 신부가 『브라질 해안에서 가장 많이 사용되는 언어 문법Arte da Gramatica da Língua mais usada na costa do Brasil』(1595)을 통해 문법을 정립한 뚜삐어와 달랐다. 앙쉬에따 신부가 문법을 정립한 뚜삐어는 종종 일부 구조주의 언어학자들에 의해 '뚜삐낭바'

---

16 브라질 식민 시대에 포르투갈 왕실이 시행한 개척과 식민 통치를 위한 제도 또는 행정 단위다. 식민지 개척을 위한 일종의 인센티브로 양여한 '수증지'이며 세습이 가능했다.
17 피게이라 신부가 1621년 문법을 정립했다.

로 잘못 불러왔다. 나바후 교수는 이러한 오류가 해당 학자들이 고대 뚜삐어에 대한 이해가 부족하거나 아니면 구조주의적 관점에서 바라보았기 때문이라고 진단했다(Navarro, 2011: 6~7).

식민 초기에 브라질에서 크게 북쪽과 남쪽 두 갈래로 분화된 일반어의 뿌리인 고대 뚜삐어는 17세기 말까지 널리 사용되었다. 고대 뚜삐어를 근간으로 형성된 북쪽 일반어LGA: Língua Geral Amazônica(아마존 일반어)는 아마존 지역에서 넹가뚜어[18]로 변형되었고, 남쪽 일반어LGP: Língua Geral Paulista(빠울리스따 일반어)는 20세기 초에 완전히 사멸되었다.

현재 사라진 남쪽 일반어는 서웅 비셍치 까삐따니아를 출발지로 삼아 엥뜨라다Entrada와 방데이랑치스Bandeirantes(오지 개척단)들이 개척해 나간 길을 따라 미나스 제라이스주, 고이아스주, 마뚜 그로수주와 남부 까삐따니아로 퍼져나갔다. 포르투갈의 아마존 식민 개척은 브라질 동부 해안보다 나중에 시작되었다. 1615년 프랑스가 지금의 마라녀웅주 서웅 루이스를 포기하면서 1616년에 아마존강 어구에 위치한 벨렝에 요새를 구축했다(Moore, 2014: 112).

서로 다른 두 세계의 만남으로 생성된 원주민어를 기반으로 출현한 '일반어'는 주로 다음의 세 가지로 구분된다.

첫째, 남쪽의 빠울리스따 일반어는 20세기 초에 소멸했다.

둘째, 과라니 끄레올어o guarani criollo는 19세기부터 문자어로 발전했다.

---

18 우리말 표기로 '이엥가뚜', '넹가뚜', '넹엥가뚜'로 표기할 수 있다. 실제로 원주민 화자의 발음을 들어보면 우리말 표기를 정확하게 하나로 정하기 어렵다는 느낌이 든다. 그러나 철자 표기를 위해 음을 차용한 포르투갈어 고유의 'nh' 발음이 비음 구개음[ɲ]이고 후속 모음이 장모음인 것을 볼 때, '늬-엥-가뚜'가 근사치로 보이지만 표기에 적합하지 않다. 저자는 2006년부터 '넹가뚜'로 표기해 왔고 최근의 다른 연구(양은미, 2020)에서는 '이엥가뚜'로 표기하고 있지만 궁극적으로 한국어 발음과 일치도를 찾기 어려운 문제이기 때문에 이 장에서는 상대적으로 한국 사람의 발음에 무리가 없지만 현지음에 근접하다는 원칙을 기준으로 '넹가뚜'로 표기를 통일한다. 향후 학계의 건설적인 논의를 통해 국내 학계에서 우리말 표기 통일이 정해지기를 바란다.

셋째, 북쪽의 아마존 일반어는 넹가뚜어라고도 불리며 현재도 사용되는 중이다. 이 일반어는 2003년 브라질의 서웅 가브리에우 다 까쇼에이라에서 처음으로 포르투갈어와 함께 공용어로 인정받았다.

이러한 세 가지 일반어는 기본적으로 고대 뚜삐어족에 속하는 뚜삐-과라니어파에 속한다. 당시 유럽 출신 식민 지배자들은 남자들로만 구성되었던 관계로 원주민 여자들과 가정을 이루는 일이 흔했다. 원주민어를 사용하는 어머니 품에서 자란 혼혈인 마멜루꾸Mameluco(까보끌루의 유의어)와 언어가 다른 원주민 간에 의사소통이 필요해졌고, 이 일반어들은 이러한 실용성을 매개로 식민시대에 광범위하게 사용되었다. 그러나 현대 포르투갈어의 구조에 끼친 영향은 미약하다.

국내 학계에서 소수 학문 분야로 분류되는 포르투갈어권 연구에서 어려운 점은 번역된 학술 용어에 대해 충분하게 숙의하고 공감대를 형성하는 일이다. 국내에서 브라질 '일반어língua geral'는 임두빈(2006: 51; 2007: 212~213)이 처음으로 언급했다. 당시에는 '링구아 프랑까'의 기능을 우선해 '일반어'가 아닌 '공통어língua franca'로 소개되었다. 그러나 이후 임두빈(2008: 265; 2010: 184)은 의사소통을 위한 언어의 기능적 측면만을 고려한 것이 아니라 통합을 염두에 둔 '하나의 말'이라는 언어정책적 측면에서 식민지에서 쓰인 언어에 반영된 사회적 가치와 목적을 더 잘 드러내기 위해 '일반어'로 고쳐 부르기 시작했다. 최근 국내에서 '일반어'에 대해 심도 있게 진행된 연구(양은미, 2020: 38)에서도 기존 원주민어들이 가졌던 '다양성의 강제적 희석'이라는 취지에서 '일반어'로 표기하는 데 동의하고 있다.

4) 아마존 일반어[19]의 형성

브라질 북쪽에서 훗날 '넹가뚜'라고 불리는 아마존 일반어는 19세기부터 지금까지 아마존 네그루강 상류 협곡 지역에서 사용되고 있다. 따라서 고대 뚜삐어와 구분하기 위해 현대 뚜삐어Tupi moderno로 부르기도 한다.

아마존 일반어는 유럽인들이 아메리카 대륙을 밟기 전까지는 그 어떤 원주민 부족도 사용하지 않았던 언어다. 뚜삐낭바족은 지금의 마라녀웅주와 빠라주에 거주했는데, 예수회 선교사들에 의해 서로 언어(방언)가 달랐던 많은 다른 원주민 부족과 섞여 미서웅Missão(선교 부락)을 이루고 살게 되면서 이들이 사용하던 구어로부터 형성되기 시작했다.

16세기 포르투갈인들은 프랑스인, 네덜란드인, 영국인들을 몰아낼 목적으로 아마존강 유역의 지배력을 높여갔다. 요새를 짓고 교역소feitoria도 세웠다. 교역소를 중심으로 아마존 특산물을 확보하려면 노동력이 필요했고 이를 얻는 가장 쉬운 방법은 원주민의 노예화였다. 육체노동을 경시했고 원주민의 도움 없이 열대 밀림에서 스스로 생존이 불가능했던 포르투갈인들은 전쟁을 통해서 노동력을 획득했다.[20] 그러자 많은 원주민들이 노예화와 강제 노역을 피해 달아났고, 이를 잡으려고 대규모 인력이 동원되면서 가용할 인적자원이 계속해서 모자라는 악순환이 이어졌다. 1570년부터 포르투갈 왕실은 신세계에서 원주민 노예화를 법적으로 금지했으나 현실적으로는 '몸값 지불'이라는 원주민 풍습에 기댄 노예화가 성행했다. 가톨릭교회는 식민지 선교 사업을 위해 선교

---

19 아마존 일반어는 넹가뚜어 또는 현대 뚜삐어다. 대부분의 넹가뚜어 화자들은 '일반어'라는 명칭에 반감을 가지고 있다.

20 포르투갈어에서 노동(trabalho)이라는 단어는 라틴어 'tripaliare'에서 왔는데, 고대 로마 시대의 고문 도구로 노예에게 사용된 일종의 굴레인 'tripaliu'로 벌을 내린다는 의미로 쓰였다. 노동을 구원에 이르는 하나의 형벌로 설명한 칼뱅주의와 결을 달리한 포르투갈인들에게 육체노동은 그야말로 형벌이었고 피해야 할 대상이었다(다마따, 2015).

구에 원주민들을 보호하고 이들이 정착할 수 있는 선교 부락을 세웠다. 그러나 원주민에 대한 포르투갈 왕실, 식민 지배자, 선교사들의 목적과 이해관계가 충돌하면서 같은 선교구에 속하는 원주민을 세 그룹으로 나누어 관리하게 되었다. 서로 언어와 종족이 다른 원주민들이 유럽의 축소판인 선교 부락에 함께 모여 살면서 3분의 1은 포르투갈 왕실을 위해, 다른 3분의 1은 식민지 개척자들을 위해, 나머지 3분의 1은 성당과 수도원 건립과 식량 생산 등의 선교 사업에 동원되었다.

이제 원주민들은 자신들이 지금까지 살아왔던 방식이 아니라 유럽인들이 필요로 하는 생활 방식과 사고를 먼저 이해하고 따를 필요성이 생겼다. 언어와 사고는 불가분의 관계에 놓여 있기에 당연하게 이러한 생활 방식과 사고는 언어적으로 동질화되고 통일되는 강제성을 띠게 되었다. 그 결과가 바로 '일반어들Línguas Gerais'의 탄생이었다. 원래 각각 떨어져 살았던 원주민 부족들이 선교 부락과 아마존 식민지 개척촌에서 유럽의 방식을 따르며 함께 살게 되면서 각자의 복수성을 상실하고 마치 한 국가의 국민처럼 단일한 대상으로 변모해 갔다. 이렇게 언어를 사용하는 사회적 맥락이 바뀌면서 원주민어 습득에 가장 관심이 많았던 예수회 선교사들에 의해 원주민어들 중에서 가장 널리 사용되고 유럽인들과도 직접 접촉이 많았던 고대 뚜삐어를 근간으로 다양한 부족어 사용자들도 공통으로 소통할 수 있는 일반어가 탄생했다. 언어학적 입장에서 어떤 언어를 사용하는 민족에게 국가가 존재하는지 여부는 언어 자체의 가치에 전혀 영향을 주지 않는다. 중요한 것은 민족, 혹은 그와 유사한 에스닉ethnic 집단이다. 페르디낭 드 소쉬르Ferdinand de Saussure는 자신의 『일반 언어학 강의Cours de linguistique générale』(1916)에서 "민족을 만드는 것은 일반적으로 언어"라든가 "민족적 단위를 만드는 것은 어느 정도까지는 언어의 공통성에 의한다"라고 언급하고 있다(다나카, 2020: 18).

식민지 사회 공동체 안에서 백인 남성과 원주민 여성을 통한 혼혈이 증가하며 순수 원주민의 수가 줄어들자 '혼혈 사회', 즉 '까보끌루 브라질Caboclo Brasil'

이 형성되었다. 이 혼혈 사회는 자발성과는 거리가 먼 외세에 의한 강제적인 문명 통합의 산물이었다. 이제 유럽의 방식이 지배하게 된 브라질 식민 사회의 새로운 구성원으로 출현한 까보끌루들은 순수 원주민어가 아니라 백인, 원주민, 혼혈인 모두와 소통할 수 있는 일반어를 모어로 가지게 되었다.

이처럼 아마존 일반어는 아마존 지역에서 유럽 출신의 백인 식민 지배자들과 이들의 종교적 사명을 달성하기 위해 진행된 원주민들의 노예화와 혼혈을 거쳐 탄생하게 되었다. 언어와 문화가 다른 (그러나 유럽인의 시각에서는 단일화시키고 싶은) 원주민 부족들이 아마존 일반어를 통해 소통하기 시작했다.

17세기는 이중 언어 사용 시기로 금광을 찾아 브라질로 포르투갈인들이 유입되면서 일반어의 사용과 병행해 당시까지 소수 언어에 불과했던 포르투갈어의 사용이 점차 확대되기 시작했다. 이처럼 17세기 말까지 브라질은 다양한 인종 간에 일어나는 의사소통을 위해 해안뿐만 아니라 상빠울루 내륙에까지 통용되던 여러 다양한 공통어들로 인해 단일 언어권이 아닌 다원적인 언어 환경을 갖추고 있었다.

1757년 포르투갈의 절대왕정 시대에 뽕발 재상은 식민지인 브라질에 최초로 공식적인 언어정책을 수립해 포르투갈어를 제외한 다른 모든 언어의 사용과 교육을 금지시켰다. 1758년 법령으로 공포된 국가 통합과 식민지 언어 동화정책의 시행으로 브라질에서 유일하게 토착어와 '공통어'를 수호하던 예수회가 이듬해인 1759년 추방되면서, 당시 소수 언어의 지위에 그쳤던 포르투갈어가 브라질에서 식민 지배의 도구로 확실하게 자리 잡게 되었다. 물론 이러한 경향은 유럽에서 프랑스혁명 이후 불기 시작한 국가와 언어를 동일시하고 단일화시키려는 국민국가 시스템의 영향을 받은 것이었다. 프랑스혁명을 모태로 탄생해 유럽 주도로 전 세계로 전파된 이러한 국민국가 형성의 물결로 역사 과정을 공유하는 동일 민족이라는 환상과 이를 실현하기 위한 이데올로기로 '민족주의'가 탄생했다.

1877년까지 아마존 일반어는 벨렝, 마나우스Manaus, 마까빠Macapá, 상따렝

Santarém, 떼페Tefé, 오비두스Óbidos와 같은 크고 작은 도시를 포함한 아마존 전 지역에서 포르투갈어보다 많이 사용되었다. 면적에 비해 거주 인구가 적었던 아마존 열대우림 지역의 영토적·문화적·인적 통합은 19세기 말부터 시작되었다. 1877년에는 50만 명이 넘는 북동부 인구가 가뭄을 피해서, 그리고 천연고무 채취 붐을 따라 아마존 지역으로 유입되었는데 북부 브라질에서 포르투갈어가 일반어 사용을 앞지르기 시작한 분기점이었다(히베이루, 2016: 311).

18세기에 들어 당시 포르투갈의 뽕발 재상은 스페인과의 합병(1580~1640년)을 통해 양국 간에 체결되었던 또르데시야스 조약(1494년)이 사실상 무효화되었음에도 브라질 영토에서 스페인어 사용이 강제되지 않던 상황을 적극적으로 활용했다. 그 뒤에 포르투갈은 마드리드 조약(1750년)을 체결하며 서쪽과 북쪽으로 식민지 브라질의 영토를 더 넓게 확장했고, 확장된 영토에서 포르투갈 왕실의 지배를 공고히 하려는 지리적·정치적 수단으로 예수회를 추방하고 서둘러 강력한 단일 언어정책을 폈다. 이때 수립된 언어정책을 바탕으로 브라질은 광활한 영토와 다양한 언어 생태 환경에도 불구하고 오늘날 민족어이자 공식어로 포르투갈어를 단일 국어로 사용하게 되었다.[21]

이러한 언어정책의 바탕에는 19세기부터 유럽에 팽배했던 '언어 도구관'과 '언어 진화론'이 깔려 있었다. 열등 민족을 선진 문명의 언어로 교육시켜 개화시킨다는 제국주의 논리의 '문명화 사명'에 따라 이루어진 언어 이데올로기에 기초한 동화정책이 작동했다. 그럼에도 이 모든 동화 작업의 결과를 일방적인 위에서 아래top-down로의 제국주의적 사관, 혹은 엘리트 계급 중심의 민족주의 기원만으로 설명하기는 어렵다. 실제로 현재 브라질에서 사용하는 브라질 포

---

21 현재 브라질은 정책적으로 공식적인 단일 언어 사용 국가임에 불구하고 총인구의 0.5퍼센트에 해당하는 약 75만 명이 실제로 사용 중인 200여 개의 소수 언어(180개 원주민어와 20개의 이민자어)가 상존하는 다언어적 환경을 보유하고 있다. 여기서 흥미로운 사실은 그 소수 언어 사용자 75만 명의 60퍼센트에 해당하는 40만 명의 화자가 사용하는 언어가 일본어라는 점이다.

르투갈어는 유럽에서 곧바로 이식된 것이 아니라 '원주민어'에서 '일반어' 사용의 단계를 거쳐 최종적으로 '침투'된 것이라고 볼 수 있다. 두 세계의 만남은 원주민어나 포르투갈어를 통한 일방적인 직접 소통이 아니라 일반어를 통해 매개된 것으로 완전히 단절되어 공통점을 찾기 어려웠던 다른 문명들이 소통을 이루어간 인류 문화유산이다. 물론 일반어가 수많은 원주민어들이 가진 다양성을 파괴하고 백인에 대한 원주민의 체계적 예속을 가져온 정복 도구였다는 점은 명백하다. 상상력을 발휘해 당시 수적으로 유럽인들에 비해 우세했던 브라질 원주민들이 일반어라는 공통어(국어)를 통해 '원주민 국가 통합체'를 이루어 포르투갈 제국의 식민 지배에 맞섰다면 현재의 세계는 또 다른 모습이 아닐지 생각해 본다.

제2차 세계대전 이후 민족주의를 기반으로 한 민족 독립이 달성 혹은 '기획'되어 세계는 200여 개에 이르는 '국민국가'로 나뉘었다. 하지만 현실적으로 이 국민국가들 안에 혼재된 서로 다른 민족과 부족들이 갈등하며 세계사에 많은 분쟁을 낳아왔고 현재에 이르고 있다. 이제 인류는 앞서 논의했던 '아마존 환경 파괴 문제'에서 보았듯이 국가 수준의 시스템으로는 해결할 수 없는 다양한 문제들에 대처할 유연한 정치 이념과 정치 시스템을 요구하는 시대에 접어들었다. 아마존의 자원보다 더 소중하게 지켜야 하는 브라질 원주민들의 생존권과 이들의 정체성을 지킬 수 있는 언어 문제에 대한 해법도 같은 맥락에서 바라볼 필요가 있다.

3 ｜ 사라져 가는 목소리를 살리는 노력의 필요성

언어가 소멸되는 현상을 첫째, 화자의 소멸, 둘째, 강제적인 언어 교체, 셋째, 자발적인 언어 교체, 이렇게 세 유형으로 나누어볼 때 브라질 원주민어의 소멸은 세 가지 모두에 해당한다. 안토니오 그람시Antonio Gramsci의 헤게모니론에 따르면 언어 간에 편제된 위계질서에 따라 정치적 강제가 없는 상황에서도 특정 언어의 사용이 확대되는 이유를 설명한다. 즉, 익명의 권력작용의 매개를 통한 화자의 자발적인 동의 아래 소언어(주변어)에서 대언어(초중심어)로의 이동이 이루어진다고 보고, 헤게모니를 "구성원의 자발적 동의를 조직하는 권력"이라고 정의했다(칼베, 2001). 가령 브라질 한인 교포 사회를 보면 이민 1세대 부모들의 노력에도 불구하고 이민 3세대로 넘어갈 때쯤 되면 초중심어인 포르투갈어에 동화되면서 주변어인 한국어가 점차 다음 세대로 전해지기 힘든 것과 비슷하다고 볼 수 있다.

앞의 〈표 2-1〉의 오늘날 브라질 원주민 분포 지역을 통해 브라질의 정치·경제적 발전의 궤적이 남긴 역사적 흔적을 알 수 있다. 브라질의 다섯 권역 가운데 북부, 중서부, 남부 권역에 사는 원주민들은 대부분 자신들의 언어를 유지해 가고 있지만, 나머지 지역에서는 도시화에 따라 밀려나는 상황이다. 이처럼 브라질 원주민들도 자신의 언어와 문화를 고집하는 집단, 이중 언어 사용 집단, 포르투갈어만 사용하는 집단으로 분화되어 있다. 과거에 국가 통합 차원에서 원주민들을 대상으로 실시된 교육에는 그 목적이 이들의 존재를 '이전과는 다른 무엇'으로 변화시키려는 의도가 있었다. 하지만 오늘날은 강제적 교체를 통해 동화시키려고 하기보다 정부와 민간단체의 지원 아래 원주민 교사를 육성해 원주민 보호구역 내 자치 학교에서 이중 언어교육과 특별하고 차별성 있으며 간⋕문화적인 교육을 실시해 원주민어도 보존하면서 이들을 점차적으로 브라질 사회에 편입시키려는 현실적인 대안으로 바뀌었다(Caliari, 2004: 11).

현실적으로 실재하는 다언어적인 환경을 외면한 채 서구의 특수한 역사적 환경하에 생겨난 정치적 통일과 병행하는 언어적 통일의 기치 아래 "단일 언어를 매개로 모든 사회계층에 동등한 언어 현실의 구현", "모든 언어는 같은 것을 말할 수 있고 평등하다"라는 비현실적이고 이상주의적인 발언은 오늘날 우리가 직면한 다문화와 다언어주의적 환경에서 하나의 신화에 그칠 수밖에 없다. 서구의 특수한 역사 관계에서 탄생한 국가와 민족이라는 개념이 선험적인 정체성을 담보하고 있지 않음을 자각하고 지역적인 정체성 표현은 지역어로, 세계적인 차원의 정체성 표현은 세계 언어로 표현하는 안정된 다중 언어 사용 능력을 넓혀간다면 단일성과 다양성 간에 걸쳐진 가치관의 충돌에서 유연한 고지를 차지할 수 있으리라고 본다.

사실상 언어language는 놈 촘스키Noam Chomsky의 언어 이론이 강조한 '이성주의에 기초한 휴머니즘'을 근거로 존엄한 인간 모두에게 평등하다고 주장할 수 있다. 하지만 현실적으로 각종 맥락에서 실제 사용되는 각자의 언어speech는 모국어에서조차 다의성, 이어성異語性, 복수언어성을 바탕으로 하는 상호주관성을 띠며 언어를 사용하는 주체가 사회적으로 평등함을 전제하지 않는다. 똑같은 언어능력을 타고 났지만 요즘처럼 누구는 영어를 잘해 사회에서 능력을 인정받고, 누구는 인정받지 못할 수도 있듯이 주체가 개입되고 사회적 맥락 안에서 언어에 내재된 권력 구조는 현실 세계에서 편견과 차별을 지닌 구체성을 띠고 있다.

소쉬르의 "관점이 대상을 선행한다"라는 표현을 빌리지 않더라도 언어를 바라보는 다양한 관점에 따라 대상에 대한 해석의 다각화가 가능하다. 인류가 언어를 보아온 관점들을 검토하면, 고대에서 18세기에 이르기까지 언어는 사고를 표현하는 단순한 도구에 불과했다. 이러한 인식 아래 인간의 자연언어는 '논리적인 사고'를 완전하게 반영하지 못하는 불완전한 것으로 인식되면서 '완벽한 보편 언어'에 대한 지향이 언어 연구의 중심을 차지했다. 이렇게 언어를 사고에 종속시켜 왔던 전통이 훔볼트 이후에 언어라는 것이 선험적으로 완벽하게 형성되어 있는 어떤 '사고'를 단순히 반영하는 수단이 아닐 뿐더러 오히려 "사고를 형성하는 무엇"으로 격상되었다. 오늘날까지 '언어가 먼저냐 사고가 먼저냐'는 논의가 끝나지 않았지만, 적어도 넓은 의미에서의 언어활동과 사고의 상호 침투성만은 부정할 수 없다. 이렇게 언어와 사고의 상관관계가 강조되면서 언어는 점진적으로 사회성과 문화성을 부여받게 되었다.

그런데 이토록 중요한 언어가 원주민들 세계에서 사라져 가고 있다. 언어는 의사소통의 수단이기 전에 세계를 바라보고 이해하는 존재 방식을 나타내는 인식의 창이다. 대부분의 활동이 언어를 통해 수행되며 대부분의 사회현상이 언어적 상징체계로 표현된다. 즉, 한 집단은 언어를 통해 다른 집단과 구별되는 자신만의 정체성을 나타낼 수 있다. 따라서 언어가 사라진다는 것은 그 언어를 사용하는 집단, 다르게 말하면 그 존재가 사라진다고 해도 과언이 아니다. 언어의 사멸은 전 세계적인 생태계 붕괴 현상의 일부다. 오늘날 직면하고 있는 생물·언어적 다양성의 위기는 언어가 우리가 생활하고 있는 생태계와 밀접하게 연결되어 있다는 사실을 제대로 인식하지 못했기 때문에 발생한다(네틀·로메인, 2003). 그러한 측면에서 지금처럼 원주민어가 소멸하는 것은 단순히 현대사회의 경쟁에서 '그 무엇'이 낙오되는 것이 아니라 인간과 함께 살아 숨 쉬는 하나의 유기체가 소멸하는 상황이라는 문제로 심각하게 받아들여야 한다.

　브라질 역사에서 원주민들은 브라질 국민의 형성뿐만 아니라 이들의 관습과 습관의 형성에도 크게 기여했다. 이러한 기여에도 불구하고 오늘날까지 브라질의 위정자들은 원주민들의 토지 소유권을 보장하는 구체적인 조치 대신에 사실상 소멸시키려는 정책을 추진하고 있다. 백인들이 아메리카에 도착한 이래 원주민들은 줄곧 그들의 터전과 땅을 백인들에게 빼앗겨 왔다. 오늘날 원주민들도 국가로부터 보장받은 땅마저 개발 논리, 사유재산권 논리와 법률 체계, 폭력으로 무장한 이방인들, 특히 대기업과 대농장주들의 침입으로 위협받고 있다. 그럼에도 이들이 지닌 법적 지위는 미성년자 수준에 그치며 투표권과 법적 재산권도 없다.[22] 무엇보다 기본적으로 원주민들의 토지 소유권을 인정해 주

22　원주민들의 토지 소유와 고유 관습을 유지할 수 있는 권리는 1910년 원주민보호청에서 최초로 언급했다. 그 뒤에 1973년 군사정권 때 원주민법이 제정되었다. 이 법에서 원주민은 자립할 수 없고 국가의 도움 없이는 생존이 불가능한 무능한 존재로 간주되고 있다. 1988년 브라질 연방헌법에 원주민들이 자신들이 살아온 땅에 대한 권리를 인정받을 수 있는 조항이 추가되어 보호구역이 보장되었지만 여전히 소유권은 국가에 있었다. 그마저 이 보호구역도 2007년 발의된 PL 490으로 다시 위협받고 있다.

는 것이 이들이 스스로 살아갈 수 있게 하는, 그래서 이들의 언어와 문화를 존속시키는 근본적인 토대가 된다. 한마디로 원주민을 천연기념물처럼 보호의 대상으로 보는 것이 아니라 브라질 국민으로 존중해야 한다. 이러한 제안은 언어를 직접 겨냥하는 정책은 아니지만, 언어도 그 언어를 사용할 수 있는 실질적인 터전이 있어야 보존이 가능하기에 원주민들에게도 경제적 역할에 대한 책임을 부여함으로써 언어의 사멸을 방지해 보려는 대책이기도 하다.

유럽 열강이 주도했던 제국주의 시대에 식민지별로 힘에 입각한 언어 교체를 통해 이루어진 언어 확산이 이제는 공간적·지역적 경계를 허물고 '중립적인 공통어'이자 초국가, 초민족을 지향하는 단일 공통어로서 '영어의 세계화'라는 현상으로 다가왔다. 그렇게 지구화와 국제화의 이데올로기와 지역화와 교류의 이데올로기, 초국가와 지역 주권의 옹호 사이에서 벌어지는 한판 승부에 모두가 노출되어 있다. 이러한 상황에서 사회적으로 미약한 존재인 원주민들의 언어나 문화 보존에 투자하자는 제안은 정부 입장에서 비효율적인 지출로 달갑지 않은 일이다. 그러나 이러한 시각은 인간의 모든 사회 행위를 경제적인 관점에서만 바라보고 정보와 가치를 교환하는 데 유리한 언어만을 선택하려는 입장을 반영한다. 세계화라는 패러다임이 문화 다양성을 위협하는 초국가적·초민족적 이데올로기 효과를 자아낼 때 오히려 민족·종교·언어에 기초한 전통적 정체성으로의 복귀가 그 반발 기제로 일어나는 것을 우리는 경험으로 알고 있다. 한 언어의 소멸은 단순히 여분이 있는 도구의 상실이 아니며, 그 언어와 유기적으로 연결된 정치, 경제, 사회, 문화, 환경에 미치는 영향을 간과해서는 안 된다. 사회적인 효용성이 떨어지는 소수 언어일지라도 피에르 부르디외 Pierre Bourdieu가 언어를 구체적인 재화처럼 가치를 지니고 교환이 가능한 '상징적 자본'이라고 표현했듯이(Bourdieu, 1998), 언어도 그와 연결된 사회적 맥락을 고려해 사회적 자본으로 활용하는 지혜를 살려야 한다. 브라질이라는 국민국가의 틀 안에서 공식어는 포르투갈어 하나일지 모르나 담론 차원[23]에서, 원주민어를 포함해 브라질에서 사용되는 소수 언어들을 모두 '브라질어'로 명명하려는 시도도 있다. 이것 역시 폐쇄된 국경으로 구획 지워진 지리적 공간에서 행사되는 정치·경제적 담론을 담고 있는 지배 언어의 일방적인 공세(위에서 아래)에 맞서는 다언어·다문화주의적 관점(아래에서 위)을 통해 긍정적으로 평가될 수 있을 것이다.

---

23 '언어 실행(parole, 빠롤)'은 개인 수준의 구체적인 발화 행위, '언어 체계(langue, 랑그)'는 사회 수준의 공통적이고 추상적인 언어 규칙들의 집합이다. 담론은 어느 정도 확립된 집단 언어 활동으로 '언어 실행'과 '언어 체계' 간에 설정된 중간 개념으로 이해하고 있다(유제호, 2002: 245).

참고문헌

1. 논문, 단행본, 기사

김우성. 2014. 『라틴아메리카의 언어적 다양성과 언어정책』. 산지니.

김우성 외. 2008. 『라틴아메리카 원주민 역사·문화연구』. 부산외국어대학교 출판부.

김재순. 2021.11.19. "브라질 '불법벌채 중단' 약속 무색… 아마존기금 계속 중단". https://www.yna.co.kr/view/AKR20211119001000094.

김주관. 2012. 「언어는 평등한가?」. ≪인문논총≫, 제67권, 247~272쪽.

나송주. 2003. 「착한 야만인에서 부패한 인디오로」. ≪세계문학비교연구≫, 제8권, 45~62쪽.

네틀, 다니엘·수잔 로메인. 2003. 『사라져 가는 목소리들: 그 많던 언어들은 어디로 갔을까?』. 김정화 옮김. 이제이북스.

다나카 가쓰히코. 2020. 『말과 국가』. 김수희 옮김. 이케이커뮤니케이션즈.

다마따, 호베르뚜. 2015. 『브라질 사람들』. 빠우-브라질 총서 1. 임두빈 옮김. 후마니타스.

다이아몬드, 재레드. 2016. 『재레드 다이아몬드의 나와 세계: 인류의 내일에 관한 중대한 질문』. 강주헌 옮김. 김영사.

랑베르, 르노. 2019.10.31. 「나비족을 자처한 아마존 지역의 약탈」. 김소연 옮김. ≪르몽드디플로마티크≫.

미야자키 마사카츠. 2003. 『하룻밤에 읽는 숨겨진 세계사』. 오근영 옮김. 랜덤하우스 코리아.

블루엣, 브라이언 W.·올린 M. 블루엣. 2013. 『라틴 아메리카와 카리브 해: 주제별 분석과 지역적 접근』. 김희순·강문근·김형주 옮김. 까치글방.

양은미. 2020. 「16~18세기 아마존 일반어(Língua Geral Amazônica)의 탄생과 확장: 원주민의 말에서 정복의 언어로」. ≪한국라틴아메리카연구≫, 제33권 3호, 31~62쪽.

유제호. 2002. 「언어관의 변천과 상호주관성」. ≪인문비평≫, 제3권, 244~267쪽.

이성형 엮음. 2010. 『브라질: 역사, 정치, 문화』. 까치글방.

임두빈. 2006. 「브라질의 언어정체성」. ≪이베로아메리카≫, 제8권 1호, 47~72쪽.

_____. 2007. 「브라질 포르투갈어의 이종성(異種性)과 브라질 사회·역사성과의 관계」. ≪중남미연구≫, 제26권 1호, 191~218쪽.

_____. 2010. 「식민시대 언어상황과 브라질 포르투갈어 분극화의 역사적 배경」. ≪중남미연구≫, 제23권 1호, 179~206쪽.

_____. 2016. 「브라질 원주민의 일상생활과 풍습」. 부산외대 중남미지역원 엮음. 『라틴아메리카 원주민의 어제와 오늘: 라틴아메리카 원주민의 역사와 세계관』. 부산외대 중남미지역원 라틴아메리카 문화지도 04. 산지니.

_____. 2020.5.3. "브라질 문명의 초석, 두꺼운 언어 vs 얇은 언어". ≪대학지성≫. http://www.unipress.co.kr/news/articleView.html?idxno=1140.

전유진. 2021.11.13. "[IN 브라질] COP26에서의 약속은 어디로? 심각한 아마존 파괴에 짙어지는 회의감". ≪월드투데이(WORLDTODAY)≫.

지 올랑다(지 올란다), 세르지우 부아르끼. 2018. 『브라질의 뿌리』. 빠우-브라질 총서 3. 김정아 옮김. 후마니타스.

칼베, 루이-장(Louis-Jean Calvet). 2001. 『언어전쟁』. 김윤경·김영서 옮김. 한국문화사.

헤밍, 존. 2013. 『아마존: 정복과 착취, 경외와 공존의 5백 년』. 최파일 옮김. 미지북스.

히베이루, 다르시. 2016. 『브라질 민족: 브라질의 형성과 그 의미』. 이광윤 옮김. 한국문화사.

Bourdieu, P. 1998. *A Economia das trocas lingüísticas*. São Paulo: Editora de USP.

Caliari, G. M. 2004. "Language policy in Brasil." *Language Policy*, Vol. 3, No. 1, pp. 3~23.

Filho, D. P. 2017. *Muitas Línguas Uma Língua*. Rio de Janeiro: José Olympio.

Gomes, M. P. 1988. *Os Índios e o Brasil*. São Paulo: Editora Voz.

IBGE(Instituto Brasileiro de Geografia e Estatística). 2000. "Apêndice: Estatísticas de 500 anos de povoamento." *Brasil: 500 anos de povoamento*. Rio de janeiro: IBGE, p. 222.

Milroy, J. 1998. "Children can't speak or write properly any more." L. Buer and P. Trudgill(org.). *Language Myths*. Harmondsworth: Penguin.

Moore, D. 2014. "Historical Development of Nheengatú(Língua Geral Amazônica)." Salikoko S. Mufwene(ed.). *Iberian Imperialism and Language Evolution in Latin America*. Chicago: University of Chicago Press.

Navarro, E. A. 2004. *Método Moderno de Tupi Antigo*. São Paulo: Global.

_____. 2011. *Curso de Língua Geral*. São Bernardo do Campo: Paym Gráfica e Editora.

Rangel, L. H. 2019. *Relatório Violência Contra os Povos Indíginas no Brasil*. Conselho Indigenistas Missionários(CIMI).

Rodrigues, A. D. 1993. "Línguas Indígenas: 500 anos de descobertas e perdas(versão abreviada e ilustrada com exemplos e figuras)." *Ciência Hoje*, No. 95, pp. 20~26.

_____. 1999. "A originalidade das línguas indigenas brasileiras." Conferência na inauguração do laboratório de língua indígena, UnB.

_____. 2002. *Línguas brasileiras: para o conhecimento das línguas indígenas*. São Paulo: Loyola.

Santana, R. e T. Miotto. 2019. "Não verás país nenhum: em ano marcado por quimadas, terras indígenas foram devastadas pelo fogo." L. H. Rangel. *Relatória: Violência Contra os Povos Indígenas no Brasil*. Conselho Indígenas Missionários(CIMI), pp.19~25.

Viana, V. M. 2010. 'A Vision for the Future of the Amazon.' in "Sustainable Development in Practice: Lessons Learned from Amazonas." International Institute for Environment and Development, pp.53~57.

2. 웹 자료

브라질 국립우주연구소(INPE: Instituto Nacional de Pesquisas Espaciais) 아마존 산림 벌목 감시 모니터링(Prodes). http://www.obt.inpe.br/OBT/assuntos/programas/amazonia/prodes.

브라질 국립원주민재단(Funai: Fundação Nacional do Índio). http://lwww.funai.gov.br/indios.

브라질 사회환경연구소(ISA: Instituto Socioambiental). https://www.socioambiental.org/pt-br.
브라질 지리통계청(IBGE). https://www.ibge.gov.br/brasil500/tabelas/indios_moderna.html.

Castro, C. 2021.7.7. "O que é o PL 490 e como ele afeta a vida dos povos indígenas?." *Destretando*. https://www.uol.com.br/ecoa/ultimas-noticias/2021/07/07/o-que-e-o-pl-490-e-como-ele-af eta-a-vida-dos-povos-indigenas.htm.

Greenpeace Brasil. 2021.11.18. "Com Bolsonaro, Amazônia tem maior Desmatamento desde 2006." https://www.greenpeace.org/brasil/blog/com-bolsonaro-amazonia-tem-maior-desmat amento-desde-2006.

KPMG. 2021.10.14. "KPMG, 글로벌 최초 '탄소중립 준비지수' 발표". https://home.kpmg/kr/ko/ home/media/press-releases/2021/10/press-releases-14.html.

Povos Indígenas no Brasil. "O que são Terras Indígenas?." https://pib.socioambiental.org/pt/ O_que_s%C3%A3o_Terras_Ind%C3%ADgenas%3F.

제 3 장

아마존강 유역의 영유권 분쟁

최영수(한국외국어대학교 포르투갈어과 명예교수)

1 ㅣ 남아메리카 대륙 발견 초기의 아마존강

아마존강은 길이가 6400킬로미터로 세계에서 두 번째로 길고, 유역 면적은 705만 제곱킬로미터로 세계 최대를 자랑한다. 아마존강은 페루에서 발원해 볼리비아, 에콰도르, 콜롬비아, 베네수엘라, 브라질을 흐르지만 강의 본류와 유역의 대부분은 브라질 영토에 속해 있다. 브라질의 아끄리주, 아마빠주, 아마조나스주, 마뚜 그로수주, 빠라주, 호라이마주, 홍도니아주 일곱 개 주가 포함된 아마존강 유역은 357만 제곱킬로미터로 브라질 국토 면적의 42퍼센트를 차지하는 광활한 지역이다. 오늘날 브라질은 세계 육지 면적의 6.5퍼센트, 세계 산림 면적의 12.5퍼센트를 점유하고 있는데, 아마존강 유역의 열대우림이 브라질 산림 면적의 72퍼센트를 차지하고 있기에 가히 '지구의 허파'라고 불릴 만하다.

1494년 포르투갈과 스페인의 과열된 해상 경쟁을 진정시키기 위해 교황의 중재하에 또르데시야스 조약이 체결되었다. 조약의 세부 규정에 따르면 아마존강과 그 유역은 스페인령이었다. 실제로 16세기 초에 아마존강을 처음으로 답사하고 탐험한 인물들 대다수가 스페인 출신들이었다. 1500년 아마존강 하구를 탐험한 비센떼 야녜스 삔손, 1502년 아마존강 하구를 거쳐 카리브해로 항해했던 디오고 레뻬Diogo Lepe, 1531년 아마존강 유역에 정착을 시도했던 디에고 데 오르다스Diego de Ordáz, 1539~1541년 안데스를 출발해 아마존강 하구까지 탐사한 프란시스꼬 데 오레야나 등은 모두 스페인 출신이었다. 특히 오레야나의 아마존강 여행기는 함께 참여한 곤살로 페르난데스 데 오비에도 이 발데스Gonzalo Fernández de Oviedo y Valdés가 베네치아에서 발간한 책에 생생하게 묘사되어 있다.

신화 속의 도시 엘도라도가 아마존강과 가이아나 사이에 존재한다는 전설에 따라 1559~1560년에 우르수아 원정대가 모험에 나섰지만, 바스끄Vasco 출신의 변절자 로뻬 데 아기레의 반란으로 우루수아가 중도에 살해당하면서 아마존강 탐사의 열기가 식었다. 공교롭게도 이 재앙 덕분에 아마존의 원주민 부족들은 반세기 동안 유럽인들의 괴롭힘에서 벗어날 수 있었다(Bethell, 1987: 173).

오늘날의 브라질 아마조나스주는 백인들에게 발견되기 전에는 원주민 부족 제Jê와 아루아끼가 집단으로 거주하던 지역이었다. 아마존이라는 정식 명칭을 얻기 전에 이 강은 뚜삐어로 '남자들이 없는 여인들'이라는 의미의 이까미아바스Icamiabas강으로 불렸다. 1500년 3월 뻰손은 이 강을 마르 둘세Mar Dulce라고 했고, 오레야나는 강 하구로 내려오면서 엄청난 강폭과 수량에 놀라 '커다란 강'이라는 의미의 리오 그란데Rio Grande로 부르기도 했다. 그 밖에도 울창한 계피나무 숲 때문에 까넬라Canela강이라고도 했지만, 탐험대의 보고를 접한 까를로스 5세Carlos V(신성로마제국 황제로 스페인에서는 까를로스 1세)는 이 강의 명칭을 그리스 신화 속의 호전적인 여인 부족에서 영감을 얻어 여전사들을 일컫는 아마조나스로 정식 명명했다.

남아메리카에서 스페인과 포르투갈의 영유권을 확정지었던 또르데시야스 조약 당시 브라질의 영토는 오늘날의 3분의 1에 불과했다. 그러나 조약이 체결된 뒤에 많은 지도 작성가들이 제작한 지도에서 양국의 경계를 이루는 또르데시야스 자오선의 위치가 모두 달랐고 매우 부정확했다. 1495년 지리학자 페르베르Ferber를 시작으로 1502년 알베르또 깐띠노Alberto Cantino, 1542년 오비에도Oviedo(스페인 북부의 주)의 지도 작성가들, 1524년 바다호스Badajos(스페인 서

남부의 도시)의 전문가들, 1519년 디에구 히베이루Diego Ribeiro, 1537년 뻬드루 누네스Pedro Nunez, 1631년과 1642년의 주어웅 떼이셰이라 알베르나스João Teixeira Albernaz와 1688년 꼬스따 미랑다Costa Miranda의 남아메리카 지도상에서 자오선은 모두가 큰 차이를 보이고 있다.

1534년 포르투갈의 동 주어웅 3세Dom João III는 브라질 영토 개발과 정복을 위해 세습 까삐따니아 제도를 채택했다. 당시 이 까삐따니아들은 해안 지역과는 달리 스페인 영역과 인접한 내륙의 경계가 불확실했다. 이러한 이유로 빠라이바 두 노르치Paraíba do Norte(브라질 북동부 지역)와 아마존강 사이의 북부 네 개까삐따니아들은 여전히 영유권이 확보되지 못한 상태였고, 최북단의 마라녀웅 까삐따니아는 아마존강 하구의 마라죠섬 일부만을 차지하고 있었다. 이처럼 아마존강 본류와 그 유역은 거의 대부분 스페인 소유였고, 최남단의 까삐따니아 상따나Santana는 오늘날의 상빠울루주에 해당했다(Burns, 1993: 27).

스페인인들이 최초로 발견하고 탐사했으며 또르데시야스 조약으로 대부분 스페인 영토로 인정되었던 아마존강 본류와 그 유역이 결국 포르투갈 영토로 귀속된 것은 놀라운 사실이 아닐 수 없다. 이러한 변화는 무엇보다 발견의 시대에 양국의 해상 경쟁, 식민정책과 변화를 야기한 다양한 역사적 사건들과 국가 간의 협약들을 통해 알아보아야 한다.

2 ｜ 스페인과 포르투갈의 해상 경쟁과 또르데시야스 조약

1481년 포르투갈의 동 주어웅 2세Dom João II가 왕위에 오르고, 스페인에서는 가톨릭 왕들Reyes Católicos인 이사벨라 여왕Isabel I과 페르디난도 2세Fernando II 부부가 집권하던 시기에 양국의 해상 경쟁은 극에 달하고 있었다. 포르투갈의 바르똘로메우 디아스Bartolomeu Dias가 아프리카 남단의 희망봉을 발견(1488년)하며 인도로 향하는 유리한 위치를 차지하자, 스페인도 크리스토퍼 콜럼버스가 서인도제도를 발견(1492년)하며 한 치도 물러서지 않았다.

콜럼버스 일행은 1차 항해를 마치고 귀환하던 1493년 3월에 기상 악화로 포르투갈 리스본 항구에 입항했다. 그는 과거 자신의 탐험 계획을 거절했던 포르투갈의 동 주어웅 2세와 불편한 만남을 가져야만 했다. 콜럼버스를 접견한 동 주어웅 2세는 그가 발견했다고 자랑한 땅이 1479년 양국 간에 체결된 루조-까스뗄라노Luso-Castelhano 조약의 규정에 따라 포르투갈 측에 권리가 있다고 주장했다. 이에 콜럼버스는 자신은 오직 이사벨라 여왕의 지시에 따라 항해했을 뿐이라고 옹색한 변명을 늘어놓았다(Costa, 1979: 51).[1]

콜럼버스가 스페인으로 떠난 뒤에 동 주어웅 2세는 즉시 프랑시스꾸 드 알메이다Francisco de Almeida를 총사령관으로 삼아 원정 함대 파견을 서둘렀다. 그는 스페인의 가톨릭 왕들에게 콜럼버스의 발견지가 포르투갈에게 권리가 인정된 곳임을 입증해 보이려고 했다. 그는 아프리카 서해안의 보자도르Bojador곶을 지나는 위도선 남부와 서부 지역에서 새롭게 발견된 땅은 모두 포르투갈의 소유라는 규정을 근거로 내세웠다. 그러자 스페인의 가톨릭 왕들은 긴급히 포르투갈에 사절단을 보내 양국이 타협점을 찾기 전까지 원정대를 파견하지 말아달라고 요청했다. 사실 가톨릭 왕들에게는 포르투갈 탐험가들이 이미 콜럼버스의 발견지를 항해했을지도 모른다는 두려움이 있었다.

이를 계기로 양국 간에 협상단이 오가며 해결책을 모색했고, 스페인은 은밀히 자국 출신 교황에게 도움을 요청해 유리한 중재안을 얻어내려고 했다. 원래 교황 알렉산더 6세Alexander VI[2]는 스페인 발렌시아의 보르지아Borja 가문 출신이었고, 그의 아들 세사르 보르지아César Borja가 이탈리아 공국 군주의 지위를

---

1 포르투갈의 연대기 작가 루이 드 삐나(Rui de Pina)는 당시 상황을 다음과 같이 기술한다. "까스띠야(Castilla) 왕의 지시로 이 발견을 행한 콜럼버스는 원주민, 금 그리고 몇 가지 물건을 가지고 왔다. 동 주어웅 2세는 그가 발견했다는 땅이 기네(Guiné) 해역의 주인인 자신의 영역에서 행해진 것이라고 믿었기에 몹시 기분이 상해 있었다."

2 본명은 로드리고 드 보르지아(Roderic de Borgia)로 1492년 8월 교황에 선출되었다.

얻기 위해서는 가톨릭 왕들의 협조가 필요했다. 그뿐만 아니라 교황청과 영토 분쟁이 있었던 나폴리 왕과의 관계를 개선하기 위해서도 가톨릭 왕들의 도움이 필요했기에 교황으로서는 스페인의 요구를 외면할 수가 없었다.

교황과 친분이 두터웠던 똘레도의 대주교 뻬드로 곤살레스 데 멘도사Pedro González de Mendoza를 앞세워 교섭에 나선 스페인은 교황청으로부터 자국에게 유리한 칙령을 얻어냈다. 또한 콜럼버스의 2차 항해를 위한 두둠 시키뎀Dudum Siquidem(Spate, 1979: 28) 칙서도 확보한 상태였다. 양국 사이에 충돌이 불가피한 상황에서 1494년 협상단은 교황의 중재로 아프리카 서해안의 까부 베르드Cabo Verde제도를 기점으로 370레구아legua(1레구아는 약 5572미터) 서쪽에 위치한 자오선을 사이에 두고 서로의 활동 영역을 분리하자는 데 동의했다.

역사적인 또르데시야스 조약의 주요 결정 사항은 다음과 같았다.

첫째, 조약에 의거해 양국의 관할 영역은 까부 베르드제도에서 대서양 서쪽으로 370레구아 지점에서 북극과 남극으로 그은 자오선이 경계가 된다. 또르데시야스 자오선의 동쪽에서 발견된 모든 섬과 육지는 포르투갈 소유가 되고, 자오선 서쪽에서 발견된 모든 땅은 스페인 소유가 된다.

둘째, 조약식이 거행된 날까지 포르투갈이 발견한 섬들과 육지는 그곳이 언급한 자오선 동쪽에 위치하면 까부 베르드제도 북쪽이나 남쪽 어느 곳에 있더라도 포르투갈 소유다. 또한 언급한 자오선 서쪽에 위치한 섬과 육지도 동일한 조건으로 스페인 소유가 된다.

셋째, 조약 체결일로부터 양국은 상대방의 유보 지역에서 발견, 교역, 정복을 위한 원정대 활동을 금지한다.

넷째, 포르투갈이나 스페인 측에 유보된 지역을 항해하는 양국 선박이 섬이나 육지를 발견하는 경우에는 즉시 상대국에게 이 사실을 통보한다.

다섯째, 경계를 확고히 하기 위해 조약식 이후 10개월 동안 양국 군주는 까라벨라Caravela선(포르투갈에서 개발한 소형 범선) 2~4척을 파견하는데, 그란 까나리아Gran Canaria섬에서 공동으로 원정대를 구성해 활동한다. 양국의 까라벨라

그림 3-1 **또르데시야스 조약으로 구분한 포르투갈과 스페인의 영역**

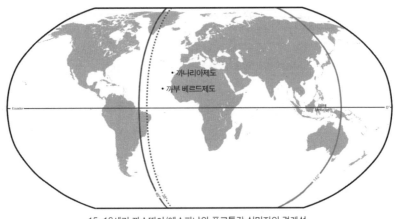

15~16세기 까스띠야/에스파냐와 포르투갈 식민지의 경계선

· · · · · · · 교황 알렉산더 6세의 경계선(1493년 교황 칙서)
━━━━━ 또르데시야스 조약(1494년)
━━━━━ 사라고사 조약(1529년)

자료: https://upload.wikimedia.org/wikipedia/commons/thumb/5/53/Espa%C3%B1a_y_Portugal.png/
1200px-Espa%C3%B1a_y_Portugal.png.

선에는 동일한 인원의 조타수, 천문학자, 선원이 승선했다. 포르투갈인 일부는
스페인 선박에, 스페인인 일부는 포르투갈 선박에 승선해 공동으로 풍향, 위도
와 경도, 거리 등을 측정하고 탐사한다(같은 책, 79).

여섯째, 이 탐사 선단은 그란 까나리아섬에서 까부 베르드제도로 이동해 전
문가들이 측정한 서쪽 370레구아 지점으로 항해해 양국의 경계를 확정한다.

일곱째, 스페인 선박은 그들의 권리가 인정된 지역으로 갈 수 있도록 포르
투갈 영역 안에서 항해가 허용된다. 단, 해당 선단이 발견, 정복, 교역을 위해
그들 영역 안의 항구로 직항하는 경우에 한한다. 항해를 하는 중에 항로 이탈
은 금지된다.

역사가들 사이에서 논란이 많았지만 스페인이 포르투갈이 제안한 370레구
아 경계선을 받아들인 데는 그럴 만한 이유가 있었다. 스페인의 가톨릭 왕들은
이 경계선 동쪽의 포르투갈 영역에는 탐낼 만한 섬이나 육지가 없다고 확신했

다. 조약을 체결하기 직전에 콜럼버스가 2차 항해를 할 때 국왕에게 보고한 정보에 따르면 370레구아 동쪽에는 육지가 전혀 보이지 않는다고 했기 때문이다. 그러나 포르투갈의 동 주어웅 2세는 생각이 달랐다. 그는 이 경계선의 동쪽에 포르투갈 선박들이 동양으로 가는 데 중간 기지가 될 만한 육지가 있을 것으로 생각했다.

또르데시야스 조약이 체결된 뒤에 포르투갈 국왕이 된 동 마누엘Dom Manuel 은 새로운 땅을 발견하기 위한 정책을 계속 추진해 갔다. 동 마누엘이 양국 경계선 확정을 위해 제안한 공동 탐사 계획은 스페인의 가톨릭 왕들의 동의를 얻지 못했지만, 양국은 은밀하게 각자의 방법으로 새로운 땅을 찾고 있었다. 실제로 저명한 해양학자이자 항해가였던 두아르뜨 빠셰꾸 뻬레이라Duarte Pacheco Pereira는 동 마누엘의 지시로 1498년 비밀 여행을 떠났는데, 역사가들은 그가 발견한 지역이 브라질이거나 북아메리카 대륙일 것으로 추정했다. 1499년 7월 10일에는 바스꼬 다 가마Vasco da Gama가 인도 항로를 발견했다는 소식에 유럽 사회가 들썩였다. 이후 동 마누엘은 스스로를 "에티오피아, 아라비아, 페르시아와 인도 정복, 항해 그리고 교역의 주인공"(Vainfas, 2000: 172)이라고 칭했다. 또르데시야스 조약의 규정이 대서양상에서만 유효하다고 생각했던 스페인의 가톨릭 왕들은 분노를 터뜨렸다.

스페인의 강력한 항의에도 불구하고 동 마누엘은 1500년에 뻬드루 알바르스 까브랄을 사령관으로 삼아 새로운 원정대를 파견했다. 바스꼬 다 가마의 함대보다 훨씬 큰 규모로 이미 대서양을 횡단해 새로운 대륙을 발견한 인물로 알려진 뻬레이라를 비롯해 뛰어난 해양 전문가들이 참여했다. 까브랄의 항로를 연구한 가구 꼬우띠뉴Gago Coutinho는 이렇게 말했다. "마침내 까브랄은 1500년 3월 리스본을 출항해 인도 여행을 감행했다. 우리는 그가 항해 중에 서대서양의 새로운 해안에 정박한 사실을 알고 있다."

그가 말한 곳은 바로 오늘날 브라질 북동부의 해안이었다. 발견지는 처음에 베라 끄루스Vera Cruz라고 불렸지만, 1501년 동 마누엘은 상따 끄루스Santa Cruz

로 지명을 바꾸었고, 1503년부터는 붉은색 염료를 축출하는 빠우브라질 나무가 많은 것을 감안해 브라질이라고 부르기 시작했다. 포르투갈은 또르데시야스 조약이 체결되고 6년 만에 남아메리카 대륙에 광활한 그들의 땅이 있음을 확인했다. 역사가들은 브라질의 발견이 우연이 아니라 자국 땅의 존재를 밝히기 위해 포르투갈 왕실이 의도적으로 행한 조처였다고 주장한다.

16세기부터 또르데시야스 자오선을 기점으로 측정된 스페인과 포르투갈의 영역 경계는 당시 지도 제작술이 부정확했고 의도적인 오류까지 겹쳐 오차가 매우 컸다. 특히 포르투갈은 자연 경계를 구실 삼아 남아메리카 북부의 아마존강과 남부의 쁠라따강을 자국령에 포함시키려고 했다. 그러나 이 거대한 강들을 울타리 삼아 영토 통합을 이루려는 포르투갈의 계획은 스페인의 반박을 피할 수 없었다.

그뿐만 아니라 프랑스, 영국, 네덜란드 등은 아마존강과 대서양에 인접한 브라질 해안의 풍요로운 자연 자원에 관심을 보이며 또르데시야스 조약의 결정 사항을 인정하지 않았기 때문에 포르투갈의 계획은 실현 가능성이 불투명했다. 일찍이 프랑스의 프랑수아 1세François I는 "태초에 아담의 유언장에 지구상에서 발견되는 모든 땅의 소유권이 스페인과 포르투갈에 있다는 내용이 있었던가?"라고 반문하며 강력히 반발했다. 그의 주장은 영국과 네덜란드에서 공감대를 형성했고 이후 이 신흥 해상 왕국들은 마레 크라우숨Mare Clausum(폐쇄 항해론)[3] 이론에 반기를 들었다.

---

3 포르투갈과 스페인은 "이미 발견했거나 앞으로 확보하게 될 육지, 섬, 바다는 발견국의 소유다"라는 주장을 내세웠다. 이것은 1454년 교황 니콜라오 5세(Nicolaus V)가 공표한 교황교서 로마노스 폰티펙스(Romanus Pontifex)를 근거로 하고 있었다.

3 | 스페인과 포르투갈의 합병에 따른 변화

스페인이 신흥 해상 제국들을 경계하며 은을 비롯한 풍요로운 귀금속이 매장된 멕시코, 볼리비아, 페루의 광산 경영에 집중하고 있을 때 포르투갈은 동양에서 향료 교역으로 엄청난 부를 얻고 있었다. 그렇기 때문에 포르투갈 왕실은 자국 영토인 브라질 땅의 개발에는 큰 관심을 보이지 않았다. 그러나 대서양에 접한 광활한 브라질 해안 지대에 프랑스 밀매 무역단이 무단 침입해 빠우 브라질 나무를 벌목하자 포르투갈 왕실은 해안 경비 원정대를 파견하며 식민 영토 보호에 나섰다. 그리고 서웅 비셍치에 기지를 세우고 아마존강 하구와 쁠라따강 탐사에 착수했다.

포르투갈이 적극적으로 브라질 개발에 나선 것은 동 주어웅 3세의 통치기에 접어들면서부터다. 또르데시야스 자오선 서쪽의 스페인령에서 까를로스 5세가 멕시코와 페루에서 귀금속 광산 개발에 성공한 데 자극받은 동 주어웅 3세는 1534년 브라질 영토를 북으로는 뻬르낭부꾸에서 남으로는 쁠라따강에 이르는 범위에 위도 방향으로 30~100레구아 크기의 15개 까삐따니아를 설정했다(Nadai, 1990: 39). 모든 까삐따니아는 바다를 접하게 했고, 국왕이 수증자를 선정해 분배했으며 그 후손들에게 세습될 수 있도록 했다. 이 15개의 까삐따니아는 모두 독립된 자치 국가나 다름없었기 때문에 이들을 통제하고 수증자들의 중재자 역할을 맡을 강력한 행정조직이 필요했다.

1549년부터 실시된 식민 총독부 정치는 주로 식민 정착 지원, 원주민 개화, 사탕수수 경작, 목축업 확산, 광물 탐사가 주요 임무였다. 여기에 16세기 중반부터는 프랑스를 비롯한 외세의 침입을 저지하는 목적도 추가되었다.

포르투갈이 대서양의 자국령 마데이라Madeira군도와 아소레스Açores제도에서 성공을 거둔 까삐따니아 제도는 브라질에서는 성공적이지 못했다. 애초에 광활한 면적의 까삐따니아를 민간 수증자들이 개발한다는 것은 무리였다. 이들에게는 개발 능력이 없었고, 자본도 부족했으며, 지리 여건이나 자연환경 때

그림 3-2 식민 시대 브라질의 15개 까삐따니아

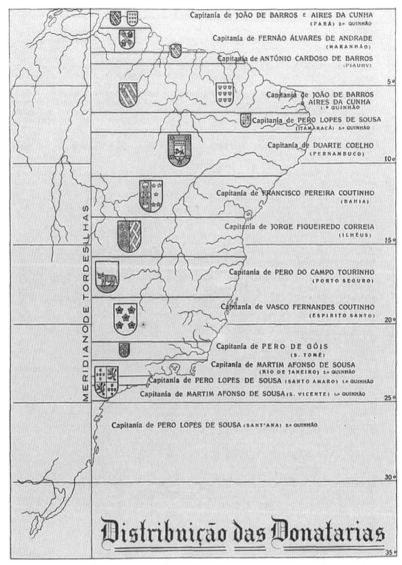

15개 까삐따니아 이름(위에서 아래로): 마라녀웅1(주어웅 드 바후스·아이리스 다 꾸냐), 마라녀웅2(페르너웅 알바르스 드 앙드라드), 세아라, 히우 그랑지, 이따마라까(Itamaracá), 뻬르낭부꾸, 바이아, 일레우스, 뽀르뚜 세구루(Porto Seguro), 이스뻬리뚜 상뚜, 서웅 또메(São Tomé), 서웅 비셍치1(마르띵 아퐁수 드 소우자), 상뚜 아마루(Santo Amaro), 서웅 비셍치2(마르띵 아퐁수 드 소우자), 상따나.
자료: https://upload.wikimedia.org/wikipedia/commons/thumb/9/9f/Capitanias-hereditarias.jpg/643px-Capitanias-hereditarias.jpg.

문에 내륙 침투는 더욱 불가능했다. 또한 소수의 개척민들이 적대적 원주민들의 공격에 대처하기에도 역부족이었다.[4]

한편 또르데시야스 조약이 규정한 양국 관할권에 대한 이견으로 남아메리카 대륙 곳곳에서 양국의 충돌이 빈번했다. 이러한 상황에서 스페인과 포르투갈의 남아메리카 식민정책에 커다란 변화를 초래한 사건이 이베리아반도에서 발생했다. 스페인과 포르투갈 두 나라 왕실이 합병한 것이었다(1580~1640년). 포르투갈의 동 세바스띠어웅Dom Sebastião이 사망하면서 왕위 계승 문제가 대두되자 까를로스 5세와 결혼한 도나 이사벨Dona Isabel(동 마누엘의 딸)의 아들 펠리뻬 2세(포르투갈 왕위 계승권자들 중 하나)가 포르투갈의 왕위를 차지한 것이다.

그는 이원 왕정Dual Monarch 체제를 구축하고 스페인에서는 펠리뻬 2세로, 포르투갈에서는 펠리뻬 1세로 이베리아반도를 통합 통치하기 시작했다. 이렇게 남아메리카 식민정책은 새로운 전환점을 맞이하게 되었다(최영수, 1995: 228). 1581년 포르투갈의 또마르Tomar에서 열린 궁정 회의에서 스페인과 포르투갈 왕실의 합병이 발표되자 아시아, 아프리카, 남아메리카의 브라질 등 모든 포르투갈의 식민지가 펠리뻬 2세의 소유로 바뀌었다.

펠리뻬 2세는 포르투갈령 브라질과 스페인령 식민지 사이에서 국경 역할을 했던 또르데시야스 자오선을 무용지물로 만들어버렸다. 이로써 라틴아메리카의 모든 식민들은 모두가 펠리뻬 2세의 신민臣民이 되었다. 브라질에서 펠리뻬 왕실은 재정복할 때의 그라나다Granada식 식민 사업[5]을 전개했다. 그가 취한 브

---

4 이 제도가 실패한 대표적인 예는 프랑시스꾸 뻬레이라 꼬우띠뉴(Francisco Pereira Coutinho) 가 할당받은 바이아 까삐따니아였다. 바이아는 프랑스의 사주를 받은 뚜삐낭바족의 공격으로 막대한 피해를 입었다. 인도에서 수많은 전투를 경험하고 국왕의 신뢰가 두터웠던 꼬우띠뉴는 자신의 사재를 털어 마을을 세우고, 식민 사업을 전개했지만 결국 원주민들에게 희생당했고 광활한 땅은 폐허로 변했다.
5 이베리아반도 남부의 그라나다에서 스페인이 아랍 세력을 물리치고 그곳에서 시행했던 식민 정책이다.

라질 식민정책은 분권 정책, 영토 확장 정책, 군사 방어 정책이었다.

합병 이후에 스페인 왕실은 남아메리카에서 행한 분권 정책의 일환으로 브라질을 브라질 총독부와 마라녀웅 총독부로 분할했다. 전자는 브라질 북동부의 바이아 까삐따니아의 살바도르Salvador에 수도를 정했고, 후자는 서웅 루이스를 수도로 삼아 마라녀웅, 빠라, 삐아우이, 세아라를 관장하게 했다. 이러한 분권 정책은 지리적인 이유 때문이었다. 바이아보다 서웅 루이스나 아마존강 하구의 벨렝⁶에서 본국인 이베리아반도로 향하는 해상 루트가 시간도 절약되고 훨씬 편리했기 때문이다. 또한 펠리뻬 2세는 대서양의 긴 해안선과 아마존강 하구를 통해 외부 세력이 침투하기 쉬운 점을 고려해 방어를 위해 분권 정책이 유리하다고 판단했다. 이에 반해 남아메리카의 스페인 식민지는 아나우악Anauac고원과 안데스산맥 같은 외세의 침공에 대한 천연 방어막을 지니고 있었다. 어쨌든 이 정책으로 브라질은 북쪽으로는 아마존강 유역까지 세력이 확장되었고, 서쪽으로는 또르데시야스 자오선을 넘어 내륙 깊숙한 지역까지 식민 마을이 설립되었으며, 남쪽으로는 히우 그랑지 두 술에 이르는 영역을 확보하게 되었다.

땅에 대한 소유욕이 남달랐던 펠리뻬 왕실의 국왕들은 식민 사업을 일종의 재정복 사업의 연장으로 생각했기에 식민들의 자유로운 이동을 허용했다. 펠리뻬 시대에 남아메리카에서 브라질 식민들의 서진 운동은 스페인 식민들의 동진 운동보다 훨씬 적극적이었다. 스페인 왕실은 이미 페루와 멕시코에서 귀금속의 보고를 확보하고 있었기 때문에 브라질 식민들의 이동에 크게 개의치 않

---

6 히우 그랑지 두 노르치의 총사령관 프랑시스꾸 깔데이라 까스뗄루 브랑꾸가 프랑스인, 네덜란드인, 영국인들을 물리치기 위해 과자라(Guajará)만에 만든 노사 세뇨라(Nossa Senhora) 요새가 오늘날의 벨렝이다. 이 지역의 중요성을 인식한 펠리뻬 왕실은 그러웅-빠라(Grão-Pará) 까삐따니아를 신설했는데 1621년에 펠리뻬 3세가 설치한 마라녀웅주에 편입되었다. 마라논 (Marañón)이라는 지명은 스페인인들이 아마존강을 부르는 또 다른 이름이었고, 오늘날에도 페루에서는 아마존을 마라논이라고 부른다.

았다. 브라질 식민들은 귀금속이 풍요로운 페루를 향해 마젤란해협을 우회하는 뱃길이나 상빠울루에서 파라과이를 통과하는 육로를 이용했다. 반면에 브라질로 향하는 스페인 식민들은 많지 않았다. 당시까지만 해도 노예 노동력을 동원한 사탕수수 경작이 주된 산업이었던 브라질 땅은 이들에게 매력적이지 않았다.

사실상 이베리아반도 통합으로 라틴아메리카의 대부분을 소유하게 된 펠리뻬 왕실은 스페인령과 포르투갈령 식민지 간의 교류를 막을 이유가 없었고, 식민들의 이동을 오히려 광산 지역의 부족한 노동력을 보충할 좋은 기회로 생각했다. 또한 당시까지 인간의 발길이 닿지 않았던 남아메리카의 광활한 오지 개척에도 브라질 식민들의 서진 운동은 큰 도움이 되었다.

1605년 네덜란드의 법률가 휘호 흐로티위스Hugo Grotius가 1605년 나포법론을 발표하고, 이어서 해상 사용의 자유 이론을 정착시키기 위해 자유 항해Mare Liberum(Martinez, 1983: 91)의 정당성을 선언했다. 그는 교황이 스페인과 포르투갈에게 베푼 해상 독점권을 부정하고, 이를 정당화하는 관습이나 규정도 인정하지 않았다. 흐로티위스는 인간의 타고난 권리를 근거로 해상 활동의 자유를 적극 옹호했다. 이러한 이유로 포르투갈과 스페인이 향유했던 마레 클라우숨은 점차 당위성을 상실해 갔고, 네덜란드인들은 모든 바다에서 교역과 항해를 실행했다. 이에 동조했던 프랑스와 영국에게도 식민 제국을 건설할 절호의 기회가 찾아왔다.

브라질의 넓고 풍요로운 땅과 천연자원은 유럽 국가들의 부러움의 대상이었다. 주인을 잃은 브라질 땅으로 스페인의 적대국들은 거리낌 없이 침투해 들어왔다. 동양과 브라질에서 포르투갈이 입은 피해는 엄청났다. 특히 프랑스는 16세기부터 18세기까지 세 차례 브라질을 침공했다. 1차 침공에서 히우 지 자네이루를 점령한 프랑스는 2차 침공에서 마라녀웅을 점유했다. 이들은 아마존 유역의 풍부한 자원을 개발하기 위해 루이 13세Louis XIII의 이름으로 세인트 루이스Saint Luis섬에 프란사 에키노시알França Equinocial(프랑스가 브라질 땅에 세운 식민국)을 설립했다(Mendes Jr., 1991a: 156) 영국 역시 1612년 제임스 1세James I의 지시를 받은 로버트 하코트Robert Harcourt가 아마존강 하구 개발에 참여했다.

펠리뻬 시대에 가장 효과적이고 실질적인 영토 개발 정책은 북부의 아마존 강 유역에서 실현되었다. 스페인 왕실은 이 지역에 빈번히 출몰하는 외세를 물리치고 적대적인 원주민들을 평정해 개척지를 새로 넓혀가는 일을 무엇보다 중시했다. 당시 영국과 네덜란드는 이 지역에 대규모 농장과 재외 상관을 건설하고 원주민들과 밀매 무역을 하기도 했다(같은 책, 157).

1622년 루이스 멩드스 드 바스꽁셀로스Luis Mendes de Vasconcelos가 이끄는 원정대가 영국과 네덜란드의 침입자들을 추방하기 위해 파견되었다. 1625년에도 세아라주의 총사령관 벵뚜 마시엘 빠렝뜨Bento Maciel Parent가 전투에 참여해 이들을 물리쳤다. 브라질 해안의 전역을 장악하고 있었던 뚜삐낭바족이 가장 두려워했던 그는 승리의 대가로 펠리뻬 4세로부터 까부 드 노르뜨Cabo de Norte 까삐따니아를 증여받았는데, 이곳이 오늘날 브라질의 아마빠 지역이다(Bethell, 1987: 173).

스페인-포르투갈 왕실 합병기에 영토 방어에서 크게 활약했던 포르투갈 출신 중에는 뻬드루 떼이셰이라가 있었다. 그는 1625년 싱구Xingu강에서 네덜란드인들과 전투를 벌이고, 아마존강 어귀에서는 영국인들과 싸웠으며, 1626년 따빠조스Tapajós강을 거슬러 올라가 뚜삐낭바족을 노예로 생포하기도 했다. 하지만 그가 이룬 가장 큰 업적은 아마존강 상류의 탐사 여행이었다.[7] 대서양에서 페루까지 해상 통행이 가능한지를 확인하는 것이 여행의 목적이었지만, 끼또Quito에 도착한 그는 또르데시야스 자오선 서쪽 1500마일(2400킬로미터) 지점의 오마구아Omagua강 유역에서 포르투갈의 영역 표시를 남겼고, 프랑시스까나 Franciscana 마을 창건에도 앞장섰다. 떼이셰이라가 귀환할 때 참관인으로 파견

---

7   1637년 페르너웅 드 노로냐(Fernão de Noronha) 총독의 지시로 마라녀웅을 출발한 카누 45척에는 1200명의 궁수와 원주민 노잡이들이 동행했다.

된 스페인 출신의 예수회 선교사 끄리스또발 데 아꾸냐는 펠리뻬 4세에게 아마존강의 실제적 점유가 필요하다는 보고서를 작성했지만, 이 제안은 무시되었다. 오늘날 브라질의 북서부 국경이 떼이셰이라가 경계 표식을 남긴 곳으로 확정된 것만으로도 그가 진행한 탐사 여행의 중요성을 알 수 있다.

한편 아꾸냐 신부는 여행하며 포르투갈인들이 철저하게 파괴한 원주민 부락을 목격했고, 여전히 집단을 형성하고 살아가는 원주민들과도 접촉했다. 그의 여행 이후 예수회는 북부 빠라 지역에서 선교 활동을 계획했지만, 1643년 마라죠섬의 원주민 부족 아루안Aruan에게 선교사들이 무참히 살해되면서 수포로 돌아갔다(같은 책, 175~176).

4 | 스페인으로부터 왕정을 복고한 포르투갈

1640년 12월 1일 스페인의 멍에에서 풀려난 포르투갈은 브라간사Bragança 왕조를 개설하고, 초대 국왕으로 동 주어웅 4세Dom João IV를 옹립했다. 40인의 독립투사들은 포르투갈 부왕Vice King을 맡고 있던 만뚜아Mantua 공작녀를 스페인 마드리드로 추방하고 60년 만에 포르투갈 왕정을 복고했다. 브라간사 왕실의 공작 동 주어웅은 동 주어웅 4세의 칭호로 제4왕조의 초대 국왕으로 등극하자마자 스페인의 공격에 대비했다.

포르투갈의 왕정복고는 브라질에서도 많은 문제를 야기했다. 펠리뻬 왕실이 브라질에서 시행한 분권 정책과 영토 팽창 정책은 양국 간 영토 분쟁을 불러왔다. 아프리카 서쪽의 까부 베르드제도에서 370레구아 떨어진 곳에 기점을 두고 광활한 남아메리카를 자오선 하나로 양분한다는 또르데시야스 조약의 내용은 사실 성립할 때부터 무리였다. 까부 베르드제도의 많은 섬들 중에서 어느 곳을 출발점으로 하는지도 논란거리였다. 양국이 수긍하는 가장 보편적인 또르데시야스 자오선은 북쪽으로는 아마존강 하구에 위치한 빠라주의 벨렝에서 최남단으로는 오늘날 상따 까따리나주의 라구나Laguna로 이어지는 자오선이었다. 이 기준대로라면 당시 브라질의 면적은 오늘날의 3분의 1에 불과했고, 아마조나스주, 마뚜 그로수주, 히우 그랑지 두 술주, 빠라주, 고이아스주, 빠라나주, 상따 까따리나주 대부분은 브라질 영토가 아니었다.

브라질이 영원히 자국의 소유가 되리라고 생각했던 스페인이 적극 추진한 영토 확장 정책 탓에 또르데시야스 조약은 붕괴한 지 오래였고, 왕권을 되찾은 포르투갈 왕실 또한 예전의 경계선을 존중하지 않았다. 특히 상빠울루에서 시작한 오지 개척단 방데이랑치스와 원주민 교화의 사명을 수행하는 여러 선교 단체들은 예전의 국경을 넘나들며 활동 범위를 넓혀갔다. 그러나 분명한 것은 18세기 중반까지도 거의 모든 아마존강 유역이나 브라질 내륙 지역이 법적으로는 명백히 스페인의 영토였다는 사실이다. 다만 이 광활한 지역에 선교사와 개척단만 오갈 뿐 그 누구도 찾지 않는다는 것이 문제였다.

1640년 포르투갈이 왕정을 복고했을 때 빠울리스따Paulista(상빠울루 거주민)들은 지금이 브라질이 포르투갈로부터 독립할 기회라고 판단했다. 이들은 아마두 부에누Amado Bueno라는 인물을 왕으로 추대하고 "아마두 부에누를 우리의 국왕으로!"라고 외치며 독립을 부르짖었다. 심지어 그가 이 제안을 수락하지 않는다면 살해하겠다는 위협도 서슴지 않았다. 그러나 당사자인 부에누는 포르투갈 국왕 동 주어웅 4세에게 충성을 맹세하며 "그분께 목숨을 걸고 충성하리라!"라며 선동에 응하지 않았다(Crow, 1992: 250). 이처럼 초창기의 빠울리스따들은 자긍심과 이기적인 사고의 소유자들이었다. 이들은 어떤 것에도 의존하지 않았고 생존을 위한 독립심도 매우 강했다. 이들은 원주민 선교를 위해 헌신하는 예수회 선교사들과 적대적 경쟁자였다. 초기의 빠울리스따들은 원주민 노예사냥을 귀금속 광산 발견보다 중시했다. 빠울리스따들이 중심이 된 오지 개척단은 노예사냥을 할 때 무력보다 기만 작전을 사용했다. 이들은 원주민 거주지에 접근해 해안 지대에 나가면 놀라운 세계가 있다고 속였고, 그 말에 현혹된 수많은 원주민이 양떼처럼 몰려나와 노예로 팔려갔다. 예수회 선교사들은 이들에 맞서 원주민들을 미서웅(선교 부락)으로 끌어들였고, 개척단은 포르투갈어를 구사하고 문명화된 원주민들을 좋은 사냥감으로 여기며 공격을 주저하지 않았다.

브라질 오지 개척단의 하쁘주 따바리스Raposo Tavares는 북서부 방향으로 진출해 아마존강 원류를 발견한 전설적인 인물이었다. 대서양과 접한 아마존강 하구 벨렝에서 강 최상류까지 여행했던 따바리스는 "나는 페루에 입성했다. 안데스를 넘어 태평양과 마주했다. 손에 쥔 칼로 힘차게 바닷물을 휘저었다"라는 유명한 말을 남겼다. 그는 다시 끼또에서 마데이라Madeira강과 아마존강 본류를 탐사하며 강 하구에 도착했다.

오지 개척단의 활동에 변화가 온 것은 17세기 중·후반부터였다. 1660년대에 포르투갈 왕실은 개척단의 활동으로 내륙에 무진장한 귀금속이 매장되어 있다는 보고를 받았다. 이 모든 것은 개척단의 피땀 어린 노력의 결과였다. 이때부터 개척단은 노예사냥을 포기하고 광산 개발에 몰두했다. 개척단은 적게는 100~200명에서 많게는 2000~3000명으로 구성되었고, 이들의 여정은 험난했다. 원주민과 위험한 자연 장애물들이 앞을 가로막고 있었기 때문에 이들은 카누로 강줄기를 따라 이동했다. 아마존 유역의 수많은 지류를 탐험한 개척단은 볼리비아, 파라과이, 아르헨티나, 페루의 문턱까지 여행했다. 이들은 또르데시야스 자오선 서쪽을 훨씬 넘어 여행하다가 스페인 식민들과 마주치면 요새를 세우고 그곳을 경계로 삼았다.

역사가들은 오지 개척단의 활동 시기를 두 단계로 구분한다. 첫 번째 시기는 1580~1670년으로 노예사냥에 전념했던 시기, 두 번째 시기는 1670~1750년의 귀금속 발견과 개발기였다. 후일 많은 방데이랑치스들이 떠돌이 생활을 끝내고, 내륙의 오지에 정착하면서 브라질 영토의 확장에 기여했다. 이들은 인간의 발길이 닿지 않았던 곳에 마을을 세우고, 농업과 목축업을 활성화했으며, 원주민 여인들과 가정을 꾸렸다. 그리고 원주민과 백인 사이에 태어난 혼혈인 마멜루꾸는 브라질 인구 증가에 크게 기여했다.

오지 개척단과 더불어 브라질 영토 확장의 주역인 예수회는 멩 드 사Mem de Sá 총독 통치기에 원주민들을 개종시키기 위한 사업에 착수했다. 예수회 선교사들은 주로 북부의 아마존강과 그 지류들을 여행하며 내륙의 원주민들을 선교 부락 미서웅에 정착시켰다. 선교사들의 문명화 교육과 개종 사업으로 미서웅의 원주민들은 포르투갈어를 배우고, 서구 가톨릭 문화를 접했으며, 농업 기술도 습득했다. 이러한 이유로 개척단은 야만 상태의 원주민들보다 개화된 미서웅 부락의 원주민을 사냥해 비싼 값을 받고 매매했다. 당시 빠라나강, 파라과이강, 우루과이강 계곡에 세워진 스페인 예수회의 선교 부락은 포르투갈 예수회의 아마존강 유역 선교 부락보다 체계적인 조직과 풍부한 노동력을 확보하고 있었기에 노예사냥꾼들의 좋은 표적이 되었다.

1653년 예수회 선교 활동은 새로운 전환점을 맞이했다. 브라질 출신으로 동주어웅 4세의 고해 신부였던 앙또니우 비에이라가 직접 선교 활동에 나선 것이다. 그는 마라녀웅과 빠라에서 행해지는 원주민 노예화를 맹렬히 비난하며 정착자들을 나무랐다. "당신들은 치명적인 죄를 저질렀소. 당신들은 모두 지옥으로 직행할 것이요"(Bethell, 1987: 176~177). 그의 호소에도 불구하고 식민들은 원주민 노예사냥을 그만두지 않았다. 또깡칭스강까지 답사를 마치고 리스본에 돌아온 비에이라 신부는 국왕을 설득해 1655년 원주민 노예화 금지법을 제정하도록 간언했다. 이후 예수회는 아마존강 하류에서 20만 명의 원주민들을 54개 선교 부락에 정착시켰다. 비에이라 신부는 아마존의 원주민 선교 부락에서 이들을 보호하기 위한 미서웅 규정을 발표했는데, 이것은 마라녀웅과 그러웅 빠라뿐만 아니라 브라질 전역에 적용되었다.

1684년 마라녀웅의 식민들이 마노엘 백만Manoel Beckman과 조르즈 상빠이우 Jorge Sampaio의 지휘하에 폭동을 일으켰다. 원인은 원주민 노예사냥을 금지시킨 포르투갈 왕실에 대한 불만 때문이었다. 변호사 출신 백만은 아프리카 흑인 노예를 수입해 부족한 노동력을 보충하겠다는 마라녀웅 교역 회사의 약속이 이행되지 않자 예수회 추방과 교역 회사 폐지를 외치며 왕실의 정책에 항의했다.

1693년 선교를 목적으로 유럽의 수많은 종교 단체들이 몰려들자 포르투갈 왕실은 이들의 활동 지역을 분배했다. 예수회는 아마존강 남부에서 마데이라 강(아마존강 최대의 지류) 하구까지 할당받았고, 아마존강 북부 지역은 카푸친 프란치스코Capuchin Francisco, 뜨롱베따스Trombetas강(아마존강에 합류하는 지류) 지역은 프란치스코Francisco 선교단, 네그루강(아마존강 북단의 지류) 하구 지역은 메르체다리오Mercedarian(자비의 성모), 네그루강에서 솔리몽이스Solimões강(네그루강과 합류해 아마존 본류를 흐르는 강)에 이르는 지역은 가르멜Carmelita 선교단에게 임무가 부여되었다(같은 책, 179).

이들 선교 단체가 설립한 미서웅은 포르투갈 식민 정착촌이 아닌 원주민들의 거주지 부근에 세워졌다. 이들의 활동으로 포르투갈 왕실은 아마존, 솔리몽이스강, 네그루강을 따라 아마존강 서쪽 상류 지역까지 영향력을 확장해 갔다. 많은 선교 단체들이 교화 사업에 전념하면서도 값싼 노동력을 이용해 막대한 이득을 챙겼다. 카카오, 라텍스, 약용 식물, 정향, 각종 견과류, 아닐Anil(푸른색 염료), 바닐라 등 진귀한 자원을 확보할 수 있어 가르멜, 카푸친 프란치스코, 예수회 선교단의 선교 부락들은 크게 번창할 수 있었다. 그리고 이 원주민 교화 마을 덕분에 포르투갈 왕실은 1750년 체결된 마드리드 조약에서도 이 지역들을 포르투갈의 영토로 인정받을 수 있었고, 또르데시야스 자오선을 넘어 스페인령 아마존 유역의 대부분을 브라질 땅으로 편입시킬 수 있었다.

5 | 스페인 왕위 계승 전쟁 이후의 아마존강과 그 유역

18세기 중반까지 아마존강 유역의 대부분은 법적으로 스페인의 소유가 인정되고 있었지만, 브라질의 적극적인 팽창 운동으로 점차 포르투갈에게 유리한 기류가 흐르고 있었다. 더욱이 스페인 왕위 계승 전쟁(1701~1714년)으로 남아메리카 식민지에 대한 스페인 왕실의 통제가 불가능한 상황에 이르자 포르투갈의 아마존강 유역 침투는 더욱 적극성을 띠게 되었다.

스페인 왕위 계승 문제는 포르투갈을 전쟁의 소용돌이로 몰아넣었다. 까를 로스 2세Carlos II에게는 두 명의 딸이 있었다. 한 명은 프랑스의 루이 14세Louis XIV와 결혼했고, 다른 한 명은 독일의 레오폴트 1세Leopold I와 결혼했다. 양국 군주들은 까를로스 2세 사후 자신들에게 스페인 왕위 계승권이 있다고 주장했 으나, 그의 유언장에는 루이 14세의 손자 필리프 당주Philippe d'Anjou(이후 펠리뻬 5세Felipe V)가 후계자로 지명되었다. 자칫 유럽 제국의 힘의 균형이 무너질 수 있는 위기의 순간에 오스트리아 중심의 대동맹군에 가담한 포르투갈은 스페인 과 프랑스를 상대로 한 전쟁에서 승전국의 일원이 되었다. 스페인 왕위 계승 전 쟁이 끝나자 포르투갈은 영국과 더불어 승전국 자격으로 협상 테이블에 참석 했다. 포르투갈의 협상 대표는 루이스 다 꾸냐Luís da Cunha와 따로우까Tarouca 백 작이었다.

1713년 프랑스와 맺은 위트레흐트Utrecht 조약에서 포르투갈은 브라질과 프 랑스령 기아나 사이의 국경선을 오이아뽀끼Oiapoque강으로 확정짓는 데 성공 했다. 1715년 스페인과 체결한 위트레흐트 조약에서는 꼴로니아Colônia의 소유 권을 비롯해 아마존강과 오이아뽀끼강 사이의 모든 땅을 포르투갈 소유로 인 정받았다. 이 협정은 승전국 포르투갈의 입장에서는 매우 성공적인 결과를 가 져왔지만, 패전국 스페인과의 갈등은 이후 2년 동안 지속되었다. 스페인 왕실 은 아마존강 유역은 쉽게 포기했지만, 남부의 쁠라따강 유역만은 조약의 결정 사항에 순응하지 않았다(Bethell, 1987: 266).

왕정복고 뒤에 포르투갈 왕실은 브라질 남부에 정착한 식민들에게 1680년 꼴로니아 두 사끄라멩뚜Colonia do Sacramento의 설립을 허용한 바 있었다. 오늘 날 우루과이에 해당하는 이 지역은 원래는 쁠라따강 어귀에 자리한 스페인령 이었다. 스페인 왕실은 포르투갈의 조처에 단호하게 대처했다. 부에노스 아이 레스Buenos Aires 부왕청 총독 호세 데 가로José de Garro(엘 산또El Santo라는 별명을 가진 군인이었음)는 즉각 이곳을 공격해 역사상 '비극의 밤Noite Trágica'으로 알려진 기습 작전을 감행했다.

이를 계기로 양국은 서로의 영역을 확실히 할 필요가 있다고 판단해 1681년 리스본 임시협정을 체결했다. 이 협정으로 스페인은 포르투갈의 꼴로니아를 인정했으나, 스페인 예수회도 과라니 원주민의 선교 부락 세치 뽀부스 다스 미송이스Sete Povos das Missões를 설립했다. 이처럼 쁠라따강 유역은 양국 영토 분쟁이 가장 첨예했던 곳이었기에 왕위 계승 전쟁의 패전국 스페인도 쉽게 물러설 수 없었다.

사실 17세기 말까지만 해도 브라질의 영토 확장은 아마존강 유역을 제외하고는 크게 활성화되지 못했다. 빠라나와 상빠울루 내륙 지역의 원주민 숫자가 크게 감소하면서 오지 개척단의 활동도 줄었고, 예수회 활동도 스페인 쪽이 훨씬 적극적이었다. 당시 북서부 아마존강 유역에서는 솔리몽이스강, 페루·콜롬비아·브라질 국경의 네그루강과 자뿌라Japurá강(아마존강 지류)이 만나는 지역은 스페인과 포르투갈 어느 쪽도 권리를 주장하지 않았으며 어느 쪽의 소유도 아니고 아무도 살지 않는 땅이었다(최영수, 2010: 80). 스페인 예수회 소속 선교사들이 일부 지역에서 교화 활동을 하고 있었고, 포르투갈 개척단도 노예사냥이나 약용 식물을 채취하며 떠돌았지만 땅의 소유에는 관심이 없었다. 그러나 1679년 포르투갈 가르멜 선교단이 군대의 보호 아래 이 지역에 정착해 스페인 예수회의 사무엘 프리즈Samuel Fritz 선교사를 추방하는 사건이 발생했다. 프리츠 선교사는 뿌루스Purús강(아마존강 지류) 하구에서 유리마구아Yurimagua족의 교화 활동에 전념하고 있었다. 1709년에는 나뽀Napo강(에콰도르에서 발원한 아마존강 지류) 상류로 들어간 포르투갈인들이 오늘날의 이끼또스Iquitos 인근에서 스페인 예수회 선교사들을 체포한 사건도 발생했다.

한때 아마존 유역에서 가장 인구가 많고 번성했던 오마구아족과 유리마구아족은 서구인들의 침입으로 인구가 격감했다. 프랑스의 탐험가이자 지리학자인 샤를 마리 드 라 콩다밍Charles Marie de La Condamine의 보고서를 보면 1743년 아마존강 동식물군을 탐사하다가 발견한 오마구아족의 부락이 텅 비어 있었고,

페루의 뻬바스Pebas와 브라질 서부의 상빠울루 지 올리벵사Olivença 간의 450마일(720킬로미터) 안에서도 원주민의 흔적이 보이지 않았다고 밝히고 있다.

1700년대 초기에 포르투갈 개척단의 활동 영역은 아마존강 중부의 큰 지류들에까지 뻗어나갔다. 마데이라강에서 호전적인 또라Tora족의 저항을 받은 포르투갈 예수회는 군대의 도움으로 선교 부락을 많이 세울 수 있었다. 1723년 가르멜 선교단 역시도 네그루강 유역에서 마나우Manau족의 추장 아주리까바Ajuricaba의 강력한 저항에 부딪쳤다. 이 부족은 가이아나의 네덜란드인들로부터 무기를 지원받아 포르투갈 토벌대에 맞섰지만 결국 굴복했고, 체포된 추장은 벨렝에 압송되자 쇠사슬에 묶인 채 강물에 투신한 사건이 유명한 일화로 남아 있다.

브라질 예수회는 1650년 이후 1세기 동안 아마존강과 그 유역에 약 160차례 선교단을 파견했다. 오지 개척단의 노예사냥 원정도 수를 헤아릴 수 없이 진행되었다. 이런 활동을 통해 포르투갈인들은 거미줄처럼 얽힌 아마존강 지류를 샅샅이 뒤지고 다녔다. 스페인 왕실이 이 지역의 일에 별달리 대응하지 않은 덕에 1723년 프랑시스꾸 드 멜루 빨레따Francisco de Mello Palheta(브라질군 상사로 브라질에 최초로 커피를 가져온 사람임)가 카누 선단을 이끌고 마데이라강을 거슬러 올라가 오늘날 볼리비아 영토인 산따 끄루스 데 라 시에라Santa Cruz de la Sierra까지 탐사했다. 1746년에는 소우자 아제베두Sousa Azevedo가 아리노스Arinos강과 따빠조스강을 탐사한 기록이 남아 있다(Bethell, 1987: 185).

이러한 탐사로 포르투갈은 아마존의 합법적 소유자인 스페인보다 이 지역에 대해 훨씬 많은 정보와 자료를 확보할 수 있었다. 이 와중에 아마존 유역의 수많은 원주민이 포르투갈인들이 퍼트린 천연두, 유행성 감기 등의 여러 질병으로 엄청나게 희생되었다. 주어웅 다니엘 신부는 네그루강 유역에서만 300만 명의 원주민이 포르투갈인들에게 희생되었다고 주장했다.

스페인 왕위 계승 전쟁 이후 1729년이 되자 스페인과 포르투갈 간에 처음으로 화해와 평화의 시기가 도래하는 듯했다. 포르투갈의 동 주어웅 5세Dom João

그림 3-3 **아마존강과 수많은 지류들**

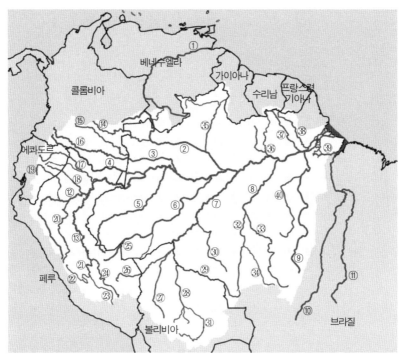

강 이름: ① 오리노꼬(Orinoco), ② 네그루, ③ 자뿌라, ④ 뿌뚜마요, ⑤ 주루아(Juruá), ⑥ 뿌루스, ⑦ 마데이라, ⑧ 따빠조스, ⑨ 싱구, ⑩ 아라과이아(Araguaia), ⑪ 또깡칭스, ⑫ 마라뇬, ⑬ 우까얄리(Ucayali), ⑭ 바뿌에스(Vapués), ⑮ 아빠뽀리스, ⑯ 까께따, ⑰ 나뽀, ⑱ 띠그레(Tigre), ⑲ 빠스따사(Pastaza), ⑳ 우아야가 (Huallaga), ㉑ 땀보(Tambo), ㉒ 만따로(Mantaro), ㉓ 아뿌리마끼(Apurimac), ㉔ 에네(Ene), ㉕ 아그리, ㉖ 마드레 데 디오스, ㉗ 베니(Beni), ㉘ 마모레(Mamoré), ㉙ 과뽀레, ㉚ 마샤두(Machado), ㉛ 그랑지, ㉜ 주루에나(Juruena), ㉝ 뗄리스 삐리스(Teles Pires), ㉞ 아리노스, ㉟ 브랑꾸, ㊱ 뜨롱베따스, ㊲ 빠루(Paru), ㊳ 자리(Jari), ㊴ 빠라, ㊵ 이리리(Iriri).

자료: https://upload.wikimedia.org/wikipedia/commons/thumb/0/02/Amazonriverbasin_basemap.png/800px-Amazonriverbasin_basemap.png.

V의 아들 동 주제Dom José와 스페인의 마리아나 비또리아Mariana Vitória 공주가 결혼했고, 장차 스페인 왕위에 오를 페르디난도 6세Fernando VI와 동 주어웅 5세의 딸 바르바라Bárbara가 맺어지면서 양국이 겹사돈 관계를 맺었기 때문이었다. 그러나 평화는 잠시뿐이었고 남아메리카의 쁠라따강 유역에서 또다시 양국 간에 충돌이 발생했다.

이 충돌은 부에노스 아이레스 부왕청이 포르투갈 소유로 인정된 꼴로니아를 공격한 사건이었다. 부에노스 아이레스의 스페인 식민들은 포르투갈의 꼴로니아를 점거하고 자신들의 땅이라고 주장했다. 양국은 위트레흐트 조약의 내용을 각기 달리 해석하고 있었다. 포르투갈은 꼴로니아와 그 인근 지역을 포함하는 보다 광범위한 개념으로 소유권을 인식했고, 스페인은 인근 지역은 제외한다고 생각하고 있었다. 양국 간에 전운이 감돌자 프랑스가 중재자로 나서두 나라가 서로 상생할 수 있는 방안을 제시해 1737년 휴전이 성사되었다.

1746년 말 스페인에서 페르디난도 6세가 등극하자 마드리드 주재 포르투갈 대사는 국경 문제를 해결하기 위해 적극적인 활동을 펼쳤다. 이듬해에 포르투갈 재상 모따 이 실바Mota e Silva 추기경이 사망하며 잠시 지연되었던 협상은 새로운 대표 알렉상드르 드 구스머웅Alexandre de Gusmão이 등장하면서 급물살을 타기 시작했다(Mendes Jr., 1991a: 276).

6 ǀ 유효성을 상실한 또르데시야스 조약을 대신할 마드리드 조약

마드리드 조약은 1750년 1월 13일 포르투갈의 동 주어웅 5세와 스페인의 페르디난도 6세가 체결한 조약으로 남아메리카에서 양국의 식민지 국경을 확정짓기 위한 것이었다.

오랫동안 지속된 협상은 페르디난도 6세의 외무대신 주제 데 까르바할José de Carvajal과 브라질 상뚜스 출신으로 동 주어웅 5세의 해외자문위원회 위원이었던 구스머웅이 나서서 양국의 입장을 대변했다. 구스머웅은 식민지 문제에 대한 폭넓은 지식을 바탕으로 협상을 유리하게 이끌었다. 그는 지엽적인 문제에 얽매이지 않고 양국 국경 문제를 국익과 연관해 거시적으로 조망했다. 그에게는 현안인 꼴로니아 문제에 앞서 남아메리카 전체에서 양국의 국경 분쟁을 종식시키고 경계를 확실히 하고자 하는 원대한 꿈이 있었다.

구스머웅은 비밀리에 천문학을 이용한 탐사로 위도와 경도의 위치를 확인하고 브라질 지도를 제작했다. 오지 개척단 방데이랑치스의 탐험과 예수회 선교사들의 교화 사업으로 또르데시야스 조약이 이미 유명무실해진 것을 잘 알고 있었던 구스머웅은 당시 또르데시야스 자오선에서 양국 사이의 권리침해 행위가 일방 국가에만 국한되지 않았음을 인식했다. 따라서 결정적인 해결책은 해당 지역의 실질적인 소유자가 누구인지를 밝히는 것이라고 판단했다. 여기서 그는 "우티 포시데티스, 이타 포시데티스Uti Possidetis, Ita Possidetis(실제로 소유한 자가 권한을 소유해야 한다)"라는 실효적 점유의 유효성을 강조한 로마의 사유권 이론을 내세웠고, 국경의 개념으로 강과 산 등의 자연적 경계의 중요성을 강조했다.

구스머웅은 협상이 성사되기 전에 스페인이 꼴로니아를 쉽게 포기하지 않으리라고 확신했다. 아울러 그는 브라질의 미래는 아마존과 함께할 것이라는 믿음을 가지고 있었다. 아마존 유역의 광활한 땅은 지나치게 습하고 더운 지역이라는 선입견 때문에 유럽인들은 정착을 꺼렸지만, 구스머웅은 그곳이 엄청난 잠재력을 지닌 땅이라고 확신했다. 이미 1560년 스페인의 탐험가 아기레는 아마존강 유역의 탐사를 마치고 국왕에게 보고하면서 "오직 신께서만이 우리가 그 엄청난 물의 바다를 통과했는지 아실 것입니다. 위대하신 국왕께 간언하오니 그 저주받은 강에 다시는 원정대를 보내지 마시옵소서"라고 했다. 다른 탐험가들이나 원정대들도 아마존 지역이 아무런 가치가 없는 곳이라고 보고했다(Bethell, 1987: 146).

스페인 왕실은 쁠라따강 유역과 꼴로니아를 포르투갈에서 빼앗긴다면 포르투갈의 동맹국인 영국이 페루의 귀금속 광산 지대에 접근하는 길을 열어줄 수 있다고 두려워했다. 게다가 스페인 식민들에게도 목축업으로 크게 번창하고 있던 이 지역을 상실한다는 것은 용납할 수 없는 일이었다.

구스머웅은 이러한 상황을 면밀히 분석하고 협상에 임했다. 그는 포르투갈이 꼴로니아를 포기한다면 그 보상으로 브라질 식민들의 목축업 발전에 도움이 되어줄 세치 뽀부스, 히우 그랑지 두 술 서부의 초원 지대뿐만 아니라 미나스 제라이스, 고이아스, 마뚜 그로수도 포르투갈이 소유할 수 있으리라고 확신했다.[8]

스페인 협상 대표 까르바할에게 포르투갈의 제안은 너무도 값비싼 요구였다. 특히 스페인 예수회가 세치 뽀부스의 양도에 적극 반대했고 이것이 협상의 최대 걸림돌이었다. 그러나 페르디난도 6세는 아마존 중서부 일부 지역과 필리핀에서 포르투갈의 양보를 조건으로 제안을 받아들였다.

동 주어웅 5세의 최대 업적은 1750년 스페인과 체결한 마드리드 조약이다. 이 조약은 1494년 또르데시야스 조약으로부터 1713년 위트레흐트 조약에 이르기까지 양국 간에 체결된 모든 합의 사항을 파기하는 파격적인 조처였다.

스페인과 포르투갈은 아메리카, 아시아, 아프리카 대륙에서 실제적인 점유 여부에 따라 보유하고 있던 식민지의 영유권을 조정했다. 사실상 마드리드 조약은 포르투갈과 스페인 간에 남아메리카 식민지의 경계 논쟁을 종식시키기 위한 최초의 시도였다. 한 가지 예외가 있다면 포르투갈이 이 원칙에 어긋나게 꼴로니아를 포기한 것이었다. 그러나 그 보상으로 포르투갈은 스페인의 세치 뽀부스가 위치한 우루과이강 동쪽 지역을 얻어냈다.

이러한 영토 맞교환은 마드리드와 리스본에서 논란이 되었다. 역사가들은 이 협상이 동 주어웅 5세의 외교적 승리라고 평가한다. 이처럼 실제적 점유가 인정되자 브라질 영토는 또르데시야스 자오선에 근거한 예전 영토에 비해 세 배 늘었으며, 이는 남아메리카 전체 면적의 절반에 해당했다. 양국 식민지의 국경은 우루과이강, 이구아수Iguaçú강, 빠라나강, 파라과이강, 과뽀레Guaporé강, 마데이라강, 자바리Javari강(페루에서 발원한 아마존강 지류)과 아마존강 북부의 네

---

8 구스머웅의 자신감은 로마의 사유재산법에서 적용된 "단순히 소유권을 주장하는 행위보다 실질적 점유자에게 권리를 인정한다"라는 우티 포시데티스(Uti Possidetis, 점유물 보호의 원칙) 이론에서 비롯되었다.

그루강 중부에서 아마존강 북부의 분수령을 비롯한 지리적 여건이 충분히 반영된 자연 경계로 확정되었다.

자연 경계 설정을 위한 협상은 1749년 제작된 '마빠 도스 꽁핑스 두 브라질 Mapa dos Confins do Brasil(브라질 경계 지도)'을 기반으로 진행되었다. 그러나 이 지도는 후일 양국 협상에 이용되었기 때문에 '마빠 다스 꼬르치스Mapa das Cortes (궁정의 지도)'라고 불렸다. 구스머웅의 요청으로 포르투갈 지도 작성가들이 제작한 이 지도는 포르투갈과 스페인 왕실에 각각 보내졌고, 협약이 체결된 뒤에도 여섯 부가 제작되어 양국에 제공되었다.

경계선 확정에 산과 강의 위치를 활용한 특징을 지닌 이 지도를 살펴보면 또르데시야스 자오선 서쪽의 광활한 스페인령을 차지하기 위한 의도가 발견된다. 그 예로 오늘날 브라질 서부의 내륙 지역인 마뚜 그로수주의 주도인 꾸이아바 Cuiaba가 아마존강 하구와 동일한 경도에 위치하도록 작성되었다는 점이다. 저명한 역사가 자이미 꼬르떼저웅Jaime Cortesão은 지도에서 경도의 잘못된 위치는 또르데시야스 자오선 서쪽의 광활한 스페인령을 차지하고자 했던 포르투갈의 의도적인 행위였다고 주장한다. 이 지도에서 스페인 영토는 장미색으로, 포르투갈 영토는 노란색으로 구분되어 있다(최영수, 2010: 87).

마드리드 조약에서 구스머웅이 이룬 성과에 대해서 파라과이의 역사학자 베르나르도 깝데비에Bernardo Capdeville 신부는 "스페인 외교의 치욕a vergonha da diplomacia espanhola"이었다며 아쉬움을 표현했다.[9] 마드리드 조약문의 작성자였던 구스머웅은 땅의 실제적 소유에 관한 우티 포시데티스 이론과 국경 개념에 강과 산 등의 자연적 경계를 도입한 최초의 인물이었다. 이후부터 식민지 영토 분쟁이 있을 때마다 유럽의 다른 국가들에서 중재안으로 나온 제안들은 구스

---

9 찰스 랄프 복서(Charles Ralph Boxer)는 마드리드 조약이 지니는 의미를 다음과 같이 정리한다. 한쪽이 다른 쪽에게 아마존강의 소유권을 이양하고, 이에 대한 보상으로 쁠라따강 유역의 지배권을 획득한다. 그래서 양국의 식민지 국경은 균형을 이룬다.

머웅이 주장한 로마의 사유재산권 이론 때문에 의미를 상실하게 되었다.

스페인에게 치욕을 안겨준 마드리드 조약의 결과는 다음과 같다. 첫째, 스페인에게 꼴로니아 두 사끄라멩뚜를 양보하는 대신 포르투갈은 세치 뽀부스의 소유권을 가진다. 둘째, '실질적 거주자가 지배권을 가진다'는 우티 포시데티스 이론을 공식화한다. 셋째, 아마존강과 그 유역은 포르투갈에게 소유권이 양도된다. 넷째, 우루과이강을 브라질 서부와 아르헨티나의 국경으로 확정한다.

구스머웅의 눈부신 활약으로 남아메리카의 절반이 포르투갈에게 넘어왔고, 남부의 새 영토에는 상뚜스 주민들과 대서양상의 포르투갈령 아소레스제도 주민들이 집단으로 이주해 와 땅의 확고한 소유자가 포르투갈임을 확인시켰다.

7 | 마드리드 조약 체결 이후의 영유권 분쟁과 새로운 조약들

1) 마드리드 조약 이후에 변화된 상황

1750년 2월 13일 조약이 체결된 이후 양국은 영토 교환 외에도 정확한 국경선을 긋기 위해 국경 확정 위원단Partidas de Limites을 구성했다. 당시 포르투갈에서는 동 주어웅 5세가 사망하고 동 주제Dom José가 왕위를 계승했다. 새 왕에게 주어진 첫 번째 과제는 선왕의 유지에 따라 조약 체결의 후유증을 잘 수습하는 일이었다. 국경 확정 위원단은 아마존 북부와 남부의 국경을 확정하기 위해 각각 세 개의 소위원회를 편성했다. 북부 지역 국경 확정 소위원회는 당시 포르투갈 뽕발 재상의 의붓동생 멩동사 푸르따두Mendonça Furtado가 책임을 맡았고, 스페인에서는 호세 데 이뚜리아가José de Iturriaga가 대표를 맡았다. 푸르따두는 탐험가, 지도 작성가, 천문학자 그리고 군대를 동원했다. 독일과 이탈리아에서 온 전문가들도 참여한 위원회는 아마존강과 그 유역의 상세한 지도를 제작했다. 이 자료를 토대로 오늘날 아마조나스주의 전신인 서웅 주어웅 두 히우 네

그림 3-4 **마드리드 조약 체결 후의 변화된 브라질 영토**

자료: https://upload.wikimedia.org/wikipedia/commons/thumb/a/ab/Brazil_in_1750.svg/800px-Brazil_i
n_1750.svg.png.

그루São João do Rio Negro 까삐따니아가 신설되었고, 네그루강과 브랑꾸강에는 요
새가 구축되었다.

아마존 북부와는 달리 남부에서는 꼴로니아를 비롯한 여러 지역에서 양국
식민들 간에 충돌이 빚어졌다. 뽕발 재상은 우티 포시데티스 이론의 적극적인
지지자였다. 그러나 재상은 마드리드 조약의 결정 사항을 놓고 마드리드와 리
스본에서 공개적인 비판이 잇따르자 세치 뽀부스 지역이 순조롭게 포르투갈에
게 이양될지 확신할 수 없었다. 이러한 이유로 스페인이 그곳에서 완전히 철수

하기 전까지는 꼴로니아를 넘겨주지 않기로 결심했다. 스페인도 쁠라따강 유역을 통제하기 위해 중요한 전략적 요충지인 꼴로니아를 포르투갈이 쉽게 포기하지 않을 것으로 예견하고 있었다. 따라서 양국은 서로를 불신하는 가운데 조약 이행의 수순을 밟고 있었다.

뽕발 재상의 지시로 아마존 남부에서 군사 작전이 전개되는 동안 아마존강과 브라질 서부의 미개척지에서는 영토 확장과 식민 사업이 활발히 진행되었다. 뽕발은 프랑스, 네덜란드, 스페인 식민지들과 접경한 아마존 북부의 마라녀웅과 페루와 접경한 브라질 서부 내륙의 마뚜 그로수에 대한 개척과 방어를 위해 크게 노력했다. 이러한 상황은 스페인도 마찬가지였다. 남아메리카의 식민 종주국 스페인과 포르투갈은 국경 확정 위원단이 활동을 개시하기 전부터 아직 누군가가 점유하지 않았거나 소유권이 불분명한 지역을 찾아내 가능한 한 자국의 영역을 확장하는 데 신경을 곤두세웠다.

특히 포르투갈은 아마존 지역에 집중적인 노력을 기울였다. 황량하게 버려진 땅이나 전염병으로 인구가 감소한 원주민 마을에 요새를 세우고 식민들을 끌어들이는 정도의 방법으로 광활한 영토를 관리하기란 불가능한 일이었다. 그러나 뽕발 재상은 동생 푸르따두의 도움을 받아 소수의 식민들이 원주민 집단과 공존할 수 있는 길을 찾으려고 했다. 푸르따두는 야만인들을 지배하는 최선책은 정복자와 피정복자들 간에 결속을 확립하는 것이라고 여겼고, 양 집단 사이에 어떤 차별도 없는 균등한 법의 지배를 받는 식민 사회를 실현시키겠다고 다짐했다(Bethell, 1987: 250). 그는 아소레스제도에서 가족 이주민들을 받아들여 싱구강과 따빠조스강 유역에 집단 정착시키고, 백인 남성과 원주민 여성 간의 결혼을 장려하는 등 적극적인 식민화 사업을 추진해 나갔다. 그러나 그의 생각과 노력에도 불구하고 1755년과 1758년 제정된 식민화 법령에는 원주민의 인격을 존중하고 포르투갈 사회에 통합된 신민으로서 교육과 자유를 누릴 수 있다는 내용은 찾아볼 수 없었다.

뽕발은 마드리드 조약 이후 지리적·전략적 필요성과 새로운 경제적 현실을 감안해 브라질의 행정조직을 개편해 나갔다. 그가 내린 가장 중요한 조처는 포르투갈 왕실의 영향력이 미치지 못하는 까삐따니아를 분할하고, 수증자가 경영을 포기하거나 방치한 까삐따니아를 다시 왕실 소유로 환원하는 작업이었다. 아마존 지역이 포함된 마라녀웅 총독부는 왕실이 관리하는 빠라, 마라녀웅, 삐아우이 까삐따니아를 비롯해 민간인 수증자들이 세습 소유권을 가진 까부 지노르치, 일랴 그랑지Ilha Grande, 싱구, 까메따Cametá, 까에떼, 꾸마Cumá 등 여섯 개의 까삐따니아로 편성되어 있었다. 그러나 뽕발 재상은 1751년 이후 기존 총독부를 그러웅 빠라 이 마라녀웅 총독부로 개편하고, 이 지역을 관장하는 총독을 빠라의 벨렝에 상주시켰다. 그리고 예전 수도였던 서웅 루이스에는 부총독이 관리하는 두 개의 지방 행정구역을 두었다. 아울러 1752~1754년에는 앞서 언급한 여섯 곳의 까삐따니아도 민간인 수증자들로부터 양도받아 왕실이 직접 통제하도록 했다. 브라질 식민들은 포르투갈 본국 정부의 적극적인 개발 사업과 영토 확장 정책에 감사했지만, 뽕발의 관심사는 오로지 브라질이 본국의 충실한 종복이 되게 만드는 데 있었다.

남부에서도 국경 확정 위원회 위원들의 논쟁은 심각한 수준에 이르렀다. 세치 뽀부스의 예수회 선교사들과 3만 명에 이르는 선교 부락의 과라니 원주민들은 철수 명령에 응하지 않았다. 그런 이유로 1754년 발생한 과라니인들의 폭동은 1756년에야 가까스로 진압되었다.[10]

또다시 1761년 2월 12일 양국은 엘 빠르도El Pardo 조약을 체결했다. 이 조약으로 마드리드 조약의 모든 규정과 약속 사항이 무효화되었다. 세치 뽀부스의 원주민들이 이 지역의 반환에 불응하자 포르투갈도 꼴로니아를 스페인에게 인

---

10 위기에 처한 남부 까삐따니아를 보호하기 위해 뽕발 재상은 1767년 오스트리아와 스웨덴의 군사 전문가가 포함된 포르투갈 최정예 부대를 히우 지 자네이루에 파견했다. 이 사건으로 양국 간의 불신은 더 깊어졌고 양국 대표들의 적대감도 증폭되었다. 마드리드 조약은 더 이상 실행이 불가능했다. 결국 양국 대표단은 1761년 새로운 엘 빠르도 조약으로 마드리드 조약을 전면 무효화한다고 선언했다.

도하지 않았기 때문이었다.

이리하여 스페인과 포르투갈의 남아메리카 영토 분쟁은 새로운 타협이 이루어지기까지 16년간 지속되었다. 1776년에는 쁠라따 부왕청의 초대 총독 뻬드로 안또니오 데 세바요스Pedro Antonio de Cevallos가 이끄는 2만 명의 원정대가 상따 까따라나섬과 꼴로니아를 장악하고 히우 그랑지 두 술까지 위협했다. 이처럼 아마존 북부 지역과는 달리 남부 지역에서는 구스머웅의 피나는 노력으로 성사된 우티 포시데티스 이론이 제 기능을 발휘하지 못했다.

2) 갈등을 완화하기 위한 산또 일데폰소 조약

1777년 10월 스페인 세고비아Segovia주의 산또 일데폰소Santo Ildefonso에서 양국 갈등을 완화하기 위한 새 조약이 체결되면서 쁠라따강 유역의 분쟁은 전환점을 맞이했다. 꼴로니아 두 사끄라멩뚜의 소유권에 대한 양국 간의 분쟁 종식이 주된 목적이었던 이 협상에는 영국과 프랑스가 중재국을 맡았다. 산또 일데폰소 조약의 체결로 포르투갈의 새 여왕 도나 마리아 1세Dona Maria I와 스페인의 까를로스 3세Carlos III는 원칙적으로 마드리드 조약의 결정 사항을 준수하기로 약속했다. 그러나 예외적으로 꼴로니아와 포르투갈에게 양도가 확정되었던 세치 뽀부스 지역을 다시 스페인 소유로 환원하는 항목이 추가되었다. 포르투갈은 이 두 지역을 포기하는 대신 남부 지역에서 쁠라따강 동쪽 어귀의 땅을 확보하고, 히우 그랑지 두 술과 오늘날 상따 까따라나주의 일부를 반환받아 비교적 유리한 국경선을 확정짓게 되었다.

역사가들은 갈등이 심했던 남부 지역에서 협상이 쉽게 풀린 것은 구스머웅이 포르투갈 출신 스페인 왕비의 지원을 받은 결과라고 말한다. 그러나 조약이 체결된 뒤에도 아마존강과 쁠라따 지역에서는 양국 식민들 간의 갈등이 끊이지 않았다.

3) 포르투갈에 굴욕을 안긴 바다호스 조약

바다호스Badajos 평화 조약으로 알려진 이 조약은 1801년 6월 6일 스페인과 포르투갈의 국경에 위치한 바다호스에서 체결되었다.

1801년 나폴레옹 보나파르트Napoléon Bonaparte의 지원을 받은 스페인이 포르투갈을 침공했다. 당시 스페인 재상 마누엘 고도이Manuel Godoy는 프랑스 정부를 설득해 포르투갈에게 "영국 편인지 아니면 프랑스 편인지" 선택하도록 최후 통첩을 보냈다. 포르투갈의 미온적인 태도에 스페인 군대가 국경을 넘어섰다. 이리하여 양국 접경 지역에서 작은 충돌이 발생했다. 이 사건은 '오렌지 전쟁Guerra das Laranjas'이라고 불리는데, 그 이유는 포르투갈 민가에 떠도는 다음과 같은 노래 가사 때문이다.

> 고도이, 스페인 정계의 막강한 실력자, 그는 엘바스Elvas 성벽 근처에서 오렌지
> 가 잔뜩 열린 나뭇가지 몇 개를 꺾어 전쟁의 영광스러운 트로피로 까를로따 조
> 아끼나Carlota Joaquina의 어머니요, 자신의 정부인 스페인 여왕에게 갖다 바쳤
> 다네.

평화는 금세 찾아왔지만 스페인과 프랑스의 압박으로 체결된 협약에서 포르투갈은 다음과 같은 요구에 응해야만 했다. "영국의 모든 선박들에게 포르투갈 항구의 입·출항을 금지하고, 과디아나Guadiana강에 인접한 도시 올리벤사는 스페인에게 소유권을 넘기며, 그동안 스페인이 영국과 포르투갈에게 입은 피해에 대해 보상한다."[11]

조약은 포르투갈의 섭정 왕자 동 주어웅과 스페인의 까를로스 4세에 의해 비

---

11 역사가들은 당시 포르투갈과 가까운 스페인의 시우다드 로드리고(Ciudad Rodrigo) 인근에 주
둔한 프랑스군의 침공 위협이 굴욕적인 협상의 주된 원인이었다고 평가한다.

준되었지만 프랑스의 나폴레옹은 비준안에 동의하지 않았다. 스페인에 주둔한 프랑스군은 집요하게 조약 원문의 내용을 변경하도록 강요했다. 그 결과 같은 해 9월 이른바 신新마드리드 조약이 체결되었다. 바다호스 조약의 원안은 유지되었지만, 포르투갈은 프랑스에게 2000만 프랑의 전쟁 보상비를 지급하고, 브라질과 프랑스령 기아나의 국경을 아라와니Arawani강 하구로 조정하는 한편 아마빠 영토의 절반을 양보하는 굴욕을 받아들여야 했다. 이처럼 두 차례 체결된 조약의 결과는 포르투갈에게 너무도 가혹했다.

이베리아반도의 두 식민 본국 간에 전쟁 소식이 들려오자 남아메리카의 양국 분쟁 지역에서도 전쟁의 불씨가 싹텄다. 가우슈Gaúcho(브라질 대평원의 목동 또는 브라질 남부 주민을 지칭함) 출신의 마누엘 두스 상뚜스 뻬드로주Manuel dos Santos Pedroso와 주제 보르지스 두 깡뚜José Borges do Canto가 세치 뽀부스의 양도에 불만을 품고 이 지역을 강제 점령했고, 스페인도 마뚜 그로수 남부 지역을 침공한 것이다.

양국의 오랜 영토 분쟁은 두 나라 모두에게 큰 손실이었다. 이들은 대규모 병력을 유지하고 선박과 무기 구입에 막대한 재정을 낭비했다. 1760~1770년 대에는 브라질 광산 수익이 격감하고 무역 수지가 적자를 보이면서 포르투갈 왕실의 국고는 바닥을 드러냈다. 브라질 식민 당국은 경비를 최소화하고 외국 자본의 유입을 통해 위기를 모면하려고 했다.

8 ㅣ 섭정 왕자 통치기의 프랑스령 기아나 점령

1806년 나폴레옹의 대륙 봉쇄령Continental System이 선포된 뒤에 프랑스는 미온적인 태도를 보이며 협조하지 않던 포르투갈을 세 차례 침공했다.[12] 1808년

---

12 포르투갈이 나폴레옹의 지시에 응하지 않자 1807년 10월 27일 스페인과 프랑스는 퐁텐블로

포르투갈 왕실은 영국의 협조를 받아 급히 브라질로 피신했다. 국왕 도나 마리아 1세와 섭정 왕자 동 주어웅이 히우 지 자네이루에 도착하면서 브라질은 왕국의 범주로 승격되었다. 그 전까지는 브라질은 자치권이 없어 국경 협약과 같은 중요 결정은 포르투갈 본국의 이해관계를 고려해 주로 유럽에서 내려졌다.

섭정 왕자 동 주어웅이 주도하는 포르투갈의 모든 외교 정책은 이때부터 히우 지 자네이루에서 실행되었다. 외국 대사관들이 포르투갈 왕실의 소재지로 이주해 왔기에 브라질의 외교 활동은 한층 더 역동적으로 추진되었다. 특히 이 시기에는 아마존강 북부와 남부의 쁠라따강 유역에서 빈번하게 영유권 분쟁이 발생하고 있었다.

1808년 7월 10일 동 주어웅은 대륙 봉쇄령 이후 프랑스의 포르투갈 침공에 대한 보복 조처로 남아메리카의 유일한 프랑스 식민지 기아나를 점령했다.

프랑스는 1500년 브라질이 발견된 뒤에 해적이나 정복 원정대의 형태로 브라질 해안에 수시로 출몰했다. 1503년에 프랑스는 동쪽과 남쪽으로 브라질과 접경한 기아나 땅에 식민 기지를 설립했다. 프랑스인들은 아라와끄와 깔리나 Kalina를 비롯한 적대적 원주민들의 저항으로 식민화에 어려움을 겪었다. 하지만 1643년부터는 식민촌을 건설하고 18세기 말엽부터 사탕수수, 커피, 럼주, 면화, 열대작물을 생산하며 안정을 되찾고 있었다. 브라질 북부의 아마빠와 마주한 기아나는 초기부터 양국 식민들 간의 분쟁이 빈번한 곳이었다. 포르투갈 왕실은 날로 증가하는 프랑스인들의 국경 침투를 막기 위해 이 지역에 대한 경계를 강화하고 식민 마을을 설립하며 맞섰다.

1789년 프랑스대혁명이 발생했을 때 기아나에서도 심각한 혼란이 빚어졌다. 농장주를 상대로 아프리카 출신 노예들이 폭동을 일으키고, 주둔군도 폭도들 편에 서자 프랑스인 농장주들은 브라질로 피신할 수밖에 없었다. 포르투갈 왕

(Fontainebleau) 조약을 체결했다. 이 조약에서 양국은 포르투갈을 3등분하고, 브라질을 포함한 포르투갈 식민지들을 분할해 소유하기로 약속했다.

실은 달갑지 않은 인접국의 사태가 브라질까지 확산될까 두려웠기에 확고한 조처를 취할 필요가 있다고 보았지만, 섣부르게 행동하다가 나폴레옹이 대규모 병력을 파견할지 몰라 주저했다. 하지만 동 주어웅은 브라질로 왕실을 옮겨 오고 나자 주저하지 않고 침공을 감행했다.

역사가들은 이러한 결단의 이면에는 영국 해군의 지원 약속이 있었다고 주장한다. 실제로 1808년 10월 영국의 코르벳함이 포함된 합동 원정대가 프랑스군 진지를 공격했고, 1809년에는 프랑스령 기아나의 수도 카엔Cayenne을 공격해 식민 총독에게 항복 문서에 서명하도록 강요했다.

나폴레옹이 몰락한 뒤에 전쟁의 혼란을 수습하고 유럽을 전쟁 이전의 상태로 복귀시키기 위해 개최된 1814년의 빈 회의Congress of Vienna에 빨멜라Palmela 백작이 포르투갈 대표로 참석했다. 이 회의의 결과 포르투갈은 신마드리드 조약에서 프랑스에게 강제로 빼앗겼던 아마빠를 되찾고 기아나에서 철수했다.

9 | 1822년 브라질이 독립한 뒤의 국경 분쟁

도나 마리아 1세가 사망하면서 섭정 왕자 동 주어웅에서 정식으로 왕좌에 오른 동 주어웅 6세의 통치기에 브라질은 정치·경제·사회적으로 수많은 변화를 경험했다. 이러한 변화에 외부적 요인들이 겹치면서 브라질인들의 독립에 대한 열망은 점차 커져갔다. 마침내 1822년 9월 7일에 동 주어웅 6세의 아들 동 뻬드루(브라질 제국의 동 뻬드루 1세Dom Pedro I)는 이쁘랑가Ipiranga강(상빠울루에 흐르는 작은 강)에서 "독립, 그것이 아니면 죽음이다!"라고 외치며 브라질의 독립을 선언했다(최영수, 2010: 110).

스페인령 라틴아메리카 국가들이 공화정 체제로 독립을 이룬 것에 반해 브라질은 군주제로 출발했다. 브라질 제국Império do Brasil(1822~1889년) 시기에는 아마존강 유역에서 접경국들과 분쟁은 많지 않았다. 갈등은 항상 남부의 쁠라따강 유역에서 발생했다.

1821년 아직 포르투갈이 브라질을 지배할 때 스페인의 쁠라따 부왕령에 침투해 시스쁠라띠나Cisplatina 지방을 점령한 사건이 있었다. 그리고 브라질이 독립하자 1824년 브라질군이 몬떼비데오Montevideo에 입성해 시의회 대표들에게 브라질 제국 헌법 앞에서 선서하기를 강요하고 공식적으로 시스쁠라띠나의 합병을 선포했다. 시스쁠라띠나 주민들은 완강히 저항했고 수시로 브라질군을 기습 공격했다. 이처럼 브라질 남부 지역 방어에 전략적으로 중요했던 이 지방을 놓고 양국 간에 오랫동안 갈등이 지속되었다. 결국 1828년 브라질 제국의 동 뻬드루 1세 통치기에 두 나라는 몬떼비데오 협정을 맺어 이 지방을 우루과이 공화국으로 독립시키면서 갈등은 진화되었다.

1864~1870년에는 파라과이가 브라질, 아르헨티나, 우루과이를 상대로 남아메리카 역사상 최대 전쟁인 파라과이 전쟁Guerra do Paraguai을 일으켰다(Cotrim, 1989: 138). 1811년 독립 이후 파라과이는 독재 체제를 구축했고, 솔라노 로뻬스Solano Lopez의 집권기에는 다른 라틴아메리카 국가들과 달리 국민 전체를 먹여 살릴 수 있는 농업 정책을 실시하고 무기나 철강 제품을 자급자족하기 위한 공업 발전도 이룩했다. 파라과이는 영국 의존도가 높은 주변 국가들과 비교해 자력갱생이 가능하게끔 온 힘을 기울였다. 바다를 접하지 못한 내륙국 파라과이는 자국 선박들이 부에노스 아이레스와 몬떼비데오가 통제하고 있는 쁠라따 강 하구까지 자유롭게 진출해 대서양으로 나갈 수 있는 항해권을 얻는 것이 최대 숙원이었다.

파라과이 전쟁 초기인 1865년 5월 브라질, 아르헨티나, 우루과이는 3국 동맹을 맺고 파라과이에 대항했다. 전쟁 초기에는 파라과이가 주도권을 잡았지만 시간이 흐르면서 동맹국의 역공이 시작되었다. 5년간 이어진 전쟁은 결국 파라과이의 참패로 끝났지만 동맹국들이 입은 피해도 엄청났다. 어느 브라질 참전 군인은 "부서진 대포, 녹슨 소총, 무뎌진 창, 화염에 그을린 깃발 (······) 이 모든 것들이 우리가 승리의 월계관 대신에 얻은 것들이다. 실로 값비싼 승리였다"(Nadai, 1990: 163)라고 허탈한 심정을 표현했다.

전후 파라과이 영토는 승전국들의 각축장이 되었다. 브라질과 아르헨티나는 뻴라따강 유역의 최강자로 부상했다. 파라과이는 우루과이처럼 두 강국 사이의 완충국으로 전락했다. 1872년 기나긴 전후 협상 끝에 브라질은 아빠Apa강까지 새로운 국경을 확장했고, 천문학적인 전쟁 비용을 파라과이에 부담시켰다. 브라질은 전쟁 이후에 민병 조직에 주로 의존하던 영토 방어 정책을 버리고 정부가 주도하는 정규군 조직으로 전환했다.

파라과이 전쟁이 끝나고 브라질에서는 1870~1889년에 제국의 위기를 예견시키는 몇 가지 사건이 발생했다. 정치에서는 진보파 자유주의 세력이 연방주의 채택과 총선거 실시를 주장하며 이른바 '공화 성명서'를 발표했고, 군부에서는 엘리트 장교들이 전쟁 이후 상황에 불만을 터트리며 공화주의자들과 결속했다. 주교단과 정부도 마찰을 일으키며 심각한 종교 문제가 발생한 한편 노예제도 폐지를 부르짖는 세력이 점차 제국 체제의 변화를 위해 힘을 모았다.

마침내 1889년 11월 데오도루 다 퐁세까Deodoro da Fonseca(브라질 공화국 초대 대통령)를 주축으로 군부가 쿠데타를 일으켰고, 군주 체제는 브라질 땅에서 막을 내렸다(최영수, 2010: 200).

10 | 브라질 공화기의 국경 분쟁

공화정 초기 브라질은 많은 현안에 봉착하게 된다. 첫째는 주변 국가들이 브라질의 정치 체제를 인정하는 문제, 둘째는 뜨린다드Trindad섬, 미서웅 지역의 영토 영유권과 프랑스령 기아나와의 국경 확정 문제, 셋째는 아끄리 지역 국경에서 발생한 반제국주의 게릴라 활동 문제였다.

당시 유럽 열강들은 브라질의 체제 변화를 인정하려고 하지 않았다. 이들이 브라질의 공화정 체제를 인정하게 될 경우 여전히 군주국 정체를 유지하고 있었던 러시아나 독일 등과 마찰 가능성이 충분히 예견되었다. 그러나 이따주바 Itajuba 남작(원명은 마르꾸스 앙또니우 지 아라우주Marcos Antônio de Araújo)의 적극적인 외교 활동으로 포르투갈, 네덜란드, 이탈리아, 독일, 스위스, 노르웨이, 바티칸, 스페인, 헝가리의 인정을 받았고, 이어서 프랑스가 체제를 인정했으며, 1891년에 영국도 브라질 공화국을 정식으로 승인했다.

식민 시대부터 영토 영유권과 국경 문제로 인접국들과 분쟁이 빈번했던 브라질이 공화정 초기에 직면한 첫 번째 사건은 미서웅 지역 영유권 문제였다.

1) 미서웅 지역 영유권 문제

아르헨티나와의 국경 분쟁은 미서웅 지역에서 발생했다. 식민 시대부터 포르투갈과 스페인은 이 지역에서 자국 영토를 조금씩 늘려가며 불분명한 국경을 형성하고 있었다. 마드리드 조약, 엘 빠르도 조약, 산또 일데폰소 조약 등 많은 국경 협약이 있었지만, 여전히 명확하게 경계를 설정하지 못한 채 오랜 세월이 흘렀다.

이미 제2왕정기에도 이 문제가 거론되었고, 1857년에 아르헨티나와 체결한 국경 협약에서 우루과이강, 뻬뻬리 구아수Peperi Guaço강과 산또 안또니오Santo António강이 국경으로 확정되었다. 하지만 아르헨티나 정부는 국내 사정으로 조약을 비준하지 못한 상태였다.

브라질에서 공화정이 수립되자 양국은 이 문제를 해결하기 위해 공동 위원회를 구성하고 미국에 중재를 요청했다. 브라질 임시정부 대통령 퐁세까는 쟁점이 된 지역의 영토를 양분하는 방안을 제시했고, 양국은 1890년 1월 몬떼비데오 협정을 체결했다. 하지만 뒤늦게 협상안의 내용을 알게 된 브라질 국민의 분노는 매우 컸다. 언론은 신랄하게 정부의 경솔한 행동을 힐책했고, 의회는 압도적으로 동의안에 거부를 표했다(Mendes Jr., 1991b: 228).[13]

이러한 상황에서 퐁세까 정부가 기대할 수 있는 최선책은 미국의 중재였다.

1893년 이 문제를 해결하기 위해 히우 브랑꾸Rio Branco 남작(원명은 주제 빠라뉴스José Paranhos)이 브라질 대표로 임명되었다. 브라질 '외교의 아버지'라고 불리는 이 탁월한 인물은 지리학자 출신답게 분쟁지가 브라질의 소유임을 입증해주는 고지도 등 각종 자료를 확보했다. 미국 대통령 그로버 클리블랜드Grover Cleveland는 브랑꾸 남작이 제시한 자료를 검토한 끝에 1895년 2월 브라질의 손을 들어줌으로써 기나긴 분쟁은 종결되었다. 브랑꾸 남작의 눈부신 활약 덕분에 브라질은 기존 영토의 10퍼센트에 해당하는 90만 제곱킬로미터의 땅을 추가하게 되었다.

2) 뜨린다드섬 분쟁

1895년 1월 이스뻬리뚜 상뚜 해안에서 멀리 떨어진 대서양상의 뜨린다드섬을 영국군이 점령했다는 소식이 언론 보도를 통해 뒤늦게 브라질 전역에 알려졌다. 쁘루덴치 지 모라이스Prudente de Morais 정부의 외무부 장관 까를루스 아우구스뚜 지 까르발류Carlos Augusto de Carvalho는 영국 주재 대사를 통해 영국 정부에게 사건의 경위를 밝혀줄 것을 요구하는 한편 이 섬이 브라질 소유임을 입증할 자료를 제시했다. 실제로 이 섬은 1502년 바스꼬 다 가마의 사촌 에스떼버웅 다 가마Estêvão da Gama가 인도행 항해 중 발견했다.

1895년 8월 수차례의 회담이 진행된 뒤에 브라질 정부는 영국인들의 무조건 철수를 요구하는 항의서를 로버트 게스코인세실Robert Gascoyne-Cecil(솔즈베리Salisbury 후작) 영국 총리에게 보냈다. 이에 대해 영국 정부는 영국인들의 점유가 자국의 웨스턴 전신회사Western Telegraph가 아르헨티나에 해저 케이블을 설치하려는 목적이었다고 밝히면서 제3국의 중재를 요청했다. 중재국 포르투갈이 1896년 7월 브라질의 소유권을 인정하자 영국인들은 이 섬에서 철수했다.

---

13 같은 해 8월 10일 브라질 의회에 상정된 조약 원문은 142 대 5로 부결되었다.

3) 프랑스령 기아나와의 국경 문제

　아마존강 북부에서 브라질이 국경 문제로 갈등을 빚은 나라는 프랑스와 영국이었다. 프랑스령 기아나와 영국령 가이아나는 라텍스를 비롯한 천연자원의 보고인 아마존강 유역에서 영토를 확보하기 위해 노력하고 있었다.

　브랑꾸 남작의 전기 작가 아우바루 링스Álvaro Lins는 당시 상황을 다음과 같이 기록한다. "비록 서로가 다른 길을 택했지만 영국과 프랑스가 남아메리카 대륙에서 지향하는 바는 동일했다. 양국은 아마존강 하구에서 자신들의 존재를 각인시키기 위해 노력했다. (……) 히우 브랑꾸 남작은 양국의 치열한 경쟁 속에서 현명하고 유리하게 대처하는 한편, 언젠가 두 나라 사이에 일어날지 모르는 알력으로 브라질이 혜택을 입을 수 있으리라고 생각했다."

　프랑스령 기아나와의 국경 문제가 더 난제였기에 브랑꾸 남작은 비교적 해결이 쉬운 영국과의 협상을 먼저 시작했다. 영국과 프랑스의 갈등 관계를 이용해 영국의 지원을 얻은 다음 프랑스와 협상에 임하려는 계획이었다. 처음에 그의 계획은 뜨린다드섬의 소유권 갈등 때문에 미묘했던 영국과의 관계 탓에 어려움을 겪었지만, 이 문제가 해결되자 협상은 순조로웠다.

　영국의 주요 관심사는 삐라라Pirara 지역의 소유권 문제였다. 영국은 런던 왕실지리협회Royal Geographical Society 소속의 독일인 지리학자 로버트 헤르만 숌부르크Robert Hermann Schomburgk가 1840년 탐사를 통해 작성한 경계선을 근거로 소유권을 주장했다.

　양국은 이 문제를 두고 오랫동안 논쟁했으나 결국 이탈리아의 비토리오 에마누엘레 3세Vittorio Emmanuel III에게 중재를 요청했다(Mendes Jr., 1991b: 229). 그는 1904년 이 분쟁 지역을 양분하도록 중재했는데 이 결정은 영국에 보다 유리한 면이 있었다. 에마누엘레 3세는 영국이 처음 제안했던 마우Mau강과 따까뚜Tacutu강을 경계로 하는 안을 선택했다.

　프랑스령 기아나와의 국경 문제는 이보다 훨씬 복잡했다. 이 지역은 17세기부터 이미 양국 간에 분쟁이 치열하게 전개되고 있었다. 포르투갈과 프랑스는 대서양에 연한 노르치Norte곶에서 오이아뽀끼강에 이르는 지역을 두고 1667년부터 영유권 다툼을 벌여왔다. 위트레흐트 조약으로 프랑스는 아마존강 유역에서 권리를 철회하고 양국 국경을 자뽀끄Japoc강(브라질의 오이아뽀끼강)으로 받아들였지만, 얼마 뒤에 프랑스인들은 결정에 불복하고 끈질기게 이 지역에서 분쟁을 일으켰다. 1895년 브라질 정부는 이 문제가 국제중재위원회[14]에 넘어가기 직전에 브랑꾸 남작을 대표로 프랑스와 협상을 재개했다. 협상은 순조롭지 못했고 양측의 군사적 위협으로 긴장감도 조성되었다. 결국 이 사안은 스위스의 중재로 넘어갔다. 최종 판결이 있기까지 1년이 걸렸으나 결과는 브라질에게 유리했다. 브라질은 아마존강 북부에서 25만 제곱킬로미터의 영토를 새롭게 추가할 수 있었다.

4) 아끄리주 주권 확보를 위한 서구 열강과의 투쟁

아끄리주는 남동쪽으로 볼리비아와 국경을 마주하고 북서쪽으로는 아마존강과 인접한 브라질의 한 주다. 이곳에서 발생한 문제는 브라질과 볼리비아 간의 단순한 국경 분쟁이 아니었다. 미국이 주도하는 국제적 기업들은 아마존 정글의 풍요로운 천연 고무 원료인 라텍스를 개발하기 위해 이른바 '볼리비아 신디케이트Bolivian Syndicate'를 구성하고 볼리비아 정부를 이용했다.

1839년 라텍스의 이용가치가 높아지자 아마존강 유역에는 수많은 고무 생산 노동자seringueiro(세링게이루)들이 몰려들었다. 특히 가뭄을 피해 이주해 온 세아라주(브라질 북동부의 주)의 농민들은 지도에도 표기되지 않은 미지의 땅에서 울창한 숲을 파괴하고 고무 채취에 몰두했다. 아마존강 유역 인구의 60퍼

---

14 브라질과 프랑스령 기아나 사이의 국경 분쟁 문제를 해결하기 위해 구성된 회의로 스위스가 중재국으로 참여했다.

센트가 모여 녹색의 지옥에서 생산한 라텍스는 미국과 유럽 시장에 매우 높은 가격으로 수출되었다.

당시 브라질과 볼리비아의 경계가 불분명해서 미국은 이 지역에 관심이 많았다. 갑자기 몰려든 고무 생산 노동자들이 골칫거리였지만, 미국인들은 볼리비아 정부를 통해 이 문제를 해결하려고 했다. 극비리에 미국과 볼리비아는 협정을 맺고 아끄리, 뿌루스, 이아꼬Iaco 지역의 소유권이 볼리비아에 있다는 내용의 문서를 작성했다. 미국은 이 문제로 양국 사이에 전쟁이 나면 볼리비아에 무기와 탄약을 공급하는 대신 향후 10년간 고무 개발에 관한 각종 혜택과 특혜를 받기로 했다. 독일과 영국의 자본을 참여시킨 미국 주도의 치밀한 계획이었다. 볼리비아 정부는 서구 열강의 자본에 이용당하는 꼭두각시에 불과했고, 이러한 전개는 다국적 자본이 고무 생산 지역을 임차하는 것과 다름없었다.

한편 이 상황에서 아끄리 지역을 양국 어디에도 속하지 않은 독립국으로 분리시키려는 시도도 있었다. 브라질에 거주하는 스페인인 루이스 갈베스 로드리게스 데 아리아스Luis Gálvez Rodríguez de Árias가 이끄는 모험가와 몽상가들이 이계획을 주도했으나 이 세력은 크게 확산되지 못했고 볼리비아가 상당 기간 아끄리 지역을 지배했다.

그러나 브라질에서는 마나우스주 지사부터 거리의 빈자까지 아끄리의 주권을 되찾아야 한다는 여론이 고조되기 시작했다. 가우슈 출신 오를랑두 꼬헤아 로삐스Orlando Correa Lopes와 아마조나스주 지사 시우베리우 주제 네리Silvério José Nery는 여론의 향방을 주시하며 아끄리 지역의 지배권 회복 운동을 전개했다. 그러나 브라질 연방 정부는 이와 관련해 별다른 조처를 취하지 않았다.

로삐스는 아끄리의 소유권을 쟁취하기 위해 같은 가우슈 출신의 주제 쁠라시두 지 까스뜨루José Plácido de Castro를 지도자로 모셨다. 뽀르뚜 알레그리Porto Alegre의 군사학교를 졸업한 까스뜨루는 애국적인 브라질인들의 헌금으로 마련한 무기와 탄약을 적절하게 활용할 줄 아는 용감하고 결단력 있는 인물이었다. 1902년 위임권을 부여받은 까스뜨루는 다음과 같이 말했다.

볼리비아와 볼리비아 신디케이트 간에 체결한 계약의 전문이 명기된 몇 장의 신문을 받았다. 이것은 아끄리인들에 대한 명백한 약탈 행위였다. 내 조국 브라질이 갈기갈기 찢긴다는 생각이 들었다. 나의 견해로는 미국이 아끄리를 포함해 브라질의 강들에서 자유롭게 항해할 수 있도록 강요하고, 그들의 욕심을 충족하기 위해 길을 터놓는 행위라고 생각한다. (……) 나는 그날 분연히 아끄리의 변경을 향해 떠났다.

전투는 볼리비아의 샤뿌리Xapuri 정복으로 시작되었다. 이곳은 인구는 그리 많지 않지만 천연고무가 많이 생산되는 지역이었다. 국지적으로 전개된 전투는 아끄리의 전 지역으로 확산되었다. 이때까지도 애써 무관심한 태도를 보였던 브라질 연방 정부는 새삼 이 지역의 중요성을 깨닫고 브랑꾸 남작을 파견해 협상을 시도하는 한편 연방군을 파견하는 적극성을 보였다.

상황이 심각해지자 까스뜨루가 이끄는 혁명군의 활동을 우려한 브라질 연방 정부가 그의 지휘권을 박탈하고 부대를 해산시키려고 했지만, 이들의 거센 저항을 막을 수 없었다. 그뿐만 아니라 이 변경 지역의 지리를 완벽하게 꿰뚫고 있는 까스뜨루 혁명군 없이는 볼리비아 군대를 물리치기 힘들다는 사실도 깨달았다.

한편 브라질 혁명군과의 전투에서 승리를 거두기 어렵다고 판단한 볼리비아 정부는 브랑꾸 남작의 협상 제안을 수락했다. 1903년 11월 양국은 뻬뜨로뽈리스Petropolis 조약을 체결하고 국경선을 분명히 했다. 볼리비아는 분쟁지의 영토 19만 1000제곱킬로미터를 브라질에 양보했고, 이에 대한 대가로 200만 파운드의 배상금과 마데이라-마르모레Madeira-Marmore 간의 철도 건설을 약속받았다(Mendes Jr., 1991b, 230~231). 이 철도는 1912년 개통되었는데 볼리비아가 수도 라파스La Paz에서 미국과 유럽 시장에 아마존의 천연자원을 수출하는 데 큰 도움이 될 만한 교통수단이었다. 마데이라강을 따라 뽀르뚜 벨류Porto Velho와 과자라-미링Gujara-Mirim 간을 연결하는 이 철도는 공사 도중 수많은 인부가 열대병과 사고로 희생된 가슴 아픈 역사를 가졌기에 '악마의 철도'라고도 불렸다. 그러나 1972년 볼리비아 접경까지 연결하는 아마존횡단도로가 완공되면서 효용가치를 상실한 이 철도는 이후 거의 방치된 상태가 되었다.

11 | 브라질의 상징이 된 아마존강

오늘날까지도 해결되지 않은 세계의 영토 분쟁 지역은 60~70곳에 이른다고 한다. 이들 중 가장 분쟁이 많은 지역이 아프리카와 남아메리카다.

1494년 이베리아반도의 해상 왕국 포르투갈과 스페인의 경쟁을 막기 위해 교황의 중재로 체결된 또르데시야스 조약으로 남아메리카의 거의 대부분이 두 나라의 식민지로 양분되었다. 그러나 16세기부터 아마존강 유역과 그 내륙의 풍요로운 천연자원에 서구 열강들의 관심이 집중되면서 많은 나라들 간에 갈등과 분쟁이 야기되었다.

또르데시야스 조약에 따르면 브라질 영토는 오늘날의 3분의 1을 약간 상회하는 정도에 불과했다. 그러나 1580년 스페인과 포르투갈 왕실이 합병하면서 이원 왕정 체제가 구축되자 그때까지 국경 역할을 했던 또르데시야스 자오선은 그 의미를 상실했다. 이러한 이유로 두 왕국의 합병 시기에 국경 분쟁은 존재하지 않았다. 오히려 땅에 대한 소유욕이 강했던 펠리뻬 왕조의 국왕들은 브라질 식민들이 자오선을 넘어 스페인 영역으로 이주하는 서진 정책을 적극 장려했다. 실제로 펠리뻬 시대 이후에도 브라질 식민들의 페루행은 꾸준히 이어졌다. 마젤란해협을 우회하는 해로도 있었지만, 상빠울루에서 파라과이를 거쳐 페루의 고원지대로 들어가는 육로 여행도 활발했다.

펠리뻬 왕실은 아마존강 하구의 브라질 북부 지역에서 프랑스인들과 네덜란드인들을 추방하고 원주민들을 평정하는 한편 브라질 식민들을 정착시켜 개발을 촉진시켰다. 이 정책으로 브라질 식민들은 빠라이바, 히우 그랑지 두 노르치, 마라녀웅, 빠라 등의 아마존강 유역으로 퍼져나갔다.

하지만 60년간 이어진 스페인의 통치에서 벗어난 포르투갈이 왕정을 복고하자 남아메리카 대륙에서는 이미 예견된 것처럼 수많은 영유권 분쟁이 발생했다. 1640년 스페인으로부터 왕정을 복고한 포르투갈에 브라간사 왕조가 들어서자 스페인 왕실은 브라질의 팽창을 경계하지 않을 수 없었다. 그러나 이미 브라질은 북쪽으로는 아마존강 북부 유역, 서쪽으로는 오지 개척단과 예수회의 활약으로 또르데시야스 자오선을 넘어 마뚜 그로수 지역, 남쪽으로는 쁠라따강 하구에 이르는 광대한 영토를 확보한 상태였다. 스페인이 지배하는 60년 동안 또르데시야스 자오선이 와해되고 스페인령 영토가 크게 잠식되면서 브라질은 과거의 두 배에 가까운 영토를 보유하게 되었다.

오늘날 남아메리카 면적의 47.3퍼센트를 차지한 브라질은 칠레와 에콰도르를 제외한 모든 국가와 국경을 접하고 있다. 국가 간의 국경 분쟁은 대부분 역사적 근원에 뿌리를 둔다. 남아메리카에서는 또르데시야스 자오선을 토대로 국경이 설정되었기 때문에 정확한 경계 측정이 항상 논쟁을 불러일으켰다. 당시 분쟁이 발생했을 때 최상의 해결책은 교황청의 칙령에 따른 중재, 국가 간의 협약, 제3국의 개입이었다.

영원히 포르투갈을 지배할 줄 알았던 스페인 왕실은 뒤늦게 그 기능을 상실하고 무효화된 또르데시야스 자오선을 부활시키려고 노력했다. 그러나 스페인은 1750년 유능한 외교가 구스머웅을 앞세운 포르투갈의 협상력에 굴복하면서 남아메리카 대륙의 절반에 가까운 땅을 빼앗기고 말았다. 스페인과 포르투갈의 남아메리카 식민 영토 분쟁에서 협상의 기본 원칙은 로마의 사유재산법에 근거한 '오직 실효적 점유만이 유효성을 지닌다'는 우티 포시데티스 이론이었다. 이 이론은 식민 상태에서 벗어난 신생 독립국들이 국경을 확립할 때 가장 중요한 원칙으로 활용되었다.

오늘날 브라질 영토 안에서만 3165킬로미터를 흐르고 유역 면적만 380만 제곱킬로미터에 이르는 아마존강과 그 유역이 브라질 땅으로 편입된 것은 전적으로 구스머웅의 외교적 수완 덕분이었다. 구스머웅은 쁠라따강 유역의 스페인 식민들이나 스페인 왕실이 페루의 풍요로운 귀금속 자원에 쉽게 접근할 수 있는 이 일대를 포기하지 않으리라고 예견했다. 이러한 점을 고려해 그는 포르투갈이 남부 일대를 포기하는 대신에 광활한 아마존강 유역을 비롯한 서부 내륙과 히우 그랑지 두 술을 스페인으로부터 얻어냈다.

브라질 식민 시대에는 영토 분쟁이 주로 쁠라따강 유역의 남부 지역에서 많이 발생했다. 하지만 포르투갈로부터 독립해 브라질 제국 시대를 거쳐 1889년 공화정 체제로 전환되었을 때는 아마존강 유역의 접경지대에서 분쟁이 더 많이 터졌다. 브라질의 아끄리주, 아마빠주, 아마조나스주, 마뚜 그로수주, 빠라주, 호라이마주, 홍도니아주 일곱 개 주를 흐르는 아마존강과 그 유역은 무진장한 천연자원뿐만 아니라 환경문제로도 전 세계인의 관심이 집중된 곳이다. 그러나 브라질은 아마존강 유역을 노리는 프랑스, 영국, 미국 등 서구 열강이 개입한 영토 분쟁에서도 성공리에 자국 영토를 지켜냈다.

브라질 외교의 아버지로 불리는 브랑꾸 남작은 공화정 초기에 남부의 쁠라따강 유역이나 북부의 아마존강 유역에서 탁월한 역량을 발휘하며 국토를 넓히고 현대 브라질의 국경을 확립하는 데 크게 기여했다. 그는 분쟁 지역에서 브라질의 영유권을 입증할 만한 고지도 등 각종 자료를 확보하고 탁월한 지식을 바탕으로 상대를 설득하는 타고난 협상가였다.

식민 시대의 구스머웅이나 공화정 초기의 브랑꾸 남작과 같은 뛰어난 외교 협상가들이 없었다면, 오늘날 브라질은 또르데시야스 자오선을 경계로 그 동쪽에 위치한 영토만을 소유하게 되었을 것이다. 그뿐만 아니라 아마존강과 그 유역은 거의 대부분이 합법적 소유자인 스페인으로부터 독립한 국가들과 영국, 프랑스, 네덜란드의 옛 식민국들의 영토로 남아 있을 것이다.

파라과이 출신의 깝데비에 신부의 아쉬움처럼 남아메리카에서 스페인과 포르투갈의 영유권 분쟁의 결과는 분명 스페인 외교의 치욕이었고 브라질 외교의 승리였다.

참고문헌

최영수. 1995. 『라틴아메리카 식민사』. 대한교과서주식회사.
_____. 2010. 『브라질사』. 한국외국어대학교 출판부.

Arnold, David. 1983. *A Época dos Descobrimentos 1400~1600.* Lisboa: Gradiva.

Bethell, Leslie. 1987. *Colonial Brazil.* Cambridge: Cambridge University Press.

_____. 1989. *Brazil Empire and Republic 1822~1930.* Cambridge: Cambridge University Press.

Boxer, Charles Ralph. 1962. *The Golden Age of Brazil 1695~1750.* Berkely and Los Angeles University of California Press.

_____. 1969. *The Portuguese Seaborne Empire 1415~1825.* Lisboa: Edições 70.

Burkholder, Mark A. 1994. *Colonial Latin America.* New York: Oxford University Press.

Burns, E. Bradford. 1993. *A History of Brazil.* New York: Columbia University Press.

Caldeira, Jorge. 1999. *História do brasil.* São Paulo: Companhia das Letras.

Célia, Maria. 1974. *História do Brasil.* São Paulo: Editora Ática.

Cortesão, Jaime. 1979a. *História dos Descobrimentos Portugueses(Vol I).* Lisboa: Circulos de Leitores.

_____. 1979b. *História dos Descobrimentos Portugueses(Vol II).* Lisboa: Circulos de Leitores.

_____. 1979c. *História dos Descobrimentos Portugueses(Vol III).* Lisboa: Circulos de Leitores.

Costa, Manuel Fernandes. 1980. *O Descobrimentos da América e O Tratado de Tordesilhas.* Amadora: Biblioteca Breve.

Cotrim, Gilberto. 1989. *História do Brasil Para Uma Geração Consciente.* São Paulo: Editora Saraiva.

Crow, John A. 1992. *The Epic of Latin America.* Los angeles: University of California Press.

Fausto, Boris. 1999. *A Concise History of Brazil.* Cambridge: Cambridge University Press.

Guedes, João Alfredo Libânio. 1983. *A União Ibérica Administração do Brasil Holandês.* Brasília: Editora Universidade do Brasília.

Hermia, Antônio José Borges. 1970. *Compêndio de História do brasil.* São Paulo: Companhia Editora Nacional.

Martinez, Pedro Soares. 1983. *História Diplomática de Portugal.* Lisboa: Editorial Verbo.

Mendes Jr., António. 1991a. *Brasil História Texto e Consulta.* São Paulo: Editora Hucitec.

_____. 1991b. *Brasil história: República Velha.* São Paulo: Editora Hucitec.

Nadai, Elza. 1990. *História do Brasil.* São Paulo: Editora Saraiva.

Page, Joseph A. 1995. *The Brazilians.* New York: Addison-Wesley Publishing Company, Inc.

Peres, Damião. 1982. *História dos Descobrimentos Portugueses.* Porto: Vertente.

Spate, O. H. K. 1979. *Spanish Lake.* London: Croom Helm London.

Teixeira, Francisco M. P. 1984. *História do Brasil da Colônia à República.* São Paulo: Editora

Moderna.

Vainfas, Ronaldo. 2000. *Dicionário do Brasil Colonial 1500~1808*. Rio de Janeiro: Editora objectiva LTDA.

제 4 장

콜롬비아 평화협정과 아마존 지역 원주민 공동체의 미래

차경미(부산외국어대학교 중남미지역원 HK연구교수)

1 ¦ 콜롬비아 남부 아마존 지역

아마존은 브라질, 베네수엘라, 볼리비아, 수리남, 에콰도르, 콜롬비아, 페루, 가이아나, 프랑스령 기아나 등 남아메리카 아홉 개 나라가 공유하고 있다. 아마존 전체 면적의 50퍼센트 이상을 브라질이 차지하고 있으며, 전체 국토 대비 아마존이 차지하는 비율을 살펴보면 볼리비아 66퍼센트, 브라질 59퍼센트, 페루 51퍼센트, 콜롬비아 42퍼센트로 아마존이 남아메리카 국가들의 국토 면적에서 차지하는 비중은 매우 높다(CEPAL, 2013). 콜롬비아는 아마존을 둘러싸고 브라질, 페루, 에콰도르와 접경을 형성한다. 주요 지역은 아마조나스Amazonas주, 뿌뚜마요Putumayo주, 까께따Caquetá주, 과이니아Guainía주, 과비아Guavia주, 과비아레Guaviare주, 바우뻬스Vaupés주이며, 부분적으로는 나리뇨Nariño주, 꼬까Coca주, 메따Meta주가 포함된다. 아마존 북서 지역인 과비아레주, 까께따주, 뿌뚜마요주, 메따주, 나리뇨주, 까우까Cauca주는 인구밀도가 높은 반면 남동 지역은 생태보존 지역이 있고 다양한 종족의 원주민 공동체가 형성되어 있다.

콜롬비아 남부 아마존을 형성하는 지역은 콜롬비아 국내 평균을 상회하는 인구 증가율을 유지했다. 인구조사에 따르면 아마존 지역의 광물 경제가 호황을 이루면서 인구가 지속적으로 유입되는 모양새다. 비록 인구 증가 동력에 대한 연구나 신뢰할 만한 통계는 없지만 일부 학자들은 2020년대 아마존 지역은 콜롬비아 인구의 40퍼센트에 해당하는 300만 명 이상이 거주하게 될 것으로 예상하는 등 아마존 지역의 경제적 역동성을 설명하고 있다(Trujillo, 2011: 15).

역사적으로 콜롬비아의 아마존 지역은 지리적 특성에 따라 정부의 행정력이 제대로 발휘되지 못했으며 그에 따라 불법 무장 조직의 주요 거점지로 활용되었다. 콜롬비아의 불법 무장 조직은 아마존 밀림에서 배제와 소외의 대상인 흑인과 원주민 밀집 지역을 중심으로 세력을 확대해 갔다. 1940년대 중반 콜롬비아 내부에서 확산된 정치 폭력 사태를 계기로 불법 무장 조직이 형성되어 1958년 쿠바혁명의 영향을 받아 세력을 정비했다. 1970년대 중반부터 정부를 무력으로 위협하다 1980년대에 접어들면서 마약 조직과 손을 잡고 활동 자금을 지원받아 조직을 유지했다. 콜롬비아의 주요 불법 무장 조직은 1965년 결성된 민족해방군ELN: Ejercito de Liberacion Nacional(이하 ELN), 1964년 결성된 남아메리카 최대 게릴라 조직 콜롬비아무장혁명군FARC: Las Fuerzas Armadas Revolucionarias de Colombia(이하 FARC), 1967년 공산당의 분열로 형성된 자유민중군EPL: Ejercito Popular de Liberación, 1973년 도시 지식인들을 중심으로 결성된 4월19일운동M-19: Movimiento de 9 de Abril 등이 있다(Torregros and Jiménez, 2013: 97~109). 그간 콜롬비아 정부는 미국의 군사 지원을 받아 게릴라 소탕 작전을 펴며 힘에 의한 국가 안보를 운영했다. 이런 과정에서 아마존 지역은 무력 분쟁의 중심지가 되었다.

정부군과 게릴라 사이의 무력 분쟁이 장기화되면서 콜롬비아의 경제 기반은 파괴되었고 농촌 지역은 붕괴 수준에 이르렀다. 특히 에콰도르와 접경을 형성하는 까께따주와 뿌뚜마요주에서 아마존 지역 원주민들의 실향이 급증했다. 밀림으로 둘러싸인 아마존 지역은 지리적인 특성 탓에 정부의 통제력이 약해 마약 거래의 주요 루트로 활용되었다. 불법 작물 근절을 목적으로 미국과 콜롬비아 정부가 무차별적으로 살포한 제초제는 농민과 원주민들의 삶의 기반을 파괴했다. 경작지는 황폐해졌으며 신변의 위협을 느껴 지역을 이탈하는 실향민이 급증했다(차경미, 2009: 441~446).

이러한 상황 아래 2008년 후안 마누엘 산또스Juan Manuel Santos 대통령은 취임과 동시에 장기 내전 종식을 선언하며 국내의 게릴라 조직과 평화협정을 적극적으로 추진했다. 협상은 정부와 게릴라 양측의 첨예한 입장 차로 난항을 거듭했으나, 결국 2016년 6월 산또스 정부가 FARC의 입장을 최대한 수용해 평화협정이 체결되었다. 협정이 체결된 뒤에 콜롬비아 정부는 내전에 따른 피해지역 복구를 위한 정책을 수립했다. 그리고 무력 분쟁의 희생자들에 대한 통합적 보상과 토지반환법을 바탕으로 실향민의 안정적인 귀환과 농촌 공공 인프라 건설을 통한 경제 회복에 주력했다.

우선 무력 분쟁의 중심지였던 불법 작물 재배지 13개 주에 산재한 53개 마을에 대한 지원책을 핵심으로 농촌 개발 정책을 마련했다. 개발 정책은 주로 까께따주, 뿌뚜마요주, 아마조나스주를 중심으로 전개되었다. 콜롬비아 정부는 내전의 최대 피해지인 농촌 지역을 위한 개발 정책을 통해 농촌 지역의 생산성 증대, 사회경제 발전, 농촌 고용 촉진, 토지 불평등 완화를 추구했다.

농촌 개발 정책에는 FARC 자치 정부 구성과 무장을 해제한 FARC 조직원들의 일자리 마련을 목적으로 운영할 집단 경제체제 구축을 위한 토지개혁이 포함되었다. 토지개혁은 인구밀도가 낮고 생산·운송 비용이 높거나 빈곤이 심한 지역, 열악한 하부구조 지역, 접근이 어려운 벽촌 지역을 대상으로 추진했다. 이러한 과정에서 토지 보유·거래에서 미등기 전매를 모두 차단하기 위한 토지실명제가 도입되었다. 토지실명제는 원주민 보호지, 불모지, 그리고 비효율적인 대농장 토지 보유나 거래에 과세하겠다는 콜롬비아 정부의 의지가 반영된 것으로 볼 수 있다.

토지실명제 도입 이후 원주민 공동체를 중심으로 농촌 지역에서 갈등이 확산되었다. 원주민들은 토지개혁이 본래의 목적과 달리 원주민 보호지, 국가 수용 토지, 불모지에 대한 매매를 활성화하는 계기가 되었다고 비난했다. 원주민들의 토지는 기본적으로 공동소유와 공동생산 방식으로 운영되어 왔으며 그동안 콜롬비아 정부는 원주민 토지에 대한 집단소유권을 법적으로 증명하는 문서를 발급해 준 적이 없다(del Pilar, 2020: 20~25). 따라서 미등기 토지가 대부분인 원주민 토지는 실소유자와 명의인이 동일인이어야 하는 토지실명제의 도입으로 법적 권리를 상실할 상황에 놓인 것이다.

사회운동 단체들은 정부가 토지실명제를 통해 원주민 보호지에 대한 토지시장 접근을 제도적으로 보장하고 있다고 주장했다. 원주민 공동체들은 정부가 토지실명제를 도입하면서 대기업과 다국적기업의 농촌 토지 점유 가능성이 높아졌다고 비난했다. 실제로 토지실명제를 도입한 뒤에 콜롬비아 정부는 재정에 충당하고자 개혁 대상 토지에 대한 낙찰을 추진했다. 이러한 과정을 통해 거대한 규모의 토지가 국내외 대기업들에게 양도되었다. 한편 2002년 소농을 증진하기 위해 정부가 설정한 농촌 보존 지역도 개발이라는 미명하에 매각되었다. 결과적으로 토지실명제의 도입으로 토지수용과 토지 집중 현상이 심화되었다. 토지개혁은 국내외 기업의 불모지 소유를 합법화한 제도적 장치라는 비난에 직면했다.

이와 같이 평화협정의 이행 과정에서 콜롬비아 정부가 추진한 농촌 개발 정책으로 아마존 지역의 글로벌 경제로의 진입이 가속화되었다. 한편 최근 20년간 아마존 지역은 풍부한 자원, 불법 작물 경작의 호황, 광물 에너지 붐에 대한 기대, 거대 면적의 토지에 대한 접근성 개선 등으로 새로운 인구가 대거 유입되었다. 이러한 과정에서 아마존 지역은 보존과 공유의 공간으로서의 위치를 상실하고 갈등과 탐욕의 땅으로 변했다. 현재는 전통문화 상실, 생태계 파괴, 새로운 경제 논리와 소비 패턴 도입, 기후변화 등으로 아마존 지역은 국가와 지역 균형 발전과 사회 안정을 위협하는 위기와 갈등에 직면해 있다.

2 | 아마존 지역 원주민 공동체

40만여 제곱킬로미터에 달하는 콜롬비아 아마존 지역은 원주민 보호지, 국립 자연공원, 산림 보호구역으로 구성되어 있다. 또한 띠꾸나Ticuna족, 꼬까마

Cocama족, 미라냐Miraña족, 우이또모Uitomo족, 꾸베오Cubeo족을 비롯한 다양한 원주민 종족들이 공존하며, 스페인어뿐만 아니라 40여 개의 토착어가 통용되고 있다. 지리적으로 고립되어 있어 상대적으로 문화적 변용을 적게 겪었던 아마존 지역은 다양한 종족을 배경으로 하는 원주민들이 자신들의 전통 관습과 문화를 유지하며 오늘날에 이르고 있다.

콜롬비아 아마존 지역에서 원주민이 가장 많이 거주하는 곳은 아마조나스주, 까께따주, 과이니아주, 과비아레주, 뿌뚜마요주, 바우뻬스주다. 아마존 지역 원주민은 콜롬비아 전체 원주민의 6~7퍼센트를 차지하며 아마존 전체 주민의 13.08퍼센트가 원주민이다. 아마존 지역은 다른 지역에서 지속적으로 이주민이 유입되고 있으며 광물 에너지 산업이 성장하면서 이 지역의 인구 증가와 경제성장의 가능성이 높아지고 있다(Fundación Alisos, 2011: 22~24).

2018년 10월 콜롬비아 정부는 아마존 지역 생태계 보존과 토착 문화의 중요성을 강조하며 원주민 보호지를 확장했다. 이러한 과정에서 대표적인 보호지인 뿌에르또 꼬르도바Puerto Córdoba 보호지, 1985년에 보호지로 지정된 꼬메야푸Comeyafú 보호지, 2002년 국가문화유산으로 인정된 까마리따과Camaritagua 보호지가 확장되었다. 콜롬비아 국립토지관리위원회는 450제곱킬로미터를 확장해 700여 제곱킬로미터의 원주민 보호구역을 확보했다. 원주민 보호지 확장은 까께따강과 아빠뽀리스강의 생태계 보존, 원주민 영토에 대한 법적 소유 인정, 다양한 종족 문화의 안정적인 유지를 목적으로 진행했다. 보호지를 확장하면서 다양한 종족의 독특한 문화와 역사가 공존하고 있는 뿌레Puré강, 미리띠Mirití강, 빠라나강, 아빠뽀리스강 유역이 서로 연결되었다.

대표적인 콜롬비아 아마존 지역은 까께따주로 다양한 원주민 소小공동체가 공존하고 있다. 현재 2만 9000명이 넘는 로스 아와Los Awa족이 에콰도르 접경인 까르치Carchi주, 임빠부라Imbabura주, 수꿈비오스Sucumbíos주, 에스메랄다스Esmeraldas주에 거주하고 있다. 콜롬비아는 독립 이후 자유·보수 양당 간의 갈등이 격화하며 발생한 천일전쟁Las Guerra de los Mil Días으로 1896~1900년 무렵

로스 아와족이 에콰도르 접경 지역으로 이주했다. 이를 계기로 에콰도르에 최초의 로스 아와족 공동체가 형성되었다.

로스 아와족은 언어학적 관점에서 안데스산맥 동쪽 콜롬비아를 중심으로 문명을 형성한 칩차Chibcha족의 일부로 신다과스Sindaguas 원주민의 후손이다. 신다과스 원주민은 호전적이고 용감한 전사로 알려져 있다. 스페인 정복 이전 신다과스 원주민은 주변 세력을 정복해 안데스의 주요 금 광산을 차지했다. 스페인의 식민 정복 무렵에는 자신들의 역사적 흔적을 지우며 이동했고 생존한 원주민들은 밀림에 정착했다. 스페인 정복자들은 잉까제국을 무너뜨릴 때 콜롬비아 태평양 연안의 뚜마꼬Tumaco만에서 신다과스 원주민의 조직적인 저항을 경험했다. 1590년 스페인이 뚜마꼬를 점령하기 시작하자 신다과스 원주민들은 자취를 감춘 채 밀림으로 이동했다(Silvio, 2008: 41). 신다과스 원주민이 사라진 뒤에 등장한 로스 아와족은 식민 정복에 저항하는 대신 고립을 선택해 밀림에 정착했고, 고유한 문화와 사회체계를 유지하며 오늘에 이르고 있다.

아마존 광산 지역에는 꼬레과헤Koreguaje족, 꼬판Kofán족, 마까과헤Makaguaje족, 시오나Siona족이 집중적으로 거주한다(Arango and Sánchez, 2006: 520~526). 꼬레과헤족은 까께따강과 오르떼과사Orteguaza강, 뿌에르또 솔라노Puerto Solano 동쪽에 걸쳐 다양한 마을에 거주한다. 이들은 까관Caguán강 유역에서 고무를 채취하던 종족으로 뿌뚜마요주에 거주하고 있는 나사Nasa족, 까띠오Katío족, 로스 아와족과 삶의 터전을 공유하고 있다. 언어는 뚜까누어를 사용하며 현재 약 2212명이 생존해 있는 것으로 알려졌다. 꼬레과헤족의 사회조직은 까시께Cacique와 샤먼Chamán을 중심으로 형성되었다. 까시께는 법적인 종족 대표로 최고의 권위를 누렸으며, 의회인 까빌도Cabildo에서 세 명의 의원과 한 명의 검사를 선출해 사회질서를 유지했다. 샤먼은 종교 지도자로 인간과 신의 중개자 역할을 맡아 종족의 도덕과 규범을 유지했다. 20세기 초 아마존 지역에 개신교가 전파되면서 까시께와 샤먼의 영향력은 약화되었지만, 일부 공동체에서는 여전히 이들의 권위가 유지되고 있다(Reichel-Dolmatoff, 1987: 40~45).

에꽈도르 접경에는 꼬판족이 거주하며 마까과혜족은 까께따주 까관강 상류 뻬냐스 블랑까스Peñas Blancas 지역에서 다른 종족들과 삶의 터전을 공유하고 있다. 뿌뚜마요주와 에꽈도르강 연변에는 시오나족이 살고 있다. 이들은 "까냐 브라바Caña Brava강 사람"이라고도 불리며 에꽈도르 세꼬야Secoya족과 매우 유사한 관습을 유지한다. 또한 마까과혜족과 동일한 뚜까누어를 사용하는 특징을 지니고 있다.

잉까제국 접경 북방에 정착한 로스 잉가Los Inga족, 까멘뜨사Kamëntsa족, 나사족은 1527년 잉까제국의 왕위 계승을 둘러싼 내부 분열 과정에서 우아스까르Huáscar와 알따우알빠Atahualpa 파벌로 나뉘어 고립되기 시작했다. 1533년 잉까제국이 몰락하고 1538년 스페인 정복이 정점에 이르러 1745년까지 콜롬비아 남부의 뿌뚜마요주, 나리뇨주, 까우까주에 이르는 다양한 지역에서 생활했다(Bonilla, 2015: 13~18). 로스 잉가족은 뿌뚜마요강 최대의 원주민 종족으로 께추아Quechua어를 공용어로 사용한다. 뿌뚜마요강의 시분도이Sibundoy 계곡, 융기요Yunguillo와 꼰다과Condagua 등 콜롬비아의 대표적인 아마존 지역에 집중적으로 거주한다(Liévano, 2020: 33).

로스 잉가족은 다른 종족과 비교해 전통의학 활용에 소양이 깊다. 전통의학은 의술뿐만 아니라 약초 경작, 교환, 판매를 포함해 신치sinchi, 따이따스taitas, 꾸라까스curacas라고 불리는 의학지식을 포함한다(Silvio, 2008: 41). 로스 잉가족의 전통의학은 밀림의 삶을 통해 전승된 전통지식이다. 이곳의 원주민들은 유아기부터 의학지식인 신치를 습득하기 시작해 자연, 영혼, 인간의 삶에 대한 조화를 모색해 온 전통의 맥을 이어간다(Stephen, 1978: 279~291).

까멘뜨사족은 모꼬아Mocoa 보호지에서 로스 잉가족과 삶을 공유한다. 이들은 시분도이 계곡과 뿌뚜마요주에 공동체를 형성하고 있다. 나사족은 띠에라덴뜨로Tierradentro로 알려진 콜롬비아 고대문명의 중심지인 까우까주와 우일라Huila주를 거점으로 생활했고, 현재는 까께따주와 뿌뚜마요주 서쪽에서 거주한다(Chasoy y Taira, 2019: 87). 아마존 지역에 거주하던 엠베라Embera족과 엠베라

까띠오Embera Katío족은 콜롬비아에서 전개된 장기 내전에 따른 폭력 사태를 피해 태평양 지역으로 이주했다.

로스 안도께Los Andoke 원주민은 코카인의 주원료인 코카coca를 전통적으로 경작해 온 종족이다. 이들은 1975년에 콜롬비아 국립농업진흥원INCORA: Instituto Colombiano de la Reforma Agraria이 지정한 보호지에 거주한다. 그리고 1988년 4월 콜롬비아 정부가 지역 문화를 보호하고자 지정한 까께따강 아라라꽈라Araracuara 원주민 보호지에도 있다. 보라Bora족은 아라라꽈라, 라 뻬드레라La Pedrera를 관통하는 까께따강 중류에 거주한다. 이 종족은 미라냐족과 혼혈을 형성했으며 주로 뿌뚜마요강, 이가라-빠라나Igará-Paraná강, 까께따강 하류에서 생활한다. 산 프란시스꼬San Francisco, 솔아르떼Solarte, 뿌에르또 레만소Puerto Remanso, 마리아 뽈리스Mariápolis는 대표적인 보라 원주민 공동체 형성지다(Municultura, 2020: 1~9).

유리Yurí족은 현재 뿌뚜마요주 쁘레디오Predio 보호지에서 다른 종족들과 공동으로 생활하고 있다. 노누야Nonuya족은 '금의 사람들'로 불린다. 금광 지역을 중심으로 생활했으며 현재 아마조나스주의 뿌에르또 산딴데르Puerto Santander, 비아아술Villazul 보호지에 거주한다. 이가라-빠라나강과 까우이나리Cauinari강 상류에 거주하는 오까이나Ocaina족은 현재 137여 명이 생존 중인 것으로 알려져 있다. 대부분 오늘날 콜롬비아와 페루 아마존의 접경지에 거주한다(Arango and Sánchez, 2004: 125~130).

이외에도 바우뻬스 지역에는 뚜까누, 아라와Arawak, 까리베Caribe, 마꾸-뿌이나베Makú-Puinave 언어군에 속하는 다양한 원주민 종족이 거주하고 있다. 아마조나스주 북부 까께따강과 아빠뽀리스강 하류에는 '담배 사람'으로 불리는 따니무까Tanimuka족, 레뚜아마Letuama족, 야우나Yauna족, 유꾸나Yukuna족, 마따삐세Matapíse족이 거주한다(Franky y Echeverri, 2000: 78~92). 따니무까족은 아빠뽀리스강, 과까야Guacayá강, 오이야까-미리띠Oiyaká-Mirití강에서 아마조나스주에 걸쳐 생활하고 있다. 대부분은 미리띠-빠라나Mirití-Paraná 보호지와 꼬메야푸 보호지, 아빠뽀리스강 부근 야이고헤Yaigojé 보호지에 분포한다. 레뚜아마족은 아마조나스주 미리띠-빠라나 보호지에서 여러 종족들과 삶의 터전을 공유하다가 시간이 흐르면서 야삐야Yapiyá, 뽀뻬야까Popeyacá, 이까뿌야세Icapuyáse 지역으로 흩어졌다. 야우나족은 미라냐족, 보라족과 통합되었다. 마따삐세족은 아마조나스주 북부에 살며, 유꾸나족과 미리띠-아빠뽀리스Mirití-Apaporis강 상류를 공유한다(Arango and Sánchez, 2006: 45). 지금까지의 내용을 바탕으로 콜롬비아 아마존 지역에 공존하고 있는 주요 원주민 종족을 〈표 4-1〉과 같이 정리했다.

콜롬비아 아마존의 대표적 원주민은 우이또또Uitoto족이다. 까께따주와 뿌뚜마요주의 이가라-빠라나강과 까라-빠라나Cará-Paraná강 유역에 밀집해 생활한다. 이들은 거주지에 따라 부에Búe, 까라Cará, 믹까Mika, 엘 니뽀데El Nipode 등 네 개의 방언을 사용한다. 우이또또족의 일부로 알려진 무이나네Muinane족은 까께따강 연변과 알또 까우이나르Alto Cahuinar 사바나 지역에서 생활한다. 대략 547명이 생존해 있으며, 뿌뚜마요주 지정 원주민 보호지에서 다른 부족들과 공동생활하고 있다(Pineda Camacho, 1987: 151~164).

이와 같이 현재 콜롬비아 아마존 지역에는 110여 개의 원주민 보호지가 형성되어 있으며 다양한 원주민 종족들이 삶의 터전을 공유하고 있다. 아마조나스주는 가장 넓은 면적의 원주민 보호지를 보유하고 있다. 그 뒤를 이어 까께따주, 뿌뚜마요주가 콜롬비아의 대표적인 원주민 보호지를 가지고 있다. 주요 원주민 보호지로는 브라질 접경 지역의 라 뻬드레라 보호지와 뿌에르또 꼬르도바 보호지를 꼽을 수 있다. 또한 까께따강 서쪽의 미리띠-빠라나 보호지와 동쪽의 꼬메야푸 보호지가 대표적이다. 꼬메야푸 보호지는 북쪽으로는 아빠뽀리스강과, 남쪽으로는 까께따강과 경계를 형성한다. 북쪽으로 까께따강, 남쪽으로 뿌레Puré 국립공원, 서쪽으로 꾸라레Curare 보호지를 포함하는 까마리따과 보호지는 아마존 지역 원주민의 대표적인 삶의 공간이다.

표 4-1 **콜롬비아 남부 아마존 지역 주요 원주민 종족의 분포 현황**

	종족	분포지
1	따꾸나족, 로스 야과(Los Yagua)족, 누깍스(Nukaks)족, 깜사스(Camsas)족, 로스 꼬야이마(Los Coyaima)족	똘리마주 로스 삐하오스(Los Pijaos)
2	로스 아와족	나리뇨주와 뿌뚜마요주 북쪽 에콰도르 접경
3	꼬레과헤족	까께따강과 오르떼과사강 유역, 뿌에르또 솔라노 동쪽
4	꼬판족	콜롬비아와 에콰도르 접경, 뿌뚜마요주
5	마까과헤족	까께따주 까관강 입구 상류의 삐냐스 블랑까스
6	시오나족	까냐 브라바강
7	로스 잉가족	뿌뚜마요강의 시분도이 계곡, 융기요, 꼰다과 등 아마조나스 까께따주와 뿌뚜마요주
8	까멘뜨사족	뿌뚜마요강의 시분도이 계곡과 뿌뚜마요주
9	나사족	까우까주와 우일라주 띠에라덴뜨로
10	엠베라족, 엠베라 까띠오족	까께따주와 뿌뚜마요주
11	야헤(Yagé)족	까께따주, 뿌뚜마요주, 바우뻬스주 까께따강 아라라꽈라
12	보라족	까께따강 중류 이가라-빠라나강, 까께따강 하류
13	무이나네족	까께따강 아라라꽈라
14	우이또또족	까께따주, 뿌뚜마요주의 이가라-빠라나강, 까라-빠라나강
15	유리족	까우이나리강 입구 베르나르도(Bernardo)강, 까께따강 연변 아마조나스주
16	노누야족	까우이나리강 상류
17	오까이나족	이가라-빠라나강과 까우이나리강, 페루 아마존 지역
18	뚜까누, 아라왁, 까리베, 마꾸-뿌이나베	바우뻬스주
19	까리호나(Karijona)족	야리(Yari)강 연변, 아빠뽀리스강 하구, 꼬메야푸 보호지, 아마조나스주 미리띠-빠라나 보호지
20	따니무까족, 마따삐세족	아마조나스주 북쪽 까께따강, 아빠뽀리스강 하류
21	유꾸나족	아마조나스주 북부, 미리띠-아빠뽀리스강 상류
22	레뚜아마족	까께따주 아빠뽀리스강, 뽀뻬야까, 이까뿌야세
23	마따삐족	아마조나스주
24	야우나족, 미라냐족	아마조나스주 미리띠-아빠뽀리스강

3 ᅵ 아마존 지역 원주민 공동체의 사회와 문화

그동안 콜롬비아 사회에서 원주민 문화는 자연스럽고 당연한 것으로 받아들여지지 못하고 항상 배제되고 다른 문화에 억압받아 왔다. 인종 편견이 존재하는 현실 속에서 콜롬비아 아마존 지역 원주민의 역사와 문화는 왜곡되었다. 이러한 상황 아래 고립을 선택해 밀림으로 들어간 원주민들에게는 자기 소외감이 내면에 자리 잡았으며 인종차별을 바탕으로 제도화된 열악한 환경 속에서 지배적인 사회의 주변에 존재했다. 1930년대 일부 학자들은 인종 다양성을 자국의 역사적 유산이라고 주장하며 피부색에 따른 인종주의를 거부하기도 했다. 그러나 콜롬비아 사회는 인종차별로 생긴 불평등이나 자국 문화 속에 뿌리내린 원주민 문화를 보호하는 데 관심을 기울이지 않았다.

세계화의 흐름 속에서 1990년대 라틴아메리카 국가들은 인종적 민주주의와 다문화주의를 내세워 인종주의에 바탕을 둔 차별을 완화하기 위한 제도적 장치를 마련하기 시작했다. 1993년 콜롬비아 정부는 다문화주의 국가를 표방하며 개헌을 통해 인종 다양성을 수용하고 원주민과 아프리카계 후손의 문화유산을 재평가했다. 전통적인 생활 방식을 보호하는 기구를 설립하고 원주민과 아프리카계 후손의 권리 보장을 헌법에 포함했다. 다양한 종족의 삶의 터전인 아마존 지역에서 유지되고 있는 원주민의 일상과 전통적 생산방식을 국가의 문화적 자산으로 인정한 것이다.

콜롬비아 문화부는 시민사회와 협력해 원주민 공동체, 영토, 종족 집단의 문화를 보호하기 위한 '아마존 문화 정책'을 추진했다. 원주민 종족이 가진 문화적 가치의 회복, 복원, 보존을 위한 프로그램을 마련해 구전으로 전승되는 예술과 전통 지식을 복원하고자 노력했다. 중앙정부와 지방자치단체는 원주민들의 전통적인 사회조직인 말로까Maloca를 복원해 원주민의 사회조직과 관행을 유지하고자 노력했다. 이와 함께 자연과 인간의 관계를 바탕으로 구성된 원주민 기원 설화를 통해 자연에 대한 성찰과 생활의 실천적 지식으로 활용할 수 있는 토대를 마련하고자 했다.

아마존 지역의 절반은 원주민 보호구역이다. 다양한 종족이 공존하는 아마존 지역에서는 17개의 언어가 통용된다. 식민 시기 원주민을 야만시하던 지배 이데올로기 아래 아마존 원주민들은 저항하거나 고립을 선택하며 지배 문화에 편입되지 않고 차별화된 정체성을 지켜왔다. 아마존 지역의 다양한 종족과 원주민 공동체는 구어 전통, 춤, 초자연적인 요소와 삶의 경험과 관계를 맺은 문화를 재정립해 지금까지 유지해 오고 있다. 이러한 원주민의 집단 기억과 오랜 역사적 시간을 거치며 형성된 일상 문화는 원주민들이 정체성을 형성하는 데 밑거름이 되었다. 원주민의 일상에서 살아 숨 쉬는 생활 방식과 전통에는 공동체를 존속시켜 주는 힘과 기반이 있다.

콜롬비아 아마존 지역의 원주민 공동체는 공통적으로 부자 관계와 혈통을 중심으로 사회관계와 위계질서를 형성했다. 지도자의 권위 아래 연방 형태로 통치되며 다른 종족의 공격으로부터 자신들을 보호하고 종족을 번식하기 위해 다른 종족의 여성을 아내로 맞이했다(Reichel-Dolmatoff, 1987: 58). 혈통을 중심으로 한 가부장적인 부계 사회조직을 확립해 공동체의 가치를 통합하고 소속감을 향상시켜 왔다. 부계 사회에서 계급은 평민과 지배자로 분류된다(Pineda y Alzate, 1987: 135~150). 평민은 개인으로 노동자가 이에 속하며 농작물 탈곡, 장작 운반 등 단순 노동을 담당하고 초가집에 거주한다. 출생 순서에 따라 질서와 권위가 확립되며 계급화가 유지된다. 지도자나 장남은 의례적인 종교적 기능과 사회·정치 통제를 맡아 공동체의 모든 책임을 계승한다.

로스 잉가족은 족외혼을 매개로 부계 사회를 유지하고 있다. 또한 모종 시기에는 친·인척 네트워크를 기초로 상호 호혜 관계를 형성하며 가족 간 노동 교환 유지 체제인 디비치도divichido로 경제활동을 운영했다. 남성은 전통적으로 프란치스코 선교사가 도입한 긴 원피스를 착용하며, 의복에는 검고 무거운 천을 쓴다. 로스 잉가족은 주로 구전으로 전승되는 의술을 통해 조상들이 축적한 전통 지식을 실생활에 적용하고 있다. 전통적으로 내려온 민간 치료 등 의학 지식을 활용해 조상으로부터 물려받은 도덕과 가치를 전승해 오고 있다. 로스 잉가족은 안데스와 아마존 지역뿐만 아니라 콜롬비아 접경 지역에서 경제 활동을 하며 약재 판매, 지압요법 시술, 의료 장비와 수공예품 판매로 생활을 유지한다(Taussig, 1987: 243~250).

로스 안도께 원주민들에게 연장자나 아버지는 권위의 상징이며 이들이 집단의 모든 의사를 결정한다. 주술은 원주민의 종교적 배경을 형성하며 주술사는 종교적 중개자로 연장자, 전통 의사, 지도자가 담당한다. 구전되는 역사와 전통 의례 안에 저장된 문화는 이들의 삶 속에 깊숙이 스며들어 있다. 성별에 따른 분업으로 남성은 사회관계를 유지하고 여성은 자녀를 양육한다. 이러한 부계 중심의 사회조직은 식민의 경험에도 불구하고 유지되어 온 원주민의 문화라고 볼 수 있다.

바우뻬스 지역 원주민들은 다양한 문화적 전통을 확립해 왔다. 족외혼을 매개로 타 종족과 혼혈을 통해 자신들을 유지했다. 특히 이들이 유지해 온 언어 다양성은 콜롬비아 아마존 지역 원주민의 유일한 특징이라고 볼 수 있다. 일반적으로 원주민들은 다른 언어를 사용하는 종족과 결혼하며 평균 네 개의 언어를 사용한다. 후손들은 선조의 언어를 통해 정체성을 유지하며 다양한 언어를 학습하는 것이 일반적이다. 로스 뚜까누Los Tucano, 로스 아라왁Los Arawak 원주민들은 고립되어 생성된 독자적 문화를 가지고 있으며 자신들의 언어를 쓰며 공동체적 유대감을 유지한다. 부계 사회로 부자 관계, 혈연 관계, 부부 관계를 통해 권력 질서를 형성한다. 연장자와 장남은 상위 계급으로 의례적인 행사를 주관하며 전문 지식을 가지고 권위와 특권을 유지한다(Jackson, 1983: 379~397). 원주민들은 아나콘다처럼 연결된 강의 형상을 따라 자신들의 영토를 머리에서 꼬리로 분류해 계급에 따라 주거 공간을 분리했다. 머리 부분에는 권력 계급이 거주하고 꼬리로 내려갈수록 낮은 계급의 원주민이 거주했다. 계급은 토지 소유 질서를 통해 유지되었다. 꾸베오Cubeo 지역은 이러한 특수한 영토 질서와 사회·정치 사상과의 관계를 여전히 증명하고 있다. 그럼에도 불구하고 다른 종족과 달리 아라와 원주민들은 예외적으로 아나콘다 영토 분할 신화를 따르지 않는다. 이들은 강의 위치에 따라 계급을 분화하지 않으며 신화는 강의 위치와 관계없이 특정한 장소에서 탄생한다고 믿는다.

'물의 사람'으로 불리는 로스 마꾸나Los Makuna족은 영토와 환경 질서를 설명하는 '유루빠리Yurupari'라는 종교 개념을 통해 샤머니즘 영역에서 자연과 사회를 운영한다. 유루빠리는 유네스코가 인류문화유산으로 인정한 '재규어 샤머니즘Jaguar Shamans'이다. 이는 콜롬비아 아마존의 삐라-빠라나Pira-Paraná강에 거주하는 다양한 종족들이 공유하는 문화로 신성한 존재 재규어의 땅을 숭상하는 전통 종교다. 열대 밀림에 대한 심오한 지식과 더불어 자연에 정신적인 요소를 부여한 유루빠리 샤머니즘은 1970년대에 약화되었으나 원주민 공동체와 지역 지도자들의 노력으로 보호되고 있다. 원주민들은 샤먼을 통해 자연을 비옥하게 만드는 힘을 가진다. 토지의 비옥함은 원주민의 우주관을 기초로 한다(Reichel-Dolmatoff, 1987: 39~45).

로스 마꾸나족은 우주의 원리와 기능을 인식해 실생활에서 지혜를 발휘하는 종족으로 알려져 있다. 유루빠리 샤머니즘을 신봉하는 원주민은 역사 이해와 환경 운영을 위해 야혜Yagé라는 정신적 환상을 만든다. 원주민에게 유루빠리 의식은 환경 설계, 지역 운영, 개인과 관련된 삶의 시작이다. 의식은 단결과 인간 사이의 다양한 전문화를 강조하며, 유루빠리는 사회구조를 강화하기 위한 기능을 담당한다. 동시에 낚시, 사냥, 작물 경작, 도자기 생산 등 경제활동과 침략과 같은 상황에서 인간의 개입을 겪는 자연 생태계를 지속적으로 관찰한다. 유루빠리 의식과 야혜를 통해 인간은 환경 운영에 대한 집단적 책임이 있는 존재로 자각된다. 이 과정에서 우주와 사회의 위치를 분석하고 과거, 현재, 미래의 시간을 품으려는 정신적인 노력을 기울인다(같은 책).

이처럼 아마존 지역에는 다양한 원주민 종족이 공존하고 있으며 콜롬비아 고대 원주민 시대의 문화적 풍요로움을 마주할 수 있다. 다습한 분지인 치리비께떼Chiribiquete 지역에서는 고대 원주민의 생활상을 알 수 있는 80개 이상의 고대 회화와 2만여 개의 동굴벽화가 발견되었다. 아마존 지역의 문화적 다양성은 언어, 자연, 예술, 음악, 사회조직, 식습관, 우주관 등 수많은 다채로운 특징으로 표현된다. 다양한 종족의 문화는 다른 발전된 문화와 접촉하며 진화한다(Córdoba et al., 2007: 69). 아마존 지역의 다양한 환경은 인간의 적응을 위한 발전뿐만 아니라 삶을 통해 축적되고 활용된 지식에 따른 변화와 개입에 의해 문화 형태의 다양화가 동반되었다.

현재 아마존 지역의 원주민 보호지와 문화를 보존하는 일은 불가능에 가깝다. 아마존 지역의 자연 자원은 불법 작물 경작, 불법 벌목, 불법 채굴, 열대작물을 경작하는 다국적기업과 해외 독점자본이 운영하고 있다. 원주민의 전통적 생산방식과 문화는 실질적으로 현대화와 거리가 멀다. 일부 지역에서는 자연법에 따라 원주민 거주지를 보호지로 지정하는 등 공동체를 보존하려고 한다. 그러나 현재까지 보호지에 대한 원주민의 법적 권리와 범위를 명확하게 규정하지 않아 갈등이 유발되고 있다. 그동안 원주민 공동체는 보호지 영토에 대한 통합적인 보호와 권리 보장을 촉구해 왔다. 토지권리증명서를 발급하는 콜롬비아 농촌개발연구소El Instituto Colombiano de Desarrollo Rural는 20년 이상 원주민의 요구를 방치해 왔다. 이러한 상황에서 콜롬비아 정부는 평화협정을 체결한 뒤에 농촌 개발 정책의 일환으로 보호지를 대상으로 토지개혁을 추진하고 있어 원주민 공동체와 새로운 갈등에 직면해 있다.

4 | 아마존 지역으로 인구가 유입되는 배경

콜롬비아 아마존 지역의 인구 유입은 네 단계로 나누어 설명할 수 있다. 1단계는 스페인 정복자들의 원주민 영토 점령으로 이를 계기로 아마존 지역에 새로운 인구가 유입되기 시작했다. 1541~1542년 식민 체제에 저항하는 과정에서 안데스 지역의 원주민들이 아마존으로 이동했다. 안데스 원주민들의 '엘도라도 전설'은 스페인 정복자들의 욕망을 자극했고, 황금을 찾아 정복자들은 아마존까지 진입했다. 1536~1560년 아마존에 도착한 프란시스꼬 삐사로Francisco Pizarro와 프란시스꼬 데 오레야나의 탐험대는 다양한 원주민 공동체를 발견했다. 정복자들은 바우뻬스주, 아마조나스주, 뿌뚜마요주 원주민들의 노동력을 동원해 금광 채굴에 몰두했다. 이 과정에서 가혹한 노동에 시달린 원주민들의 반란이 일어났고, 유럽에서 전파된 새로운 질병으로 수많은 원주민이 사라졌다. 생존한 원주민들은 정복자에 의해 현재의 까께따강, 뿌뚜마요강, 아마존강 유역의 동쪽으로 강제 이주되었다(CEPAL y Patrimonio Natural, 2013: 21).

2단계는 19세기 1차 산품 중심의 외부 지향적 경제발전이 추진되면서 교역이 활발해지자 페루 고산지대와 에콰도르 남부로부터 많은 이주자들이 콜롬비아 아마존 지역으로 유입되었다. 이주자들은 1870년대 까께따강과 뿌뚜마요강 주변에서 고무 채취에 종사했다. 1881~1883년 아마존 지역에서 나는 라텍스는 콜롬비아의 주요 수출품이 되었다(Mora, 2006: 4). 이주자들은 라텍스 생산과 운송을 위한 항구를 만들며 우이또또족, 까라과예스Caraguayes족, 마까과헤족, 로스 잉가노스Los Inganos족 등 아마존 원주민을 포획해 노예화했다(CEPAL y Patrimonio Natural, 2013: 22). 원주민 노동력을 바탕으로 콜롬비아의 라텍스 산업은 국가 경제발전의 동력으로 작용했다.

1853년 고무를 운반하기 위해 도입된 증기 선박 덕분에 라텍스 산업이 발전했지만 원주민들은 열악한 노동조건과 노동환경에 고통받았으며 식민 시기 노예와 다를 바 없는 삶을 살았다(Mora, 2006a: 171~180). 고무 산업이 발전하면서 터진 콜롬비아와 페루의 전쟁은 20세기에 처음으로 콜롬비아에서 민족주의가 등장하는 계기가 되었다. 꾼디나마르까Cundinamarca주, 안띠오끼아Antioquia주, 우일라주, 똘리마Tolima주에서 온 이주자들이 페루와의 전쟁에 참여했다. 이들 대부분은 까께따강, 뿌뚜마요강, 아마존강의 유역에 정착했다(Pineda y Alzate, 1987: 140).

3단계는 19세기 독립전쟁, 1899년 천일전쟁, 그리고 1940년대에 발생한 정치 폭력 사태다. 독립전쟁과 천일전쟁 기간 지속된 콜롬비아 정계의 자유·보수 양당 간의 갈등으로 농촌에서 농민 이탈이 확산되었고 이들은 아마존 지역으로 이동했다. 이후 1940년대 중반 정권 교체를 계기로 보수당과 자유당 간의 갈등이 심화되며 정치 폭력 사태가 발생했다. 정권을 장악한 보수당은 폭압적인 방법으로 반대 세력을 제압했다. 이러한 보수 독재 체제에 반발한 지식인들과 자유당 세력의 적극적인 지원으로 조직적인 게릴라 활동이 본격화되었다. 게릴라 조직은 콜롬비아 동부 평원을 중심으로 활동하기 시작했고 1920년대 형성된 공산당은 농촌을 거점으로 자위대를 조직해 농민의 급진화를 불러왔다. 이를 기반으로 1960년대와 1970년대 콜롬비아에서는 다양한 게릴라 조직이 성장했다. 1980년대에 접어들면서 콜롬비아 최대 게릴라 조직인 FARC는 정부 통제가 미치지 않는 아마존 지역을 거점지로 활용해 불법 작물 생산과 운송을 통해 막대한 자금을 확보했다. 불법 작물 산업이 호황을 맞으며 까께따주, 뿌뚜마요주, 우일라주로 인구가 유입되었다(Molano, 1987: 98).

이와 같이 아마존 지역은 정치·경제적 발전 경로를 통해 새로운 인구가 유입되며 오늘날에 이르고 있다. 아마존 지역은 강한 지역성과 다양한 종족들의 공존이라는 특징으로 통합과 통제가 어려운 지역이다. 그러나 다른 한편으로 이러한 지역적 특성은 이주자들이 아마존 지역을 새로운 미래의 땅으로 인식하게 만드는 요인이 되었다. 이주자들은 우일라주, 똘리마주, 깔다스Caldas주, 안띠오끼아주, 바예Valle 등 무력 분쟁의 중심지로부터 유입되었으며, 이들 대부분은 불법 작물 재배지인 까께따주 남부에 정착했다. 다양한 이주자들이 정착하는 과정에서 원주민 사회는 자연관과 생산방식의 변화뿐만 아니라 행정구역 재편을 통해 정치·사회 등에서 인식 변화가 동반되었다.

마지막 4단계는 1980년대 불법 작물 경작에 따른 수입이 절정에 달하면서 우일라주, 까우까주, 그 밖에 태평양 지역에서 온 이주자들이 아마존에 정착했다. 이들은 불모지와 밀림을 개간하면서 불법 작물 경작지를 넓혀갔다(Molano, 1994: 110~115). 아마존 지역의 농민들은 토지 확장, 안보 문제, 자연 자원 추출,

불법 작물 경작 등과 관련된 안데스 지역의 식민화와 이주 과정에서 증가했다. 1940~1950년대 중반 자유·보수 양당의 갈등에 따른 정치 폭력 사태와 토지 소유의 집중에 따라 토지를 잃은 농민들이 아마존으로 이동했으며 1959~1975년에도 농민들이 아마존으로 대거 유입되었다. 아마존 지역은 밀림이라는 지리적 조건에도 불구하고 다양한 형태의 식민화가 지속되었다. 이러한 과정에서 1960~1980년 도로 건설과 행정구역 재편으로 아마조나스주가 형성되었다. 이민 2단계에서 불법 작물 경작과 상업화는 다양한 지역의 농민들이 아마존으로 이주하는 동기가 되었다. 특별히 코카 경작의 중심지인 까께따주와 아마존 남부의 다양한 생태 투자자, 노동자, 상인 등이 아마존 지역으로 이주했다. 20세기 중반에 아마존 지역은 식민화-분쟁-개척 이주 과정과 같은 순환 이민이 반복되었다. 마약 경제가 호황을 맞으며 다양한 지역에서 아마존으로의 이주가 이어졌다. 경제 악화, 기회 부족 등에 따라 빠른 시일 안에 자본축적이 가능한 불법 작물 경작에 이끌려 많은 이주자가 모여들었다.

역사적으로 콜롬비아의 아마존 지역은 분쟁의 중심지였다. 식민 시기 엘도라도 전설로 가속화된 식민 점령, 불법 작물 경작, 마약 거래, 무력 분쟁, 도시화에 따라 콜롬비아 국내의 다양한 지역에서 실향민이 지속적으로 유입되었다. 현대화, 국경을 둘러싸고 전개되는 폭력과 사회 갈등, 고무 산업으로 인한 무차별적인 벌목 등 콜롬비아의 아마존 지역은 다양한 위기에 노출되어 있다. 최근 들어 석유 회사, 광산 회사, 마약 조직 등이 아마존에 관심을 보이면서 아마존의 위기를 심화시키고 있다.

5 | 문화적 변이와 원주민의 정체성

콜롬비아 남부 아마존 지역은 23개 종족의 원주민뿐만 아니라 다양한 문화적 배경을 가진 지역에서 온 이주자들이 공존하고 있다. 또한 브라질과 페루 접경 지역 주민들과 영토를 공유하며 교류하고 있다. 1991년 콜롬비아 정부는 헌법에서 콜롬비아를 다민족·다문화 국가로 선언하며 아마존 지역의 환경과 문화적 다양성을 국가 자산으로 인정했다. 그리고 인종주의에 바탕을 둔 차별을 완화하고 자국 문화 속에 뿌리내린 원주민과 흑인 문화를 보전하기 위한 제도를 마련했다(Peralta García, 2020: 6~7).

또한 원주민과 아프리카계 후손들의 토지에 대한 자율적 관리와 문화, 사회 조직, 사법제도, 생산방식과 식량 주권을 최대한 행사할 수 있는 권리를 법으로 보장했다. 문화적 정체성을 보존해 원주민들은 원주민으로서의 특수한 권리와 정치적 참여권을 주장하게 되었으며, 새로운 법령은 원주민 생존권과 더불어 시민으로서 권리를 회복하기 위한 투쟁 근거가 되었다.

지방정부들은 국경 지역에서 원주민 보호 프로그램을 운영하기 위해 아마존의 접경 도시 레띠시아Leticia에 이중국적 센터를 세워 새로운 정보 기술을 공유했다. 한편 아마존 지역으로 유입되는 인구를 수용할 만한 방안을 검토해 경쟁력을 확보하고자 했다. 아마존 지역의 원주민은 명확한 유전 관계가 입증되지 않은 다양한 언어를 공유하고 있다. 강력한 고대 제국이 존재했던 안데스 지역과 달리 아마존 지역은 언어와 문화적 평준화를 시도할 만한 제국이 없어 다양성을 유지할 수 있었다.

아마존 지역에는 40여 개의 언어가 통용되고 있다. 삶의 터전을 공유하지만 각각의 공동체는 서로 다른 언어를 쓰며 종족 정체성을 유지하고 있다. 뚜삐어는 현재 아마존 지역에서 가장 널리 통용되는 전통어다. 오래전부터 사용된 언어지만 최근 몇 년 사이 지역 안에서 확장했을 가능성도 있다. 그를뜨Grhrt어는 뚜삐어의 뒤를 이어 통용되는 토착어다. 아라왁과 같은 카리브해 지역 언어는 아마존의 주요 언어와 맥을 함께하지만 아마존 북부에서 확장한 언어다. 그 밖에도 상당수의 독립적 소그룹 언어 가족이 존재한다(Rodrigues, 1999: 107~122).

아마존 지역 원주민과 아프리카계 후손들의 역사와 문화는 실제적인 삶의 기록이라고 볼 수 있다. 과거의 경험, 기억, 신화 등을 후손에게 전해주고 이러한 구전의 문화적 요소는 후손들이 과거와 현재 사이의 연관성을 찾는 가교 역할을 담당한다. 원주민의 일상에 살아 숨 쉬는 문화, 생활 방식, 전통은 공동체를 존속시켜 주는 힘과 기반이 있다. 공동체만의 가치관, 생활 풍습, 독특한 의식주 형태, 신앙 등이 역사성을 전승하며 공동체의 문화 정체성이 확립된다. 개인의 정체성에서 집단의 정체성에 이르기까지 대부분의 정체성은 개인이나 집단이 경험한 공간 안에서 오랫동안 이루어진 문화적 양상에 따라 결정되는 경우가 많다. 아마존 지역에는 오랫동안 발전해 온 독특한 문화 양상과 삶의 공통성에 따라 정체성이 형성되었다. 정체성은 타자와의 관계 속에서 차별성과 특수성을 획득할 수 있기 때문에 문화 정체성으로 논의되고는 한다. 아마존 원주민의 정체성은 공동의 공간에서 살았던 사람들이 오랜 역사적 시간을 통해 만들어온 문화와 지적인 동인에 따라 시작되었다.

한편 아마존 남부 뿌뚜마요주에는 다양한 원주민 종족 외에 아프리카계 후손 공동체가 분포한다. 16~18세기 스페인의 지배하에 금 추출에 동원된 흑인들이 태평양 연안의 뚜마꼬로 유입되었다. 콜롬비아 태평양 지역의 광업 경제가 발전하면서 흑인 노예들은 물론 원주민들도 금광에 노동력을 제공했다. 태평양 지역의 노동력은 원주민 외에 도주한 흑인 노예, 자유 노예, 노예 해방을 맞아 새로 유입된 흑인들로 구성되었다. 원주민과 흑인들 사이에 전통 지식과 문화가 교류되었으며 태평양 지역에는 새로운 이주자들의 삶의 형태가 나타나기 시작했다. 아프리카 노예들은 낯선 삶에 직면했을 때 가장 파편화된 방식으로 전개되었던 토착민의 다양한 문화와 지식을 수용해야만 했다.

태평양 지역에 거주한 원주민과 흑인들은 이야기, 시, 노래, 민요, 우화, 신화, 전설 등 자신들의 역사와 문화를 구전을 통해 전했다. 이러한 구전 예술은 주술적 종교, 철학, 축제를 포함하며 구전은 주술과 함께 여성을 통해 전해졌다. 구전은 직접적 소통의 원천이고, 다양한 문화적 표현이며, 삶과 죽음의 일상의 기록이었다. 1960년대 아프리카계 후손은 석유 산업의 하부구조와 안데스를 관통하는 송유관 건설이 주는 유인에 따라 아마존에 유입되었다(Rueda,

1992: 10~22). 전체 아프리카계 콜롬비아인들의 49퍼센트가 정착한 뿌뚜마요주에는 모꼬아Mocoa, 오리또Orito, 뿌에르또 아시스Puerto Asís, 뿌에르또 까이세도 Puerto Caicedo, 산 미겔San Miguel, 바예 델 과무에스Valle del Guamués, 비야가르손 Villagarzón과 같은 중소 도시가 건설되었다.

아프리카계 후손들의 정착으로 아마존 지역 농민은 새로운 형태의 주거, 식량, 의상, 노동 방식을 수용해야만 했다. 또한 장기간의 내전으로 양산된 실향민들이 유입되면서 아마존 영토가 재배치되었고 가족·사회 조직이 재구성되었다. 밀림을 개간해 생산지를 확장한 개척 농민들은 아마존 지역의 문화 변용의 주역이 되었다. 이들은 주어진 환경을 받아들여 현지 문화에 동화된 새로운 문화를 창조했다.

아마존 지역의 식민화는 단지 밀림 정복으로만 이해할 수 없다. 이것은 가족과 개인의 사회 재조직과 적응을 의미한다. 이주는 단절과 이질적인 환경에서 새로운 조직을 재건하는 것이다. 국내의 다양한 지역 출신인 이주민들은 아마존 환경에 적응하는 과정에서 토지 획득 방식, 농기구 사용, 생존에 기초한 삶의 방식, 종교 보존, 자신들의 영토 방어 등 새로운 사회를 건설하는 개척자로서 목축업자, 농민, 상인, 그리고 불법 작물 경작자로 변화했다.

6 | 아마존 지역과 게릴라 조직

최근 수십 년간 아마존 지역에 대한 콜롬비아 정부의 통제력이 부재해 수많은 생물과 원주민 종족들이 소멸 위기를 맞았고 심각한 생태 불균형을 초래했다. 2016년 콜롬비아 정부는 평화협정을 체결하며 게릴라 조직인 FARC에게 아마존 지역의 영토와 주민에 대한 통제권을 인정했다. 그동안 FARC는 아마존 지역에서 불법 작물 재배와 함께 금광의 불법 채굴을 주도했다. 평화협정이 체결되면서 FARC는 더 이상 무장 조직원을 구하지 않았지만, 자치 영토를 건설하기 위한 인력은 계속해서 모집했다. 그리고 그동안 자행한 민간인 학살에 대한 부정적인 여론을 의식해 자신들의 목적에 반하는 사회 지도자에 대한 선택적인 암살에 집중했다. 이러한 상황에서 다양한 원주민 종족이 거주하는 아마존 지역은 또 다른 긴장 상태에 놓이게 되었다.

FARC는 아마존 지역에서 거대한 면적의 밀림을 벌목하며 불법 작물 재배지를 확장했다. 영토를 점령하기 위해 무력 충돌을 주도했는데, 원주민들의 영토가 충돌의 중심지가 되었다. 아마존 지역 원주민 공동체의 자율성과 내부 사회 통제력은 무너졌다. 동시에 식량 보급, 사냥, 어업, 수렵 등 전통적인 경제활동 지역과 원주민에게 신성한 장소로의 접근도 제한되었다. 1997~2003년 아마존 원주민들이 겪은 인권침해 사례 250건 중 50건은 원주민 주술사, 지도자, 사회 조직 단체 활동가에 대한 위협과 암살이었다. 지난 20여 년간 아마존 지역은 게릴라의 강제 징집, 원주민 토지 강탈, 새로운 인종 갈등, 외부로부터 유입된 이주자와 원주민의 충돌, 불법 작물 재배, 마약 밀매 등 다양한 위기를 경험하고 있다.

아마존 지역사회가 직면한 또 다른 문제는 강제 실향이다. 2003년 9월까지 까께따주, 과비아레주, 뿌뚜마요주, 바우뻬스주 원주민들은 거세지는 무력 분쟁에 밀려 자신들의 공동체를 떠나야 했다. 1990년대 중반부터 2006년까지 콜롬비아에서 전개된 무력 분쟁을 피해 상주지를 떠난 콜롬비아인은 약 300만 명에 이른다. 정부군이나 우익 무장 조직인 콜롬비아연합자위군AUC: Autodefensas Unidas de Colombia(이하 AUC)이 좌익 게릴라 FARC와 연계되어 있다고 의심한 지역민들을 무차별적으로 공격하는 과정에서 이러한 실향민들이 양산되었다. 그와 동시에 정부군과 우익 무장 조직에 협조했을 것으로 추정되는 주민들을 향한 FARC의 폭력도 증가했다.

콜롬비아 아마존 지역의 현대사는 마약업자와 불법 무장 조직들의 활동과 맥을 함께한다. 마약 범죄 조직은 코카인, 마리화나와 같은 향정신성 물질과 관련된 작물을 경작하고 유통에도 개입해 막대한 자금을 확보했다. 마약 범죄 조직과 공생 관계를 유지하며 불법 무장 조직은 작물의 생산, 운송, 공급을 담당했다.

현재 콜롬비아 남부 아마존을 형성하고 있는 지역들은 19세기에 행정구역이 다양하게 재편될 때 아마존에 편입되었다. 1810~1824년 아마존은 행정구역상 뽀빠얀Popayán 지역에 속했으며, 이후에 1824~1852년 보야까Boyacá와 아수아이Azuay 지방정부가 통제했고, 1852~1863년에는 까께따주로 편입되었다. 1863~1886년에는 까우까 지방정부가 아마존을 놓고 다른 지역과 경쟁했으며 이러한 과정에서 아마존은 1886~1991년 까우까주로 병합되었다. 정치·사법 권력은 안데스 지역에 편중되었다.

1886년 헌법을 개정한 뒤에 콜롬비아가 단일 공화국으로 형성되면서 군에 권력이 집중되었고, 인구밀도가 낮은 아마존 밀림은 정부의 행정력이 미치지 않는 영역으로 버려졌다. 새로운 공화국을 세우고 행정구역을 재편하는 과정에서 아마존 지역은 고립되었다. 헌법은 아마존에 대한 통제권을 행사하지 않았고 이 지역은 헌법 밖에 머물렀다. 1905년 라파엘 레예스Rafael Reyes 정부는 아마존에서 고무를 생산하고자 아마존 콜롬비아 고무 무역 회사Amazon Colombian Rubber and Trading Company를 조직하고 여기에 아마존 밀림을 양도했다. 그러나 이 지역의 정치가들에게는 투자 능력이 없었고 군사력도 부족해 결국 실패했다(Kalmanovitz and López, 2000: 24).

아마존 지역에 광활하게 펼쳐진 비거주 영역은 산림보존법(1959년)이 제정되며 중앙정부의 감시와 통제하에 들어갔다. 이 법은 아마존 지역을 산림경제 발전을 위한 토지, 수질, 야생 보호, 산림 보존 지역으로 정의했다. 산림보존법은 아마존 지역을 에콰도르 접경 수꿈비오스의 산따 로사Santa Rosa로부터 베네수엘라와 브라질 접경 지역, 그리고 아마존강까지 콜롬비아 남부 접경을 연결하는 일곱 개의 지역으로 분리해 보호할 필요성을 강조했다.

그러나 낮은 인구밀도 탓에 중앙정부의 관심은 없었고 취약한 도로·교통 등 하부구조로 국가 내부는 물론 아마존 지역 간의 교류도 단절되면서 결과적으로 아마존 지역은 고립되었다. 정부 행정력이 부재해 20세기 중반 아마존 지역은 불법 무장 조직의 공고한 거점이 되었다. 지방정부의 통제가 없어 불법 무장 조직이 아마존 지역을 쉽게 장악했다. 정부 통제의 부재 외에도 많은 학자들이 지적하듯 밀림으로 가득한 아마존의 광활한 지리·지형 조건은 군사 전략 측면에서 지역을 거점으로 활동하는 게릴라 조직이 공격·후퇴 작전을 수행하기에 유리했다. 이와 함께 빈곤과 불평등 지수가 높은 사회경제적 조건은 불법 작물 재배를 기반으로 FARC가 세력을 확장하는 원인으로 작용했다.

1966년대 중반 FARC는 까께따주와 뿌뚜마요주에 위치한 까관강과 까께따강 유역을 근거지로 삼아 세력을 확대해 나아갈 것을 핵심 활동으로 정의하며 군사 조직을 강화했다. 당시만 해도 이 게릴라 조직은 국가적 위협 세력까지는 아니었고 일부 지방만을 통제했다. 그러나 1982년 이후 게릴라 조직은 정부를 상대로 군사 행동을 시작했다. 마약 밀거래로 활동 자금을 확보하고, 주요 정부 건물을 파괴하며, 정부 요인을 암살하는 등 콜롬비아 남부에서 좌익 정부를 수립하려는 목적을 가지고 활동했다(Vélez, 2001: 156~164). 1980년대 말이 되자 게릴라 조직은 국가적 위협 대상이 되었다. 비록 이들의 목적이 완전히 달성되지는 못했지만 까께따주, 뿌뚜마요주, 아마조나스주를 중심으로 게릴라 조직은 강화되었다.

FARC가 거점 지역을 확장하면서 이 게릴라 조직은 크게 팽창할 수 있었다. 지역 농민과 유착 관계를 만들고 불법 작물을 경작하며 확보한 자금은 1990년대 FARC가 성장하는 원천이 되었다. 1985년부터 FARC는 까께따주의 목축 지역, 뿌뚜마요주의 석유 매장 지역, 아마조나스주의 국경 지역에서 세력을 팽창했다. 1970~1980년대부터 FARC는 까께따주, 뿌뚜마요주, 아마조나스주에서 직접적인 영향력을 행사했고, 1990년대에는 불법 광물 채굴로 과이니아주와 바우뻬스주에서 세력을 강화했다(Echandía, 1999: 4).

1991년 헌법을 개정하면서 콜롬비아 정부는 새로운 변화의 토대를 마련했고 국토법을 폐지하며 행정과 예산을 편성했다. 이를 통해 다양한 지역으로 분리되었던 아마존 지역이 주로 재편되었다. 동시에 원주민 종족을 보호하고 문화적 다양성을 보존하려는 인식이 확산되었다. 그러나 행정 재편과 정부에 의해 추진된 급격한 변화에도 불구하고 콜롬비아 남부 지역에서는 무력 분쟁과 마약 경제가 강화되었다. 새로운 영토 조직은 사회구조와 지역 경제의 변화를 동반하지 않았다. 단지 마약 밀매를 통해 자금을 확보한 FARC가 영향력을 강화하고 지역 권력을 재분배하는 데 기여했다.

7 ┃ 반마약 정책과 아마존 지역 무력 분쟁

콜롬비아를 포함해 남아메리카 최대 규모의 반군 조직인 FARC는 반미주의를 표방하며 기존 정부와 기득권층을 타파하고 좌익 정부를 수립하고자 결성되었다. 군자금을 모으고 대외 협상력을 높이기 위해 주요 도로와 공공건물을 파괴했다. 정부 요인과 민간인을 납치해 거액의 몸값도 받았다. 1980년대 중반 이후 마약 조직과 공생하며 조직을 유지하고 있다. FARC는 자신들의 활동 지역에서 생산되고 유통되는 모든 마약에 20퍼센트의 세금을 징수했다. 마약 카르텔을 보호해 주는 대가로 받은 수입은 전투 장비를 구매하고 정부군보다 높은 수준의 조직원 보수로 사용되었다. FARC는 남부와 동부 지역의 불법 작물 재배지를 중심으로 활동했으며, 아마존과 태평양 밀림 지역은 FARC의 주요 거점지였다(Villamarin, 2015: 125~129).

지식인과 대학생 등 도시 중간계층의 참여로 조직된 제2의 불법 무장 조직 ELN은 도시를 기반으로 활동하며 마르크스-레닌주의를 기본 이념으로 민족주의를 표방한다. 이들은 산업 시설 국유화, 토지 몰수, 농촌 개혁 등을 통해 인민 정부를 성립하고자 창설되었다. 1940년대 중반 정치 폭력 사태가 확산되었던 시기에 폭압적인 보수 독재 체제에 반발해 동부의 평원 지역을 거점으로 자유당과 무장 조직이 성장했으며 ELN은 이들을 지원하며 성장했다. 반제국주의를 바탕으로 주로 국내에 진출한 해외 독점자본에 대항해 석유 노동자들의 무장투쟁을 주도하며 주요 불법 무장 조직으로 성장했다. 1960년대부터 도시 민중 저항 세력을 규합해 제2의 쿠바혁명을 모색했다. 이들의 지도자 까밀로 또레스Camilo Torres 신부가 시위 도중 군의 진압 과정에서 사망했고, 이 사건은 1970년대 라틴아메리카 가톨릭 성직자와 학생들의 운동에 직접적인 영향을 미쳤다. ELN은 주로 해외에서 온 노동자나 주요 인물들을 납치해 몸값을 요구하며 자금을 모으고 있다. 마약 밀매에도 관여하며 현재는 베네수엘라 국경 지역을 거점으로 활동하고 있다. 특히 석유 자원의 해외 유출에 반대해 석유 송유관이나 도시 하부구조의 파괴 등 과격 행동을 서슴지 않는다.

콜롬비아 아마존 지역의 불법 작물 경작은 1980년대부터 까께따주, 뿌뚜마요주, 과비아레주에서 시작되었다. FARC가 통제하는 불법 작물 재배지는 국제 마약 가격이 오르면서 국가적 위협이 되었다. 콜롬비아에서 실시된 인구조사 통계에 따르면 전체 인구의 0.5퍼센트 이하를 유지하던 아마존 지역 인구가 20세기 초를 시작으로 2011년까지 20배나 증가했음을 알 수 있다. 같은 시기 콜롬비아 전체 인구가 여섯 배 증가한 사실을 고려한다면 아마존 지역 인구는 급속도로 팽창한 것이다. 비록 최근에 무력 분쟁으로 주민들의 강제 실향이 증가했지만 이 지역의 출생률은 국가 평균을 상회했다(Trujillo, 2011: 66~69).

1990년대 말 콜롬비아 정부는 평화 협상을 시도하며 FARC 거점 지역에 대한 정부군의 무장해제를 추진하고 게릴라 조직의 실질적인 통제를 인정했다. 그러나 게릴라 조직의 테러는 지속되었다. 이러한 상황에서도 콜롬비아 정부는 불법 무장 조직에 대해 사면 조치를 취하고, 협상에 적극적인 조직에 대해서는 안정적인 사회 복귀를 지원했다. 이러한 정부의 노력에 힘입어 다수의 불법 무장 조직이 정부와 정전협정을 체결했다(González Arana, 2016: 148). 그러나 전직 불법 무장 조직원 출신 정치인이 우익 암살단에게 살해되자 이들은 다시 무력으로 정부를 위협했다.

게릴라와의 협상이 실패로 끝나자 콜롬비아 정부는 미국의 반反마약 테러리즘 논리를 수용해 국가 안보 정책을 수립했다. 1991년 새로운 평화협정 시도에도 불구하고 1998년 아마존 지역에서 FARC의 영향력은 강화되었다. 이러한 상황에서 안드레스 빠스뜨라나Andrés Pastrana 정부는 미국의 재정 지원을 바탕으로 '플랜 콜롬비아Plan Colombia'를 운영했다. 1990년 중반 콜롬비아의 주요 마약 카르텔이 쇠퇴하자 FARC는 마약 거래에서 중요한 부문을 차지했다. 미국은 콜롬비아 정부가 효과적으로 반마약 정책을 수행하도록 13억 달러의 군사 원조안인 플랜 콜롬비아를 계획했다. 플랜 콜롬비아는 콜롬비아의 뿌뚜마요 주와 까께따주 등 주요 마약 생산지에 대한 군사적인 압박 전략이었다(이성형, 2005: 163~164). 플랜 콜롬비아를 통해 미국은 불법 작물 생산국에 대한 일방적인 군사개입을 강화했다. 플랜 콜롬비아는 탈냉전 이후 미국의 새로운 적으로 등장한 마약 생산국에 대한 미국의 정책을 가장 잘 반영한다. 1996~2001년 플랜 콜롬비아를 운영하며 미국의 군사 원조는 15배 증액되었다. 2000~2001년 한 해 동안 미국의 군사 원조비는 플랜 콜롬비아 총예산의 75퍼센트가 책정되었다(Grassley, 2004: 15).

미국의 안보 정책이 반테러리즘으로 바뀌자 반마약 정책은 반테러리즘이라는 이중적 성격을 띠며 전개되었다. 미국의 외교 정책 변화는 콜롬비아 정부가 강도 높은 게릴라 진압 작전을 기반으로 안보 정책을 추진하는 배경이 되었다. 2002년 마약과 게릴라 조직에 대해 강경책을 택한 알바로 우리베Álvaro Uribe 정부가 등장했다. 우리베 대통령은 병력을 늘리고 100만 명 규모의 민간인 민병대를 동원해 마약·게릴라 조직에 대한 전면전에 돌입했다. 아마존 지역은 무력 분쟁의 중심지가 되었다.

FARC는 정부의 공격을 피해 아마존 접경 지역으로 이동하면서 콜롬비아 내전은 주변 국가로 확대되었다. 게릴라 소탕을 목적으로 콜롬비아 정부가 양산한 민병대와 우익 무장 조직 AUC는 공권력의 이름으로 농민들을 상대로 무차별적인 만행을 저질렀다. 동시에 정부는 불법 작물 재배지의 공중에 제초제를 살포하며 총 235.99제곱킬로미터의 토지가 황폐화되었다. 아마존 지역의 생태계가 파괴되고 수질이 오염되면서 농민들이 먹고 살기 위한 식량 생산도 어려워졌다. 그 결과 강제 실향민이 급격하게 증가했다(차경미, 2009: 429~432). 콜롬비아 국내 실향민은 1990년대 말 대비 약 네 배 정도 증가한 30.6퍼센트를 차지했다. 국내 실향민 규모는 2002년에 최고조에 달했다.

주요 불법 작물 재배지인 뿌뚜마요주와 까께따주에 제초제가 살포되자 불법 무장 조직들의 거점도 아마존에서 태평양 지역으로 옮겨갔다. 2000~2004년 전체 실향민의 50.1퍼센트가 뿌뚜마요주에서 나왔다(Beltrán et al., 2004: 91~95). 아마존에서 태평양 지역으로 불법 작물 재배지가 이동했지만 불법 작물 재배 면적 자체는 감소하지 않았다. 2007년 공식 통계에 따르면 뿌뚜마요주에서 제초제가 살포되자 나리뇨주에서 전년 대비 불법 작물 경작지가 30퍼센트 증가했다. 태평양 지역의 뚜마꼬와 뿌에르또 아시스는 새로운 불법 작물 재배지가 되었다(차경미, 2009a: 124). 아마존 불법 작물 재배지에 대한 압박은 재배지 이동과 무력 분쟁 확산이라는 결과를 초래했다.

플랜 콜롬비아는 1996~2001년간 운영하기로 했으나 2006년 우리베가 재집권하면서 연장되었다. 플랜 콜롬비아를 통한 미국의 군사 지원은 2007년 초까지 유지되었으며 2007~2010년간 콜롬비아 정부는 플랜 콜롬비아의 연장선에서 '플랜 빠뜨리오따El Plan Patriota' 정책을 수립하고 힘에 의한 국가 안보 정책을 유지했다.

1996년 플랜 콜롬비아를 계기로 농촌 실향민이 급증하고 주요 농작물의 생산은 줄었으며 분쟁 인근 지역의 빈곤화가 가중되었다. 1990년대 중반 이전까지 태평양 지역은 내전이나 폭력과 무관했으나 플랜 콜롬비아가 실시되자 과거에는 볼 수 없었던 무력 분쟁이 늘고 국내 실향민도 발생했다. 마약 거래의 주요 루트였던 아마존 지역이 정부의 무력 개입으로 폐쇄되자 불법 무장 조직들은 태평양 지역으로 이동해 이곳이 새로운 무력 분쟁의 중심지가 되었다. 정부의 강도 높은 무력 압박에도 불구하고 FARC는 아마존 지역에서 지속적으로 영향력을 행사했으며 불법 작물 재배와 거래를 주도했다. 마약은 FARC를 통해 유통되고, 브라질이나 베네수엘라의 범죄 조직을 통해 멕시코로 옮겨졌으며, 멕시코의 범죄 조직을 통해 태평양 지역으로 확산되었다(Mackenzie, 2010: 3). 안데스 지역 마약 생산국들에 대한 미국의 군사 압박 전략은 마약 거래량을 전혀 감소시키지 못했다. 오히려 아마존 지역에 폭력을 확산시키고 무력 분쟁을 격화시켰다.

2004~2020년 아마존의 불법 작물 경작지는 줄지 않았지만 2007년부터 소폭 꺾이는 추세다. 2012년에 아마존의 불법 작물 경작지가 되레 늘었지만 콜롬비아의 전체 불법 작물 경작지는 2004~2012년 20퍼센트로 줄었다. 공식 통계 자료에 따르면 아마존 지역의 불법 작물 재배는 1990~2000년 약 242퍼센트로 늘었다. 1990년 과비아레주, 까께따주, 뿌뚜마요주의 322제곱킬로미터에 해당하는 불법 작물 경작지는 2000년 들어 1102.44제곱킬로미터까지 확장되었다(Trujillo, 2011: 87~120).

까께따주와 뿌뚜마요주는 콜롬비아 불법 작물 경작의 95퍼센트를 차지했으며, 불법 무장 조직의 75퍼센트가 아마존 지역에서 집중적으로 활동했다. 과이니아주와 아마조나스주는 불법 작물 재배의 중심지는 아니었다. 불법 작물 경작은 국가의 다양한 부문에서 파생되는 사회·경제적 문제에서 발생했다. 아마존 지역의 생태계 파괴는 무력 분쟁의 결과만은 아니다. 까께따주에서 FARC는 정부군의 진입을 저지하려는 전략으로 밀림 보존에 노력해 왔다. 그럼에도 불구하고 불법 작물 거래와 불법 광산 채굴은 산림 파괴와 생태계 균형의 혼란을 야기하고 있다.

8 | 평화협정 이후 아마존 지역

아마존의 자원 관리는 라틴아메리카뿐만 아니라 전 세계적 차원에서 매우 중요하다. 벌목이나 화재로 생태계가 파괴되고 토질이 바뀌면서 아마존의 토질은 농업에 적합하지 않은 불모지로 변하고 있다. 또한 산림 파괴에 따른 집중호우는 경제활동의 변화를 초래한다. 아마존은 지역사회와 전 세계가 공유해야 하는 인류의 자산으로 공정한 가치를 부여해 보존해야 한다는 인식의 확산이 그 어느 때보다 필요하다. 지속 가능한 천연자원 소비에 인센티브를 주어 아마존의 무분별한 산림 벌목과 광산 채굴을 막는 것이 긴급하다. 기업식 영농의 팽창을 중단하고 친환경 농산업을 목표로 아마존 지역을 개발해야 한다.

콜롬비아의 산림 벌목 지역은 게릴라들의 거점지가 되었다. FARC는 아마존 지역에서 불법 작물 경작과 불법 광산 채굴을 통해 자금을 확보해 왔다. 따라서 게릴라 조직들은 정부군의 공격에 대응하는 전략적 요충지로 아마존 밀림에 관심을 기울였다. 콜롬비아는 거의 이베리아반도 면적에 이르는 59만 제곱킬로미터가 밀림이며 국토 면적의 51.75퍼센트가 밀림이다. 이러한 지형 조건은 콜롬비아에서 게릴라 조직들이 활동하는 주요 원인이 되었다.

평화협정을 체결한 뒤에 FARC는 무기를 반납하고 정부의 지원을 받으며 사회 복귀와 정치 참여 활동을 전개하고 있지만 폭력과 갈등은 여전히 존재한다. 특히 FARC가 관할하는 아마존 밀림 지역의 미래는 아직도 어둡기만 하다. 공식 통계에 따르면 평화협정 체결 이후 2017~2018년 띠니과Tinigua 공원에서 벌목이 400퍼센트 증가했다. 정부는 협정이 체결되는 과정에서 FARC가 요구한 독립 영토를 확보해 개발을 지원했고, 이러한 과정에서 아마존 밀림은 손실되었다.

콜롬비아의 생태계에 영향을 미치는 인간 활동 평가를 담당하는 기관인 엘 이데암El IDEAM은 2015년과 2016년 콜롬비아에서 대부분의 숲이 벌목되었다고 보고했다. 벌목이 특히 심각한 상황에 놓인 지역은 게릴라의 통제하에 있는 곳이라고 설명했다. 2016년 한 해 동안 벌목된 숲의 면적은 전년 대비 44퍼센트가 늘어난 1785.97제곱킬로미터에 이른다. 핵심 벌목지는 아마존 서쪽의 까께따주, 과비아레주, 메따주다. 다양한 동식물군이 서식하는 노르떼 데 산딴데르Norte de Santander주의 까따뚬보Catatumbo, 꼬르도바Córdoba주의 빠라미요Paramillo,

초꼬Chocó주는 불법 무장 조직들이 거점지로 삼아 활동하는 지역이다. 이러한 지역은 적어도 503종의 동물과 2914종의 식물 중 2697종이 벌목으로 위기에 처해 있다고 파악된다(IDEAM, 2020).

아마존의 열대우림은 토지 매점, 기업식 목축업, 불법 광물 채굴, 야생 식물 거래로 사라지고 있다. 산림 파괴는 지구온난화의 근본적 원인으로 작용하지만 그에 앞서 사회경제와 밀접하게 관련되어 있다. 콜롬비아 산림 벌목에 관한 보고서에서 고등교육과 개발을 위한 재단Fedesarrollo: la Fundación para la Educación Superior y el Desarrollo의 책임자인 엘레나 가르시아Helena García 박사는 콜롬비아에서 산림 벌목의 주요 원인은 기업식 농·목축업의 면적 확장, 불법 작물 경작, 광업과 하부구조, 산림 화재, 실향민과 이주민의 증가라고 설명했다. 덧붙여 아마존의 기업식 목축업을 운영하는 토지 소유주는 목축업의 생산과 발전보다 토지 확장과 거래 가격에 관심이 더 많다고 주장했다(García, 2021). 목축업은 아마존 지역의 영토 통제 역할을 담당한다.

무력 분쟁이 전개되는 곳은 열대우림의 생물학적 다양성이 유지되는 환경 친화적 지역이다. FARC는 초꼬주, 과비아레주, 까께따주, 뿌뚜마요주와 같은 대표적인 아마존 열대우림 지역을 전략적으로 활용했다. 불법 광업과 불법 작물 경작 활동을 통해 자금을 확보했고, 송유관을 공격하다가 자원 파괴와 환경 오염을 불러왔다. 이러한 활동은 국립공원과 같은 보존 지역에서 퇴행과 파괴의 원인이 되었다. 더욱이 장기 무력 분쟁이 전개된 곳은 국가 자산으로 유지해야 하는 보호지가 50퍼센트에 달했다(Ospina, 2009: 48~55).

FARC는 거점 지역에서 정치를 맡고 행정권을 장악했을 뿐만 아니라 농업과 경제 전반을 통제했다. 산림 파괴 문제를 논의할 때 관심을 기울여야 하는 부분은 FARC가 농·목축업을 포함해 중요한 생태 보존 지역의 발전을 억제하고 산림 파괴를 점진적으로 축소하는 방식으로 영토를 통제했다는 점이다. FARC는 열대우림의 개발 활동을 반대해 왔다. 평화 협상 과정에서 산림 파괴에 관한 통계로 농림 경계의 확장, 목축, 불법 작물 경작, 화재 등이 거론되었지만 그럼에도 불구하고 현재에도 파괴 동력이 존재한다.

평화협정이 체결된 뒤에 FARC가 확보한 독립 영토에 정부는 농촌 개발이라는 미명하에 도로, 항만 등 하부구조를 건설하고 있다. 이러한 과정에서 안띠오끼아주 사라고사Zaragoza, 엘 바그레El Bagre, 네치Nechí 지역에서 산림이 파괴되고 있다. FARC가 점령한 지역에서 불법 작물 재배지가 늘어나는 것도 산림 파괴를 가속화한다. 2016년 유엔 반마약과 반범죄 사무국UNODC: La Oficina de las Naciones Unidas contra la Droga y el Delito 통계에 따르면 콜롬비아의 불법 작물 재배지는 2000제곱킬로미터에 이른다. 불법 작물 재배지에서 산림 파괴 활동이 활발하다고 말할 수는 없지만 대부분의 불법 작물 재배지는 전체 목축업 면적과 비교해 볼 때 0.4퍼센트 이하에 해당한다. 결국 불법 작물 재배는 아마존 지역 산림 파괴의 주요 원인으로 평가할 수 없다. 까께따주에서 불법 작물을 재배하는 농민들은 아마존 밀림의 보존보다 경제적 안정에 관심이 더 많다. 농민들은 코카인의 원료가 되는 작물을 재배하는 일이 아마존 밀림의 미래를 위협하는 불법 경제활동이라는 데 동의하지 않는다(UNODC, 2013: 5).

아마존 지역에서 자행되는 산림 파괴를 불법 작물 재배의 탓으로만 돌리기는 매우 어렵다. 평화협정이 체결된 뒤에 농촌 개발이라는 명분으로 보호지, 국유지, 비효율적으로 운영되는 대농장 토지를 대상으로 정부가 추진한 토지실명제는 아마존 지역의 토지 매매를 활성화했다. 그에 따라 국제 협약으로 보존되어야 할 다양한 밀림과 습지가 심각하게 파괴되었다. 또한 산림 파괴로 안데스, 오리노끼아Orinoquia, 콜롬비아 북동부의 기아나 고지El Escudo Guyanés가 각각 아마존과 단절될 위기에 처해 있다. 콜롬비아 정부는 파리협정으로 2020년 아마존 지역의 산림 파괴 제로를 목표로 독일, 노르웨이, 영국으로부터 3억 달러를 지원받았다. 그러나 FARC가 통제하는 지역에 대한 국가 행정력이 부재하는 한 아마존에서 산림 파괴를 막기는 어려워 보인다.

콜롬비아 정부는 산림 보존과 평화 유지 사이에서 딜레마에 놓여 있다. 도로 건설은 콜롬비아 안의 여러 지역에서 평화협정을 공고화하기 위해 필수 불가결한 과제다. 그러나 평화협정 불이행에 대한 FARC의 무력 공격에 앞서 농촌 개발이라는 명분하에 진행 중인 아마존 개발과 토지실명제는 아마존 지역의 토지를 아주 매력적인 투자처로 변모시켰다. 지가 상승을 기대하는 개인과 기업들이 아마존 토지를 매입했고, 특히 구매력이 강한 이들에게 아마존 지역 토지가 좀 더 매력적으로 보이도록 밀림을 파괴하는 행위도 지속되고 있다. 아마존 지역 농민들의 벌목과 방화도 통제가 어려운 상황이다. 평화협정이 체결된 뒤에 아마존 열대우림의 보존은 다양한 정치·경제 세력 간의 관계와 사회적 맥락을 이해하는 것이 필요하다. 아마존 지역의 산림 파괴 문제는 단순하지 않다. 단지 FARC의 활동만이 아니라 토지실명제, 하부구조 건설, 기업식 목축에 따라 아마존 지역의 산림과 원주민 공동체가 사라져 가고 있다.

참고문헌

이성형. 2005. 「미국의 對콜롬비아 마약 전쟁: 현실주의 외교 논리의 문제점」. ≪라틴아메리카연구≫, 제18권 4호, 157~191쪽.

차경미. 2009. 「콜롬비아 우리베(Álvaro Uribe) 정권의 국가안보정책의 한계」. ≪국제지역연구≫, 제13권 2호, 195~233쪽.

Alvarez, Silvio. 2008. *Aproximación histórica: Historia del Pueblo Awa del Ecuador*. Colombia: Departamento de Antropología de la Universidad de Los Andes.

Arango, Raúl y Enrique Sánchez. 2006. *Los Pueblos Indígenas de Colombia en el Umbral del Nuevo Milenio*. Bogotá, Colombia: Departamento Nacional de Planeación de Colombia.

Beltrán, Consuelo A. et al. 2004. *El Desplazamiento Forzado de Colombianos hacia Ecuador en el Contexto del Plan Colombia*. Bogotá, Colombia: Universidad Javeriana.

Bonilla, Víctor Manuel. 2015. *Historia Política: del pueblo Nasa*. Colombia: Tejido de Comunicación ACIN.

CEPAL y Patrimonio Natural. 2013. *Amazonia: Posible y Sostenible*. Bogotá, Colombia: CEPAL.

Chasoy, Chindoy y Tirsa Taira. 2019. "Los Kamëntsá y el Legado Visual de la Diócesis de Mocoa-Sibundoy." *Serie Magíster*, No. 253. Ecuador: Universidad Andina Simón Bolívar.

Córdoba, Ignacio José M. et al. 2007. *Diversidad Biológica y Cultural del Sur de la Amazonia Colombiana: Diagnóstico*. Colombia: Corporación para el Desarrollo Sostenible del Sur de la Amazonia Corpoamazonia.

del Pilar, García María. 2020. *Lecturas sobre Derecho de Tierras: Tomo IV*. Colombia: Universidad Externador.

Echandía, C. 1999. *Expansión Territorial de la Guerrilla Colombiana: Geografía, Economía y Violencia*. Bogotá, Colombia: Universidad Nacional de Colombia.

Franky, Carlos y Juan Alvaro Echeverri. 2000. *Territorialidad indígena y Ordenamiento en la Amazonia*. Bogotá, Colombia: Universidad Nacional de Colombia.

Fundación Alisos. 2011. *Estudio de la Amazonia Colombiana: Informe sobre los Factores de Transformación y Perspectivas de Sostenibilidad*. Colombia, Colombia: Fundación Alisos.

García, Helena. 2021. "Bosques Caídos: Deforestación y Conflicto en Colombia." *Latin America & Caribbean*, Report 91. Colombia.

González Arana, Roberto et al. 2016. *Fin del Conflicto Armado en Colombia?* Barranquilla, Colombia: Universidad del Norte.

Grassley, Charles E. 2004. *Drug Control: Aviation Program Safety Concerns In Colombia are being Addressed but State's Planning and Budgeting Process can be Improved*. GAO.

IDEAM. 2020. *Reporte de Cambio de la Superficie Cubierta por Bosque Natural*. Colombia.

Jackson, Jean. 1983. "Identidad Linguistica de los Indios Colombianos del Vaupes." *Lenguaje y*

Sociedad. Cali, Colombia: Universidad de Cali, pp. 379~397.

Jiménez, Nhorys Torregrosa and Rodolfo Torregrosa Jiménez. 2013. "Violence and Colombian Politics: Some Clues for Its Understanding." *Verba Iuris*, No. 29, pp. 97~109.

Kalmanovitz, S. y E. López. 2000. "Instituciones y Desarrollo Agrícola en Colombia a Principios del Siglo XX." Bogotá, Colombia: Centro de Investigación y Educación Popular(CINEP).

Levinsohn, Stephen H. 1978. "Inga." *Aspectos de Cultura Material de Grupos Étnicos de Colombia.* Colombia: ILV.

Liévano, Andrés Bermúdez. 2020. "Identidades Culturales Recuperadas." *El Catálogo de las Pequeñas Soluciones.* Bogotá: Fundación Ideas para la Paz.

Mackenzie, E. 2010. *FARC y las Bacrim: un Frente Común.* Bogotá, Colombia: Grupo de Estudios Estratégicos(GEES).

Molano, A. 1987. *Selva Adentro: Una Historia Oral de la Colonización del Guaviare.* Bogotá: El Áncora Editores.

_____. 1994. *Trochas y Fusiles.* Bogotá, Colombia: Instituto de Estudios Políticos y Relaciones Internacionales(IEPRI).

Mora, S. 2006. *Amazonía: Pasado y Presente de un Territorio Remoto.* Bogotá, Colombia: Ediciones Uniandes.

Municultura. 2020. "Caracterizaciones de los Pueblos Indigenas de Colombia Dirección de Poblaciones." Colombia: Todo por un Nuevo País.

Ospina, J. 2009. *Relación del Conflicto Armado y Cambio de Cobertura de los Bosques del Alto Caquetá en el Periodo 1966~2006.* Bogotá, Colombia: Universidad Nacional de Colombia.

Peralta García, Camila. 2020. "Reconocimiento Plurinacional en el Marco de la Revuelta Social: A 30 Años del Acuerdo de Nueva Imperial Demandas pendientes." *ICSO*, No. 63. Santiago, Chile: Universidad Diego Portales.

Pineda Camacho, Roberto. 1987. "Witoto." *Introducción a la Colombia Amerindia.* Bogotá, Colombia: Instituto Colombiano de Antropología, pp. 151~164.

Pineda, Robero y B. Alzate. 1987. "Pasado y Presente de Amazonas: Su Historia Económica y Social." *Memorias VI Congreso de Antropología en Colombia.*

Reichel-Dolmatoff, Gerardo. 1987. *Shamanism and Art of the Eastern Tukanoan Indians.* New York: Brill Academic Pub.

Rodrigues, Aryon Dall'igna. 1999. "Tupí languages." *The Amazonian Languages.* Cambridge: Cambridge University Press.

Rueda, N. Aguilar. 1992. *Poblamiento de la Amazonia Colombiana.* Santiago de Chile.

Taussig, M. 1987. *Shamanism, Colonialism and the Wild Man: a Study in Terror and Healing.* Chicago: Chicago University Press.

Trujillo, Hernán. 2011. *Caracterización Socioeconómica de la Amazonía Colombiana: Desafíos y Potencialidades*. Bogotá, Colombia: Universidad Nacional de Colombia.

UNODC(La Oficina de las Naciones Unidas contra la Droga y el Delito). 2013. *Colombia. Monitoreo de Cultivos de Coca 2012*. Colombia: La Oficina de las Naciones Unidas contra la Droga y el Delito y Gobierno de Colombia.

Vélez, M. 2001. "FARC-ELN: Evolución y Expansión Territorial." *Desarrollo y Sociedad: Análisis Político*, Iss. 47. Bogotá, Colombia: Universidad Nacional de Colombia, pp. 151~225.

Villamarin, Luis Alberto. 2015. *El Cartel de las Farc(I): Finanzas del Terrorismo Comunista contra Colombia 1978~1996*. Colombia: Ediciones Luis Alberto Villamaria Pulido.

제2부
—
정책과 거버넌스

제 5 장

생태문명 위기의 현장 라틴아메리카를 가다
멕시코 남부 치아빠스의 '분노'에서 브라질 아마존 열대우림의 '눈물'까지*

하상섭(한국외국어대학교 중남미연구소 HK연구교수)

1 | 빼앗기고 소외되고 오염되고… 중남미 분쟁의 씨앗 '토지 분배'[1]

1) 라틴아메리카 토지 갈등의 역사

라틴아메리카 지역의 불평등한 토지 분배는 1492년 크리스토퍼 콜럼버스의 도착 이후 근 300년간 식민 시기, 19세기 초반의 독립, 그리고 20세기를 지나 오늘날에 이르기까지 이 지역의 정치·경제·사회·문화 영역에서 갈등과 분쟁의 핵심 이슈이자 불평등의 뿌리가 된다. 특히 오늘날에는 기후변화 이슈와 겹치면서 무분별한 토지 이용land use과 토지 이용 변경land use change으로 자연·생태 환경 영역까지 문제가 확대되어 생태 환경 분야에서 논쟁과 갈등의 정도가 더욱 깊어지고 있다. 따라서 토지에 대한 소유, 관리, 운영 문제는 라틴아메리카 지역에 만연한 정치 불안, 경제 저발전, 사회적 불평등, 생태 환경 악화 등을 설명하는 가장 중요한 '독립변수'로 작용하고 있다.

라틴아메리카 토지에 대한 역사적 관계를 환원해 보면 대표적으로 라틴아

---

* 이 장은 저자가 ≪한국일보≫ '세계의 분쟁지역' 시리즈에 2019년 2~5월 연재한 칼럼을 수정·보완해 재편집한 것이다.
1 이 절은 하상섭(2019.2.15)을 수정·보완해 재편집한 것이다.

그림 5-1 멕시코혁명과 원주민 여성 참여

멕시코혁명이 진행 중이던 1911년 전통 의상을 입은 반란군 여성들이 사격 연습을 하고 있다. 멕시코혁명
은 33년간 장기 집권한 뽀르피리오 디아스(Porfirio Díaz) 군사정권에 대항해 불평등한 토지개혁과 노동조
건 개선 등을 내세우며 발발한 민중 봉기로, 20세기 최초의 시민혁명으로 평가된다.
자료: 미국의회도서관 사진.

메리카의 오랜 식민 시기 동안 스페인-포르투갈 지배 엘리트들이 만든 아시엔
다hacienda 대토지 소유 시스템을 꼽을 수 있다. 아시엔다는 '대농장'을 가리키
는 스페인어로, 소수 지배 엘리트들이 수탈한 원주민의 토지나 미개척지를 독
점적으로 소유, 관리, 운영했다. 아시엔다는 19세기 초반 라틴아메리카 국가들
이 독립한 뒤에도 사라지지 않고 면면히 식민 유산으로 대물림되어 오늘날까
지 이들 지역의 불안정, 저발전, 불평등을 심화시키고 있다.

　　라틴아메리카 지역에서는 이처럼 식민 시대의 시작인 15~16세기부터 축적
된 봉건적 토지 분배 제도의 폐단으로 소수에게 정치·경제 권력이 집중되면서
수직적·계급적 사회구조가 형성되었다. 그에 따라 19세기 초에 독립한 뒤에도
정치·경제 독과점 체제가 팽배하게 되었다. 그러다가 20세기 초에 마침내 토
지의 비효율적 활용에 따른 경제 저발전, 소득분배 악화, 사회 불평등의 문제
를 인식한 이들이 토지개혁에 대한 사회적 목소리를 높이면서 멕시코혁명으로

그림 5-2 멕시코혁명과 벽화

멕시코시티 왕궁에 그려져 있는 국민 벽화(mural) 화가 디에고 리베라(Diego Rivera)의 벽화 '멕시코의 역사' 중 일부다. 대지주와 외국자본의 이익을 대변하던 디아스 군사정권을 타도하고 반식민지적 사회로의 변혁을 요구했던 멕시코혁명의 모습이 묘사되어 있다. 농민군 지도자이자 토지개혁의 선구자 역할을 했던 에밀리아노 사빠따(윗줄 왼쪽에서 두 번째)가 멕시코혁명의 '토지와 자유' 슬로건을 들고 있다.
자료: Wikipedia.

일컬어지는 첨예한 사회 갈등이 발생했다.

러시아혁명(1917년)보다 몇 년 앞선 1910년 발생한 멕시코혁명은 '토지와 자유!Tierra y Libertad'라는 슬로건을 내건 데서도 알 수 있듯이 불평등한 토지 분배에 대한 사회적 요구가 폭발하며 나타났다. 혁명 이후 멕시코 제도혁명당PRI: Partido Revolucionario Institucional 정부는 6년간(1917~1922년) 국내 대지주들로부터 무려 100만 제곱킬로미터에 달하는 토지를 몰수하는데, 이는 당시 멕시코 내 경작 가능한 토지의 50퍼센트에 해당하는 규모였다.

멕시코 정부는 농촌 정착민들을 포함해 식민 시기 동안 토지 분배에서 가장 소외되었던 멕시코 원주민 공동체들을 대상으로 공동소유 방식의 에히도ejidos

그림 5-3 **페루 대통령 벨라스꼬 알바라도**

페루의 좌파 군인 출신 대통령 벨라스꼬 알바라도다. 그는 1968년 쿠데타로 집권한 뒤에 다음 해 토지개혁법을 포고해 미국인 소유지를 몰수해 페루 농민에게 분배하겠다고 발표했다. 이후 방송사와 은행 등을 국유화하고 노동자들을 기업 경영에 참여시키는 등 여러 사회 개혁을 추진했지만, 1975년 또 다른 쿠데타로 퇴진했다.
자료: Wikipedia.

제도를 도입해 토지를 분배했고, 이들 공동체에게 자치적 토지 이용권을 부여하기도 했다. 에히도 제도에서는 마을이 공동으로 토지를 소유했으며 구성원들은 경작권만 가졌다.

20세기 중반 또 다른 토지 분배 갈등이 남아메리카 안데스 지역의 페루에서 발생했다. 1968년 군사 쿠데타로 집권한 벨라스꼬 알바라도Velasco Alvarado 정권이 급진적인 토지개혁 정책을 쓴 것이 발단이었다. 1969~1975년 약 10만 제곱킬로미터의 토지를 국가가 몰수해 농촌 노동자들에게 나누어주었다.

토지 분배 갈등은 남아메리카의 페루에서 다시 중앙아메리카 지역으로 이어졌다. 니카라과에서는 1979년 소모사Somoza 일가의 독재 정부를 붕괴시키고 산디니스따Sandinista 혁명으로 집권한 산디니스따 좌파 정부가 토지개혁을 시작했다. 혁명 정부는 회복 불능에 놓인 국가 경제를 재건하기 위해 소모사 일가와 고위 관리들의 재산을 몰수해 전체 약 25퍼센트에 달하는 토지를 국영기업, 협동 농장, 농촌의 가족농 등에게 나누어주었다. 이를 통해 1983년까지 약

그림 5-4 멕시코 사빠띠스따 민족해방군의 점령 지역 자치 규정

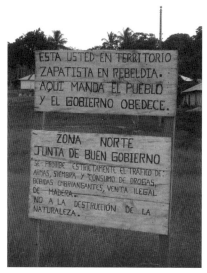

사진은 스페인어로 작성된 표지판이다. 위쪽은 "당신은 현재 사빠띠스따 민족해방군의 영토에 있습니다. 이곳에서 인민은 명령하고 정부는 복종합니다"라고 쓰여 있다. 아래쪽은 "좋은 정부 위원회 북부지구에서는 무기, 농작물 종자, 목재 등의 밀매, 마약과 음주, 자연 파괴를 금지합니다"라고 쓰여 있다. 자료: 나무위키.

7만 명의 농부와 약 4000개의 협동 농장에 토지가 분배되었다.

2) 라틴아메리카 토지 갈등과 생태 파괴

하지만 소수에게 집중된 토지 소유권을 공유하거나 원주민 공동체와 농민에게 보다 균등하게 분배하려는 노력들은 1990년대 들어 다른 갈등 국면으로 전환된다. 라틴아메리카의 '잃어버린 10년'이라고 불리는 1980년대 외채 위기를 해결하고자 경제구조조정EAPs: Economic Adjustment Programs 과정이 시작되면서부터다. 이 과정에서 수용한 신자유주의 경제 처방은 새로운 토지 분배 방식으로의 전환, 특히 시장 중심 분배 방식으로의 변화를 이 국가들에게 요구하기 시작했다.

멕시코혁명의 상징이었던 에히도 시스템은 무너지기 시작했고, 그동안 원주민 공동체에게 부여되었던 공동소유권, 토지 이전·양도 불가 등을 담은 법

적 조항들은 1992년 멕시코 헌법 개정으로 사라졌다. 투자 자본에게 공동체 토지의 매매가 허용되면서 결과적으로 기존 에히도 토지의 3분의 2가 민간 부문으로 넘어갔다. 페루 역시 1995년 민간투자법이 도입되자 그 전에 농업개혁법(1969년)을 통해 국가가 관리하던 일정 부문의 토지들에 대한 국가 규제와 보호의 경계가 사라지면서 점차 매매 대상으로 전락해 버렸다. 일종의 토지 사유화 과정이다.

이러한 변화에 대한 강한 저항으로 1994년 멕시코 남부 치아빠스주에서는 멕시코혁명 당시 농지개혁 운동의 지도자였던 에밀리아노 사빠따Emiliano Zapata를 계승한 사빠띠스따Zapatista 원주민 운동이 나타나기도 했다. 토지 소유 방식을 놓고 또 다른 정치·경제적 갈등이 시작된 것이다. 이렇듯 라틴아메리카 지역의 오랜 역사 발전 과정에서 토지 소유·분배 문제, 특히 지나치게 소수에게 집중된 불평등한 소유 구조는 정치적 불안, 경제적 저발전, 사회적 불평등 문제와 강한 인과관계를 맺으며 이 지역의 최대 갈등과 분쟁 이슈로 남아 있다.

한편 오늘날 라틴아메리카 국가들에게 토지는 '공공재인지, 공유재인지, 사유재인지', 즉 소유와 분배의 문제에 더해 또 다른 영역에서도 갈등의 원천이 되고 있다. 바로 '지속 가능한 토지'의 보호 혹은 보존 문제다.

21세기 들어 라틴아메리카가 직면한 가장 심각한 생태·환경 문제는 방대하고 복잡한 과정에서 발생하는 '토양 악화'다. 이는 대부분 침식과 농업·광산업의 활동 증가 등 인간의 다양한 활동에 따른 오염에서 기인한 것으로 분석된다. 2019년 브라질 남동부 미나스 제라이스주 광산 댐 붕괴로 300명이 넘는 사상자가 생긴 참사와 관련해서도 "무분별한 광산 개발 속에서 채굴 활동과 댐 관리에 대한 당국의 관리 감독이 소홀하다"라는 지적이 이어졌다. 최근 자이르 보우소나루 대통령이 환경 단체와 원주민 보호단체 등의 반대에도 불구하고 아마존 열대우림 지역에 도로, 교량, 수력발전소를 건설하려는 계획을 세운 것도 갈등을 낳고 있다.

토양 악화는 산림 파괴, 서식지 훼손에 따른 생물 다양성의 감소 등 생태·환

그림 5-5 **브라질 남동부 브루마지뉴의 광산 댐 붕괴 모습(위)과 유역 지도(아래)**

2019년 1월 25일 브라질 남동부 미나스 제라이스주 브루마지뉴(Brumadinho)의 광산 폐수 저장 댐 세 개가 동시에 붕괴되어 사망자 150여 명을 포함해 330명의 사상자가 발생했다. 브라질 국립광업관리국(ANM)에 따르면 광산 개발이 집중되는 미나스 제라이스주에서만 사실상 방치된 광산이 400여 곳에 이른다.
자료: Vinícius Mendonça/Ibama Mais informações.

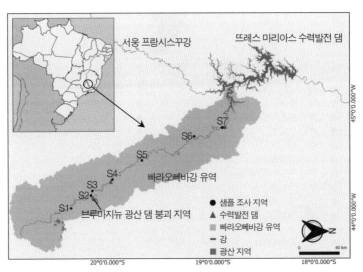

댐 붕괴 사고가 발생한 빠라오뻬바강은 미나스 제라이스주의 35개 도시에 걸쳐 있으며 500여 킬로미터를 흘러 대서양으로 유입된다. 브라질 정부는 사고 후 전국의 광산 댐 1000여 개를 전수 조사한다고 발표했다.
자료: dos Santos Vergilio et al.(2020).

그림 5-6 **라틴아메리카의 2016년 국가별·대륙별 토지 분배 지니계수**

니카라과 0.72
코스타리카 0.67
콜롬비아 0.88
베네수엘라 0.88
과테말라 0.84
엘살바도르 0.81
파나마 0.77
에콰도르 0.80
브라질 0.87
페루 0.86
볼리비아 0.77
파라과이 0.93
우루과이 0.84
칠레 0.91
아르헨티나 0.83

라틴아메리카 국가별 토지 분배 지니계수	대륙별 토지 분배 지니계수
● 0.93 파라과이	● 0.85 남아메리카
● 0.91 칠레	● 0.79 라틴아메리카(전체)
● 0.88 콜롬비아, 베네수엘라	● 0.75 중아메리카
● 0.87 브라질	● 0.57 유럽
● 0.86 페루	● 0.56 아프리카
● 0.85 남아메리카	● 0.55 아시아
● 0.84 우루과이, 과테말라	
● 0.83 아르헨티나	
● 0.81 엘살바도르	
● 0.80 에콰도르	
● 0.77 파나마, 볼리비아	
● 0.75 중아메리카	
● 0.72 니카라과	
● 0.67 코스타리카	

국가별 최신 자료를 사용했다. 토지 분배 지니계수는 1에 가까울수록 불평등 정도가 심하다는 의미다.
자료: Oxfam(2016).

경에 연쇄적으로 수많은 악영향을 미친다. 라틴아메리카 지역 토지의 '지속불가능성'을 지적하는 수많은 관찰 보고서들은 이곳의 미래 세대가 지불해야 할 생태·환경적 비용이 천문학적일 것이라고 경고한다.

인간과 사회의 관계에서 불평등한 토지 소유가 라틴아메리카 식민 유산의 전형이라면 인간과 자연의 관계, 개발과 보호의 관계에서 이 지역의 토지는 또 다른 생태적 식민화를 경험하는 중은 아닐까. '수탈된 대지' 라틴아메리카 지역의 토지를 둘러싼 갈등이 점차 다양한 영역에서 첨예화하고 있다.

2 | 물의 사유화로 인한 아마존강의 위기… '블루 골드'가 된 물[2]

1) '물'을 둘러싼 갈등, 물은 공공재인가 사유재인가

물은 인류가 삶을 지속하고 경제발전과 자연보호 사이의 균형점을 찾기 위해 필요한 '지속 가능해야 하는' 핵심 자연 자원이다. 하지만 오늘날 자본주의 체제에서 물은 하나의 '상품'으로 거래된 지 오래다. 시장가격의 원리에 따라 분배되고 관리되어야 한다는 논리가 지배적이기도 했다.

하지만 물은 단순하게 이러한 시장 논리에 따라 경제적 '상품'으로서 의미만 가지는 것이 절대 아니다. 자연 상태의 물은 지역과 지역, 국경과 국경 사이를 가로질러 흐르며 소유와 관리를 놓고 정치생태학적 분쟁의 씨앗이 되기도 한다. 1846~1848년 미국·멕시코 전쟁을 치른 뒤에 양국 국경이 된 리오 그란데 강과 콜로라도Colorado강과 관련해 양국 사이에 공유 하천 관리와 물 분배 분쟁이 수십 년간 이어지고 있는 것이 대표적이다.

라틴아메리카에서도 상황은 비슷하다. 2012년 경제협력개발기구에서 나온

---

2   이 절은 하상섭(2019.3.22)을 수정·보완해 재편집한 것이다.

한 보고서는 이 대륙의 물 분쟁 원인을 다음과 같이 짚는다. "6억 명에 가까운 인구, 세계 평균을 상회하는 인구 증가율, 이에 따른 토지와 에너지 사용량 증가와 80퍼센트에 달하는 가파른 도시화율……." 이어 보고서는 "이 문제들은 역내 자연 자원, 특히 인류의 삶에 가장 직결되는 수자원에 대한 압력을 심각할 정도로 증가시키고 있으며 따라서 새로운 물 관리 방식이 시급하다"라고 경고하고 있다(Akhmouch, 2012).

넓은 의미에서 보면 세계 담수 자원의 3분의 1을 차지하는 대륙으로 '지구의 허파' 역할을 하는 아마존 열대우림의 생존과 지속가능성이 위기에 처했다고 해석할 수 있다. 여기에 더해 남아메리카의 개별 정부들이 물 공급 능력이 부족하고 분배 서비스의 수준도 낮기에 여전히 많은 사람들이 물에 접근하고 이용하는 데 불평등을 겪고 있으며, 이것이 분쟁으로 이어지고 있다.

2) 기후변화 위기와 물 분쟁

이러한 상황에서 흔히 '물 전쟁'으로 불리는 분쟁 사례가 라틴아메리카 지역에서 매년 증가하고 있다. 시기적으로 보면 1980~1990년대 신자유주의가 이 지역을 지배했을 때는 물 관리·분배의 소유권, 즉 '누가'에 분쟁의 방점이 찍혀 있었다. 1990~2000년대 더욱 광폭해진 신자유주의에 기초한 경제구조조정 과정에서 물의 사유화, 즉 시장경제 논리에 근거해 다국적기업이 민영화를 추진하자 물 분쟁은 더욱 극심해졌다. 소비하는 물의 가격이 인상되는 것은 물론이고 물의 이용과 접근에서 다양한 형태로 불평등이 커지며 물은 점차 '블루 골드blue gold'라고 불리기 시작했다.

이에 더해 대다수 라틴아메리카 도시들은 오·폐수 처리 시스템이 미비한 탓에 위생과 질병 문제가 생기고 생활환경이 오염되면서 빠르게 토지, 강, 산림, 해양의 주변 생태 환경에도 악영향을 주어 이 지역의 총체적인 자연환경 위기를 자초했다. 이처럼 다국적기업이 주도하는 사유화와 가격 인상, 빠른 도시화

그림 5-7 2016년 볼리비아 수도 라파스 최대 가뭄 위기

2016년 11월 볼리비아에서 25년 만에 최악의 가뭄이 발생했다. 수도 라파스 시민들이 정부가 제공하는 물을 받기 위해 길게 줄을 서 있다.
자료: PAHO/WHO Emergencies News(2017.3).

와 위생 및 사후 처리 시스템의 부족, 환경오염 증가와 함께 오늘날에는 기후변화 요소까지 더해지고 있다.

대표적인 것이 2016년 남아메리카 볼리비아에서 발생한 물 전쟁으로 기후변화가 촉발시킨 사건이었다. 안데스산맥에서 융빙融氷(빙하가 녹는 것) 현상이 빠르게 일어나는 한편 25년 만에 최악의 가뭄이 발생하면서 볼리비아 국민들은 생활의 필수 자원인 물을 이용하는 데 큰 어려움을 겪었다.

남아메리카 최대 빈곤국이자 농업국인 볼리비아에서 물은 농업에 큰 영향을 주는 등 농업 종사자들의 경제적 삶 자체를 살리고 죽이는 자원이다. 볼리비아를 포함해서 멕시코, 칠레, 페루 등 지역 농업국들에서 성행하는 아보카도 플랜테이션 농업이 물 분쟁의 주범으로 부상했다. 아보카도 두세 알을 얻는 데 272리터의 물이 쓰인다는 사실이 2016년 영국 ≪가디언The Guardian≫의 보도로 알려지면서 '녹색 금'으로까지 불리며 수자원 고갈과 생태계 파괴의 주범으로 비판받는 상황이다. 하지만 피해를 보는 일반 시민들과 소규모 농업 종사자들과 달리 이러한 플랜테이션 농업을 독점하고 있는 세력들은 대지주, 대농장주, 다국적기업으로 이들은 물을 독점해 분배 형평성을 심하게 훼손시키고 있다. 그린피스 멕시코Greenpeace Mexico는 아보카도 생산 증가에 따라 "숲의 이동과 수분 보유에 미치는 영향 외에도 농약의 과도한 사용과 아보카도를 포장하

그림 5-8 **멕시코 미초아깐주의 아보카도 플랜테이션 농업의 경제적 성공과 환경 비용**

멕시코 미초아깐주는 대표적인 아보카도 생산지다. 기후변화 전문가들은 이곳에서의 농업 플랜테이션 증가와 환경 비용 간의 상관관계를 분석한 결과를 토대로 기후변화의 심각성에 대해 강력히 경고하고 있다.
자료: World Bank(2011).

고 옮기는 데 필요한 많은 양의 목재가 지역 환경과 지역민의 복지에 부정적인 영향을 미칠 수 있는 또 다른 요소"라고 평가한 바 있다. 2001~2010년간 멕시코 미초아깐Michoacán주에서 아보카도 생산량은 세 배, 수출량은 10배 늘었다. 그에 따라 연간 약 6.9제곱킬로미터의 산림이 손실되었다(Siddique, 2016.8.10).

광산 활동처럼 라틴아메리카에 풍부하고 다양한 지하자원을 개발하는 과정에서도 물의 분배 형평성은 침해받는다. 물 사용 독점과 채굴 활동에 따른 수질 오염 등에 대해 지역민과 원주민 공동체들은 저항에 나서고 있지만 역부족이다. 새로운 물 정책을 결정하는 거버넌스 과정에 시민들이 저항하는 목소리가 배제되는 탓에 갈등과 분쟁의 현장은 공청회장이나 의회보다 언제나 거리나 광장에서 더 많이 나타나고 있다.

3) 물 관리, '누가'를 넘어 '어떻게'를 묻는 시대

2019년 멕시코를 시작으로 중앙아메리카의 과테말라, 남아메리카의 콜롬비아, 브라질, 아르헨티나 등 라틴아메리카 전역에서 발생하는 물 분쟁은 이제 기존의 '누가(국가인지 기업인지) 물을 관리하고 분배하는가'라는 질문에서 벗어나고 있다. 즉, 오늘날에는 국가나 지방정부가 공공재인 물을 '어떻게' 효율적으로 관리하고 공정하게 분배하는지에 대한 갈등으로 옮겨가고 있다.

(지방)정부, 채굴 기업, 범죄 조직, 주민 저항 등이 중첩적으로 복잡하게 개입되면서 빚어지는 갈등, 분쟁, 폭력으로 많은 사상자들이 나오고 기나긴 법적 소송으로 이어지는 경우가 흔하다. 앞서 말했듯이 2019년에는 브라질 미나스제라이스주 광산 댐 붕괴 사고로 300명이 넘는 사상자가 발생했고 빠라오뻬바Paraopeba강이 심각하게 오염되어 강물 사용이 금지되었다. 한 보고서에 따르면 전체 길이가 546.5킬로미터인 빠라오뻬바강 가운데 최소 300킬로미터 구간의 생태계가 거의 파괴되었으며, 강의 중금속 오염도가 허용치의 600배를 넘었다. 또한 600만 세제곱미터의 광산 쓰레기 등이 인근 강으로 흘러들어 대서양으로 흘러가는 동안 인근 주민 25만 명이 식수를 이용하지 못했고, 물고기 수천 마리가 폐사해 브라질 역사상 '최악의 환경 재앙'을 몰고 왔다.

아르헨티나 마우리시오 마끄리Mauricio Macri 정부는 남부 빠따고니아Patagonia 지방의 자연보호 구역(산따 끄루스강)에 대형 수력발전 댐의 건설을 추진하면서 논란과 갈등을 낳았다. 이는 중국 기업이 투자한 약 57억 달러 규모의 프로젝트로 향후 아르헨티나 전력의 4퍼센트에 달하는 에너지를 담당할 수 있을 것으로 정부는 전망했다. 하지만 이 계획은 법적으로 자연보호 및 빙하 보존 지역 보호 의무를 어긴 것이며, 지속 불가능한 수력발전 댐 공사에 해당한다고 유네스코 등 국제기구는 물론 환경주의자들과 시민사회의 강력한 비판을 받았다(WWF, 2018.11.1).

한편 2016년 11월 무장 게릴라 단체인 콜롬비아무장혁명군FARC과 평화협정을 맺으며 50년의 내전을 마친 콜롬비아 정부는 평화 이후 '역설적인' 물 분쟁을 겪고 있다. 평화협정이 체결된 뒤에 사회적 갈등을 해결하고 정치·경제적으로 새로운 국가를 건설하려고 했던 콜롬비아 정부는 자원 개발에 박차를 가했고 전국적으로 농업·광물 개발 프로젝트를 진행했다. 그러나 이러한 동시다발적인 개발 압력은 자연히 자연과 생태, 특히 물의 이용과 분배에서 갈등을 불러왔다. 무분별하고 일방향적인 경제개발 정책이 추진되는 가운데 많은 전문가들은 생태와 수자원을 향한 엄청난 압력이 종국에는 또 다른 정치·사회적 분쟁의 씨앗이 될 수 있다고 우려한다. 이들은 내전이 터지기 전보다 위험한 상황이 올 수 있다며 환경민주주의에 관심을 주문하고 있다. 이미 콜롬비아 시민들이 참여하는 물·생태 보호 운동이 곳곳에서 목격되고 있다. '금 없이는 살아도 물이 없으면 죽는다Sin oro se vive, Sin agua se muere'는 슬로건은 콜롬비아에서 시작되어 라틴아메리카 전역으로 퍼져나가고 있다.

3 ┃ '자원 저주론'에 빠진 라틴아메리카[3]

1) 라틴아메리카 '자원' 전쟁의 역사

풍부한 자원의 대륙, 라틴아메리카는 역설적으로 그 풍요로움 탓에 자원 개발과 분배 과정에서 갈등과 분쟁을 겪어왔다. 15~16세기 스페인의 라틴아메리카 '엘도라도' 탐험은 그 자체가 자원 수탈의 역사였다. 19세기 후반부터는 역내 국가 간 분쟁이 이어졌다. 1879~1883년 볼리비아의 구아노와 초석 등 중요 자원(칠레 영토의 3분의 1에 해당하는 칠레 북부 지역은 막대한 경제적 이익을 주는 리튬·구리 광산 등 자원의 보고임)을 둘러싸고 볼리비아와 페루가 칠레를 상대로 4년에 걸쳐 벌인 태평양 전쟁Guerra del Pacífico이 대표적이다.

오늘날 라틴아메리카의 역사 교과서들을 보면 이러한 분쟁사를 끔찍한 자원전쟁으로 인식하고 반성하며 미래에 반복될 위험성에 대해 경고한다. 그러나 불행하게도 '자원의 저주'는 지금도 이어지고 있다. 많은 전문가들은 라틴

---

3 이 절은 하상섭(2019.4.12)을 수정·보완해 재편집한 것이다.

그림 5-9 페루 남동부 마드레 데 디오스주의 불법 금광 채굴과 산림 파괴

페루 마드레 데 디오스(Madre de Dios)주에서 금광을 포함한 광산 채굴의 결과 남겨진 산림 벌목의 흔적과 웅덩이들을 무인 항공기로 촬영했다.
자료: Conservation X Labs의 이미지, Cannon(2022.2.28)에서 재인용.

아메리카 자원 개발사의 특징을 '경로 의존성'으로 해석한다. 식민지 시절 뿌리 내린 자원 의존적인 경제구조에서 벗어나지 못하고 현재까지도 과거의 생산·개발 방식, 불평등한 분배 방식이 이어지고 있다는 것이다.

2) "식민지 다국적기업, 사들이고 쫓아냈고 암살했다"

특히 라틴아메리카 자원 개발에 선제적으로 진출한 유럽과 미국 등 해외투자자들과의 갈등이 도드라진다. 오랜 식민화 경험과 식민 유산은 늘 라틴아메리카 사회에서 큰 갈등이 되었고 종종 경제민족주의로 이어졌다. 1950년 칠레 시인 빠블로 네루다Pablo Neruda는 아메리카 대륙의 역사를 노래한 웅장한 서사시집 『모두의 노래Canto general』[2016(1950)]를 통해 미국 다국적기업들의 자원

그림 5-10 **칠레 시인 네루다와 그의 시집『모두의 노래』**

칠레 시인 네루다(왼쪽)는 1971년 노벨문학상을 수상했다. 사회주의 운동가였던 그는 시를 통해 미국의 제국주의와 다국적기업의 자원 침탈을 비판했다. 오른쪽은 그의 시집『모두의 노래』(캘리포니아 대학교 출판부) 표지다.
자료: Wikipedia.

수탈사를 강하게 비판했다.

대표적으로 남아메리카에서 석유와 천연가스 등 탄화수소 개발을 독점하는 다국적기업 스탠더드오일Standard Oil을 향해 네루다는 이렇게 말했다. "그들은 라틴아메리카에서 국가, 국민, 해양, 경찰, 의회, 심지어는 빈곤한 이들의 옥수수 밭까지 사들였다. 시민을 의식화했고, 제복을 입혔으며, 형제들을 적으로 만들었다. 기관총으로 무장해 정글에서 볼리비아인들을 몰아냈고, 파라과이에서 전쟁을 일으켰다. 한 방울의 석유를 위해 대통령을 암살하고 (……) 저항하는 이들에게 겁을 주기 위해 새로운 감옥을 만들었다."

이러한 네루다의 비판 의식은 라틴아메리카 태생의 유일한 정치경제이론인 '종속이론'을 탄생시키기도 했다. 이는 쿠바혁명(1959년), 칠레의 아옌데Allende

그림 5-11 2005년 볼리비아의 자원 '국유화' 사회운동

2005년 5월 볼리비아 꼬차밤바(Cochabamba)에서 석유·가스 산업의 국유화를 촉구하는 시위가 벌어졌다. 시민들이 '이제 국유화'라는 플랭카드를 앞세우고 거리 시위를 하고 있다.
자료: CMI Cochabamba, Bonifaz and Lefebvre(2014.11.24).

혁명(1970년), 니카라과의 산디니스따 혁명(1979년), 멕시코의 사빠띠스따 혁명(1994년) 등으로 이어졌다.

그러나 자원을 둘러싼 21세기판 분쟁은 여전하다. 대표적인 사례가 자원 저주론의 상징 격인 볼리비아다. 역사적 맥락에서 라틴아메리카의 자원 분쟁은 1875년 남아메리카 볼리비아의 동부 저지대 산따 끄루스(2003년 가스 전쟁이 발발함)에서 대륙 최초로 석유가 발견되며 시작되었다. 20세기 초 미국의 석유 회사들이 개발에 뛰어들며 갈등이 본격화했고, 이후 볼리비아의 탄화수소 산업은 국유화와 민영화를 오가며 정치·사회적 분쟁의 중심에 섰다.

볼리비아는 천연가스 매장량이 라틴아메리카에서 베네수엘라에 이어 두 번째로 많지만 역내 최빈국 중에 하나다. 브라질의 국영 석유 회사 뻬뜨로브라스

PetroBras(Petróleo Brasileiro), 아르헨티나와 스페인의 합작 기업 렙솔Repsol YPF, 프랑스의 토탈TOTAL 등 해외의 거대 다국적 석유 회사들이 생산 이익의 82퍼센트를 독점해 온 탓이다. 21세기에 들어 원주민 출신 첫 대통령 에보 모랄레스Evo Morales가 집권하자 에너지 산업 국유화를 실시했는데, 이 과정에서 유혈 충돌이 발생하는 등 갈등은 계속되었다.

3) 신은 풍부한 자원도, 부패한 정치인도 창조했다

자원 저주론의 한 축이 식민 지배 역사에서 비롯했다면 다른 한 축은 국내의 정치·사회적 맥락에서 찾을 수 있다. 자원 개발에 참여한 라틴아메리카 국가들의 정책 결정자와 정치 엘리트들은 근본적으로 자국이 소유한 자원의 개발, 분배, 이용에서 지극히 합리적인 행위자(?)였다. 전체 국민의 이익과 시민사회, 즉 공공의 이익을 추구하기보다 엘리트 자신들의 사적 이익에 충실한 정책을 입안해 왔던 것이다.

이들의 경쟁적인 개발이익 추구는 곧잘 정치 부패로 나타났다. 그리고 원주민 공동체, 환경주의자, 중산층, 영세농민, 최근에는 녹색당에 이르기까지 시민사회 곳곳의 집단적인 저항에 직면했다. 한 예로 2015년 라틴아메리카 최대 기업인 브라질의 국영 석유 회사 뻬뜨로브라스 등과 연루된 정치 부패 스캔들로 지우마 호우세피Dilma Rousseff 대통령이 탄핵된 일을 들 수 있다. 이에 더해 생존해 있는 전직 대통령 다섯 명 가운데 세 명이 부패 혐의로 기소되는 등 심각한 정치 갈등으로 이어지며 막대한 사회적 비용을 발생시켰다.

2011년 페루 까하마르까Cajamarca에서는 미국 금광 회사 뉴몬트Newmont가 주도하는 48억 달러(5조 4768억 원) 규모의 광산 개발 프로그램에 항의하는 주민들의 폭력 시위가 벌어지기도 했다. 광산 개발이 대기·수질 오염을 야기해 지역 주민들의 건강에 치명적인 영향을 끼친다는 점이 밝혀지자 시민사회가 분노한 것이다. 시민 여덟 명이 총상을 입고 부상자가 속출하는 등 경찰과의 충

그림 5-12 브라질 여성 대통령 지우마 호우세피

2014년 브라질에서는 국영 석유 회사 뻬뜨로브라스 등의 뇌물 공여 수사를 시작으로 막대한 규모의 불법 정치자금 스캔들이 터졌다. 이 여파로 2016년 8월 호우세피 대통령이 탄핵되었다.
자료: *Britannica*.

돌 수위가 높아지자 비상사태가 선포되기에 이른다. 그러나 광산업이 국내총생산의 15퍼센트를 차지하고, 전체 수출의 60퍼센트 가까이에 달하는 상황에서 광산 개발을 중단하기 힘들다는 것이 페루 정부의 입장이다.

4) 세계 최초로 '금속 채굴을 전면 금지'한 엘살바도르

자원 저주론의 관점에서 보면 라틴아메리카의 풍부한 자원이 오히려 갈등과 화를 불렀다고도 볼 수 있다. 사실 라틴아메리카에는 "신은 라틴아메리카를 창조할 때 풍부한 자원과 비옥한 토지를 주었지만, 이를 관리할 능력이 떨어지는 사람들도 함께 창조했다"라는 지독한 농담이 있다. 문제의 핵심은 관리 방식이라는 이야기다.

라틴아메리카 자원 분쟁과 갈등의 해법은 결국 새로운 관리 방식과 자원 개발 거버넌스를 요구한다. 자원의 공공재적 성격으로의 인식 전환, 정부의 규제 능력 향상과 개혁, 지속 가능한 발전 모델의 실천 등이 바로 그것이다. 비단 환경만의 문제도 아니다. 라틴아메리카의 자원 의존형 경제는 대외 경제에 심각한 취약성을 노출시켜 왔다. 국제시장의 자원 가격 변동에 취약하게 노출된 탓에 경제가 늘 롤러코스터를 탔던 것이다.

오랜 자성 끝에 일각에서는 변화의 흐름도 나타나고 있다. 2010년 중앙아메리카의 코스타리카에서는 노천 광산의 개발을 전면 금지하는 법안이 발의되었다. 2017년 엘살바도르는 국회 입법으로 "국가 영토 안에서 모든 광물자원의 개발을 금지한다"라고 선언해 금광 개발에 투자한 다국적기업과 여러 분쟁이 발생했으나 국민 다수의 지지로 법안은 유지되고 있다. 콜롬비아의 일부 지방 정부들도 더는 지역 광물자원의 개발 허가를 내주지 않겠다는 입장이다.

자원 의존형 경제발전의 패턴에서 벗어나 일시적인 경제적 손해를 감수하면서까지 이러한 금지 법안을 제도화하는 것은 결국 천문학적 생태·환경 피해에 대한 공동체 위기감의 반영이다. 라틴아메리카의 자원 개발 현장 곳곳에서 다시 '물이 금을 이기고' 있고, 자연 자원에 대한 '수탈과 자본축적' 방식에 제동이 걸리고 있다.

4 ㅣ 파괴와 범죄로 '아마존의 눈물'은 멎지 않는다[4]

1) 2021년 반복되는 아마존의 눈물

2010년 한 방송사의 5부작 다큐멘터리로 국내에 소개된 〈아마존의 눈물〉은 한국 사회에 생태계 위기와 환경 파괴에 대한 경각심과 환경보호의 중요성을 일깨웠다. '지구의 허파'라고 불리는 아마존 열대우림은 브라질, 베네수엘라, 볼리비아, 수리남, 에콰도르, 콜롬비아, 페루, 가이아나, 프랑스령 기아나 등 남

---

4   이 절은 하상섭(2019.5.10)을 수정·보완해 재편집한 것이다.

아메리카 아홉 개 나라에 걸쳐 있고, 넓이는 750만 제곱킬로미터에 달한다. 기후변화의 주범인 이산화탄소의 최대 흡수원이자 지구 생물종의 3분이 1이 사는 — 볼리비아 원주민들의 말을 빌리자면 — '빠차마마Pachamama(대지의 어머니)'다.

아마존은 세계적인 식량 창고이자 경제발전에 필요한 수많은 자원의 개발 중심지이기도 하다. 페루 안데스 지역에서 발원해 아마존 열대우림 지역을 가로질러 브라질 대서양 연안까지 이어지며, 하천 길이가 총 6900킬로미터에 달한다. 남아메리카의 젖줄인 아마존강은 수력발전의 원천이기도 한데, 2013년 통계에 따르면 브라질 전력 공급의 84퍼센트가 아마존 댐을 활용한 수력발전이다.

2) 아마존, 2018년 한국 수도권 면적보다 더 파괴되다

2020년 기후변화의 영향으로 아마존에서 강수량이 줄자 벨루 몽치Belo Monte 수력발전소는 또 다른 위기를 맞고 있다. 2011~2016년 사이에 이 댐을 계획·건설하는 동안 발표했던 수력발전의 효율성이 과장이고 거짓임이 드러났고, 벨루 몽치는 수력발전이 효율적이라는 정부 주장이 사실이 아님을 입증하는 사례가 되었다. 대형 수력발전소 프로젝트는 아마존강 유역의 생태·환경에 막대한 피해를 입힐 뿐만 아니라 설상가상으로 강수량이 줄어 에너지는 생산하지 못하는 무용지물로 전락해 가고 있다. 과거 'Belo Monte(벨루 몽치, '아름다운 언덕'이라는 뜻임)'라고 불리던 이곳은 이제 아마존 주민들이 'Belo Monstro(벨루 몽스뜨루, '아름다운 괴물'이라는 뜻임)'라고 고쳐 부르고 있다(Higgins, 2020.1.17).

그럼에도 아마존의 파괴는 현재진행형이다. 글로벌포레스트워치GFW: Global Forest Watch에 따르면 2018년 한 해에만 아마존 열대우림의 60퍼센트 정도가 있는 브라질에서 1만 3471제곱킬로미터에 달하는 열대우림이 파괴되었다. 한국 수도권 면적보다 넓다. 전 세계 소비자들에게 식량을 공급하는 거대 농업 회사의 화전식 경작과 대규모로 운영되는 가축 목장 등도 파괴의 한 원인이다. 여

그림 5-13 **브라질 아마존 열대우림의 벨루 몽치 수력발전소 건설에 반대하는 시위**

아마존 열대우림의 원주민들은 브라질 열대우림에 벨루 몽치 수력발전소를 건설하려는 계획에 반대한다.
정부의 계획대로 댐이 세워지면 수많은 원주민이 삶의 터전을 잃게 될 것이라고 시위하고 있다.
자료: International Rivers(2011.8.21).

기에 페루와 볼리비아가 위치한 안데스와 아마존 지역은 오늘날 세계 제1의 코
카인 생산지이자 국제적인 규모로 마약이 생산되고 운송되는 허브 역할을 맡
고 있다.

　원주민 공동체들은 물론 거대 농업 회사들에 비해 열악한 사정인 영세농민
들도 이 지역에서 점차 밀려나고 있다. 2018년 4월 브라질 정부 산하 국립원주
민재단은 아마존 지역에서 진행되는 고속도로와 수력발전소 등의 건설로 27개
부족이 생존에 위협을 받고 있다는 조사 결과를 발표했다. 대두 생산, 광물자
원 개발, 목축, 발전소 건설, 코카인 생산·유통까지 21세기에 아마존 열대우림
을 중심으로 하는 새로운 '골드러시' 현상이 나타나면서 새로운 갈등이 시작되
고 있다.

3) 마약의 소굴로 전락한 아마존, 숨지는 환경 운동가들

이러한 골드러시 속에 남아메리카 정부들의 효율적인 관리는 없었고 개발 경쟁만이 있었다. 인구의 급속한 유입과 경제활동의 증가는 각종 환경문제와 사회 갈등을 불렀다. 불법 산림 벌목, 토양·수질·대기 오염의 증가, 개발 경쟁에 따른 폭력 증가, 토지 분쟁에 따른 삶의 터전 상실, 강제 이주, 인권침해, 사회 불평등 심화 등이 빚은 갈등은 수많은 희생자를 낳고 있다.

무엇보다 심각한 문제는 불법 활동이다. 남아메리카 정부들의 통제가 미치지 못하는 국경이나 아마존 밀림 지역을 중심으로 마약 밀매, 조직범죄, 인신매매 등 최악의 사회 범죄가 늘고 있다. 안데스산맥을 넘어 대부분의 아마존 밀림·정글 지대를 경유해 브라질 국경 도시들로 유입된 마약은 1인당 국내총생산이 늘며 마약을 구매할 여유가 생긴 브라질 소비자들과 만나며 브라질을 미

그림 5-14 브라질 히우 지 자네이루 파벨라에서의 마약 문제

『히우 지 자네이루의 마약과 민주주의: 인신매매, 소셜 네트워크, 공공 안보(Drugs and Democracy in Rio de Janeiro: Trafficking, Social Networks, and Public Security)』는 엔리께 데스몬드 아리아스(Enrique Desmond Arias)가 2006년 출간한 책이다. 히우 지 자네이루 빈민가의 공공 안보, 정부 기관 운영, 마약 범죄 관리 문제를 다루었다. 21세기 들어 브라질의 마약 범죄가 극적으로 급증한 주요 원인을 학제 간 분석을 통해 추적하고 분석했다.

그림 5-15 브라질 대통령 자이르 보우소나루

보우소나루 대통령은 아마존 열대우림 개발을 대선 공약으로 내걸고 당선되었다. 그는 환경법을 위반한 기업에 대한 벌금 감면, 원주민 보호구역 격리, 아마존 밀림 벌목 허용 등을 추진하다가 아마존 열대우림을 포함한 대규모 환경 파괴에 대해 비판받았다.
자료: Wikipedia.

국에 이어 제2의 불법 마약 시장으로 만들 정도로 성장했다.

마약과 관련된 대부분의 폭력은 브라질의 사회 불평등과 빈곤을 상징하는 파벨라favela(빈민촌)에서 발생하고 있으며, 그렇지 않아도 열악한 도시 치안과 시민 안전을 위협하고 있다. 단적인 예로 2017년에는 브라질의 양대 마약 조직인 상빠울루 기반의 PCCPrimeiro Comando da Capital와 히우 지 자네이루 기반의 CVComando Vermelho 간의 '공개 전쟁'이 발발했다. 이해에만 6만 3880명이 살해되어 30년 만에 가장 높은 살인율을 보이기도 했다(Lessing, 2017.1.17).

아마존을 위해 싸우는 환경 운동가들도 목숨을 내놓고 활동하는 지경이다. 부패 감시 NGO인 글로벌 위트니스Global Witness에 따르면 2016년 전 세계에서 200여 명의 환경 운동가들이 목숨을 잃었다. 매주 네 명 꼴이다. 그중 브라질에서 살해된 환경 운동가가 49명으로 가장 많았는데, 이들은 주로 아마존강 일대에서 활동하다가 변을 당한 것으로 알려졌다. 2020년 6월에도 20년 넘게 페

그림 5-16 브라질 보우소나루 정부의 아마존 개발 정책에 반대하는 시민운동

2019년부터 보우소나루는 대통령이 가진 행정부 권한을 이용해 원주민 권리를 약화시키고 아마존 열대우림 보호 정책을 중단하고자 관련된 법과 제도를 바꾸었다. 이러한 움직임은 수많은 사회 갈등과 국내외적 비난을 불러왔다. 그럼에도 보우소나루 정부는 정계에 로비하는 농업 기업들과 긴밀하게 협력해 브라질 의회에서 다수의 법안을 개정하며 개발 우선 정책을 추진했다. 이 과정에서 브라질의 여러 원주민 공동체들과 아마존 열대우림 보호를 요구하는 시민사회 단체들과 갈등이 증폭되었다.
자료: Fishman(2021.8.28).

루에 살며 원주민들과 함께 환경보호 캠페인을 벌여온 영국 출신의 70대 환경운동가가 페루 아마존 지역에서 불에 타 숨지는 일이 있었다.

그럼에도 범죄, 폭력, 살인 등 각종 사회문제에 대한 브라질 등 남아메리카 정부들의 관리와 통제는 불가능한 수준이다. 이들이 통제해야 하는 국경 길이만 거의 1만 1000킬로미터로, 미국과 멕시코 국경의 네 배에 달한다. 국경 등 소외 지역에 대한 정부의 규제와 통제는 그 엄청난 범위에 비례해 열악하며, 대부분 마약 카르텔, 범죄 조직, 테러리스트에 의해 행정력을 상실한 지 오래되었다.

4) 자원 개발, 환경 파괴, 사회 갈등의 연쇄적인 덫

안데스와 아마존 열대우림 '개발 벨트'에 합류한 다양한 층위의 이해 당사자들 간의 토지분쟁도 점입가경이다. 불법 토지 점유자, 새로운 정착민, 영세농민, 원주민 공동체, 다국적기업 등이 모두 토지의 소유·분배를 둘러싸고 새로운 갈등의 중심에 서 있다. 말하자면 아마존의 브라질 정부와 안데스 일대 정부들은 무분별한 '자원 개발', 악화일로의 '환경 파괴', 점증하는 '사회 갈등'이라는 쉽게 풀 수 없는 연쇄적인 '덫'에 갇혀 있는 셈이다.

특히 브라질에서는 2019년 1월에 '브라질의 트럼프'라고 불리는 보우소나루 대통령이 취임한 뒤로 갈등이 더욱 커지고 있다. 지난 2017년 미셰우 떼메르 Michel Temer 정부 때까지만 해도 국제사회와 그린피스 등 국제 환경 단체들의 반

그림 5-17 **브라질 온실가스 배출량과 산림 파괴 면적의 상관관계**   (단위: 10억 톤, 1제곱킬로미터)

그래프는 브라질의 산림 파괴와 산림 관련 온실가스(이산화탄소) 배출량이 비례관계에 있음을 알려준다.
자료: Ionova(2021.11.5).

발로 잠시 철회되었던 아마존 열대우림의 광물 개발 프로젝트들이 보우소나루 우파 정부가 등장하면서 다시 허용되기 시작했기 때문이다. 보우소나루 집권 초기에도 수천 명의 원주민들이 수도 브라질리아에 모여 정부의 개발 정책에 반대하며 '생존할 권리를 위한 투쟁'을 벌였다. 그러나 브라질 정부는 경제 활성화, 적극적인 해외투자 유치, 지속적인 고용 등 브라질 국가 차원의 경제발전을 위해 대형 인프라 사업을 추진하고 자원 개발이 필요하다는 입장을 고수하고 있다.

이에 대한 국제사회의 시선은 곱지 않다. 아마존 열대우림은 인류가 함께 관리해야 하는 '공유지 산림'(앨 고어 전 미국 부통령)으로 인식해 열대우림에 대한 남아메리카 개별 국가들의 영토 주권을 강하게 제한해야 하며(프랑수아 미테랑 전 프랑스 대통령의 '상대적 주권론'), 심지어 적절한 국제기구에 아마존 열대우림의 관리를 위탁해야 한다는 아이디어까지 나오고 있다. 아마존 열대우림에 대한 인간·사회·자연 간의 다양한 갈등이 극에 달해 인류 전체가 감당하지 못할 '공유지의 비극'으로 가는 것을 막아야 한다는 위기감의 반영이다. 아마존의 눈물은 마를 날이 없다.

참고문헌

1. 논문, 단행본, 기사

하상섭. 2019.2.15. "[세계의 분쟁지역] 빼앗기고 소외되고 오염되고… 중남미 분쟁의 씨앗 '토지 분배'". ≪한국일보≫. https://www.hankookilbo.com/News/Read/201902141612740931.

_____. 2019.3.22. "[세계의 분쟁지역] 물의 사유화로 인한 아마존강의 위기… '블루 골드'가 된 물". ≪한국일보≫. https://www.hankookilbo.com/News/Read/201903211377738090.

_____. 2019.4.12. "[세계의 분쟁지역] '자원 저주론'에 빠진 라틴아메리카". ≪한국일보≫. https://www.hankookilbo.com/News/Read/201904121063781164.

_____. 2019.5.10. "[세계의 분쟁지역] 파괴·범죄로 아마존의 눈물 멎지 않는다". ≪한국일보≫. https://www.hankookilbo.com/News/Read/201905091366328531.

Akhmouch, A. 2012. "Water Governance in Latin Americaand the Caribbean: A Multi-Level Approach." *OECD Regional Development Working Papers*, 2012/04, OECD Publishing. http://dx.doi.org/10.1787/5k9crzqk3ttj-en.

Bonifaz, Jeanette and Stephan Lefebvre. 2014.11.24. "Lessons from Bolivia: re-nationalisation of the hydrocarbon industry has been a huge economic success." *Open Democracy*. https://www.opendemocracy.net.

Cannon, John. 2022.2.28. "In a biodiversity haven, mining drives highest ever recorded levels of mercury." *Mongabay*. Mongabay Series: Amazon Conservation, Artisanal Mining.

dos Santos Vergilio, Cristiane et al. 2020. "Metal concentrations and biological effects from one of the largest mining disasters in the world(Brumadinho, Minas Gerais, Brazil)." *Scientific Reports*, Vol. 10, 'Map of the sampling sites with the trajectory of the mining tailings along the Paraopeba River.'

Fishman, Andrew. 2021.8.28. "Brazil's largest-ever Indigenous protest came amid efforts by Jair Bolsonaro and his allies to pave the way for industry in the Amazon." *The Intercept*. https://theintercept.com.

Higgins, Tiffany. 2020.1.17. "Belo Monte boondoggle: Brazil's biggest, costliest dam may be unviable." *Mongabay*. https://news.mongabay.com/2020/01/belo-monte-boondoggle-brazils-biggest-costliest-dam-may-be-unviable.

Ionova, Ana. 2021.11.5. "Will Brazil really save the Amazon?." BBC. https://www.bbc.com/future/article/20211028-how-much-action-is-brazil-taking-on-climate-change.

Lessing, Benjamin. 2017.1.17. "Brazil's prison massacres are a frightening window into gang warfare." *The Washington Post*. https://www.washingtonpost.com/news/monkey-cage/wp/2017/01/17/brazils-prison-massacres-are-a-frightening-window-into-gang-warfare.

Oxfam. 2016. "Unearthed: Land, Power and Inequality in Latin America." https://www-cdn.oxfam.org/s3fs-public/file_attachments/bp-land-power-inequality-latin-america-301116-en.p df. (검색일: 2021.11.1).

PAHO/WHO Emergencies News. 2017.3. "Bolivia: 'Taking Care of Our Water': An initiative in Bolivia to cope with the national drought emergency." Iss. 123.

Siddique, Haroon. 2016.8.10. "Rising avocado prices fuelling illegal deforestation in Mexico." *The Guardian*. https://www.theguardian.com/lifeandstyle/2016/aug/10/avocado-illegal-deforestation-mexico-pine-forests.

WWF. 2018.11.1. "Plans for mega dams put Argentina's Santa Cruz River - its wildlife, local livelihoods, and Perito Moreno Glacier - at risk." https://www.worldwildlife.org/stories/plans-for-mega-dams-put-argentina-s-santa-cruz-river-its-wildlife-local-livelihoods-and-perito-moreno-glacier-at-risk.

2. 웹 자료

Britannica. https://www.britannica.com.

International Rivers. 2011.8.21. https://www.flickr.com/photos/internationalrivers/6070635227.

Wikipedia. https://ko.wikipedia.org.

World Bank. 2011. 'Mexico: Avocado in Michoacan: An Economic Hit and Environmental Cost.'

제 6 장

아마존을 중심으로 본 보우소나루 정부의 환경 정책

박원복(단국대학교 유럽중남미학부 교수)

1 ┃ 환경문제의 다면성

수십 년간 우리는 아마존을 언급할 때 늘 이곳이 '지구의 허파'라는 말을 들었다. 그런데 최근 들어 심심찮게 아마존에서 대형 산불이 났다는 소식이 전해지고 있고, 이 열대우림의 훼손 문제가 국제 이슈로 등장하면서 의문을 하나 가질 수밖에 없게 되었다. 과연 아마존은 아직도 지구의 허파인가. 뒤에서 살펴보겠지만 일단 지구의 허파라는 표현은 아마존이 겪고 있는 환경문제가 아마존을 점하고 있는 아홉 개 나라에 국한된 지엽적인 문제가 아니라 이미 전 세계, 전 인류의 문제임을 전제하고 있는 것이다.

실제로 2019년 6~8월 브라질 아마존 지역에 대화재가 발생하자 같은 시기 일본에서 열린 G20 정상회의에서 프랑스의 에마뉘엘 마크롱 대통령, 독일의 앙겔라 메르켈Angela Merkel 총리와 브라질의 자이르 보우소나루 대통령 간에 설전이 벌어졌다. 당시 마크롱은 2021년에 발효될 예정이던 파리협정에 근거해 브라질의 환경문제에 우려를 표명했다. 스웨덴과 함께 아마존 열대우림 보호를 목적으로 하는 아마존기금Fundo Amazônia에 상당한 기부금을 제공하고 있는 독일의 메르켈 총리는 기부금의 철회 가능성을 언급하기도 했다. 이처럼 환경문제는 때때로 개별 국가의 문제를 넘어 외교 문제로 비화하는 등 오늘날에는 이전과는 차원이 다른 양상을 띠고 있다.

포르투갈 출신의 석학 보아벵뚜라 드 소우자 상뚜스Boaventura de Sousa Santos
는 브라질을 포함한 라틴아메리카, 인도네시아, 필리핀 등에서의 열대우림 파
괴를 가난, 기근, 영양 결핍의 초국가화 요인들이 낳은 여러 부정적 결과들 가
운데 하나로 본다. 그는 오늘날 환경문제는 한 국가에 국한된 문제가 아니라 초
국가적 문제이자 세대 간의 문제, 즉 지속 가능한 개발의 문제라고 강조한다.
그는 "세계체제가 직면한 모든 문제 가운데 환경의 (질적) 저하가 아마도 가장
본질적인 초국가적 문제일 것이다. 따라서 이 문제에 어떻게 대처하는지에 따
라 북반구와 남반구 간의 지구적인 분쟁으로 이어질 수도 있고 반대로 국가를
초월한 연대 의식과 세대 간의 연대 의식을 실행하는 플랫폼이 될 수도 있다"
(Santos, 2013: 250)라고 말한다.

아울러 해당 국가 안에서도 환경 정책이나 환경문제는 집권 세력의 정치적
이데올로기와 연관이 깊고, 사회계층 간의 다양한 이해관계나 사회 전반의 문
제와도 깊이 연계되어 있다. 브라질의 경우 오늘날 거대 담론 중 하나인 지속
가능한 개발이라는 관점에서도 그렇지만 환경 정의環境 正義, justiça ambiental라는
관점에서 특히 많이 접근하고 있다. 사회계층과 인종을 불문하고 모두에게 영
향을 미치는 환경오염 문제는 차치하더라도 식민 시대부터 이어져 온 가진 자
와 못 가진 자, 즉 계층 간의 소득 불균형, 고용 문제, 자원에의 접근권, 원주민
과 흑인 노예의 후손인 낄롱볼라스quilombolas와 같은 소수민족의 인권 문제, 인
종 불평등 문제 등이 뒤엉켜 있어 해결책을 찾기 매우 어렵다. 특히 환경 정의
문제는 18가지 환경 원칙을 압도적으로 승인한 1992년 리우 환경정상회의Rio
Summit 이후 거스르기 어려운 하나의 원칙처럼 자리 잡고 있다. 뒤에서 다루겠
지만 1988년 제정된 브라질 연방헌법도 "모든 사람은 생태적으로 균형을 이룬
환경에의 권리를 가진다"라고 명시함으로써 이러한 상황에 대한 나름대로의 해
결 방향, 즉 환경 정의라는 관점에서 환경문제에 접근할 것을 제시하고 있다.
요약하자면 지속 가능한 성장과 환경 정의를 내포하고 있는 1988년 브라질 연
방헌법의 내용, 브라질 보우소나루 정부(2019년 이후)의 정치적 이데올로기 성

향, 1992년 리우 회의에서 압도적으로 승인된 18가지 환경 관련 원칙이 이 장의 주된 소재라고 할 수 있다.

이 장은 이러한 소재들을 중심으로 보우소나루 정부의 환경 정책이 가진 특징을 살펴보고 향후 정책 방향을 가늠해 본다. 이 정부의 환경 정책을 분석할 때는 담론이나 이론이 아니라 정부가 실제 집행한 정책과 사실들을 바탕으로 적정 수준에서 제시할 것이다. 그런데 보우소나루 대통령의 임기가 아직 1년가량 남아 있는 데다가[1] 2021년 6월 브라질 환경 정책을 총괄하던 환경부 장관 히까르두 살리스가 사임하고 새로운 인물이 환경 정책을 이끌고 있어 일부 정책에 변화가 올 여지가 있기에 보우소나루 정부의 전반적인 환경 정책의 특징이나 성격을 온전히 분석하기에는 역부족일 수 있다.

따라서 이 장에서 분석하는 보우소나루 정부의 환경 정책은 그동안 언론 등에 실린 정부 관계자들(대통령과 환경부 장관 등)과 환경 관련 시민단체들, 환경부MMA: Ministério do Meio Ambiente, 브라질 환경·재생가능천연자원 연구소Ibama: Instituto Brasileiro do Meio Ambiente e dos Recursos Naturais Renováveis(이하 Ibama), 쉬꾸 멩지스 생물학적다양성 보존연구소ICMBio: Instituto Chico Mendes de Conservação da Biodiversidade(이하 ICMBio) 등의 정부 기관들이 발표한 정책과 자료들을 중심으로 진행될 것이다.

2 | 브라질 환경 정책의 변화: '오염은 발전의 신호'에서 '환경 정의'로

우선 이 장에서는 20세기 후반 군사정권 시기(1964~1985년)와 뒤이은 민주화 시기를 중심으로 브라질의 환경 정책이 어떤 변화를 보였는지 추적함으로써 같은 시기 브라질의 환경 정책 변화를 분석하고 이를 기초로 현재 브라질 정부의

---

1 이 장은 2022년 초에 작성되었다.

환경 정책에 대한 폭넓은 이해를 도모하고자 한다.

20세기 들어 브라질에서 환경문제가 본격적으로 거론되기 시작한 것은 유엔이 주도한 1972년 스톡홀름 인간환경회의부터였다. "스톡홀름에서는 많은 국가가 환경보호보다 경제개발의 우선권을 옹호하고 나섰다. (브라질의 경우) 에밀리우 가하스따주 메디시Emílio Garrastazu Médici가 권좌에 있던 군사정권 시절의 브라질 대표단 중 일부는 환경보호가 경제발전에 장애가 되어서는 안 된다고 생각했다. 예를 들면 '최악의 오염은 빈곤이다', '개발이 먼저이고 환경을 돌보는 것은 그다음 일이다', '오염은 발전의 신호다'라는 표현들이 정계, 노조, 기업에 보편화되어 있었"다(페우지망, 2014: 437~438).

그럼에도 불구하고 1972년의 스톡홀름 회의를 기점으로 브라질에서도 많은 변화가 일어났다. 이를테면 이듬해 학계와 NGO들의 압력으로 당시 내무부 산하에 환경특별청SEMA: Secretaria Especial de Meio Ambiente이 설치되는가 하면 군사정권 후반기인 1981년에는 환경법의 이정표로 지목되는 법 제6938호가 발효되면서 국가 차원의 환경 정책 수립이 가능해졌다. 이에 따라 국가환경시스템Sistema Nacional do Meio Ambiente이 설립되고 해당 기구 산하에 환경과 관련된 규정의 제정 권한을 가진 국가환경심의회Conama: Conselho Nacional do Meio Ambiente가 설치되어 정부와 NGO들이 함께 환경문제를 논의하게 되었다(같은 책, 439).

하지만 브라질 군사정권 시기에 환경과 관련된 정부의 입장은 언제나 민족주의적 발전주의 위주였으며 아마존이 국제 이슈로 등장할 때면 여지없이 주권 문제나 국가 안보라는 시각으로 접근하며 독자 행보를 지속했다. 예를 들면 1966년 권좌에 있던 까스뗄루 브랑꾸Castelo Branco 대통령은 '[외국에] 넘기지 않기 위해 [아마존을] 통합한다(Integrar para não entregar)'라는 슬로건으로 아마존 개발관리청을 설립하고 이 기관을 통해 아마존 개발과 식민 사업을 본격화하기 시작했다(Santana, 2009). 뒤에 보겠지만 이러한 논리와 모토가 보우소나루 정부에서도 강하게 엿보인다. 어쨌든 군사정권은 1970년 법 제1106호를 통해 국가통합프로그램PIN: Plano de Integração Nacional을 제정하고 이 법을 바탕으로 아마존 지역을 동서로 관통하는 아마존횡단도로(BR-230)와 아마존 남부의 마뚜그로수주 꾸이아바와 아마존강 유역의 빠라주 상따렝을 잇는 BR-163 연방종단도로를 건설하기 시작하는 등 환경 보존보다 개발에 치중한 정책을 본격화하기에 이르렀다. 이와 함께 아마존 지역으로의 대규모 이주를 추진해 아마존에 대한 국제사회의 간섭을 차단하며 실질적인 점유와 개발을 시작했다.

그러나 1988년 제정된 브라질 연방헌법과 1992년 리우 회의를 기점으로 브라질의 환경문제는 새로운 시각과 방향성을 띠기 시작한다. 예를 들어 1988년 연방헌법은 제5장에 '환경 관련Do Meio Ambiente'이라는 제목의 별도 단락을 만들고 그 아래 제225조에 다음과 같은 내용을 명문화했다.

> 모든 사람은 생태적으로 균형을 이룬 환경에의 권리를 가진다. 환경은 국민의
> 공동 이용을 위한 자산이며 건강한 삶의 질에 필수적이다. 따라서 공권력과 국
> 민에게는 현재 세대와 미래 세대를 위해 환경을 방어하고 보존할 의무가 있다.[2]

즉, 환경문제는 보아벵뚜라의 의견처럼 세대 간의 문제이자 현재 살고 있는 모든 국민의 삶에 직결되며 환경을 보호하고 보존하는 것은 환경 정의의 문제라는 것이다(악셀레이드, 2012: 116~146). 웬디 월포드Wendy Wolford에 따르면 다음과 같다.

> 환경 정의의 문제가 도시의 산업 발달에 따라 생겨난 미국과 달리 브라질에서
> 는 환경 정의의 쟁점이 자국의 토지 통합과 근대화의 특수한 역사적 상황 안에
> 서 고려되어야 할 농업 문제로 여겨졌다. (……) 브라질에서 환경 정의는 현재

---

2 "Todos têm direito ao meio ambiente ecologicamente equilibrado, bem de uso comum do povo e essencial à sadia qualidade de vida, impondo-se ao poder público e à coletividade o dever de defendê-lo e preservá-lo para as presentes e futuras gerações." Constituição Federal de(1988), (검색일: 2021.10.12).

도 계속되어 오고 있는 식민주의적·제국주의적 관습과 사상 안에 내재되어 있으며, 이는 특히 토지에 대한 불평등한 접근권과 그에 수반되는 환경 훼손이라는 측면에서 분명히 드러난다(월포드, 2012: 287).

즉, 브라질에서의 환경 정의란 장기간 식민 지배를 받은 브라질의 역사적·사회적 특수성에 대한 해석의 결과인 셈이며, 그 내용을 군사정권이 종식되고 민주화가 이루어진 뒤에 나온 1988년 연방헌법에 담아낸 것으로 볼 수 있다. 또한 이 헌법은 환경문제는 정부의 책임만이 아니라 집단coletividade 혹은 국민의 책임이라는 점을 분명히 밝혀 이 문제에 대해서는 초당적이고 국가적인 차원에서 대처해야 한다고 강조하고 있다. 제4항에는 아예 아마존을 직접 지목해 언급한다.

> 브라질 아마존의 열대우림, 대서양 연안의 숲, [남동부 지역의 토착 산림] 세하두 마르Serra do Mar, 마뚜 그로수주의 빵따나우Pantanal, 그리고 연안 지대의 숲은 국가의 자산이며 천연자원의 이용을 포함해 그것의 이용은 법의 형식으로 환경 보존을 보장할 수 있는 조건 속에서 이루어져야 한다.[3]

한마디로 요약하자면 그 전까지 환경 관련 문제는 주로 정권의 정치적 이데올로기 관점에서 접근해 해결하려고 했다. 그러던 것이 이 헌법이 발효된 뒤부터는 정부뿐만 아니라 관련 시민단체 등이 머리를 맞대고 논의해 그 결과를 법제화하기에 이른다.

---

3 "A Floresta Amazônica brasileira, a Mata Atlântica, a Serra do Mar, o Pantanal Mato-Grossense e a Zona Costeira são patrimônio nacional, e sua utilização far-se-á, na forma da lei, dentro de condições que assegurem a preservação do meio ambiente, inclusive quanto ao uso dos recursos naturais." Constituição Federal de(1988), (검색일: 2021.10.12).

헌법이 발효되던 해에 아마존 고무나무 수액 채취업자이자 환경 운동가였던 쉬꾸 멩지스가 한 농장주에게 살해되면서 또 다시 환경문제의 중요성, 지속 가능한 성장의 의미, 인권 등에 대한 국가적 논의가 재개되었다. 유엔 주도의 1992년 리우 회의가 브라질 히우 지 자네이루에서 개최되면서 사회적 환경주의socioambientalismo가 정착하는 계기가 되었다. 파비우 페우지망Fabio Feldmann에 따르면 사회적 환경주의는 브라질의 환경문제를 이해하는 데 매우 중요한 개념으로 다음과 같이 설명한다.

> [사회적 환경주의의] 기원으로는 두 가지 개념을 이야기할 수 있다. 보존주의 preservacionismo와 보호주의conservacionismo다. 보존주의는 자연 자체에 고유한 가치가 있다고 보는 환경론적 생각의 흐름으로 자연이 인간의 개입 없이 본래 상태로 보호되어야 한다고 주장한다. 보호주의는 동일한 문제의 여러 면으로 서 환경적인 면, 경제적인 면, 사회적인 면을 거론한다. 이들에 따르면 자연보 호는 인간의 필요성에 부응하고, 통제된 이용의 판단 기준들을 시작으로 하는 관리 행위를 통해 이루어져야 한다고 본다(페우지망, 2014: 442).

어쨌든 이러한 역사적 우여곡절 끝에 1989년 브라질 내각에 처음으로 환경 부가 신설되었으며, 그 뒤에 열린 1992년 리우 회의에서는 27개 환경 원칙이 발표되면서 브라질의 환경 정책 수립에 큰 영향을 미치게 되었다. 공간상의 제 약 때문에 이 장의 주제와 관련이 깊고, 이 27개 원칙의 핵심 논리가 담긴 원칙 1~5만 살펴보면 다음과 같다(월드위치연구소, 2012: 96~97 재인용).

> 원칙 1: 지속 가능한 발전의 핵심은 바로 인간이다.
> 원칙 2: 유엔 헌장이나 국제법 원칙에 따라 국가는 자국의 자원을 이용할 수 있 는 주권국가로서의 권리를 가진다.
> 원칙 3: 현재 세대와 미래 세대의 이익은 조화를 이루어야 한다.

원칙 4: 발전 정책으로서의 환경 정책을 촉구한다.

원칙 5: 빈곤 근절은 지속 가능한 발전에 없어서는 안 될 선결 조건이다.

이 원칙들 속에는 지속 가능한 발전을 재차 강조하되 그 기준은 인간이며 자원에 대한 주권 문제의 공식화와 함께 빈곤 문제와 같은 사회문제의 해결, 그러니까 앞서 언급한 환경 정의 문제를 강조하고 있다. 이러한 원칙은 뒤에 보겠지만 향후 브라질 정부의 환경 정책 수립과 집행에 상당한 영향을 끼쳤다.

이러한 배경과 과정을 거치면서 이후 브라질에서는 환경 NGO가 많이 등장하고 다양한 분야와 관점에서 환경문제가 개진되어 제도적으로 정착되는 듯했다. 특히 2003년 룰라 다 시우바 대통령이 집권하면서 환경부의 역할이 눈에 띄게 늘었으며, 여기에는 장관을 맡았던 마리나 시우바Marina Silva의 역량도 큰 몫을 했다. 그러나 룰라 정부(2003~2010년) 이후 지우마 호우세피 여성 대통령의 등장 및 탄핵과 당시 부통령이던 미셰우 떼메르의 잔여 임기 수행, 2019년 '브라질의 트럼프'로 불리며 집권한 극우파 보우소나루의 등장 등을 거치며 브라질의 환경문제는 이전과 매우 다른 궤도를 그리게 된다. 즉, 정치, 경제, 교육 등의 사회 전반에서, 좌파에서 우파로의 권력 이동에 따른 변화가 매우 급격하게 진행되어 왔으며, 특히 환경문제는 보우소나루 정부의 정치적 성향과 이데올로기를 가장 잘 보여주는 분야라고 할 것이다.

3 ǀ 보우소나루 정부의 환경 정책

1) 기존 환경 관리 시스템의 의도적인 와해

〈그림 6-1〉에서 보듯이 2020년 8월부터 2021년 7월 사이에 아마존 지역에서 파괴된 산림 면적은 1만 3235제곱킬로미터로 나타났다. 이 자료는 2021년

그림 6-1 **연간 아마존 산림의 파괴 면적** (단위: 제곱킬로미터)

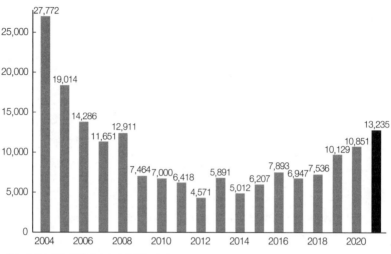

자료: 아마존 산림 벌목 감시 모니터링(Prodes).

8월 18일 브라질 국립우주연구소가 정부 공식 자료로 발표한 것으로 1년 전인 2019년 8월과 2020년 7월 사이에는 같은 지대의 손실 면적이 1만 851제곱킬로미터였던 만큼 1년 사이에 22퍼센트나 많은 산림이 파괴되었음을 의미한다.

1만 3235제곱킬로미터라는 손실 수치는 2006년 1만 4286제곱킬로미터가 소실된 이래 가장 넓은 것으로, 브라질 정부가 2021년 제26차 유엔기후변화협약 당사국총회(이하 COP26)에서 약속한 것에 대해 의문을 가지게 한다. COP26은 2100년 지구의 온도 상승을 섭씨 1.5도 수준에서 유지하자는 2015년 파리협정의 목표를 달성하고자 100여 개가 넘는 나라들이 2021년 10월 31일부터 11월 12일까지 스코틀랜드 글래스고에 모여 새로운 실천안들을 제시하고 논의한 자리였다. 이 총회의 둘째 날에 브라질 환경부 장관인 조아낑 레이치가 기존의 약속에서 2년을 앞당겨 2028년에 불법 산림 파괴를 제로로 만들겠다고 선언했다. 여기서 문제는 본래 이러한 목표를 발표하기 전에 연간 아마존 지역의 산림 파괴 데이터들을 해당 총회 전이나 총회가 진행되는 중에 발표했어야 하는데 브라질 정부는 그것을 끝까지 숨겼고, 그럼에도 이 회의에 파견된 브라질 정부 관계자들은 산림 파괴 데이터들을 잘 알고 있었다는 것이다. 즉, 곧 드러날 사실임에도 불구하고 환경문제 관련 자료들을 쉬쉬하며 은폐했다는 것은 브라질 정부가 환경문제를 자신들을 불편하게 하는 무언가로 보고 있다는 의미이자 다른 한편으로는 이 문제와 관련해 이들이 떳떳하지 못함을 방증하는 것으로도 볼 수 있다.

또 한 가지 문제는 온실가스와 관련된 것이다. COP26에 참석하기 전에 레이치 환경부 장관은 브라질은 2030년까지 환경오염을 유발하는 가스 배출량을 당초의 43퍼센트에서 50퍼센트로 감축하겠다고 선언했다. 그리고 이러한 내용을 2021년 개최된 COP26에서 보우소나루 대통령이 공식화했다.

브라질은 미국의 조 바이든Joe Biden 대통령이 취임한 뒤에 가진 양국 정상회담에서 2005년을 기준으로 2025년까지 37퍼센트, 2030년까지 43퍼센트의 온실가스 배출을 줄이겠다고 발표했다. 그러나 이러한 발표는 당시 브라질의 국내외 상황, 그러니까 아마존기금과 같은 국제사회의 환경 관련 지원금이 축소되는 등 외국의 브라질 투자가 줄어드는 상황과 2022년 대선을 앞두고 국내의 불만 여론을 잠재우기 위한 포석으로 풀이된다. 그리고 앞서 언급했지만 이 발표와 함께 브라질은 애초 2030년까지 산림 파괴를 제로화하겠다는 약속을 2년 앞당겨 2028년에 완료하겠다고 선언했으며 나아가 2027년까지 50퍼센트를 줄이겠다고 약속했다. 이것은 2022년과 2024년 사이에 연간 15퍼센트씩 산림 파괴를 줄이고 2025년과 2026년 사이에는 40퍼센트를 줄여 2028년에 산림 파괴를 제로화한다는 의미다. 또 이번 발표에서 레이치 장관은 2050년까지 탄소 배출을 최대한 줄이면서 나머지 유해가스들은 대기 중의 탄소 포집 기술을 통해 해결한다는 탄소 중립 정책을 천명하기도 했다.

하지만 이 약속이 지켜질지 많은 의문이 남는다. 이러한 의문이 드는 이유는 지난 3년간 보우소나루 정부의 환경 정책이 최근의 발표와는 매우 대비되어 국내외적으로 상당한 비난과 반목을 불러왔기 때문이다. 특히 〈그림 6-2〉

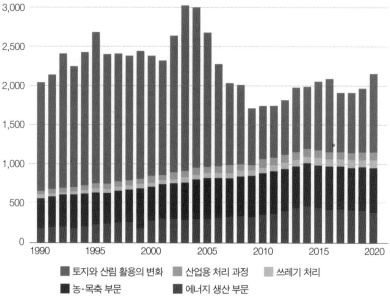

그림 6-2 **에너지 생산 및 활용 부문**　　　　　　　　　　　　　　　　　(단위: 100만 톤)

범례:
- 토지와 산림 활용의 변화
- 산업용 처리 과정
- 쓰레기 처리
- 농·목축 부문
- 에너지 생산 부문

자료: SEEG/Observatório do Clima.

에서 보듯 보우소나루 정부 2년 차였던 2020년에 브라질에서 발생한 산림 화재가 최근 10년간 가장 많았으며, 그가 취임한 2019년에 탄소 배출량이 13년 만에 최고치에 달했고 아마존 지역의 산림 벌목은 2008년 이래 최대치를 기록했기 때문이다.

따라서 브라질이 COP26에서 내놓은 발표는 대외적 이미지 개선과 2022년 대선을 겨냥한 장밋빛 약속이라는 시각이 지배적이다. 하지만 다른 한편으로는 그동안 국내외적으로 많은 논란을 불러일으킨 살리스 전 환경부 장관이 사임하고 난 뒤에 브라질 정부가 기존의 자세에서 벗어나 산림 파괴를 막기 위한 실질적인 조치들을 취하고자 노력하는 중이라는 신호일 수도 있다. 그럼에도 국제사회는 보우소나루 정부의 환경 정책에 대해 매우 부정적인 시각을 유지하고 있는 것이 사실이다.

그 주된 이유는 첫째, 보우소나루 정부의 탄소 배출량 감축 목표와 약속이 2005년을 기준으로 삼고 있기 때문이다. 브라질은 파리협정에 서명하기 전에 국가 온실가스 감축 목표NDC: Contribuição Nacionalmente Determinada(이하 NDC)를 통해 2060년에 탄소 배출 중립을 이루겠다고 발표했다. 그러다가 2020년 12월에 NDC를 현실화해 2025년까지 2005년 대비 탄소 배출을 37퍼센트 줄이겠다는 목표를 제시했다. 2030년에는 43퍼센트까지 줄일 것이며, 2060년에는 기존의 결정대로 탄소 중립을 이루겠다고 했다. 그다음 2021년 4월 미국에서 열린 기후정상회의Leaders Summit on Climate 연설에서 보우소나루 대통령은 탄소 중립 목표를 10년 앞당긴 2050년으로 설정했다. 하지만 이를 두고 당시에 많은 환경 정책 전문가들이 탄소 배출을 오히려 가속화하겠다는 발표라고 비판했다.

그 이유는 2005년을 기준으로 이러한 목표를 이루겠다는 것은 기술적으로 볼 때 2030년까지 탄소 가스를 2억 톤에서 4억 톤까지 추가 방출할 수도 있다는 논리가 되기 때문이었다. 기준 연도를 바꾸지 않고 목표치를 50퍼센트로 상향한다면 브라질은 탄소 배출의 가속화를 멈출 수 있을지는 몰라도 2015년의 NDC에서 밝힌 온실가스 배출 수준에서는 진전이 없을 것이다. 실제로 매년 브라질의 온실가스 배출량을 측정해 발표하는 환경 단체 간 네트워크인 기후감시대Observatório do Clima 자료에 따르면 "만일 이 50퍼센트라는 수치를 가장 최근의 브라질 가스 배출 기준에 적용할 경우 보우소나루 정부는 6년 전 호우세피 정부가 발표한 목표를 이루게 된다"라고 한다. 그러니까 2005년으로 기준 연도를 설정하는 꼼수를 부린 것으로, 실제 브라질 정부는 2050년까지 탄소 배출 감소를 위해 아무런 노력을 하지 않겠다는 말과 같다는 것이다.

이러한 비판이 제기되자 2021년 COP26에서 브라질 대표단은 대규모 개발도상국들과 비교할 때 브라질의 목표는 가장 진전된 것이라고 주장했다. 브라질 대표단의 한 고위 관료는 언론 인터뷰에서 "오늘날 가장 많이 환경을 오염시키는 나라이자 가장 많은 온실가스를 배출하는 중국의 경우 2030년에 가서야 탄소 배출 노력을 겨우 시작한다고 한다. 그러니까 2030년까지 중국은 탄소 배출을 늘릴 권리를 가진 것이다"라고 강변했다(BBC Brazil, 2021.11.1). 이러한 주장은 자국 정부의 목표를 합리화하는 것이자 그 목표를 달성하기 위한 기준 연도 설정에 문제가 있다고 자인한 것과 같다. 즉, 보우소나루 정부가 환경 문제에 진지한 자세로 임하지 않고 있으며 국내외의 따가운 비판에도 불구하고 임기 말까지 자신들이 추구하는 개발 위주의 정책을 최대한 유지하겠다는 자세를 보여준 것이라고 하겠다.

그 결과 보우소나루 정부는 대내적으로 수많은 환경 단체들의 비난에 직면하고, 대외적으로는 아마존기금 제공국들의 불만과 통상 압력 사이에서 매우 어려운 상황에 처한 것으로 보인다. 특히 외국의 압력이 거세지고 있는데, 가령 2021년 5월에 영국의 슈퍼마켓 체인점인 테스코Tesco와 마크스앤드스펜서Marks and Spencer 등 일련의 유럽 기업들이 현재 브라질 의회에 계류 중인, 불법 토지 양성화를 위한 목적으로 하는 일명 '그릴라젱 임시조치MP(Medida Provisória) da Grilagem'가 통과될 경우 자사들은 브라질 상품을 구매하지 않겠다고 위협하고 나선 것이다.

이들은 브라질 상·하원에 보낸 공개서한에서 2020년 브라질에서 발생한 산림 파괴 증가, 환경 범죄 감시·퇴치 예산의 축소, 2020년 유야무야 상태에 놓였던 입법안PL 510/21에 대해 우려를 표명하며 산림을 파괴하며 생산된 제품은 구매하지 않겠다는 의사를 전달했다. 이 서한에서 유럽 기업들은 다음과 같이 주장했다.

> 그러한 조치들은 (2021년) 4월 22일 바이든 미국 대통령과의 정상회담에서 국제적으로 브라질이 제시한 논조와 배치된다. 브라질 법령에 명시된 기존 [환경] 보존 정책과 환경 보존 지역 설정은 우리의 상품, 서비스, 투자 그리고 브라질과의 무역 관계가 우리 기업들의 환경적·사회적 약속에 부응한다는 확신을 가지는 것에 필수적이며 우리 기업들의 그러한 환경적·사회적 약속은 우리의 고객과 투자자들이 기대하고 있는 것이기도 하다.

이어 COP26 기간 동안 브라질 정부의 온실가스 배출 축소 목표에 대해서도 유럽연합은 브라질 정부를 신뢰할 수 없다는 의견을 드러냈다. 유럽연합은 총회가 열리던 기간 중에 산림 파괴와 관계되는 농산물의 수입을 제한하는 방안을 발표했다. 이 조치에 따르면 대두와 쇠고기 등과 같은 상품의 유럽 수입업자들은 산림 파괴와 관계된 농산물의 수입 모니터링에 대해 책임을 지게 될 것으로 보인다. 쉽게 말하면 산림을 파괴하며 생산된 대두나 쇠고기의 수입이 매우 어려워질 것이라는 의미로 대두와 쇠고기가 브라질의 주요 수출품 중 하나인 만큼 브라질이 상당히 타격받을 수 있다는 뜻이 된다. 당연한 일이지만 브라질 농촌소사이어티SRB: Sociedade Rural Brasileira는 유럽연합의 안에 분노를 표명했다.

> 브라질을 산림 파괴 고위험 국가로 묶겠다는 유럽연합의 안은 법에 따라 이루어진 합법적인 행위와 불법적으로 이루어진 불법행위를 구분하지 않고 있다. 브라질 농촌소사이어티는 브라질의 자율성이 보존되고 또 브라질의 농·목축업이 환경 보존에 대해 약속한 것을 국제사회에 분명하게 밝히도록 현지 브라질 대표단에게 전적인 지지를 보낼 것이다.

결국 아마존기금을 둘러싼 정부 간의 싸움에 이어 브라질의 환경문제가 민간 부문 간의 싸움으로까지 확산하고 있음을 알 수 있다. 만일 유럽의 수입업자들이 환경 파괴를 통해 생산된 브라질산 대두나 쇠고기를 수입하지 않을 경우 보우소나루 정부에 큰 타격이 될 것이다. 브라질 쇠고기의 최대 수입국이 유럽연합이기에 이 경고가 현실화할 경우 보우소나루 정부는 자국의 목축업자들로부터 거센 항의를 받을 것이 틀림없기 때문이다.

2) 경제 논리에 기반한 개발 우선 정책

현재까지 보우소나루 정부가 보여준 거의 모든 정책은 이전 룰라 정부를 비롯한 좌파 정부들의 정책 지우기로 요약할 수 있다. 특히 환경과 관련해서 그러한 면이 보다 분명하게 드러난다. 아직 임기가 1년가량 남았고 최근에 환경부 장관이 교체되었기에 보우소나루 정부의 환경 정책이 어떤 방향으로 전개될지 섣불리 결론을 내리기는 어렵다. 하지만 지금까지 진행된 이 정부의 정책들을 보면 남은 임기 동안 어떤 정책이 추진될지 가늠하기 어렵지 않다. 그 이유는 무엇보다 새로 부임한 환경부 장관이 이전 장관 밑에서 일하며 전임자의 신임을 받던 고위 공직자였기 때문이다.

어쨌든 지금까지 나타난 보우소나루 정부의 정책을 살펴보면 다음과 같다.

첫째, 정치적으로 극우 성향이 강하다. 보우소나루가 대선 후보 때부터 집권 1년 차까지 몸을 담았던 자유사회당PSL: Partido Social Liberal은 신자유주의를 신봉하고 사회주의와 공산주의에 반대하는 노선이다. 표현의 자유가 헌법으로 보장되고, 사회주의와 공산주의 노선을 표방하는 정당들이 엄연히 존재하는 브라질에서 집권당의 이러한 정치적 이데올로기가 환경 분야까지 영향을 미치는 것은 매우 심각한 상황이라고 할 수 있다. 특히 이전의 좌파 정부들이 추진했던 환경 정책을 무효화하면서 군부 시기의 민족주의로 회귀하는 모습을 보여주고 있다. 그 예로 좌파 정부 때 상당한 영향력을 가졌던 환경부를 무력화해 지금은 거의 유명무실한 부서로 전락시켰다. 농촌 대지주들의 이권을 대변하는 정치인들이 보우소나루 정부의 지지 세력으로 등장해 환경 보존보다 개발에 무게를 둔 정책들을 입안해 실행하고 있다.

대선 기간 중에 환경부를 폐지할 수 있다고 주장했던 보우소나루는 집권하자 국내외 비판 여론을 의식한 듯 환경부를 없애는 대신 해체에 가까울 정도로 권한과 기능을 축소시켰다. 환경부 산하에 있던 국가수자원공사Agência Nacional de Águas를 지역개발부Ministério do Desenvolvimento Regional로 이전하고, 브라질 산림청Serviço Florestal Brasileiro을 농업부Ministério da Agricultura로 옮겼다. 그리고 이전의 좌파 정부에서 역동적인 활동을 보여주었던 환경 관련 부서장들을 줄줄이 쫓아냈다. 한 예로 히우 그랑지 두 술주의 따바리스Tavares에서 열린 어느 행사에서 환경부 장관이 자신들의 산하 기관인 ICMBio의 감시원들을 조사하겠다고 위협했고, 그로부터 이틀이 지나 ICMBio의 수장인 아다우베르뚜 이베라르지 Adalberto Eberhard가 개인적인 이유로 사임한 것이다. 환경부 장관은 산림청장 자리에 환경 전문가가 아닌 상빠울루의 군경 장교 출신을 임명했다. 더 큰 문제는 이 산림청장으로 임명된 이가 보우소나루 정부의 지지 세력인 농목축의원 전선FPA: Frente Parlamentar da Agropecuária(이하 FPA) 소속의 바우지르 꼴라뚜Valdir Collato라는 것이다. 브라질 산림청이 맡은 업무 중에는 국내 산림 확대가 포함되어 있다. 그런데 꼴라뚜라는 인물은 과거에 농촌 지역에서 녹색 지대 보호 비중을 늘리는 데 반대했으며, 연방 하원 의원일 때는 야생동물 사냥을 합법화하고, 원주민 토지 경계 설정에 변경을 가할 수 있는 법안을 제출하기도 했다.

이 밖에도 아마존 환경 감시를 무력화하려는 시도는 계속 이어졌다. 한 예로 환경부 장관이 빠라주의 어느 보존구역UC: Unidade de Conservação에서 불법으로 벌목하고 이렇게 얻은 목재를 운반하는 데 쓰인 범죄 장비들을 Ibama 감시원들이 파괴했다면서 이들을 공개적으로 비난하고 죄를 범했다고 주장한 것이다. 이것은 보우소나루의 요청에 따른 것으로 알려졌다. 하지만 연방 법령은 몇몇 상황에서 이러한 감시 활동을 허용하고 있다. 공교롭게도 그 뒤부터 환경 범죄자들이 사용한 장비들이 파괴되거나 처분되었다는 소식이 들리지 않았다. 이로써 환경 파괴를 감시해야 할 공권력이 위축되고 환경 범법자들이 활개를 칠 수 있는 상황이 조성되고 있다. 이러한 사태 이후 Ibama는 감시 활동을 펼칠 장소를 미리 공지하고 있다. 이는 전례 없는 일로 이렇게 되면 범법자들을 잡을 수 없을뿐더러 오히려 감시자들이 위험에 빠질 수 있다. 이것마저 부족한 듯 보우소나루는 Ibama를 "벌금으로 먹고사는 산업체indústria das multas"(*Exame*, 2019.4.12)라며 한때 공개 비난하기도 했다.

이러한 상황에서 Ibama가 2021년 5월 연방회계법원에 보낸 자료에 따르면 이 기관이 집행한 환경 위반 사건들 가운데 화해심리를 통과한 것이 채 5퍼센트가 안 되는 것으로 나타났다. 화해심리란 2019년 4월 연방 정부가 만든 것으로 이 기구를 통해 Ibama 감시원들이 적발한 환경 관련 불법 행위들이 유효한지, 벌금 부과가 적절한지를 판단하게 된다. 또한 이 기구의 판단에 따라서는 범법이 확인되더라도 범법자는 벌금 축소라는 혜택을 받을 수도 있다. 이 자료를 보면 2019년 4월 관련 법이 발효되고 나서 지금까지 화해심리를 신청한 건이 1만 4914건에 이르는 상황에서 2020년에 단지 다섯 건의 심리가 열렸으며 2021년에는 247건의 심리가 열렸다. 범법 사건을 처리하는 과정이 이처럼 지연되는 것에 대해 연방회계법원은 새로운 시스템에 적응하는 과정일 뿐이라고 보고 있으며, 다른 한편으로는 코로나19 팬데믹 상황에서 화해심리를 어떻게 진행해야 할지 환경부 지침이 아직 나오지 않았기 때문이라고 설명한다. 게다가 지금까지 처리된 화해심리 중 69.2퍼센트가 아무 벌금도 부과받지 않은 채로 종결되었다. 이러한 상황을 두고 보우소나루 대통령은 2021년 5월 목축업자들을 향한 화상 연설에서 자신의 정부가 "평화와 평온함paz e tranquilidade"을 얻기 위해 환경 범죄를 줄였다고 설명했다. 하지만 Ibama는 화해심리가 잘못된 정치 행위의 결과 만들어지는 등 탄생부터 문제가 있었다고 주장한다. 어쨌든 이러한 화해심리가 환경 범죄를 처벌하는 데 들어가는 기간을 늘리는 기능을 함으로써 범법자들에게 더 많은 시간을 줄 뿐만 아니라 환경 범죄를 더 부추기는 역효과를 내고 있다고 판단된다.

둘째, 보우소나루 정부의 환경 정책은 경제 논리에 기반하고 있다. 이는 원주민, 흑인 노예의 후손 등 소수민족의 인권과 보존구역 지정과도 직접 관련된 것으로, 살리스 전 환경부 장관은 1934년 지정된 이따치아이아 국립공원Parque Nacional de Itatiaia을 시작으로 가장 최근인 2018년에 지정된 아라리냐 아줄 야생동물 보호구역Refúgio da Vida Silvestre da Ararinha Azul까지 전국의 보존구역 지정을 재검토하겠다고 밝힌 바 있다. 그러면서 이 구역들이 "기술적인 판단 기준 없이" 지정된 만큼 구역 경계를 다시 지정하거나 아예 지정을 취소할 수 있다고 말했다(((o))eco, 2019.5.10). 그런데 이러한 발표의 속내는 보존구역들에서 철광석 등 경제적 가치가 높은 광물들이 묻혀 있기 때문이라는 것이 정설이며, 이 것은 보우소나루 정부와 FPA와의 관계를 언급할 때 다시 살펴볼 것이다. 좌우 간 보존구역 지정은 룰라 정부 이전부터 시작해 룰라 정부에서 정점을 찍은 대 표적인 환경 정책 중 하나였다(〈그림 6-2〉 참조).

개발을 우선시하는 환경 정책으로 볼 수 있는 또 다른 예로 국가 소유의 땅 을 횡령한 자들에게 대규모 사면을 시도하고 있다는 점이다. 다만 이것은 비단 보우소나루 정부만의 문제는 아니며 룰라 정부 후기부터 정치적 이유로 지속 적으로 확대 시행되고 있는 일이기는 하다. 보우소나루 대통령은 2019년 12월 10일 '임시조치MP 제910호'를 발령하고 2018년 12월까지 불법 벌목과 방화 등 산림 파괴가 자행된 공공 토지의 일부를 바로 그 벌목꾼들의 손에 넘기게 했다. 이 임시조치는 구체적인 용도가 정해지지 않은 공공 토지 가운데 불법으로 개 간, 벌목, 화전을 해 사적으로 점유된 토지를 대상으로 한다. 이 땅들은 연방 정 부의 소유지만 정확하게 용도나 기능이 정해지지 않은, 예를 들면 국립공원이 나 추출 산업 보존구역 등으로 바뀌지 않은 땅들을 의미한다. 따라서 이 임시 조치에 따르면 25제곱킬로미터까지 벌목된 공공 토지의 경우 몇몇 조건을 충 족하면 불법으로 점유하고 있는 자의 소유지로 바뀌게 된다. 25제곱킬로미터 면 축구장 2500개 면적이다.

이 임시조치는 브라질 전역에 적용되지만 용도가 미확정인 연방 정부 소유 지가 집중된 법정 아마조니아에 가장 크게 타격을 줄 것으로 보인다. 브라질 농 업부에 따르면 해당하는 면적이 57만여 제곱킬로미터에 이를 것이라고 하는 데, 이것은 프랑스 전체 면적보다 넓다. 당연한 일이지만 이 임시조치를 지지 한 의회 세력은 FPA 소속 의원들이었다. 비판자들은 이 일을 '그릴라젱 임시조 치'라고 부르며 새로운 산림 파괴를 조장할 뿐만 아니라 불법 벌목꾼들에게 상 을 내리는 것이라고 말했다. 하지만 보우소나루 정부는 이를 '농지 정상화를 위한 임시조치MP da Regularização Fundiária'라고 명명하며, 그 목적은 "연방 정부가 소유한 토지를 격렬하지 않고 유연하며 평화로운 방식으로 점유하고 생산 활동을 하는que produzem e ocupam terras da União de forma mansa e pacífica" 농부들에게 탈관료적으로 소유권을 허가하려는 의도라고 주장했다(BBC Brazil, 2020.1.13).

셋째, 보우소나루 정부는 자원에 대해 자주권을 강조하며 외국에서 브라질의 환경문제를 언급하는 것을 내정간섭이나 주권 침해로 간주한다. 환경과 관련된 국제 공조 요청을 국가 주권의 침해로 보는 것인데, 그 예로 기후 정책의 해체와 아마존기금의 위기를 들 수 있다. 살리스 전 장관은 지구온난화 문제를 그저 "학술적académico"이라든가 아니면 "선결 사항이 아닌" 것으로 평가했다. 보우소나루 정부는 2019년에 제25차 유엔기후변화협약 당사국총회COP25 유치를 포기하는 등 기후 정책에 배정될 2020년 예산을 전년 대비 95퍼센트 삭감하고, 정부 자문 기구인 브라질기후변화포럼Fórum Brasileiro de Mudanças Climáticas의 책임자인 아우프레두 시르끼스Alfredo Sirkis를 해임하기도 했다.

그리고 아마존기금과 관련해 살리스 전 장관은 기자회견을 통해 기존의 기금 관리 방식을 비판하고 나섰는데, 이는 아마존기금 제공에 95퍼센트를 부담하는 노르웨이와 독일 정부의 강력한 항의를 불러일으켰다. 당시 살리스는 사전에 자신이 구상 중인 기금의 운용 방식을 두 나라에 알렸으며 양국이 동의를 표했다고 했지만 브라질 주재 양국 대사관은 이러한 해명을 부인했다. 두 나라 대사들은 현재의 아마존기금 관리 방식을 모범적이라고 보고 있으며 기부받은 재원은 10년 전에 기금을 시작할 때부터 그랬듯이 감사를 받을 것이라고 말했다. 또 두 나라는 현재의 기금 집행의 투명성과 기금이 지원해 온 103개 프로젝트의 구체적인 성과에 찬사를 보낸다고 했다.

그런데 정작 살리스 전 장관은 아마존기금 관리위원회COFA: Comitê Orientador do Fundo Amazônia에 정부 참여율을 높여 기부받은 재원의 일부를 보존구역 내에 위치한 농촌 토지 소유자들에게 배상금 지불용으로 쓸 계획이었다. 이것은 기금의 관리 규정에 어긋나는 것이었다. 살리스는 기금과 관련된 모든 국가들의 합의가 있을 때 관리위원회의 활동을 재개하는 법령을 공포할 것이라고 했다. 결국 합의가 이루어지지 않는다면 아마존기금을 사장시키거나 아니면 이를 보다 못한 스웨덴과 독일이 자신들의 국제적인 입지와 탄소 배출권 등을 고려해 끝내 브라질 정부와 협상에 나설 것이라고 보는 듯하다.

아마존기금과 관련해 ≪폴랴 지 상빠울루Folha de São Paulo≫에 따르면 당시까지 약 13억 달러의 기금이 조성되었으나 환경부 장관이 기금의 용도 변경을 시도하면서 NGO들의 프로젝트에서 재정적인 부정행위 징후가 보인다는 주장을 보도했다(Folha de São Paulo, 2019.8.25). 주무 부처 장관의 이러한 주장에 대해 환경부는 아마존기금과 NGO들 간의 계약 중 4분의 1을 분석했다고 하면서도 몇몇 개별 자료들만 인용한 채 별다른 증거를 내놓지 못했다. 한편 독일은 기금 투자의 결과가 제대로 나오지 않으며 오히려 벌목이 늘고 있다는 이유로 아마존과 관련된 프로젝트 예산을 삭감하기도 했다.

넷째, 보우소나루 정부의 정치 역학과 관련된 것으로 대통령과 FPA의 밀접한 관계다. 이 정치 그룹의 공식 명칭은 농목축의원전선으로 2002년 결성되었으며, 결성 당시에는 농목축지원의원전선Frente Parlamentar de Apoio à Agropecuária이라는 이름을 썼다가 2008년 현재의 이름으로 바꾸었다.

범노조 의회활동지원국DIAP: Departamento Intersindical de Assessoria Parlamentar은 연방 상·하원 의원들 중에 농촌 대지주나 기업식 영농업자agronegócio들의 이익을 대변하는 의원 그룹, 즉 FPA로 분류하는 기준을 두고 꼭 농촌에 토지를 가지고 있거나 기업식 영농을 하지 않는 사람이라고 해도 의원 총회, 관련 위원회, 언론 인터뷰 등을 통해 기업식 영농업자들의 이익을 적극적으로 대변하는 의원들이라고 밝혔다(Repórter Brasil, 2011.1.5). 이들은 보우소나루가 대선 후보 시절부터 그와 긴밀한 관계를 맺어왔으며 현재 브라질 의회에서 막강한 영향력을 행사하고 있는 정치 그룹이다. 이 그룹의 정치인들 각각은 여러 다양한 정당에 속해 있지만, 모두가 농촌 대지주나 기업식 영농을 하는 자들의 이익을 대변하고 있다는 공통점을 가진다.

의회활동지원국의 발표에 따르면 룰라 2기 정부의 마지막 해인 2010년 실시된 선거에서 재선되거나 새로 선출된 연방 의원 중 FPA로 분류할 수 있는 의원은 159명이며, 이들은 2011년부터 시작된 의정 활동에서 농업 분야의 이익을 적극 대변했다. 일례로 이들은 호우세피 정부 시절이던 2012년 '브라질 산림법' 통과에 결정적인 역할을 맡았다. 농촌 대지주와 기업식 영농업자들의 이해관계를 강력하게 반영한 새 법은 2008년 7월 말 기준으로 법에서 허용한 것 이상으로 토지를 훼손한 생산자들을 사면했으며, 이들은 훼손한 지역을 복원시키는 조건하에 처벌받지도 않았다. 이렇게 룰라 정부 이후 호우세피 정부와 떼메르 정부하에서도 영향력이 늘어난 이들은 보우소나르 정부가 들어서자 절정을 맞은 듯 보인다. 대선 3개월 전 보우소나루 지지 의사를 편지로 전한 당시 FPA 의장 떼레자 끄리스치나Tereza Cristina가 보우소나루 정부의 초대 농업부 장관으로 기용된 것이 좋은 예다. 2018년 대선 때부터 일찌감치 보우소나루 후보를 지지했던 FPA 소속 의원들은 2021년에 연방 하원 의원 247명과 상원 의원 38명 정도 되는 규모를 보이고 있다(FPA 홈페이지).

이들은 농촌 대지주들의 이익을 대변하고 기업식 영농을 촉진하는 공공 정책을 추구한다. 농촌에 대한 금융 지원을 확대하고, 노동법의 유연화를 요구하며, 기존의 환경법과 농지개혁을 비판하면서 환경문제와 관련해서 보우소나루 정부의 개발 우선 정책을 적극적으로 지지한다. 호우세피 정부와 떼메르 정부 내내 환경보호와 대치되는 활동을 이어온 이들은 기존의 환경 허가 규정까지 바꾸려고 했다. 언론 보도에 따르면 환경 허가에 필요한 기간은 물론이고 기술보고서 제출 의무 등도 가능한 한 없애거나 축소시키려고 했으며 그 법의 영향을 받는 지역 주민들의 의견 청취도 면제시킬 계획이었다(BBC Brazil, 2020.1.13). 아울러 이들은 원주민 보호구역 경계 설정이 대지주들의 기업식 영농에 방해가 된다고 주장하면서 이것을 없애거나 완화하기 위해서 활발하게 활동했다. 그 결과 2016년 5월 떼메르 정부가 출범한 이래 원주민 보호구역으로 설정된 토지 구획은 단 한 건도 성사되지 못했다. 이들은 또 원주민과 흑인 노예의 후손들을 위한 토지 경계의 확정 승인 권한을 행정부에서 입법부로 옮기려고 헌법 수정안 215/2000호를 제출하기도 했다. 이 수정안에 따르면 이미 확정된 원주민 보호구역 경계 설정도 재고할 수 있으며, 이미 경계가 확정된 원주민 보호구역의 확대에도 제동을 걸 수 있다. 살리스 전 환경부 장관이 주장한 것도 이와 같았으며 이것은 곧 보우소나루 대통령의 의지이기도 했다. 물론 이들의 주장이 모두 실현된 것은 아니지만, FPA 그룹은 자신들의 활동이 환경과 관련된 각종 제한을 완화함으로써 해당 지역의 경제발전을 촉진하기 위한 것이라고 지속적으로 주장하고 있다. 이러한 행보는 환경보호보다 경제개발에 더 많은 관심을 보이는 보우소나루 정부의 정책에 편승해 더 노골적으로 진행되고 있다.

어찌 되었든 최소한 지금까지 추진된 보우소나루 정부의 농업 정책과 환경 정책을 놓고 볼 때 보우소나루에 대한 FPA의 지지는 그의 임기가 끝날 때까지 이어질 것으로 보인다. 무엇보다 과거 정부들과 비교해 보우소나루 정부가 환경보다 기업식 영농 분야에 매우 우호적인 만큼 자신들의 이익을 충분히 끌어낼 수 있기 때문이다. 보우소나루 역시 의회에서 FPA의 지지가 절대적으로 중요하다는 것을 충분히 인식하고 있다. 보우소나루는 자신이 속했던 자유사회당을 박차고 나와 대선을 1년 앞둔 시점에서 무소속 상태이기에 재선을 노리거나 임기 말 레임덕 현상을 피하기 위해서라도 의회에서 FPA의 지지가 절실하다. 이러한 상황이기에 결국 보우소나루가 집권하는 동안에는 환경 정책이 이들의 이해관계에서 벗어나기 어려워 보인다.

지금까지 보우소나루 정부의 환경 정책을 요약하면 다음과 같다.

정치 이데올로기적으로 극우파인 보우소나루는 환경문제를 수립하고 집행할 때 경제 논리를 앞세워 개발 위주의 정책을 추구한다. 이를 뒷받침하듯 그의 정부는 환경부의 기능을 축소하고 농업부의 역할을 대폭 확대했다. 환경 감시를 맡은 기관들을 무력화한 것은 그중 일부일 뿐이다. 이 모든 것은 FPA의 입김과도 무관하지 않다. 나아가 개발 위주의 환경 정책을 추진함으로써 아마존 원주민과 같은 소수민족이 겪는 인권 유린에 눈감고 있으며 동시에 개발과 자원 활용에서 국가 주권을 내세우는 것이 한 특징이기도 하다.

4 ┆ 아마존의 환경문제는 전 지구적 문제

지금까지 이 장은 20세기 후반 브라질의 환경 정책이 변화해 온 추이를 살펴본 뒤에 극우파로 분류되는 보우소나루 정부의 환경 정책을 분석했다. 이 과정에서 우리는 21세기에 들어 브라질의 환경 정책이 어떤 변화를 보였으며, 보우소나루 정부의 환경 정책의 핵심이 무엇인지도 살펴보았다. 물론 이 정책들은 두말할 것 없이 개별적인 문제가 아니며 서로 깊이 연결되어 있다.

보우소나루 정부 이전의 좌파 정부들 시절에는 환경 정책이 크게 사회적 포용 정책이라는 틀 안에서 움직였다. 반면에 보우소나루 정부에서는 (이제 마지막 1년 임기만 남겨놓고 있지만) 군부 시기의 민족주의적 발전주의 정책이 핵심을 이루는 등 이전 정부들과는 매우 다른 모습을 띠고 있다. 브라질 유력 일간지 ≪우 이스따두 지 상빠울루O Estado de São Paulo≫ 보도에서도 드러났듯이 그는 취임하고 1년간 공개 일정의 30퍼센트를 군부와 종교계 인사를 만나는 데 할애했다("Bolsonaro dedica 30% da agenda a eventos com militares e religiosos"). 반면에 노조와 시민사회 대표들과의 만남에는 4퍼센트만 할애했다. 이것만 보아도 이 정부의 환경 정책이 어떻게 진행될지 충분히 예상 가능한 것이었다(*O Estado de São Paulo*, 2020.1.3). 비록 단편적인 정보이기는 하나 이것은 보우소나루 정부가 이전의 좌파 정부들이 선호한 사회 통합적·포용적 관점에서의 환경 정책 대신에 1960~1970년대 군사정권의 민족주의적 발전주의 관점에서 접근하고 있음을 알 수 있다.

이러한 특징은 대외적으로 파리협정과 아마존기금을 둘러싸고 프랑스, 독일과 빚는 갈등에서뿐만 아니라 대내적으로는 농촌 대지주나 기업식 영농업자들의 이익을 대변하는 FPA와의 밀월 관계에서도 잘 나타난다. 광대한 아마존 지역에서 화재는 사실 1년 내내 비일비재하다. 하지만 2019년 6~8월에 발생한 아마존 대화재를 비롯해 그의 취임 1년 차부터 급증한 산불은 보우소나루 정부의 개발 우선 정책이 부추겼다고 해도 과언이 아니다. 2000만 명이 조금 넘는 아마존 지역 주민의 경제활동을 보장한다는 이유로 보존구역을 해제 혹은 완화하려고 한 일, 환경부의 무력화를 시도한 일, 대통령과 환경부 장관이 환경 관련 공공기관들의 감시·처벌 활동을 위축시키는 발언을 공공연하게 한 일, 국유지 횡령에 대해 대량 사면을 시도한 일 등은 결국 아마존을 위시한 브라질의 자연 생태계 전체에 큰 위협이 되고 있을 뿐만 아니라 수십 년에 걸쳐 구축되어 온 환경 정책과 그 결실을 하루아침에 무너뜨리는 결과를 낳고 있다. 다만 보우소나루 정부의 아마존 개발 우선 정책은 일부 대지주나 기업식 영농을 하는 계층에서도 우려를 사고 있는데, 특히 브라질산 대두나 쇠고기가 아마존 등 산림 파괴의 대가로 생산되었다는 대외적인 이미지가 널리 확산되고 공고해질 경우 이 상품들이 주요 수출품인 브라질 경제가 입을 타격은 무시할 수 없을 것으로 보인다.

2020년 6~8월 아마존에서 대화재가 나고 얼마 되지 않았을 때 여덟 명의 전직 환경부 장관이 보우소나루 정부의 환경 정책을 강력히 비난하는 공동성명을 낸 적이 있다. 이들은 최근 30여 년간 다섯 개의 정부를 거치며 환경부 장관을 지낸 인사들이었다. 이들은 성명에서 아마존 훼손이 통제 불가능한 상황으로 치닫는 현실을 경고하고, 관리의 효율성이라는 명분으로 추진 중인 환경 허가 규정의 완화를 비난했으며, 브라질에서 사회·환경 거버넌스가 보우소나루 정부의 헌법에 대한 공격하에 와해되고 있다고 주장했다. 전직 장관들의 성명은 보우소나루 정부의 환경 정책에 문제가 많으며 개발 위주의 환경 정책을 재고할 필요가 있음을 알려준다. 이러한 상황에서 보우소나루 정부의 환경 정책이 향후 어떤 방향성을 보일지는 브라질 국내의 정치 역학, 시민사회 활동, 국제 상황에 따라 달라질 것으로 전망된다.

참고문헌

1. 논문, 단행본, 기사

곽재성. 2002. 「브라질 열대우림의 개발과 환경문제: 지속가능한 개발론의 시각을 중심으로」. ≪라틴아메리카연구≫, 제15권 1호, 147~172쪽.

서지현. 2019. 「대안적 환경 거버넌스 형성의 정치생태학: 1970~1980년대 브라질 서부 아마존의 경험을 중심으로」. ≪라틴아메리카연구≫, 제32권 3호, 79~107쪽.

악셀레이드, 헨리. 2012. 「브라질 환경 투쟁의 근원적 재구성」. 데이비드 카루더스(David V. Carruthers) 외 엮음. 『라틴아메리카에서의 환경정의: 쟁점, 약속, 실행』. 정경원 외 옮김. 한국외국어대학교 출판부.

알비스, 브리뚜. 2003. 『브라질의 선택 룰라』. 박원복 옮김. 가산출판사.

오삼교. 2008. 「브라질 아마존 우림 보호와 환경 NGO 운동: 성과와 한계, 역할 변화를 중심으로」. ≪라틴아메리카연구≫, 제21권 3호, 5~47쪽.

월드워치연구소 엮음. 2012. 『지속가능한 개발에서 지속가능한 번영으로』. 박준식·추선영 옮김. 환경재단 도요새.

월포드, 웬디. 2012. 「브라질 세하두(Cerrado)에서의 환경정의와 농업개발」. 데이비드 카루더스(David V. Carruthers) 외 엮음. 『라틴아메리카에서의 환경정의: 쟁점, 약속, 실행』. 정경원 외 옮김. 한국외국어대학교 출판부.

페우지망, 파비우. 2014. 「브라질에서의 환경문제」. 『브라질 어젠다』. 박원복 옮김. 세창출판사.

Abers, Rebecca Neaera and Marília Silva de Oliveira. 2015. "Nomeações políticas no Ministério do Meio Ambiente(2003~2013): interconexões entre ONGs, partidos e governos." *Opiniã o Pública*, Vol. 21, No. 2. Campinas.

BBC Brazil. 2020.1.13. "Como a 'MP da grilagem' pode mudar o mapa de regiões da Amazônia." https://www.bbc.com/portuguese/brasil-51071810.

_____. 2021.11.1. "COP26: Brasil promete reduzir emissões pela metade até 2030 e zerar desmatamento 2 anos antes." https://www.bbc.com/portuguese/brasil-59065366.

Binkowski, Patrícia et al. 2018. *Análise de conflitos e relações de poder em espaços rurais.* Patrícia Binkowski(org.). Porto Alegre: Editora da UFRGS.

Caliri Schmidt, Monique Carina and Sérgio Luís Boeira. 2019. "Dilema da política ambiental no governo Lula." *Revista Sociedade e Estado*, Vol. 34, No. 2.

Correio do Povo. 2019.12.7. "Bancada ruralista cobra apoio e se afasta do governo." https://www.correiodopovo.com.br/not%C3%ADcias/rural/bancada-ruralista-cobra-apoio-e-se-afasta-do-governo-1.385374.

Dulci, Luiz Soares. 2010. "Participação e mudança social no governo Lula." Emir Sader e Marco Aurélio Garcia(org.). *Brasil, entre o passado e o futuro.* São Paulo: Editora Fundação Perseu Abramo: Boitempo.

Exame. 2019.4.12. "Bolsonaro cria órgão para perdoar multas ambientais." https://exame.abril. com.br/brasil/bolsonaro-cria-orgao-para-perdoar-multas-ambientais.

Folha de São Paulo. 2007.10.21. "Bancada ruralista cresce 58% e barra combate à escravidão." https://www1.folha.uol.com.br/fsp/brasil/fc2110200702.htm.

_____. 2019.8.25. "Após Fundo Amazônia, país pode perder bilhões sem ação ambiental." https://www1.folha.uol.com.br/ambiente/2019/08/apos-fundo-amazonia-pais-pode-perd er-bilhoes-sem-acao-ambiental.shtml.

_____. 2019.11.20. "Terras griladas representam 35% do desmatamento na Amazônia, diz aná lise." https://www1.folha.uol.com.br/ambiente/2019/11/terras-griladas-representam-35-do-desmatamento-na-amazonia-diz-analise.shtml.

Instituto de Pesquisa Econômica Aplicada and Fórum Brasileiro de Segurança Pública. 2019. *Atlas da Violência 2019.* Brasília: Rio de Janeiro, São Paulo.

Jornal do Brasil. 2019.5.10. "Bolsonaro exonera coordenador 'militante' do Fórum de Mudanças Climáticas." https://www.jb.com.br/pais/2019/05/999223-bolsonaro-exonera-coordenador-- militante--do-forum-de-mudancas-climaticas.html.

Kageyama, Paulo Y. and João Dagoberto dos Santos. 2012. "Aspectos da Política Ambiental nos Governos Lula." *Revista FAAC,* Vol. 1, No. 2.

Losekann, Cristiana. 2012. "Participação da sociedade civil na política ambiental do governo Lula." *Ambiente* and *Sociedade,* Vol. 15, No. 1(jan.-abr. de 2012).

((o))eco. 2019.5.10. "Ricardo Salles quer rever todas as Unidades de Conservação federais do país e mudar SNUC." https://oeco.org.br/noticias/ricardo-salles-quer-rever-todas-as-unidades-de-conservacao-federais-do-pais-e-mudar-snuc.

O Estado de São Paulo. 2020.1.3. "Bolsonaro dedica 30% da agenda a militares e religiosos." https://politica.estadao.com.br/noticias/geral,bolsonaro-dedica-30-da-agenda-a-militar-e-r eligioso,70003142193.

O Globo. 2019.10.4. "Ministro diz que exoneração de servidor que multou Bolsonaro por pesca irregular é 'administrativa'." https://oglobo.globo.com/brasil/ministro-diz-que-exoneracao-de-servidor-que-multou-bolsonaro-por-pesca-irregular-administrativa-23588060.

Repórter Brasil. 2011.1.5. "Bancada ruralista aumenta com o reforço de novos parlamentares." https://reporterbrasil.org.br/2011/01/bancada-ruralista-aumenta-com-o-reforco-de-novos-parlam entares.

_____. 2013.4. "CONFLITOS NO CAMPO BRASIL 2012." https://reporterbrasil.org.br/wp-con tent/uploads/2013/04/livro_-_conlitos_no_campo_2012.pdf.

Santana, Arthur Bernady. 2009. "A BR-163: 'ocupar para não entregar', a política da ditadura militar para a ocupação do 'vazio' Amazônico." *ANPUH: XXV Simpósio Nacional de História.* Fortaleza.

Santos, Boaventura de Sousa. 2013. *Pela mão de Alice: o social e o político na Pós-*

Modernidade. Coimbra: Almedina.

Villarroel, Larisa Carolina Loureiro. 2012. *A evolução da política de criação de Unidades de Conservação no Estado do Amazonas no período de 1995 a 2020.* Dissertação de mestrado, Universidade de Brasília.

2. 웹 자료

Brasil Senado Federal. 1988. Constituição Federal de 1988. http://www.saude.am.gov.br/planeja/doc/constituicaofederalde88.pdf.

FPA(Frente Parlamentar da Agropecuária). "Todos os membros." https://fpagropecuaria.org.br/integrantes/todos-os-integrantes.

IPEA. 2019. *Atlas da Violência 2019.* http://www.ipea.gov.br/atlasviolencia/download/19/atlas-da-violencia-2019.

제 7 장

아마존 열대우림과 기후변화 정책[*]

장유운(한국외국어대학교 중남미연구소 HK교수)

1 | 아마존 열대우림의 지형 및 기후 특성

국제사회에서 기후변화와 관련해 브라질은 남아메리카 대륙을 대표하는 베이식 국가[1]로 알려져 있다. 브라질의 화석연료 사용에 따른 온실가스 배출은 한국과 비슷하다. 그러나 산림 황폐화에 따른 온실가스 배출은 세계 4위권에 해당할 정도로 심각한 수준이며, 주로 브라질의 아마존 열대우림에서 발생하고 있다.

아마존 열대우림의 연평균 강수량은 1700밀리미터로 평균적으로 70일 동안 비가 내린다. 북부 적도 기후대에서는 95일 동안 2430밀리미터의 강수량을 보이며, 중부의 열대 기후대는 54일 동안 1380밀리미터 수준으로 비가 내린다. 남부 지역도 61일 동안 1488밀리미터의 비가 내린다. 〈그림 7-1〉은 아마존 열대우림의 월별 강수량 변화를 나타낸 것으로, 1~4월 그리고 12월에 강수량이 많은 반면에 7~9월까지는 100밀리미터보다 적은 강수량을 보인다. 아마존 열대우림은 열대수렴대의 발달에 따라 대서양에서 내륙으로 수증기가 발생하며,

---

[*]   이 장은 장유운(2021)의 내용을 수정·보완한 것이다.
[1]   기후변화와 관련해 베이식(BASIC) 국가는 브라질(Brazil), 남아프리카공화국(South Africa), 인도(India), 중국(China) 네 개 국가를 가리킨다.

그림 7-1 **아마존 열대우림의 월별 강수량 변화** (단위: 밀리미터)

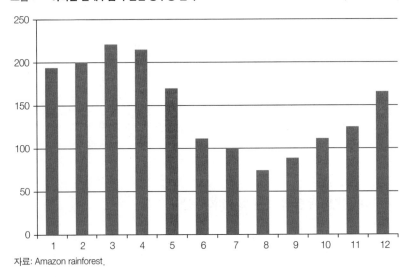

자료: Amazon rainforest.

서쪽의 안데스산맥에서 공기 수렴으로 강수량이 증가한다(Amazon rainforest).

아마존 북부에 있는 벨렝의 연간 강수량이 3085밀리미터로 가장 많으며, 남쪽에 위치한 뽀르뚜 알레그리는 1425밀리미터, 히우 지 자네이루는 1070밀리미터로 다른 주에 비해 낮은 편이다. 아마존의 담수 또한 매초 1억 7500만 리터가 대서양으로 흘러 들어가고, 이것은 지구상의 담수의 20퍼센트에 해당한다(Marcovitch and Pinsky, 2014).

아마존 열대우림의 연평균 기온은 24.2도이며, 북부 적도 지역이 남부 지역보다 평균 6.5도 높게 관측된다. 북부 적도 지역과 열대 지역의 월평균 기온 차는 각각 1.2도와 3.5도로 큰 차이가 없지만, 남부 지역은 7월에 15.9도로 가장 낮고 2월에 25도로 가장 따뜻한 특성을 보이며 약 9도의 월평균 기온 차를 나타낸다.

아마존 열대우림은 브라질의 26개 주와 연방 특구 가운데 9개 주에 걸쳐 있으며 브라질 산림의 79퍼센트를 차지한다. 북서부의 아마조나스주가 가장 많은 아마존 열대우림을 가지고 있으며 다음으로 북부의 빠라주가 많은 지역을

표 7-1 브라질의 26개 주와 연방 특구의 면적과 산림 면적 (단위: 1만 제곱미터)

주 이름	주 면적	산림 면적
아마조나스*	156,639,184	150,649,444
빠라*	124,836,730	108,625,086
마뚜 그로수*	90,462,712	57,064,557
마라녀웅*	33,029,284	21,099,689
또깡칭스*	27,762,408	11,237,782
홍도니아*	23,637,740	18,754,548
호라이마*	22,438,018	17,946,584
아끄리*	15,273,530	14,379,380
아마빠*	14,221,803	12,186,407
미나스 제라이스	58,899,333	18,515,012
바이아	56,331,366	18,922,444
마뚜 그로수 두 술	35,703,986	10,310,220
고이아스	34,037,005	7,810,471
히우 그랑지 두 술	27,142,235	7,662,009
삐아우이	25,110,054	11,562,704
상빠울루	24,760,753	6,617,243
빠라나	19,915,972	7,996,979
세아라	14,881,135	2,987,999
상따 까따리나	9,863,944	6,389,709
뻬르낭부꾸	9,822,549	1,576,020
빠라이바	5,638,303	1,134,712
히우 그랑지 두 노르치	5,324,734	918,780
이스삐리뚜 상뚜	4,375,196	1,836,297
히우 지 자네이루	4,368,757	1,809,569
알라고아스	2,775,821	582,993
세르지뻬	2,202,799	553,244
지스뜨리뚜 페데라우(연방 특구)	580,299	57,626
합계	850,035,650	519,187,508

* 아마존 열대우림이 있는 주.

차지하고 있다(〈표 7-1〉).

아마존 열대우림은 남아메리카의 40퍼센트에 해당하는 500만 제곱킬로미터에서 700만 제곱킬로미터에 이른다. 브라질, 베네수엘라, 볼리비아, 수리남,

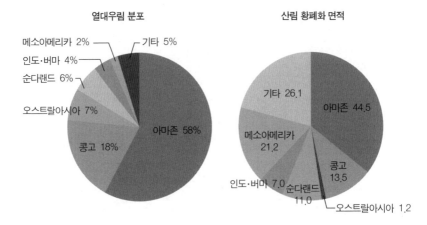

그림 7-2 **전 세계 열대우림 분포와 산림 황폐화 면적**

(단위: 퍼센트, 1만 제곱킬로미터)

열대우림 분포

메소아메리카 2% ┌ 기타 5%
인도·버마 4%
순다랜드 6%
오스트랄아시아 7%
콩고 18%
아마존 58%

산림 황폐화 면적

기타 26.1
메소아메리카 21.2
인도·버마 7.0
순다랜드 11.0
아마존 44.5
콩고 13.5
오스트랄아시아 1.2

자료: Butler(2020.6.4).

에콰도르, 콜롬비아, 페루, 가이아나, 프랑스령 기아나에 분포하고, 전 세계 열
대우림 중에서도 아마존 열대우림이 절반 이상을 차지하고 있어 대기의 이산
화탄소를 흡수하는 데 중요한 역할을 하고 있다(〈그림 7-2〉 왼쪽).

아마존 열대우림은 북위 5도와 남위 15도 사이에 위치하며 목축, 대두, 목재
생산과 같은 개발 활동에 따른 산림 황폐화가 심각한 문제로 대두하고 있다. 아
마존 열대우림은 전 세계 열대우림의 평균 산림 황폐화 비율보다 2.5배 더 심
각하다(〈그림 7-2〉 오른쪽). 아마존 열대우림을 가장 많이 보유한 브라질에서 산
림 황폐화가 다른 국가의 평균 산림 황폐화보다 6.7배 많이 진행되었다. 브라
질의 아마존 산림 황폐화는 주로 바이오 경제 확산에 따른 산불 증가 때문이다.
아마존 열대우림 지역에서 지난 20년 동안 산림 황폐화는 빠라주와 마뚜 그로
수주에서 가장 많이 발생했으며, 대서양 산림지대인 바이아주와 미나스 제라
이스주에서도 진행되고 있다(〈그림 7-3〉).

브라질의 아마존 열대우림에서 진행되는 산림 황폐화로 인해 대기에서 이
산화탄소를 흡수하는 양보다 배출하는 양이 많아져 지구온난화를 가속화할 것

그림 7-3 **브라질의 주요 산림 황폐화 지역**   (단위: 1만 제곱킬로미터)

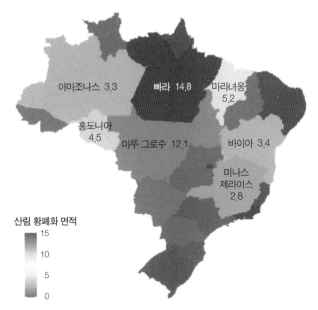

자료: Global Forest Watch의 자료를 정리해 그림으로 나타냈다.

이라는 우려가 제기된다. 한반도 한파, 미국 동부의 폭설, 중국의 긴 여름 장마
와 같은 악ᵃ기상 현상은 지구온난화에 따른 북극 해빙 감소와 관련되어 있다.
이러한 원격 상관으로 아마존 열대우림 또한 적도태평양에서 발생하는 엘니뇨
와 라니냐 그리고 대서양 진동에 따른 가뭄과 홍수의 반복으로 강수량 변화의
영향을 받을 수 있다. 따라서 아마존 열대우림의 산림 황폐화 방지는 전 지구
적 온난화를 완화하는 데 중요한 역할을 할 수 있으며 브라질 정부의 온실가스
저감을 위한 정책이 매우 중요하다.

2 ꞁ 브라질의 기후변화 정책

브라질은 1992년 리우 환경정상회의를 개최했다. 이 회의에서 생물다양성 보존협약과 지구온난화방지협약 등을 선언하며 생태 기후 분야에서 국제적인 노력을 약속했다. 2009년에는 기후변화의 완화와 적응을 위한 국가 단위의 온실가스 배출 저감 방안인 '기후변화에 관한 국가정책Brazil National Plan on Climate Change'을 발표했다. 기후변화에 관한 국가정책은 2020년까지 온실가스 배출량을 36.1~38.9퍼센트 수준으로 감소시키는 것을 목표로 한다(IDB, 2011). 이 정책을 이행하기 위해 아마존과 세하두 지역의 산림 황폐화 방지, 에너지 계획 수립, 저탄소 농축산업 계획을 함께 수립해 궁극적으로는 2030년까지 43퍼센트의 온실가스 감축을 계획했다.

실제로 브라질 정부는 2012년에 농업 분야의 온실가스(이산화탄소, 메탄, 아산화질소) 배출 감소를 목표로 ABC 플랜ABC Plan을 시행했다. 또한 2012년부터 브라질 에너지연구원에서는 매년 재생에너지를 포함하는 10개년 에너지 계획 PDE: Plano Decenal de Expansão de Energia을 수립하고 있다. 2020년에 수립된 에너지 계획인 PDE 2030의 경우 2030년까지 전체 에너지 공급량과 전력 생산량의 48퍼센트와 86퍼센트를 재생에너지로 공급할 계획을 세우고 있다.

파리협정이 비준되면서 브라질 정부도 2016년에 1차 국가 온실가스 감축 목표(이하 NDC)를 유엔에 제출했으며, 2025년과 2030년까지 온실가스를 2005년 기준으로 각각 37퍼센트와 43퍼센트씩 감축하기로 했다. 이를 위해 브라질 정부는 기후변화에 관한 국가정책에 반영했던 산림 복원, 재조림, 바이오 에너지 역량 강화, 저탄소 농업 강화, 산림 감시 시스템을 NDC에도 반영했다. 그리고 2020년에 브라질 정부는 수정된 2차 NDC를 유엔에 제출했다. 브라질 정부가 제출한 기후변화 정책의 특징은 산림 복원이 포함된 점이다. 그 이유는 대부분 선진국에서 산림은 대기의 온실가스를 제거하는 흡수원의 역할을 하지만, 브라질에서는 산림 황폐화와 농업 활동이 온실가스의 주요 배출원으로 기여하기 때문이다. 노르웨이와 독일은 기후변화 완화 차원에서 아마존 열대우림의 보존을 위한 국제 협력 프로젝트REDD+: Reducing Emissions from Deforestation and Forest Degradation Plus(이하 REDD+)로 아마존기금을 마련해 2018년까지 브라질 정부를 지원했다.

재생에너지로의 전환도 기후변화 완화에 중요한 역할을 한다. 에너지 전환의 일환으로 2020년에 레노바바이오RenovaBio 프로그램을 도입해 2030년까지 전체 에너지 사용량 중 바이오 에너지의 비중을 18퍼센트까지 확대하기로 결정했다(USDA, 2021). 따라서 2030년에 바이오 에너지 사용량은 2018년 기준보다 약 두 배 정도 증가할 것으로 전망된다. 또한 2020년에 에너지 공급이 수요보다 많은 순에너지 생산을 목표로 하는 '국가에너지계획 2050'을 발표했다. 이 정책에는 국제 쟁점이 되는 기후변화, 탈탄소, 에너지 수급 분권화, 에너지 수급의 디지털화가 반영되어 있다. 그러나 수력발전이나 바이오 에너지와 같은 재생에너지를 확대하는 동시에 석유나 천연가스와 같은 비재생에너지 공급을 병행할 계획을 포함하고 있다.

다음 절에서는 브라질의 온실가스 배출 특성을 분석하고, 브라질 정부의 온실가스 정책을 평가한다. 그리고 전 지구적 기후변화를 완화하기 위해 아마존기금의 재활성화와 같은 국제 협력의 필요성을 제시했다.

3 | 브라질의 온실가스 배출 특성

화석연료 사용량에 따라 온실가스 배출을 평가하는 국제에너지기구IEA: International Energy Agency의 통계 자료에 따르면 브라질은 2018년 기준 세계 온실가스 배출량의 1.2퍼센트에 해당하는 4억 2700만 톤의 이산화탄소를 배출했으며, 1인당 온실가스 배출량은 연간 1.9톤 수준이었다. 반면 브라질 정부의 온실가스 배출·제거 평가 시스템SEEG: System for Estimation of Greenhouse Gases Emissions

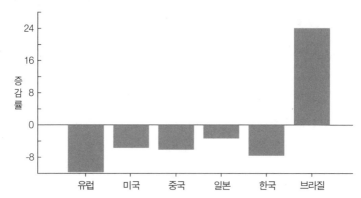

그림 7-4 **온실가스 배출원 중 산림의 기여율**   (단위: 퍼센트)

자료: Climatewatch, "Hitstorical GHG Emissions" 자료를 분석해 그림으로 나타냈다.

에서는 상업, 산업, 에너지 분야의 온실가스 배출이 전체 온실가스 배출의 28퍼센트만 차지하고 있었다. 브라질의 경우 토지 전용轉用과 농업으로 배출되는 온실가스가 각각 44퍼센트와 28퍼센트로, 토지 전용에 따른 온실가스 배출이 가장 심각한 것으로 평가되었다. 버트 연구진(Butt et al., 2021)은 산불과 산림 황폐화의 연관성에 따라 발생하는 대기오염 물질로 시민들의 건강도 위협받을 수 있다고 제시했다.

〈그림 7-4〉를 보면 브라질의 산림은 온실가스 배출을 늘린 반면에 유럽, 미국, 중국과 같이 온실가스를 대표적으로 배출하는 지역과 국가에서는 산림이 오히려 온실가스 배출량을 줄이는 데 기여했다. 이것은 유럽, 미국, 중국, 일본, 한국에서는 산림을 확대하는 반면에 브라질을 포함한 많은 남아메리카 국가들은 산림 전용이 일어나고 있기 때문이다.

1) 분야별 온실가스 배출 특성

브라질의 온실가스 배출 특성을 이해하고자 화석연료에서 발생하는 분야별 온실가스 현황을 〈표 7-2〉에 나타냈다. 브라질 정부를 제외한 네 개 기관이 추

표 7-2 **브라질의 온실가스 배출 특성** (단위: 년, 100만 톤, 퍼센트)

	월드오미터	국제에너지기구*	브라질 정부 (SEEG)	클라이미트 워치**	아우어월드인 데이터***	유럽연합 위원회
기준 연도	2016	2015~2019	2015~2019	2018	2015~2019	2018~2019
국가 총배출량	462.9	426.4	631.0	547.0	478.0	479.0
분야별 배출률	교통: 44.4 전력: 8.1 산업: 28.6 기타: 10.4	교통: 46.2 전력·열: 17 산업: 21 가정: 4.2 기타: 11.6	에너지: 69.7 산업: 15.9 폐기물: 14.4	교통: 34 전력·열: 16 산업: 23 폐기물: 12 기타: 15	-	-

* IEA, "Data and Statistics - Explore energy data by category, indicator, country or region."
** Climatewatch, "Hitstorical GHG Emissions."
*** Our World in Data, "CO$_2$ emissions."

산한 평균 온실가스 배출량은 4억 6000만 톤으로 브라질 정부의 배출량 자료
와 비교하면 73퍼센트 낮았다. 국제에너지기구와 월드오미터Worldometer 자료
를 보면 화석연료에 기인한 브라질의 온실가스 배출은 교통 분야에서 44~46퍼
센트로 가장 많았고, 브라질 정부 자료에서는 에너지 분야의 배출이 69.7퍼센
트로 가장 큰 비중을 차지했다. 자료에 따르면 브라질의 화석연료에서만 배출
되는 온실가스는 전 세계 배출량의 1.3퍼센트를 차지했고(EDGAR), 연간 개인
당 온실가스 배출량은 1.94톤 수준이었다(IEA, 2020).

2) 연간 온실가스 배출의 변화 특성

(1) 화석연료에 기인한 온실가스의 동조화 현상

브라질에서 화석연료 사용에 따른 온실가스 배출 경향은 2014년에 정점에
도달하고 나서 2019년에는 점진적으로 감소하고 있다. 하지만 〈그림 7-5〉에
서 보듯이 정책 변화보다는 경제성장의 감소에 따라 최종에너지 사용량이 감
소한 영향으로 평가된다(EIA, Enerdata). 이것은 에너지 사용과 온실가스 배출
의 탈동조화 현상이 브라질에서는 관측되지 않는다는 것을 의미한다. 브라질

그림 7-5 **최종에너지 사용량과 국내총생산의 동조화 현상**

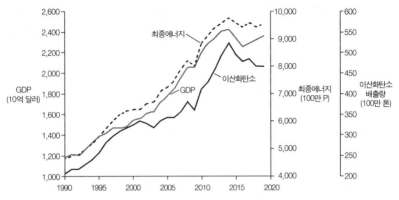

자료: IEA, "Data and Statistics"와 Worldbank의 자료를 정리해 그림으로 나타냈다.

이 향후 경제성장과 온실가스 감축을 함께 이루기 위해서는 재생에너지를 활용해 화석연료 사용량을 줄이거나 온실가스를 배출하는 만큼 대기의 온실가스를 흡수할 수 있는 탄소 중립을 달성할 방안을 마련해야 한다.

(2) 산림 전용에 따른 온실가스 배출

산불에 기인한 산림 황폐화로 아마존 지역에서 이산화탄소가 연간 3억 톤이 배출되는 것으로 알려져 있다(Amaral et al., 2019). 가티 연구진(Gatti et al., 2020)은 2010~2019년 동안 아마존 산림의 이산화탄소 흡수 능력이 산림 황폐화에 따라 1990~1999년 기간보다 59.6퍼센트 감소한 것으로 평가했다. 〈그림 7-6〉은 1991년부터 2020년까지 아마존 지역에서 산림 황폐화의 연간 누적량을 보여준다. 10년 단위로 황폐화된 산림의 기울기를 보면 2011~2020년의 기울기(0.714)가 1991~2000년의 기울기(1.789)보다 60.2퍼센트 감소했다. 2019년과 2020년 산림 황폐화가 심각했던 시기를 제외한 2011~2018년만 보면 기울기는 1991~2000년의 증가 속도보다 64.6퍼센트 감소했다. 그러나 2011~2015년과 2016~2020년의 기울기는 각각 0.54와 0.89의 차이를 보였다. 아마랄 연구진

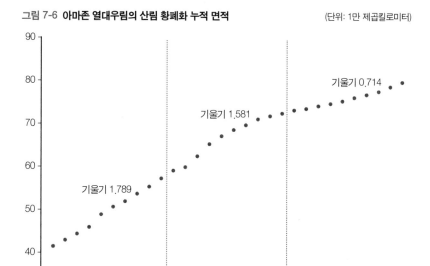

그림 7-6 **아마존 열대우림의 산림 황폐화 누적 면적**　　　　　(단위: 1만 제곱킬로미터)

기울기 1.789

기울기 1.581

기울기 0.714

자료: SEEG, "Total Emissions" 자료를 분석해 새롭게 해석한 그림이다.

(Amaral et al., 2019)에 따르면 브라질에서 산림 황폐화가 29퍼센트 늘었을 때 온실가스 배출도 7퍼센트 증가했다. 글로벌포레스트워치 자료에 따르면 브라질에서 2001~2019년 동안 12퍼센트의 산림이 줄면서, 산림 황폐화에 따라 온실가스는 20.5기가톤이 배출된 것으로 평가했다(〈그림 7-6〉). 이 양은 같은 기간 국제에너지기구가 발표한 브라질의 화석연료에 따른 온실가스 배출량의 2.6배로, 온실가스 배출량이 4위권인 러시아보다 많은 수준이다.

4 | 브라질 정부의 온실가스 저감 정책과 평가

브라질 정부는 2009년에 기후변화에 관한 국가정책을 수립해 2020년까지 온실가스를 30~39퍼센트(2005년 기준) 줄이기로 했다. 2015년 파리협정이 체결된 뒤에 2016년과 2020년 두 차례 NDC를 유엔에 제출했다. 두 차례의 NDC를 통해 브라질 정부는 2025년과 2030년에 온실가스를 각각 38퍼센트와 43퍼센트(2005년 기준)로 감축하기로 목표를 정했다. 또한 국가에너지계획 2050을 도입해 2050년까지 브라질의 중·장기적 에너지 믹스energy mix[2]를 발표했다.

1) 기후변화에 관한 국가정책

브라질 정부는 교토의정서Kyoto Protocol를 이행하고자 2009년 기후변화에 관한 국가정책을 수립해 기후변화 적응을 위해 노력하기 시작했다. 정책을 이행하기 위해 열대우림 벌목 방지, 방목지 복원, 저탄소 농업 도입, 에너지 소비 감소, 에너지 매트릭스energy matrix[3]에서 재생에너지 확대와 관련된 부문별 세부 정책을 도입했다.

저탄소 농업의 경우 브라질 정부는 2010년에 ABC 플랜을 도입해 버려진 목초지 복원, 무경운無耕耘 농법 도입, 동물 폐기물 처리를 통해 저탄소 배출 농업 정책을 시행했다(〈표 7-3〉). 이 정책은 2020년까지 온실가스(이산화탄소, 메탄, 아산화질소) 배출을 1억 3300만 톤에서 1억 6600만 톤씩 줄이는 것을 목표로 하고 있다.

미국 농무부(USDA, 2021)와 카라우타 연구진(Carauta et al., 2021)에 따르면 2018년까지 ABC 플랜의 정책 성과를 평가할 만한 수단이 부족하고, 목초지 복원의 경우 목표치의 3분의 1 정도 달성한 것으로 보인다. 반면에 피아오 연구진(Piao et al., 2021)은 목초지 복원을 제외하고, ABC 플랜은 목표를 달성한 것으로 분석했다. 브라질 농업부도 온실가스의 경우 ABC 플랜을 통해서 1억

---

2 일반적으로 전력을 생산할 때 사용되는 용어로, 에너지(석탄, 수력, 재생에너지, 원자력 등)의 종류를 의미한다.

3 에너지 믹스보다 좀 더 큰 범위로, 전체 에너지(교통, 전력, 냉난방 등)의 구성을 의미한다.

표 7-3 브라질 저탄소 농업 ABC 플랜의 농지 복구 목표량

종류	목표치
버려진 목초지 복원	150,000제곱킬로미터
농지-가축-산림 통합 관리	40,000제곱킬로미터
무경운 농법 도입	80,000제곱킬로미터
동물 폐기물 처리	4,400,000세제곱미터

자료: Piao et al.(2021).

7000만 톤을 저감해 목표를 달성했다고 발표했다. 그러나 글로벌포레스트워치가 분석한 자료에 따르면 2020년 농업 분야에서 배출된 온실가스는 2010년에 비해 여전히 64퍼센트 많이 배출되었으며, 이것은 브라질에서 화석연료에 기인한 온실가스 배출보다 1.5배 많은 수준이다.

에너지 부문의 세부 정책으로 2012년부터 매년 10개년 에너지 계획을 수립하고 있다. 2012년에 브라질의 에너지 현황을 보면 수력발전이 전력의 81.8퍼센트를 차지했다. 첫 번째 10개년 에너지 계획인 PDE 2022를 보면, 향후 10년 동안 총에너지 공급량은 4.9퍼센트 증가하고 전력은 4.7퍼센트 증가할 것으로 전망했다. 또한 전력 생산에서 재생에너지의 비율은 0.3퍼센트 감소한 83.5퍼센트로 예측하고, 79기가와트가 증가한 발전 용량을 설치하기로 했다.

최근 PDE 2030에서는 전체 에너지 공급 중 48퍼센트를 재생에너지로 충당할 예정이고, 신규 재생에너지도 47기가와트를 추가로 설치할 계획이라고 발표하면서 전력 생산의 86퍼센트를 재생에너지로 채울 예정이다. 원유 생산도 2030년까지 두 배로 늘릴 것으로 전망되고 있다.

브라질은 수력발전이 108기가와트에 달하고, 수력발전을 포함한 재생에너지 설치량은 미국과 중국에 이어 150기가와트(2020년 기준)를 보유하고 있다. 수력발전과 함께 바이오 에너지를 확대하면서 G20 국가 중 최종 에너지 소비량TFEC: Total Final Energy Consumption에서 재생에너지가 차지하는 비중이 43퍼센트로 가장 높다(REN21, 2021).

2) 브라질의 국가 온실가스 감축 목표(NDC)

브라질은 온실가스를 2025년까지 37퍼센트, 2030년까지 43퍼센트 감축한 다고 발표했다. 2016년 발표된 1차 NDC는 산림 분야와 화석연료 분야의 저감 계획이 모두 포함되었지만, 2020년 발표된 2차 NDC에서는 불법 벌목 중단과 산림 복원과 같은 산림 분야의 대책은 삭제된 것으로 알려졌다(Climate Action Tracker). 국제사회는 지구 기온 상승을 산업화 이전보다 2도 이내로 제한하기 위해 브라질에게 더 진전된 2차 NDC를 요구했지만, 브라질 정부는 2030년까 지 배출량을 1차 NDC보다 27퍼센트 많은 수준으로 설정했다. 이렇게 된 이유 는 브라질 정부가 감축 기준 연도인 2005년의 온실가스 배출량을 21억 톤에서 28억 4000만 톤으로 재조정했기 때문이다. 기온 상승을 1.5도로 제한하겠다는 목표를 고려하면 2030년 배출량보다 네 배는 적게 배출해야 할 것으로 평가된 다(Climate Action Tracker).

기후변화에 관한 국가정책을 보면 2020년까지 산림 황폐화 면적을 80퍼센 트(2005년 기준) 저감하기로 했지만, 실제로는 41퍼센트만 감소했다. 시우바 연 구진(Silva Jr. et al., 2021)도 2020년 산림 황폐화 방지 목표치보다 182퍼센트 많 은 면적이 토지 전용으로 상실되면서 산불로 6억 4000만 톤의 온실가스가 대 기 중으로 방출된 것으로 분석했다.

〈표 7-4〉는 2005년 기준으로 온실가스 배출량의 변화를 나타낸 것이다. 브 라질 정부 자료와 클라이미트워치Climatewatch 자료에 따르면 토지 전용 방지 노 력에 따라 온실가스 배출은 각각 40퍼센트와 65.4퍼센트가 감소했다. 그러나 토지 전용 부분을 제외한 대부분의 분야에서는 온실가스 배출이 증가했다. 그 리고 클라이미트액션트래커Climate Action Tracker의 2025년과 2030년 예측을 보 면 토지 전용 부분을 빼면 온실가스 배출은 여전히 18.8퍼센트에서 22.2퍼센 트 증가하는 것으로 평가되었다.

REDD-PACREDD+ Policy Assessment Center 프로젝트(2015년)는 아마존기금과 같

표 7-4 **2005년 기준 분야별 온실가스 증감률** (단위: 퍼센트)

출처	세부 분야	증감률	평가 기간
브라질 정부	토지 전용	-40.0	2005~2019
	농업	+11.7	
	에너지	+30.2	
	산업	+23.1	
	폐기물	+37.2	
	총배출량(토지 전용 포함)	-16.9	
	총배출량(토지 전용 제외)	+20.2	
클라이미트워치	토지 전용	-65.4	2005~2018
	농업	+5.9	
	에너지	+28.4	
	산업	+10.6	
	폐기물	+1.0	
	기타	+16.5	
	총배출량(토지 전용 포함)	-29.0	
	총배출량(토지 전용 제외)	+15.9	
국제에너지기구	전력과 열	+20.3	2005~2019 (+24.3)
	교통	+25.4	
	산업	+26.9	
	상업	+6.7	
	주거	+3.5	
아우어월드인데이터	화석에너지	+36.4	2005~2018
클라이미트액션트래커	토지 전용 제외	+19.7	2005~2018
	토지 전용 제외	+18.8	2005~2025
	토지 전용 제외	+22.2	2005~2030

은 국제 협력으로 토지 이용 분야에서 온실가스를 2030년에 2000년 대비 92퍼센트까지 감축할 것으로 전망했다. 이는 2016~2018년 평균치와 비교해 36퍼센트 수준이다. 브라질의 1차 NDC에서 2030년까지 불법 산림 황폐화를 완전히 근절하겠다는 목표가 실현된다면 토지 전용에 따른 온실가스 배출은 크게 감소할 것으로 예측된다.

3) 국가에너지계획 2050

화석연료에 기인한 온실가스 배출을 저감하려면 에너지 분야의 온실가스 배출을 줄여야 한다. 그러나 브라질 정부는 에너지 자립을 위해 재생에너지와 비재생에너지(석유, 천연가스, 원자력)를 모두 활용하는 국가에너지계획 2050을 발표했다. 여기에는 수력발전을 68기가와트 확대할 계획도 있지만 동시에 석유와 천연가스 생산을 2050년까지 지속하는 정책도 포함하고 있다.

브리티시 페트롤리엄BP: British Petroleum의 브라질에 대한 에너지 전망 시나리오에 따르면 2018년 기준으로 1차 에너지 소비는 2050년까지 60~66퍼센트 증가하고, 1인당 에너지 소비도 50퍼센트 증가할 것으로 예측하고 있다. 그리고 2018년 기준 1차 에너지 소비 중 15퍼센트를 차지하는 재생에너지는 배출 전망BAU: Business As Usual(이하 BAU) 기준 시나리오, 미래 탄소 배출량을 70퍼센트 감소시키는 시나리오(급격한 시나리오), 탄소 중립 시나리오에서 각각 32퍼센트, 46퍼센트, 54퍼센트까지 증가할 것으로 평가했다. 전력 분야의 재생에너지 비중도 2018년 기준 17퍼센트를 차지하는데 BAU 시나리오, 급격한 시나리오, 탄소 중립 시나리오에 따라 각각 45퍼센트, 47퍼센트, 51퍼센트로 모든 시나리오에 걸쳐 증가하는 것으로 나타났다. 원유의 생산도 증가하지만, 이산화탄소 배출은 BAU 시나리오에서 26퍼센트 늘고, 급격한 시나리오에서는 41퍼센트 줄며, 탄소 중립 시나리오에서는 92퍼센트까지 줄어야 실현될 것으로 평가되었다.

브라질의 전력 생산에서 자연에너지 중 수력발전이 62퍼센트로 가장 많고 이어 풍력발전, 바이오매스, 태양광발전이 각각 8.7퍼센트, 3.6퍼센트, 1.9퍼센트를 점하고 있다. 화석연료는 15퍼센트의 비중이다(SIGA/ANEEL/ABEEolica, 2021). 브라질 정부는 국가에너지계획 2050에서 수력발전을 확대하고 레노바 바이오 프로그램을 도입해 바이오 연료의 공급도 지속하면 온실가스를 10퍼센트 저감할 것으로 예측하고 있다. 반면에 라틴아메리카에서 바이오 에탄올의 급격한 확대는 산림 황폐화를 가속화할 가능성이 제기되었다(Ellis and Rypl, 2021; Gao et al., 2011). 전 세계적으로도 바이오 연료의 사용이 확대될 경우 열대우림의 토지 전용에 따라 중국의 연간 온실가스 배출량만큼 온실가스 배출이 늘 것으로 우려되고 있다(Malins, 2020).

브라질 정부는 비재생에너지원으로 석탄의 사용을 줄일 계획이지만, PDE 2030과 국가에너지계획 2050에는 석유와 천연가스 생산을 2050년까지 지속하는 내용이 포함되어 있다. 윌리엄 윌스William Wills와 페르난다 웨스틴Fernanda Westin은 브라질 정부가 2026년까지 원유와 천연가스 분야에 71.4퍼센트, 전력분야에 26.2퍼센트(재생에너지와 비재생에너지), 바이오 연료 분야에 2.4퍼센트를 투자하는 계획에 대해 화석에너지 대신 재생에너지로 투자를 전환해야 한다고 제안했다(Wills and Westin, 2019).

국가에너지계획 2050에는 재생에너지 저장, 온실가스 저감, 안정적인 에너지 공급을 위한 수소에너지와 연료전지 정책도 일부 포함하고 있다. 브라질 정부는 수소 생산은 주로 천연가스를 활용할 계획이며, 브라질 바이오에너지협회는 수소 연료전지 차량에 바이오 에탄올을 사용하기 위해 관련 자동차 회사와 기술을 개발하고 있다. 이렇게 브라질 정부와 관련 산업에서 천연가스와 바이오 에탄올을 활용한 미래 수소에너지 분야에 투자하고 있지만, 문제는 천연가스와 바이오 에탄올로 수소를 만들 경우 이산화탄소가 발생할 수 있고, 바이오 에탄올 생산이 산림 황폐화를 야기할 수 있다는 점이다.

따라서 온실가스를 발생시키지 않고 산림 황폐화를 막기 위해서는 수력·풍력·태양광 발전으로 생산되는 전력으로 전기분해를 통한 수소를 생산할 수 있다. 바이오 연료를 사용해 온실가스를 저감하려는 시도보다는 재생에너지로 전기에너지를 생산해 전기자동차를 보급하는 것이 아마존 열대우림의 산림 황폐화를 방지하면서 온실가스 배출 저감에 기여할 것으로 사료된다.

4) 국제 협력의 후퇴

브라질 정부는 아마존 산림의 황폐화를 막기 위해 2008년에 국제 협력의 일환으로 아마존기금을 유치해 활용하고 있다.

2007년 인도네시아 발리에서 개최된 제13차 유엔기후변화협약 당사국총회 COP13에서 국제사회는 아마존 산림의 황폐화를 방지하려는 REDD+ 프로젝트의 일환으로 아마존기금을 제공하기로 했다. 2008년에 운영되기 시작한 아마존기금에는 노르웨이가 93.8퍼센트, 독일이 5.7퍼센트, 브라질의 국영 석유 회사 뻬뜨로브라스가 0.5퍼센트를 공여했다(BNDES, 2021a). 하지만 브라질에서 보우소나루 정부가 들어서면서 2019년부터 아마존기금에 신규 자금 지원이 중지되었고, 그에 따라 산림 황폐화를 막기 위한 새로운 프로젝트가 진행되지 못하고 있다. 2021년 기준으로 아마존기금에는 전체 금액의 21.4퍼센트에 해당하는 1억 5000만 달러가 적립되어 있다(BNDES, 2021b).

아마존 열대우림은 2004년에서 2012년까지 산림 황폐화가 연평균 18.6퍼센트 감소했지만, 산림 황폐화가 가장 적었던 2012년 이후 연평균 12.8퍼센트씩 증가하는 특성을 보인다(〈그림 7-7〉). 특히 2020년 상반기(1~6월)에는 산림 황폐화 면적이 지난 12개년 중 최고 수준으로 평가된다. 아마존에서 2020년 하반기(7~12월)에 산불이 같은 해 상반기보다 12배 많이 발생했다(Silvia Jr., 2021). 아마존기금이 감소하면서 아마존의 산림 황폐화가 증가했지만, 브라질 정부의 정책 또한 크게 후퇴했다. 〈그림 7-8〉을 보면 브라질 환경부의 예산이 최대치를 기록했던 2010년부터 2020년까지 계속해서 감소하고 있다. 지난 2010년부터 2020년까지 연평균 8.7퍼센트 감소했으며, 특히 최근 3년간은 16.2퍼센트로 예산 감소가 빨라지는 모습이다(dos Santos, 2019).

브라질 정부는 1차 NDC에서 2030년까지 불법 산림 황폐화를 완전히 근절하겠다고 발표했지만, 국제 협력이 후퇴하고 브라질 정부의 의지도 약화되면서 산림 황폐화도 급격히 증가하고 있다. 산림은 대기 중의 이산화탄소를 감소

그림 7-7 **브라질 산림 황폐화 증감률** (단위: 퍼센트)

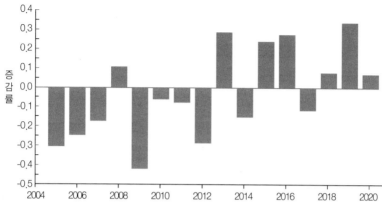

자료: Observação da Terra의 자료를 분석해 그림으로 나타냈다.

그림 7-8 **브라질 환경부의 예산** (단위: 10억 달러)

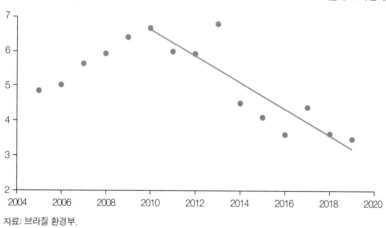

자료: 브라질 환경부.

시키는 역할을 한다(Law et al., 2018). 유네스코는 아마존 열대우림이 영국의 온실가스 배출량만큼 온실가스를 흡수한다고 평가했다(UNESCO, 2021). 그렇지만 장 연구진(Jang et al., 2014)은 아마존 산불 때문에 아마존 산림이 오히려 온실가스를 배출하는 상황을 맞을 수 있다고 우려했다. 최근 연구에서도 기후변화에 따라 산림 성장률이나 토양에서 미생물의 분해 속도가 증가해 산림이 온실가스의 흡수원이 아닌 배출원으로 지구온난화에 기여할 가능성이 제시되었다(Gatti et al., 2021; UNESCO, 2021).

5 | 전 지구적 기후변화에 따른 국제 협력의 중요성

아마존 열대우림에는 지구 생물종의 10퍼센트가 살고 있으며, 4만 종 이상의 식물이 분포한다. 아마존 열대우림은 대량의 탄소를 산림 안에 고정시켜 지구온난화를 완화하는 데 기여하며, 산림의 증발산은 아마존 지역 강우의 25~35퍼센트를 기여하고 있다(Gatti et al., 2021). 아마존 열대우림은 기온이 4도 오를 경우 산림이 황폐화되고 산불의 스트레스도 증가할 것으로 평가되고 있다. 이렇게 기온이 3~4도 이상 오를 경우 기후의 비가역적 특성에 따라 아마존 산림의 회복을 기대하기 어렵고 지구의 온실가스 저장고도 사라질 수 있다. 최근 아마존 열대우림에 영향을 끼치는 기후 현상으로 엘니뇨와 라니냐의 빈도 변화, 산림의 탄소 회복력 감소, 증발산이나 강수량과 같은 수문학적 변화, 아마존 열대우림의 이산화탄소 흡수 능력 감소가 대두되고 있다.

1) 엘니뇨와 라니냐의 빈도 영향

엘니뇨와 관련된 적도태평양 지역의 남방진동Southern Oscillation[4]은 전 지구의 기후에 영향을 끼치는 중요한 요소다. 최근에는 강수량과 해수면 온도의 이상

---

4 인도네시아 부근과 남태평양 동부에서 해면의 기압이 마치 시소처럼 한쪽 지방의 기압이 평년보다 높으면 다른 한쪽 지방이 낮아지는 형태를 보이고, 바다에서는 적도태평양의 해면 수온과 해류가 변동하는 현상이다.

패턴, 남방진동의 규모 변화를 통해 남방진동의 변동성이 증가하는 것으로 예측된다(Cai et al., 2021). 지구온난화에 따라 엘니뇨와 라니냐의 발생 빈도가 늘면서 아마존 유역에서 가뭄과 홍수로 산림 피해가 증가할 수 있다(Berenguer et al., 2021; Cai et al., 2021; Espinoza et al., 2018; Jiménez-Muñoz et al., 2016; Moura et al., 2019; Paca et al., 2020; Wengel et al., 2021). 2010년과 2015년의 엘니뇨로 인해 아마존 열대우림 중 각각 24퍼센트와 47퍼센트의 지역에서 가뭄이 발생했다(Silva Jr. et al., 2019).

2015~2016년에 발생한 엘니뇨는 아마존 면적의 1퍼센트를 차지하는 따빠조스 유역Tapajós Basin 산림에 극한의 가뭄과 대규모 산불을 불러와 25억 그루의 나무가 소실되었고 그에 따라 대기 중에 이산화탄소도 4억 5000만 톤 배출되었다(Berenguer et al., 2021). 미국 항공우주국 연구진도 2015~2016년의 엘니뇨로 인해 중부 아마존 지역의 산림이 약 65퍼센트가 고사한 것을 관측했다.

미국 해양대기청에서는 이전까지 강력한 엘니뇨와 라니냐가 20년마다 발생했다면, 앞으로는 10년마다 발생하고 발생 강도도 이전보다 강력해질 것으로 전망했다(*Noaa research news*, 2020.11.9).

2) 산림 회복력의 감소

아마존 열대우림에서 산림 벌목이 늘면서 2003년 이후 아마존 생태계의 회복성이 낮아지는 것으로 평가되었다. 특히 건기가 늘고 가뭄이 잦아져 강우량이 적은 지역이나 인간의 거주지와 가까운 열대우림에서 생물 다양성과 탄소 저장 등의 회복력이 감소했다(Boulton et al., 2021). 아마존 열대우림은 산림의 증발산을 통해 지역 강수량의 50퍼센트를 자체적으로 재생산하는 데 기여한다. 이는 브라질 남부 지역, 우루과이, 아르헨티나 중부 지역의 강수량에 영향을 끼치고 있다. 아마존에서 산림 황폐화가 발생한 지역에서는 증발산이 줄고 기온도 주변보다 0.44도에서 1.5도까지 증가했다(Baker et al., 2019). 콘 연구진

(Cohn et al., 2019)은 아마존 산림 황폐화 지역에서 50킬로미터 거리의 정상적인 산림 지역에서도 온도가 오르면서 산림 황폐화가 진행된 지역의 주변 지역도 순차적으로 손실될 수 있다고 지적했다.

아마존 열대우림의 기후변화로 대기의 오존 성분에도 변화가 생길 수 있다. 오존은 식물 성장에 영향을 끼친다. 지표면의 오존은 식물이나 땅에서 직접 배출되는 것이 아니라 질소산화물, 일산화탄소, 휘발성 유기화합물 성분들과 반응해 간접적으로 생성된다. 산불로 배출되는 대기오염 물질이 아마존 열대우림의 오존 생성에 관여할 수 있다. 아마존 인근의 도시 지역에서 생성된 오존이 확산을 통해 식물의 기공으로 흡수되면서 성장을 방해할 수 있다(Clifton et al., 2020).

3) 아마존 열대우림의 수문학적 변화

아마존강은 지구 담수량의 15~20퍼센트를 차지하는 가장 큰 담수원이다. 아마존강 유역에서 강수, 증발산, 담수의 배출은 아마존 생태계에서 중요한 역할을 한다. 아마존강 유역에는 427종의 포유류, 1294종의 조류, 427종의 양서류, 3000종의 어류가 관측되고 있다(WWF).

아마존강 유역에서 홍수와 가뭄은 최근 더 빈번하게 발생하고 있으며, 이는 엘니뇨와 라니냐와 연관되어 있다(Silva Jr. et al., 2019). 열대 대서양에서 아마존 지역으로 수증기가 공급되고, 다시 북부 아마존에서 남부 아마존으로 수증기가 공급된다(Marengo, 2015). 베이커 연구진(Baker et al., 2021)은 아마존 지역에서 장기간의 증발산 변화를 예측하며 서부 지역의 강수량은 증가하고 동부 지역은 감소할 것으로 전망했다. 증발산은 강수량, 태양 일사량, 토양의 수분 저장 능력과 관련이 있고, 특히 아마존은 건기에 남부 지역에서 강수량이 부족해질 수 있다(Maeda et al., 2017). 지구온난화로 기온이 4도 오를 경우 아마존의 증발산은 임계점tipping point에 도달할 것으로 분석되었다.

4) 아마존 열대우림이 이산화탄소 배출원으로 역할

산림 벌목은 산림의 이산화탄소 저장 능력을 감소시키고 산림 안의 생물·물리화학(오존, 메탄, 수증기, 에어로졸, 알베도albedo, 생물 기원의 휘발성 유기화합물) 요소를 변화시켜 기후에 영향을 끼친다(Ito and Hajima, 2020; Scott et al., 2018). 24개 기관의 31명의 연구자가 급격하게 변화하는 아마존 지역의 탄소 특성을 연구한 결과를 보면 지역 특성(산불, 토지 이용, 댐)과 전 지구적 온난화가 아마존의 탄소 배출에 기여할 가능성을 제시했다(Covey et al., 2021). 산불은 나무를 태우며 많은 양의 온실가스를 배출시킨다. 아마존 열대우림은 연평균 10억 톤의 이산화탄소를 배출하는 것으로 평가되었다. 이것은 과거 10년 동안 대기 중의 온실가스를 흡수하는 것보다 배출하는 것이 20퍼센트 더 많음을 의미한다(Gatti et al., 2021).

기후변화의 영향으로 강력한 엘니뇨와 라니냐가 빈번할 경우에 가뭄에 따라 산불 발생도 증가할 것으로 우려되고 있다. 2000년 이후 엘니뇨(2009~2010년, 2015년)와 라니냐(2007~2008년, 2010~2011년)로 인해서 발생한 산불 면적은 각각 49만 제곱킬로미터와 22만 제곱킬로미터로 한반도의 세 배가 넘는 총 71만 제곱킬로미터의 지역에서 발생했다(Barbosa et al., 2021). 엘니뇨와 라니냐 시기에 산불은 건기인 8월에 가장 많이 발생했다(〈그림 7-9〉).

이산화탄소보다 온실가스 기여도가 약 20배 높은 메탄가스는 아마존 열대우림에서 전 세계 배출량의 약 8퍼센트가 나오며 발생량의 83퍼센트가 아마존 습지에서 나온다(Basso et al., 2021). 홍수 범람원 지역에서도 나무뿌리를 통해 대기로 배출된다(Gauci et al., 2021). 지구온난화로 습지가 말라가고 토양이 다져지면 아산화질소라는 온실가스도 대기로 배출된다.

그림 7-9 **엘니뇨와 라니냐 시기 아마존 열대우림에서 발생한 월별 산불 면적**   (단위: 제곱킬로미터)

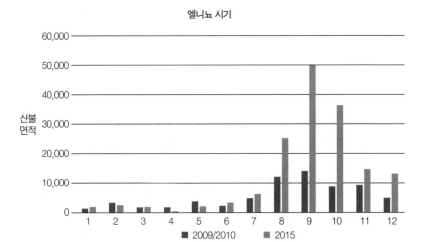

엘니뇨 시기

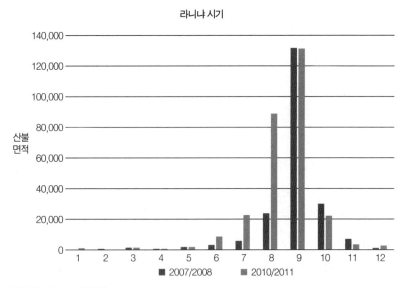

라니냐 시기

자료: Barbosa et al.(2021).

5) 자연적인 영향에 따른 산림 황폐화의 가속

브라질 국립우주연구소는 수년간의 항공 관측을 통해 아마존 동부 지역이 서부 지역보다 약 세 배 정도 산림 황폐화가 심했지만 온실가스 배출량은 10배 많았다고 평가했다. 이것은 온실가스 배출량이 산림 황폐화 외에도 자연적 스트레스로 심각하게 가중될 수 있음을 보여준다. 아마존 열대우림의 다양한 기후 특성(가뭄, 홍수, 폭풍, 대서양 수온, 엘니뇨, 라니냐, 지구온난화) 변화가 산림 황폐화를 가속화할 수 있으며, 이것이 자연적 스트레스로 작용할 수 있다. 아마존의 열대우림에서 기후변화에 대한 양(+)의 피드백은 인간 활동에 따른 인위적인 온실가스 배출을 제어하더라도 궁극적으로는 자연적 스트레스의 증가로 온실가스가 발생할 수 있음을 보여준다(〈그림 7-10〉).

산림 황폐화의 심각성은 현재 아마존 열대우림의 약 14.2퍼센트가 황폐화되었는데 이것이 20~25퍼센트로 늘 경우 임계점에 도달할 것으로 전망되기 때문이다(Lovejoy and Nobre, 2019). 연구자에 따라서 2029~2034년 또는 2039년이면 아마존 열대우림이 사라지고 사바나 지역으로 변할 가능성이 점쳐지고 있다(*nature*, 2020.2.25).

그림 7-10 **지구온난화와 산림 황폐화의 양(+)의 피드백**

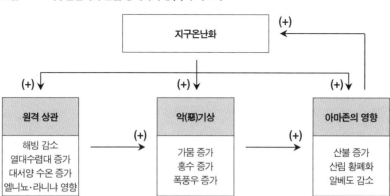

따라서 아마존의 탄소 배출이 브라질에만 국한되는 것이 아니라 전 지구적 기후변화와 연계되었다는 점에서 아마존의 산림 황폐화를 감소시키는 노력이 우선되어야 한다(Jiao et al., 2016). 이를 위해서 브라질 정부의 환경 개발 정책과 환경부 예산 삭감에 대응해 산림 복원 프로그램인 유엔의 REDD+ 프로젝트를 재도입해서 아마존기금을 정상화할 필요가 있으며, 녹색기후기금GCF: Green Climate Fund의 활용 등 국제 협력 방안이 마련되어야 한다.

6 | 나가며

브라질은 기후변화를 완화하기 위한 온실가스 저감 방안으로 '기후변화에 관한 국가정책', 자발적 감축 방안, 국가에너지계획 2050을 시행하고 있다. 브라질의 온실가스 배출원은 토지 이용과 농업이 각각 44퍼센트와 28퍼센트이며, 화석에너지 사용에 따른 온실가스 배출은 28퍼센트 수준이다. 따라서 브라질의 온실가스 저감 방안인 기후변화에 관한 국가정책에서는 농업 분야의 저탄소 배출을 위한 ABC 플랜을 시행해 2020년에 온실가스 저감 목표량을 줄인 것으로 평가된다. 하지만 농업 분야에서의 온실가스 배출량은 여전히 브라질 화석연료 배출량보다 1.5배 많은 것으로 평가되고 있다.

브라질의 기후변화에 관한 국가정책에서 산림 황폐화 감축 목표는 2020년에 아마존 열대우림에서 80퍼센트를 줄이는 것이었지만 실제로는 41퍼센트만 감소되었다. NDC의 경우 토지 전용 분야에서 온실가스를 40~65퍼센트 감축하지만, 농업과 에너지 분야에서는 온실가스 배출량이 16퍼센트 이상 증가한 것으로 평가되었다. 토지 전용을 제외할 경우 2030년까지 온실가스 배출량은 2005년 대비 22.2퍼센트 증가할 것으로 전망되어, NDC나 기후변화에 관한 국가정책의 온실가스 저감 방안을 강화하려는 노력이 필요하다.

브라질 정부의 국가에너지계획 2050은 비재생에너지 분야에 대한 투자가 여전히 높다는 점에서 온실가스 저감 정책과 충돌하고 있으며, 바이오 연료를 교통 분야와 수소 생산 분야에 확대하려는 정책 또한 산림 황폐화 방지 정책과 상충될 수 있다.

브라질의 산림 황폐화 저감 정책에는 산림 복원을 목표로 하는 REDD+ 프로젝트의 일환으로 만든 아마존기금이 중요한 역할을 맡았다. 그러나 2019년 아마존기금이 운용을 중단하고 브라질 환경부의 예산이 삭감되면서 아마존 산림 황폐화는 2012년 이후 증가하고 있다.

장기간에 걸친 아마존의 산림 황폐화로 아마존 지역이 지구온난화를 가속화하는 온실가스의 배출원으로 작용할 가능성이 제시되고 있다. 엘니뇨와 라니냐의 발생 빈도가 늘면서 가뭄과 홍수가 증가하고, 산림의 탄소 저장 능력의 회복력이 저하되고, 증발산의 변화로 강수량이 줄고, 대기로 배출되는 온실가스가 늘면 전 지구적인 기후변화를 가속화할 수 있다.

지구온난화는 열대 대서양의 수온 상승, 태평양의 수온 상승, 열대수렴대의 변화, 북극 해빙의 감소, 제트기류의 약화, 해류의 변화 등 다양한 전 지구적 기후요소와 상호작용하며 아마존 열대우림에 불리한 기후 조건을 생성하는 양의 피드백을 형성할 수 있다. 이것은 인간 활동이 없어도 자연적 스트레스에 따라 아마존 열대우림에서 산림 황폐화가 발생하며, 온실가스의 배출원 역할을 한다는 것을 의미한다.

따라서 2008~2018년 동안 아마존 열대우림의 산림 황폐화 방지에 기여해 온 아마존기금을 다시 정상화하기 위한 국제 협력이 필요하다. 국제 협력을 통해 장기적으로 브라질은 풍부한 재생에너지 자원을 활용해 전기를 만들고 청정한 수소를 생산해 전기자동차와 수소 연료전지 분야로의 에너지 전환을 이룰 수 있다. 이를 통해 황폐화된 아마존 산림을 복원하고 산림 황폐화를 완전히 방지할 수 있다면, 미래에 아마존 열대우림은 전 지구적 기후변화 완화에 기여할 수 있을 것이다.

참고문헌

1. 논문, 단행본, 기사

장유운. 2021. 「브라질의 기후변화 정책과 국제협력 필요성 연구」. ≪중남미연구≫, 제40권 4호, 271~298쪽.

Amaral, S. S., M. A. M. Costa, T. G. S. Neto, M. P. Costa, F. F. Dias, E. Anselmo, J. C. dos Santos and J. A. de Carvalho. 2019. "CO$_2$, CO, hydrocarbon gases and PM2.5 emissions on dry season by forestation fires in the Brazilian Amazonia." *Environmental Pollution*, Vol. 249, pp. 311~320. https://doi.org/10.1016/j.envpol.2019.03.023.

Baker, J. C. A. and D. V. Spracklen. 2019. "Climate Benefits of Intact Amazon Forests and the Biophysical Consequences of Disturbance." *Frontiers in Forests Global Change*, Vol. 30 (August 2019). https://doi.org/10.3389/ffgc.2019.00047.

Baker, J. C. A., L. Garcia-Carreras, W. Buermann, D. C. de Souza, J. H. Marsham, P. Y. Kubota, M. Gloor, C. A. S. Coelho and D. V. Spracklen. 2021. "Robust Amazon precipitation projections in climate models that capture realistic land: atmosphere interactions." *Environmental Research Letters*, Vol. 16, No. 7. https://doi.org/10.1088/1748-9326/abfb2e.

Barbosa, M. L. F., R. C. Delgado, C. F. de Andrade, P. E. Tedoro, C. A. Silva Jr., H. S. Wanderley and G. F. Carpristo-Silva. 2021. "Recent trends in the fire dynamics in Brazilian Legal Amazon: Interaction between the ENSO phenomenon, climate and land use." *Environmental Development*, Vol. 39. https://doi.org/10.1016/j.envdev.2021.100648.

Basso, L. S., L. Marani, L. V. Gatti et al. 2021. "Amazon methane budget derived from multi-year airborne observations highlights regional variations in emissions." *Commun Earth Environ*, Vol. 2, Article No. 246. https://doi.org/10.1038/s43247-021-00314-4.

Berenguer, E., G. D. Lennox, J. Ferreira, Y. Malhi, L. E. O. C. Aragão, J. R. Barreto, F. D. B. Espírito-Santo, A. E. S. Figueiredo, F. França, T. A. Gardner, C. A. Joly, A. F. Palmeira, C. A. Quesada, L. C. Rossi, M. M. M. de Seixas, C. C. Smith, K. Withey and J. Barlow. 2021. "Tracking the impacts of El Niño drought and fire in human-modified Amazonian forests." *Proceedings of the National Academy of Sciences*, Vol. 118, No. 30, e2019377118. https://doi.org/10.1073/pnas.2019377118.

BNDES. 2021a. "Amazon Fund: Activity Report 2020." http://www.amazonfund.gov.br/export/sites/default/en/.galleries/documentos/rafa/RAFA_2020_en.pdf.

_____. 2021b. "Portfolio Report." http://www.fundoamazonia.gov.br/export/sites/default/en/galleries/documentos/portfolio-report/2021_4bi_Amazon-Fund-Porfolio-Report.pdf.

Boulton, C., T. Lenton and N. Boers. 2021. "Pronounced loss of Amazon rainforest resilience since the early 2000s." https://doi.org/10.21203/rs.3.rs-379902/v1.

Butler, Rhett A. 2020.6.4. "The Amazon Rainforest: The World's Largest Rainforest." *mongabay.*

https://rainforests.mongabay.com/amazon.

Butt, E. W., L. Conibear, C. Knote and D. V. Spracklen. 2021. "Large Air Quality and Public Health Impacts due to Amazonian Deforestation Fires in 2019." *GeoHealth*, Vol. 5, Iss. 7. https://doi.org/10.1029/2021GH000429.

Cai, W., A. Santoso and M. Collins. 2021. "Changing El Niño-Southern Oscillation in a warming climate." *Nature Reviews Earth & Environment*, Vol. 2, pp. 628~644. https://doi.org/10.1038/s43017-021-00199-z.

Carauta, M., Christian Troost, Ivan Guzman-Bustamante, Anna Hampf, Affonso Libera, Katharina Meurer, Eric Bönecke, Uwe Franko, Renato de Aragão Ribeiro Rodrigues and Thomas Berger. 2021. "Climate-related land use policies in Brazil: How much has been achieved with economic incentives in agriculture?." *Land Use Policy*, Vol. 109, 105618. https://doi.org/10.1016/j.landusepol.2021.105618.

Clifton, O. E., A. M. Fiore, W. J. Massman, C. B. Baublitz, M. Coyle and L. Emberson et al. 2020. "Dry deposition of ozone over land: processes, measurement, and modeling." *Reviews of Geophysics*, Vol. 58, Iss. 1, e2019RG000670. https://doi.org/10.1029/2019RG000670.

Cohn, A. S., N. Bhattarai, J. Campolo, O. Crompton, D. Dralle, J. Duncan and S. Thompson. 2019. "Forest loss in Brazil increases maximum temperatures within 50km." *Environmental Research Letters*, Vol. 14, No. 8. https://doi.org/10.1088/1748-9326/ab31fb.

Covey, K., F. Soper, S. Pangala, A. Bernardino, Z. Pagliaro, L. Basso, H. Cassol, P. Fearnside, D. Navarrete, S. Novoa, H. Sawakuchi, T. Lovejoy, J. Marengo, C. A. Peres, J. Baillie, P. Bernasconi, J. Camargo, C. Freitas, B. Hoffman, G. B. Nardoto, I. Nobre, J. Mayorga, R. Mesquita, S. Pavan, F. Pinto, F. Rocha, M. R. de Assis, A. Thuault, A. A. Bahl and A. Elmore. 2021. "Carbon and Beyond: The Biogeochemistry of Climate in a Rapidly Changing Amazon." *Frontiers in Forests Global Change*, Vol. 4. https://doi.org/10.3389/ffgc.2021.618401.

dos Santos, P. C. 2019. "SDG 15 and the Brazilian Amazon: future perspectives." Central European University.

Ellis, J. and N. C. Rypl. 2021. "2030 Brazil Roadmap." CIF, BloombergNEF.

Espinoza, V., D. E. Waliser, B. Guan, D. A. Lavers and F. M. Ralph. 2018. "Global Analysis of Climate Change Projection Effects on Atmospheric Rivers." *Geophysical Research Letters*, Vol. 45, Iss. 9, pp. 4299~4308. https://doi.org/10.1029/2017GL076968.

Gao, Y., M. Skutsch, O. Masera and P. Pacheco. 2011. "A global analysis of deforestation due to biofuel development." CIFOR Working Paper, Vol. 68. Bogor, Indonesia.

Gatti, L. V., L. S. Basso, J. B. Miller, M. G. Gloor, L. G. Domingues, H. L. G. Cassol, G. Tejada, L. E. O. C. Aragão, C. Nobre, W. Peters, L. Marani, E. Arai, A. H. Sanches, S. M. Corrêa, L. Anderson, C. V. Randow, C. S. C. Correia, S. P. Crispim and R. A. L. Neves. 2021.

"Amazonia as a carbon source linked to deforestation and climate change." *nature*, Vol. 595, pp. 388~393. https://doi.org/10.1038/s41586-021-03629-6.

Gauci, V., V. Figueiredo, N. Gedney, S. R. Pangala, T. Stauffer, G. P. Weedon and A. Enrich-Prast. 2021. "Non-flooded riparian amazon trees are a regionally significant methane source." *Philosophical Transactions of the Royal Society A*. Vol. 380, No. 2215. https://doi.org/10.1098/rsta.2020.0446.

IDB. 2011. "BRAZIL: Mitigation and Adaptation to Climate Change."

Ito, A. and T. Hajima. 2020. "Biogeophysical and biogeochemical impacts of land-use change simulated by MIROC-ES2L." *Progress in Earth and Planetary Science*, Vol. 7, No. 54. https://doi.org/10.1186/s40645-020-00372-w.

Jang, Y. W., I.-S. Park, S.-S. Ha, S.-H. Jang, K.-W. Chung, G. Lee, W.-H. Kim and Y.-J. Choi. 2014. "Preliminary analysis of the development of the Carbon Tracker system in Latin America and the Caribbean." *Atmósfera*, Vol. 27, Iss. 1, pp. 61~76.

Jiao, T., C. A. Williams, B. Ghimire, J. Masek, F. Gao and C. Schaaf. 2016. "Global climate forcing from albedo change caused by large-scale deforestation and reforestation: quantification and attribution of geographic variation." *Climatic Change*, Vol. 142, pp. 463~476. https://doi.org/10.1007/s10584-017-1962-8.

Jiménez-Muñoz, J., C. Mattar and J. Barichivich. 2016. "Record-breaking warming and extreme drought in the Amazon rainforest during the course of El Niño 2015~2016." *Scientific Reports*, Vol. 6, Article No. 33130. https://doi.org/10.1038/srep33130.

Law, Beverly E., Tara W. Hudiburg, Logan T. Berner, Jeffrey J. Kent, Polly C. Buotte and Mark E. Harmon. 2018. "Land use strategies to mitigate climate change in carbon dense temperate forests." *Proceedings of the National Academy of Sciences*, Vol. 115, No. 14, pp. 3663~3668. https://doi.org/10.1073/pnas.1720064115.

Lovejoy, T. E. and C. Nobre. 2019. "Amazon tipping point: Last chance for action." *Science Advances*, Vol. 5, Iss. 12. https://doi.org/10.1126/sciadv.aba2949.

Maeda, E. E., X. Ma, F. H. Wagner, H. Kim, T. Oki, D. Eamus and A. Huete. 2017. "Evapotranspiration seasonality across the Amazon Basin." *Earth System Dynamics*, Vol. 8, Iss. 2, pp. 439~454. https://doi.org/10.5194/esd-8-439-2017.

Malins, C. 2020. *Biofuel to the fire: The impact of continued expansion of palm and soy oil demand through biofuel policy*. Report commissioned by Rainforest Foundation Norway.

Marcovitch, J. and V. C. Pinsky. 2014. "Amazon Fund: financing deforestation avoidance." *Revista de Administração(São Paulo)*, Vol. 49, No. 2, pp. 280~290. http://lps3.doi.org.sproxy.hufs.ac.kr/10.5700/rausp1146.

Marengo, J. A. and J. C. Espinoza. 2016. "Extreme seasonal droughts and floods in Amazonia: causes, trends and impacts." *International Journal of Climatology*, Vol. 36, pp. 1033~1050.

Mongabay. 2020.6.4. "The Amazon Rainforest: The World's Largest Rainforest." https://rain

forests.mongabay.com/amazon.

Moura, M. M., A. R. dos Santos, J. E. M. Pezzopane, R. S. Alexandre, S. F. da Silva, S. M. Pimentel, M. S. S. de Andrade, F. G. R. Silva, E. R. F. Branco, T. R. Moreira, R. G. da Silva and J. R. de Carvalho. 2019. "Relation of El Niño and La Niña phenomena to precipitation, evapotranspiration and temperature in the Amazon basin." *Science of The Total Environment*, Vol. 651, Part 1, pp. 1639~1651.

nature. 2020.2.25. "When will the Amazon hit a tipping point?." https://www.nature.com/articles/d41586-020-00508-4.

Noaa research news. 2020.11.9. "How will climate change change El Niño and La Niña?." https://research.noaa.gov/article/ArtMID/587/ArticleID/2685/New-research-volume-explores-future-of-ENSO-under-influence-of-climate-change.

Paca, V. H. d. M., G. E. Espinoza-Dávalos, D. M. Moreira and G. Comair. 2020. "Variability of Trends in Precipitation across the Amazon River Basin Determined from the CHIRPS Precipitation Product and from Station Records." *Water*, Vol. 12, Iss. 5, 1244. https://doi.org/10.3390/w12051244.

Piao, R. S., V. L. Silva, I. N. del Aguila and J. d. B. Jiménez. 2021. "Green Growth and agriculture in Brazil." *Sustainability*, Vol. 13, Iss. 3, 1162. https://doi.org/10.3390/su13031162.

REDD-PAC Project team. 2015. "Modelling Land use changes in Brazil 2005~2050." http://www.redd-pac.org/reports/lucc_brazil_folder.pdf.

REN21. 2021. *Renewables 2021 Global Status Report.*

Scott, C. E., S. A. Monks and D. V. Spracklen. 2018. "Impact on short-lived climate forcers increases projected warming due to deforestation." *Nature Communications*, Vol. 9, Article No. 157. https://doi.org/10.1038/s41467-017-02412-4.

Silva Jr., C. H. L., A. C. M. Pessôa, N. S. Carvalho, J. B. C. Reis, L. O. Anderson and L. E. O. C. Aragão. 2021. "The Brazilian Amazon deforestation rate in 2020 is the greatest of the decade." *Nature ecology & evolution*, Vol. 5, pp. 144~145. https://doi.org/10.1038/s41559-020-01368-x.

Silva Jr., C. H. L., L. O. Anderson, A. L. Silva, C. T. Almeida, R. Dalagnol, M. A. J. S. Pletsch, T. V. Penha, R. A. Paloschi and L. E. O. C. Aragão. 2019. "Fire Responses to the 2010 and 2015/2016 Amazonian Droughts." *Frontiers in Earth Science*, Vol. 7, pp. 1~16. https://doi.org/10.3389/feart.2019.00097.

The Nature Conservancy. 2020.8.20. "The Amazon approaches its tipping point." https://www.nature.org/en-us/what-we-do/our-insights/perspectives/amazon-approaches-tipping-point.

USDA. 2021. *Implementation of RenovaBio: Brazil's National Biofuels Policy.*

UNESCO. 2021. *World heritage forests carbon sinks under pressure.* https://files.wri.org/d8/s3fs-public/2021-10/world-heritage-forests-carbon-sinks-under-pressure.pdf?VersionId=Piu9cg_Z6MWwpdO.vmVLHZpyE297v87H.

Wengel, C., S.-S. Lee and M. F. Stuecker. 2021. "Future high-resolution El Niño/Southern Oscillation dynamics." *Nature Climate Change*, Vol. 11, pp. 758~765. https://doi.org/10.1038/s41558-021-01132-4.

Wills, William and Fernanda F. Westin. 2019. *Climate Transparency Policy Paper: Energy Transition in Brazil.* Centro Clima, Climate Transparency.

2. 웹 자료

Amazon Rainforest. https://php.radford.edu/~swoodwar/biomes/?page_id=2052.

BP(British Petroleum). "Country insight - Brazil." https://www.bp.com/en/global/corporate/energy-economics/energy-outlook/country-and-regional-insights/brazil-insights.html.

Climate Action Tracker. "Brazil." https://climateactiontracker.org/countries/brazil.

Climate To Travel. "Climate-Brazil." https://www.climatestotravel.com/climate/brazil#equatorial.

Climatewatch. "Greenhouse Gas Emissions and Emissions Targets." https://www.climatewatch data.org/countries/BRA.

_____. "Hitstorical GHG Emissions." https://www.climatewatchdata.org/ghg-emissions?break By=regions&end_year=2018&regions=EUU%2CLAC%2CWORLD%2CBRA%2CCHN%2CUS A&sectors=total-including-lucf&source=CAIT&start_year=1990.

_____. "Hitstorical GHG Emissions." https://www.climatewatchdata.org/ghg-emissions?end_ year=2018&regions=LAC&sectors=waste&start_year=1990.

EDGAR. "Emissions Database for Global Atmospheric Research." https://data.jrc.ec.europa.eu/collection/edgar.

Enerdata. "EnerOutlook 2050." https://eneroutlook.enerdata.net/country-snapshot/brazil-energy-forecast.html.

EIA. "BRAZIL." https://www.eia.gov/international/data/country/BRA.

Global Forest Watch. "Brazil." https://www.globalforestwatch.org/dashboards/country/BRA.

_____. "Location of tree cover loss in Brazil."

IEA. "Data and Statistics." https://www.iea.org/data-and-statistics.

_____. "Data and Statistics - Explore energy data by category, indicator, country or region." https://www.iea.org/data-and-statistics/data-browser?country=BRAZIL&fuel=CO2%20emi ssions&indicator=CO2BySector.

_____. 2020. "Key World Energy Statistics 2020."

_____. 2021. "Key World Energy Statistics 2021."

Observação da Terra. "PRODES: Amazônia." http://www.obt.inpe.br/OBT/assuntos/programas/amazonia/prodes.

Our World in Data. "CO$_2$ emissions." https://ourworldindata.org/co2-emissions.

SEEG(System for Estimation of Greenhouse Gases Emissions). "Total emissions." https://plata forma.seeg.eco.br/total_emission.

Worldbank. "GovData360." https://govdata360.worldbank.org/indicators/07dd6822?country=BR
A&indicator=28108&viz=line_chart&years=1960,2020.

WWF. "for a living planet." https://d2ouvy59p0dg6k.cloudfront.net/downloads/amazon_cc_im
pacts_lit_review_final_2.pdf.

제 8 장

정치생태학적 관점에서 본
브라질 아마존 환경 거버넌스 형성의 역사[*]

서지현(부경대학교 국제지역학부 조교수)

1 ┃ 브라질 아마존과 환경 거버넌스

아마존 지역은 남아메리카의 아홉 개 나라에 걸쳐 자리한 생물 다양성의 보고이자 다양한 사회집단들이 거주하고 있는 문화적 다양성의 공간이다(서지현, 2019: 90). 20세기 후반 이후 환경문제에 대한 관심이 전 세계적으로 높아지면서 아마존 열대우림 역시 국제적인 환경 논의에서 중요한 위치를 차지하게 되었다. 이 장의 목적은 남아메리카 아마존 열대우림 중 가장 넓은 면적을 보유한 브라질에서 환경 거버넌스가 형성된 역사를 살펴보는 것이다. 이 장에서 환경 거버넌스는 '환경 관리를 위한 제도나 규칙을 둘러싸고 다양한 행위자들이 각자의 이해관계와 가치 체계를 경합하고 조율하는 과정'이라고 이해된다(de Castro et al., 2016; 서지현, 2019: 81 재인용). 이러한 목적을 가지고 다음에서 먼저 과정으로서 환경 거버넌스를 이해하기 위한 이론적인 입장에 대해 살펴본다. 그리고 나서 20세기 후반 이후 브라질 아마존이 국내외적으로 어떻게 정치화되었는지 살펴본다. 마지막으로 정치화된 브라질 아마존의 환경 거버넌스 형성 역사를 살펴보고 현재적 함의를 검토하며 글을 마무리한다.

---

[*] 이 장은 서지현(2019)의 내용을 수정·보완한 것이다.

2 | 환경 거버넌스에 관한 이론적 검토

1) 신제도주의 이론: 하딘에서 오스트롬까지

생태 위기와 자원 관리에 대한 논의는 개릿 하딘Garret Hardin이 1968년 발표한 「공유(지)의 비극The Tragedy of the Commons」이라는 논문에서 시작되었다고 볼수 있다. 그의 논의는 다음과 같다(Hardin, 1968).

> 하딘에 따르면 공유지는 누구에게나 열려 있기에 자신의 이익을 극대화하려는 개인들의 '합리적' 경제행위의 결과 결국은 황폐화되는 비극적 상황에 직면하게 된다는 것이다. 하딘은 목초지를 예로 들면서 출입을 제한하지 않을 경우 합리적으로 사고하는 개인은 자신의 이익을 극대화하기 위해 더 많은 수의 소를 방목하게 되어 결국 그 목초지는 과도하게 이용되면서 황폐화된다고 지적한다 (윤순진, 2002: 31).

이러한 하딘의 논의는 목초지와 같은 공유된 자원에 대한 아무런 통제나 관리 없이는 그 자원이 사라지게 되는 파국적 결과를 맞이한다는 주장이다. 이에 대한 해결책으로 사유재산권의 획정이나 주권국가의 강제력(혹은 통제)이 필요하며, 궁극적으로는 공동체 구성원들의 "상호 합의된 상호 강제"가 필요하다고 주장하고 있다(윤순진, 2002: 32). 하딘의 주장은 20세기 후반 이후 라틴아메리카의 주류 환경 거버넌스(혹은 시장 환경주의)의 수립에 중요한 이데올로기적 기반을 제공했다.

한편 하딘이 제안한 '공유의 비극'과 유사하게 엘리너 오스트롬Elinor Ostrom 역시 신제도주의적 입장에서 커먼즈commons[1]를 "경제학의 재화 범주에 포함시

---

1   하딘이 「공유(지)의 비극」에서 사용한 '커먼즈'는 저자에 따라 다른 용어로 해석되고 이해되

켜 비배제성과 감소성을 지닌 자원(혹은 공동자원CPR: Common-Pool Resources)으로 명명"하고, "비배제성과 감소성이라는 자원의 특징으로부터 발생하는 문제들을 해결할 수 있는 자원 관리 제도의 원리를 해명하는 것을 연구의 주된 질문으로 삼아왔다"(정영신, 2016: 401). 공유의 비극과 관련된 하딘의 논의와 함께 오스트롬의 '공유의 비극을 넘어서기Governing the commons' 위한 공동자원 관리에 대한 연구들은 오늘날 주류 환경 거버넌스의 논의에 핵심 기반을 제공했다.

라틴아메리카에서는 이러한 신제도주의 이론에 기반한 환경 거버넌스 논의가 정책적으로 매우 중요한 함의를 가지게 되었는데, 대표적으로 신개발주의 Neo-developmentalism의 맥락에서 나타난다. 신개발주의는 주로 2000년대 이후 천연자원에 대한 정부의 통제력을 높이는 과정에서 자원 개발 산업을 중심으로 경제개발을 추구하는 동시에 1990년대 신자유주의 구조 조정 정책으로 사회적 타격을 받은 대중을 상대로 분배 정책을 펼친 좌파 정권들의 대표적 특성이라고 할 수 있다. 신제도주의에 기반한 환경 거버넌스는 녹색경제green economy로 알려져 있으며, 자원이나 생태 서비스의 지속 가능한 이용을 위해 시장에 기반한 인센티브를 제공하고 이를 위해 제도적 조율을 한다(UNEP, 2011; de Castro et al., 2016: 10 재인용). 이러한 신제도주의적 환경 거버넌스는 제도 개혁이나 기술 혁신, 녹색 소비주의나 전문가주의 등을 통해 자원이나 생태 서비스와 관련

어 왔다. 생태경제학이나 신제도주의적 관점에서 커먼즈는 '다수의 개별 주체가 공유하고 공동으로 사용해 잠재적인 사용자들을 배제하기 불가능하거나 어려운 비배제성(non-excludity) 과 한 개인의 사용량이 증가함에 따라 다른 사용자들이 사용할 수 있는 양이 감소하는 편익 감소성(subtractability)을 특성으로 하는 자연 자원이나 인공 시설물'을 의미한다(Ostrom and Ostrom, 1978; 윤순진, 2002: 28 재인용). 이를 오스트롬은 공동자원(CPR)이라는 용어로 개념화했다. 이에 반해 정치생태학적 관점에서 최근 빈번하게 사용되는 커먼즈라는 용어는 단순히 재화로서의 공동자원의 의미를 넘어 "자원과 연결된 인간들의 삶의 양식, 인간과 자연의 관계를 둘러싼 규범과 문화, 공동의 것을 사유화하려는 정치경제적 변동과 반사유화의 실천"과 연관된 보다 광범위한 개념이다(정영신, 2016: 399). 오스트롬의 공동자원과 정치생태학적 관점에서의 커먼즈 개념과의 차이는 정영신(2016)을 참고할 수 있다.

된 문제를 해결하는 데 목표를 두고 있다. 대표적인 예로 산림 파괴 방지를 통한 온실가스 감축 사업을 들 수 있다.

하지만 시장 체제, 기술, 제도, 전문가 등을 통해 자원을 관리하고 환경문제를 해결하려는 신제도주의적 환경 거버넌스는 여전히 자원이나 환경 관리와 관련된 불평등, 부정의 등의 문제를 해결하지 못하며 그 한계를 노정하고 있다. 특히 신개발주의 정권이라고 비판받는 라틴아메리카 좌파 정권하에서 여전히 빈번하게 발생하고 있는 원주민 운동, 사회 환경 분쟁의 증가와 같은 경험적인 사례가 이를 방증한다. 이러한 한계는 신제도주의적 환경 거버넌스가 '커먼즈'를 제한적인 의미로 이해하고 있음에 기인한다. 다시 말해 신제도주의자들은 커먼즈를 비배제성과 감소성을 지닌 "자원"으로 이해하며, 커먼즈가 "이익의 창출만을 기다리는 단순한 자원이 아니라 사용자 공동체의 문화나 자연에 대한 인식, 생활양식과 결부"되어 있음을 간과하고 있다(정영신, 2016: 399). 이와 관련해서는 다음에 언급하는 정치생태학적 이론에서 보다 자세하게 살펴본다.

한편 라틴아메리카에서 커먼즈를 공동자원이 아닌 정치생태학적 관점에서 공동자원을 이용하는 공동체나 그들의 생계 및 생활양식 등과 연계해 이해하는 관점은 주로 '부엔 비비르buen vivir'와 연관해서 전개되는 후기발전주의post-developmentalism적 논의와 상관성을 가진다고 볼 수 있다. 이 관점은 자연-환경 간의 조화로운 관계에 기반하고, 원주민들의 지식에 기초한 지속 가능한 자원 이용과 관리의 중요성을 강조하는 원주민 운동을 중심으로 제기되고 있다. 또한 이들의 논의는 '자율성autonomy', '발전 모델에 대한 대안', '대안적 발전'에 대한 지속적인 논의의 기반을 제공하고 있다. 물론 이러한 논의들도 여전히 현실에서의 실현 가능성, 개념의 모호성 등에 따라 비판받고 있음을 간과해서는 안 된다.

2) 조절이론과 비판이론

한편 비판적 지리학자들이 이론적인 분석 틀로 사용하는 조절이론regulation theory의 경우 환경 거버넌스를 자본주의 발전의 위기에 직면해 나타나는 생태적·사회적 모순에 대한 대응으로 이해한다. 다시 말해 조절이론가들은 환경 거버넌스를 특정 자본주의 축적 체제(포디즘적 혹은 포스트-포디즘적 축적 체제)하에서 "정부, 법, 자본, 시민사회 간의 관계를 조율하기 위해 새롭게 마련한 제도적 틀이나 형태"로 이해한다(Perreault, 2006: 151~152). 조절이론의 관점에서 환경 거버넌스는 기본적으로 자본주의 발전 과정에서 자연과 사회 간의 신진대사적 관계[2]에 대한 제도적 조율이며, 조절이론가들은 특정 축적 체제하에서 제도적 조율을 통해 자본주의 발전의 생태적·사회적 모순을 조정할 수 있다고 주장한다(같은 책). 조절이론가들은 생태적·사회적 모순을 극복하고 자본주의 축적 체제를 지속적으로 유지하기 위해서는 "천연자원과 관련된 권리, 천연자원 개발이나 보존과 관련된 정책, 또는 그와 관련된 사회적 규범과 관리 형태 등"과 같은 제도적 조율이 필요하다고 본다(Perreault, 2006: 151). 이러한 조절이론의 관점에서 본 환경 거버넌스에 대한 이해는 2000년대로 오면서 신자유주의적 축적 체제와 관련된 환경 거버넌스 연구에서 유용한 분석 틀로 지대한 학술적·정책적인 관심을 받았다(Bakker, 2005, 2007; Castree, 2008a, 2008b; Harvey, 2003; Heynen and Robbins, 2005; Himley, 2008; McCarthy, 2004, 2005; McCarthy and Prudham, 2004; Mansfield, 2004; Peck and Tickell, 2002; Pellizzoni, 2011; Perreault, 2006; Swyngedow, 2005).

한편 라틴아메리카에서 자본주의 축적 체제를 유지하기 위한 제도적 조율

---

2 '자본주의 발전 과정에서 자연과 사회 간의 신진대사적 관계'란 자본주의가 발전함에 따라 에너지와 생태 물질의 이용이 증가하게 되고 이에 따라 발생하는 사회 생태적 결과와 관련된 관계를 일컫는다(Martinez-Alier and Walter, 2016: 59).

로서 환경 거버넌스 분석은 신자유주의 구조 조정과 함께 라틴아메리카 대부분의 국가들이 자원 개발을 중심으로 하는 경제발전 정책을 또 다시 적극적으로 추진하면서 이를 비판하기 위한 분석 틀로 각광을 받게 되었다. 천연자원의 개발과 수출에 기반한 경제성장 정책에 따라 2000년대 이후 이와 관련된 사회 환경 분쟁의 빈도와 강도가 증가하면서 조절이론과 비판이론의 관점에서 환경 거버넌스를 분석할 수 있는 경험적인 기반이 축적되었다. 이러한 학술적 논의는 크게 두 가지 흐름으로 전개되고 있다. 첫 번째 흐름은 영국의 마르크스주의 비판적 지리학자인 데이비드 하비David Harvey의 '탈취에 의한 축적accumulation by dispossession'이라는 개념을 통해 분석되었다. 즉, 라틴아메리카에서 어떻게 자원 산업에 기반한 신자유주의적 축적 체제가 유지되었으며, 이를 위해서 투자, 사회적 분배, 환경 정책 등으로 구성된 환경 거버넌스는 어떻게 형성되었는지와 관련된 논의들이다(Spronk and Webber, 2007; Veuthey and Gerber, 2012; Cáceres, 2015; Latorre et al., 2015).[3] 두 번째는 마르크스주의적 국가 이론과 그 발전 모델에 관한 논의로, 21세기 라틴아메리카 좌파 정권의 등장과 이들 정권하에서의 자원 개발 산업에 기반한 발전 모델과 환경 거버넌스에 대한 비판과 관련되어 있다. 여기에는 특히 신자원개발주의neo-extractivism, 신개발주의new-developmentalism에 대한 비판적 분석을 포함할 수 있다(Acosta, 2011; Escobar, 1995, 2010; Gudynas, 2009; Svampa, 2015). 두 번째 흐름은 앞서 언급한 것처럼 신제도주의적 환경 거버넌스에 대한 분석과 비판에서도 살펴볼 수 있으며, 이는 신개발주의 국가의 성격을 어떻게 이해하는지에 따라 이론적 관점이 달라질 수 있음을 방증한다.

조절이론과 비판이론은 환경 거버넌스가 형성되는 정치경제적 측면의 구조적 설명을 제시하는 데 상당히 유용성을 가짐에도 불구하고, 몇 가지 측면에서

---

3   이러한 논의는 후기구조주의 이론의 영향을 받은 담론적 차원의 분석 또한 넓은 범주에서 자본주의 발전의 생태적·사회적 모순과 제도적·담론적 조율이라는 틀에서 작업이 진행되고 있다(Peet and Watts, 1993).

설명력에 한계를 지닌다고 볼 수 있다. 다시 말해 조절이론과 비판이론은 자본주의 발전과 그에 따른 생태적·사회적 모순, 그와 관련된 사회적 저항과 권력관계, 제도적 조율 등에 대해 유의미한 설명력을 제공하지만, 구조주의 이론들이 받는 비판에서는 자유롭지 못하다고 볼 수 있다. 이 이론들은 무엇보다 경제결정주의economic determinism의 한계를 가지고 있다. 이 이론들은 환경 거버넌스를 구성하는 주요 힘이 정치경제적 권력에서 나오는 것으로 이해하는데, 이러한 관점이 가진 한계는 이 거버넌스의 형태가 구조와 행위자 간의 상호작용에 따라 언제든지 유동적으로 변화할 수 있음을 간과하고 있다는 점이다. 또한 권력관계에 대한 이해 또한 매우 제한적이라고 볼 수 있는데, 기본적으로 이 이론들은 권력관계에 대한 일방향적인 이해에 치중하고 있어 현실적으로 국가나 자본의 권력이 견고하지 않은 측면이 있으며, 풀뿌리 대중도 정치경제적 권력에 저항할 수 있는 가능성이 열려 있음을 간과한다. 다시 말해 조절이론과 비판이론의 관점에서는 환경 거버넌스가 다양한 이해관계와 가치 체계를 가진 행위자들이 경합하는 장으로 유동적으로 변화할 수 있는 가능성을 간과하고 있다. 이와 관련해서는 정치생태학 이론 틀에서 보다 자세히 살펴보자.

3) 정치생태학 이론

정치생태학은 인간과 자연 관계에 대한 정치적 측면을 분석하는 다분과적[4] 학문 분야다. 개발도상국에서 정치생태학적 이론 틀이 주목받기 시작한 것은 주로 1970년대 말에서 1980년대 중반 사이에 환경문제에 대한 신맬서스주의의 분석이 정치적인 맥락을 누락하고 있음을 신마르크스주의적 관점에서 비판적으로 분석하기 시작한 것에서 출발했다(Bryant and Bailey, 1997: 10~13). 이후

---

4 정치생태학은 지리학의 이론적 영향을 강하게 받았다. 하지만 인류학, 사회학(그중 특히 환경사회학) 등 다른 분과 학문의 영향도 많이 받았다(Bryant and Bailey, 1997: 17).

1980년대 말에서 1990년대에 걸쳐 신마르크스주의 이론이 정치경제적으로 소외된 대중의 역할을 간과하거나 지역 정치의 동학이나 행위자의 역할에 대한 중요성을 간과하는 것과 같은 구조주의적 한계를 보이면서 이에 대한 비판으로 후기구조주의나 담론 이론 등의 영향을 받아 그 이론적 견고함을 보다 강화하게 된다(Bryant and Bailey, 1997: 13~14).

정치생태학자들 중에 특히 라틴아메리카와 같은 제3세계 국가를 분석하는 학자들은 제3세계가 마주하고 있는 생태적 위기의 '정치경제적 맥락'뿐만 아니라, 위기를 둘러싼 분쟁과 이와 관련된 '주요 행위자들'의 이해관계와 행동 양식에 대해 분석한다(Bryant and Bailey, 1997: 27). 같은 맥락에서 레이먼드 브라이언트Raymond Bryant도 제3세계 국가를 분석 대상으로 하는 정치생태학자들은 경제환원주의를 넘어 다양한 정치사회적 힘에 대한 분석과 함께 이들 정치사회적 관계와 환경 변화 간의 연관성을 분석할 필요가 있음을 언급하며 제3세계 생태 문제에서 정치생태학적 접근이 유용하다고 강조했다(Bryant, 1992: 14). 이러한 이유로 정치생태학은 2000년대 이후 라틴아메리카의 지속 가능한 발전, 사회 환경 운동, 환경주의 등을 분석할 때 많은 학술적인 관심을 받아왔다(Budds, 2004; Escobar, 2006; Bebbington, 2007; Renfrew, 2011; Leff, 2015). 또한 정치생태학자들에게 권력관계는 인간과 자연 간의 상호 관계 패턴을 이해하는 데 중요한 변수로 자리하고 있으며, 여기서 권력은 물질적 측면뿐 아니라 비물질적 측면도 함께 고려함으로써 권력관계의 유동성을 파악한다(Bryant and Bailey, 1997: 38~39). 요약하자면 브라이언트와 시네이드 베일리Sinead Bailey가 '정치화된 환경the politicised environment'이라고 일컫는 환경문제를 이해하기 위해서는 환경문제에 대해 각 행위자들이 물질적·비물질적 차원에서 어떻게 상호작용하는지를 이해해야 한다(Bryant and Bailey, 1997: 47). 이는 정치생태학적 분석 틀이 가지는 이론적 유용성이라고 할 수 있다. 또한 정치생태학자들은 정치경제적 구조와 함께 행위자 분석에 보다 관심이 많으며, 이는 환경문제를 다양한 이해관계와 가치 체계를 가진 다양한 행위자들이 경합하는 정치적 문제로 이해하고 있기 때문이다. 더불어 정치생태학자들은 이 행위자들 간의 복잡한 물질적·비물질적 권력관계에 대해서도 분석적 관심을 두고 있다.

이러한 이론적 관점에서 환경 거버넌스는 "특정 자원이나 환경(혹은 생태 서비스 등)과 관련해 다양한 지점site과 스케일scale에서 전개되는 경합"의 장 혹은 환경 거버넌스를 형성하는 과정(혹은 경합을 통해 환경 관리와 관련된 제도를 재조율하는 과정)으로 이해할 수 있다(Perreault, 2006: 152). 다시 말해 정치생태학적 관점에서 환경 거버넌스는 다층적 공간에 위치한 국가state와 비국가 행위자non-state actor 간의 환경 관리를 둘러싼 제도적·조직적 형태의 경합 과정으로, 이 과정을 통해 천연자원이나 환경과 관련된 의사 결정이 이루어지고 조율된다(같은 책). 같은 관점에서 까스뜨루 외(de Castro et al., 2016: 11) 역시 오늘날 라틴아메리카의 환경 거버넌스를 이해하기 위해서는 각기 다른 역사적 경험을 가지고 다양한 층위에 위치한 행위자들을 이해할 필요가 있으며, 이 행위자들이 참여하는 환경 거버넌스 형성 과정은 모순된 목표와 제안으로 구성됨을 이해해야 한다고 지적했다. 즉, 정치생태학적 관점에서의 환경 거버넌스는 사회의 다양한 층위와 장소에 위치하고 있는 행위자들(초국적 기업, 다자간 기구, 다층위 정부 기관들, NGO, 풀뿌리 대중조직 등)이 어떻게 환경 거버넌스 형성 과정에 참여하는지를 분석함으로써 이해할 수 있다. 다양한 행위자들은 각각의 이데올로기적 입장, 환경 관리의 목표와 규칙에 대한 관점을 가지고 있으며, 이러한 각기 다른 이해관계와 가치 체계는 거버넌스의 형성과 이행을 경합 혹은 조율하는 과정으로 이해하는 데 일조할 수 있다(Perreault, 2006: 154).

또한 이러한 이론적 관점은 권력관계를 일방향적이고 고정된 것으로 이해하는 조절이론이나 비판이론의 한계를 극복하는 데 공헌할 수 있다. 토머스 페로Thomas Perreault가 지적하듯이(Perreault, 2006: 153), 신자유주의는 구조주의적 이론가들이 주장하듯 "최종적인 결과물"이 아닌 "내부적 모순으로 가득 찬 복잡하고 경합적인 과정"으로 이해한다는 측면에서 권력의 다면성과 복합적 성격을 이해할 필요성을 강조하고 있음을 알 수 있다. 이는 페로가 볼리비아가 겪은 '물 전쟁'과 '가스 전쟁'을 분석하며 지적하듯이(Perreault, 2006: 154), '과정'으로서의 환경 거버넌스에 대한 분석의 목표는 희소한 자원에 대한 다양한 행위자 간의 홉스주의적 투쟁을 분석한다기보다는 자원에 대한 접근access과 통제control, 이와 관련된 생계, 민주주의, 발전에 대한 다양한 측면에 대한 경합을 이해하기 위해서다.

지금까지 환경 거버넌스를 이해하기 위한 다양한 이론적 관점들을 살펴보았다. 이제부터는 '과정'으로서의 대안적 환경 거버넌스ERs: Extractive Reserves(또는 채취 보전 구역)(이하 ERs)의 '형성'을 이해하기 위해 정치생태학적 관점에서 브라질 서부 아마존의 사례를 들어 이론의 유용성을 검토한다. 이는 브라질 서부 아마존 지역에서 어떻게 다양한 행위자들이 대안적 환경 거버넌스(또는 산림 거버넌스)를 형성했는지 살펴보는 것이다. 특히 다양한 행위자가 아마존 열대우림을 둘러싸고 어떻게 경합하고 조율했는지, 그 과정에서 환경 거버넌스는 어떻게 형성되었는지를 알아봄으로써 아마존 환경 거버넌스 분석의 경험적 연구를 통한 이론적 유용성을 검토하고 정책적 함의를 살펴본다.

3 | 브라질 서부 아마존과 개발의 프런티어: 아끄리주의 사례

1) 19세기 후반부터 20세기 중반까지 개발의 프런티어

아끄리주는 브라질 서부 아마존에 위치한 주로 18세기 중반 스페인 정복자들이 식민화한 이래 1903년 브라질에 합병될 때까지 (식민 시기에는) 페루 부왕청과 (독립한 이후에는) 볼리비아의 지배하에 있었다(Bakx, 1988: 145). 19세기 중반 아끄리 지역에 고무나무 숲의 경제적 가치가 개발업자들의 시선을 끌면서, 브라질 북동부 지역에서 많은 이주민이 몰려들어 19세기 중반 이후 이 지역의 실제 거주민들은 주로 브라질인들이었다. 1867년의 아야꾸초 협약The Treaty of

Ayacucho을 통해 볼리비아의 관할 지역임을 재확인했으나, 이후에도 고무 산업을 위해 이주해 오는 브라질인들의 수가 늘면서 1899년 볼리비아와 브라질 간에 전쟁이 발발했다. 이 전쟁은 1903년 뻬뜨로뽈리스 조약에 따라 브라질이 지역 통제권을 넘겨받으며 마무리되었다(Wikipedia).

이처럼 브라질 서부 아마존 지역의 글로벌 경제로의 통합은 19세기 말에서 20세기 초에 선진 산업국에서 자동차 산업이 발전함에 따라 고무 수요가 늘면서 본격화되었다(Perz et al., 2017: 234). 이 시기에 세계 고무 산업의 붐[5]은 특히 아끄리 지역의 인구 구성에 결정적인 변화를 준다. 서부 아마존 지역에서 고무 생산 붐이 일면서 브라질 북동부 지역으로부터 고무 산업 투자자들과 노동자들[6]의 이주가 증가했다(Keck, 1995: 411; Allegretti and Schmink, 2009: 198; Perz et al., 2017: 234).

아끄리주와 같은 서부 아마존 지역의 경우 동부 아마존에 비해 지리적으로 고립되어 있고, 다른 대안적인 경제활동도 거의 없었기 때문에 고무 플랜테이션 농장주seringalista와 고무 생산 노동자seringueiro 간의 자본주의적 임노동 관계가 20세기 중반 무렵에야 형성되기 시작했으며, 그에 따라 노동 착취의 강도가 동부 아마존 지역에 비해 훨씬 강했다(Bakx, 1998). 서부와 동부 아마존 지역에서의 노동 착취의 강도 차이는 동인도제도에 고무 플랜테이션이 형성되어 세계 고무 가격이 급락하기 시작한 1920년대 이후에 보다 분명하게 드러나게 된다(Bakx, 1988: 149). 동부 아마존 지역의 농촌 주민들은 고무 경제가 붕괴한 뒤

---

5   백스에 따르면 1840년대 톤당 평균 45파운드였던 고무 가격이 1860년대에는 톤당 평균 116파운드로 급상승했다(Bakx, 1988: 144).

6   고무 산업 붐에 따른 서부 아마존 지역의 인구 구성 변화는 다양한 요인에 영향을 받았다. 고무 플랜테이션 농장주들은 부족한 노동력을 확보하기 위해 직접 혹은 중개인을 통해 브라질 북동부 지역에서 노동 계약을 통해 노동 이주민들을 확보하기도 했으며, 도시 인구의 압박이 컸던 세아라주의 경우 주 정부가 직접 주민들을 서부 아마존으로 이주시키기 위해 인센티브를 제공하기도 했다(Bakx, 1988: 144).

에 고무 산업 외의 다른 경제활동에 종사할 수 있는 기회가 있었다. 일부 주민들은 아마존 열대우림 지역에서 나는 견과류를 채집했고, 다른 주민들은 벨렝이나 마나우스 같은 주변 대도시에 공급하는 농산물을 생산하는 데 종사하기도 했다(Bakx, 1988: 149).

반면 아끄리 지역에서는 고무 산업이 성장하기 전에 농업 활동의 역사가 거의 전무했기에 고무 생산 노동자들이 종사할 수 있는 대안적 경제활동이 없었고, 주변은 농촌 지역으로 유휴 노동력을 흡수할 만한 도시도 성장하지 않았다(Bakx, 1988: 150). 그 결과 20세기 초에 고무 산업의 발전이 주춤해지면서 상당수의 고무 생산 노동자들이 다른 지역으로 이주했으며, 이주하지 못하고 아끄리 지역에 남은 노동자들은 소규모 고무 생산 활동을 지속했다(같은 책). 이렇듯 아끄리 지역의 경제는 20세기 중반 브라질 군사정권이 아마존 개발 정책을 본격화할 때까지 고무 산업에 의존했으며, 이에 따라 고무 플랜테이션 농장주들과 고무 생산 노동자들의 관계는 상당 부분 전前자본주의적 노동 착취 관계에 의존한 바가 컸다(Bakx, 1988: 151).

2) 20세기 중반 이후 개발 프런티어와 토지분쟁

브라질에서 아마존 개발이 본격화된 것은 20세기 중반 이후부터다. 그 기원은 1930년대 브라질의 권위주의적 근대화를 이끌었던 제뚤리우 바르가스 대통령 시절의 신국가Estado Novo가 내세운 서진 정책The March to the West으로 볼 수 있다(Hecht and Cockburn, 1989: 57). 바르가스는 아마존 지역을 포함한 브라질 내륙 지역을 통합하고 국가 정체성을 형성하기 위해 서진 정책의 중요성을 강조했다(Hecht and Cockburn, 1989: 87). 이러한 서진 정책의 기조하에 1940년대 중반 전후 특수에 따라 일시적으로 고무 수출이 증가했지만, 아마존의 개발 프런티어는 이내 사라졌다(Hecht and Cockburn, 1989: 89). 바르가스가 강조했던 서진 정책의 중요성은 1960년대 중반 군사정권이 들어서면서 본격화되었다. 군사정권은 아마존 지역을 통합하기 위해 국경 지역의 안보를 고취하고 근대화를 추진하고자 했다(Hecht and Cockburn, 1989).

이처럼 20세기 중반 이후에 정부가 주도하는 아마존 개발이 본격화하면서 아끄리 지역에서 고무 생산 노동자와 목축업자 간에 토지분쟁이 일어나게 된다. 앞서 살펴본 것처럼 아끄리 지역의 고무 생산 노동자들과 고무 플랜테이션 농장주들 간의 관계가 여전히 상당 부분 전자본주의적 노동 착취 관계에 놓여 있었음을 감안한다면, 고무 생산 노동자들이 목축업자들의 토지 점유에 주도적으로 반대하게 된 요인이 무엇인지 의문이 생기지 않을 수 없다. 이에 대해 키스 백스Keith Bakx는 특히 1960년대 아끄리 지역의 고무 플랜테이션 농장주들과 고무 생산 노동자들 간의 관계 변화에 주목한다(Bakx, 1988). 백스에 따르면 1962년 아끄리 지역이 주statehood로 승격되고, 1960년대 말 브라질리아-아끄리 간 고속도로가 건설되면서 브라질의 정치·경제 중심인 남부 지역과의 관계가 보다 긴밀하게 형성된다(Bakx, 1988: 151~152). 그 결과 지역 내 도시가 급성장하고 이에 따라 자본재 수요도 증가한다. 이러한 정치경제적 변화를 배경으로 고무 플랜테이션 농장주들은 고무 생산 노동자들과 이들의 가족에게 제공하던 기본재에 대한 책임을 덜기 위해 기존의 속박 관계를 점차 느슨하게 바꾸었고, 그 결과 고무 생산 노동자들은 자유 임노동자로서의 지위를 형성하기 시작했다(Bakx, 1988: 151).

백스는 바로 이 지점이 자유 임노동자가 된 고무 생산 노동자들이 농민으로서 토지와 긴밀한 관계를 형성하게 된 직접 요인이라고 설명한다. 자유 임노동자가 된 고무 생산자들은 이제 스스로 생계를 책임지게 되었고, 이를 위해 소규모의 고무 생산[7] 외에 생계를 유지하기 위해 농사도 병행하면서 이들에게 숲/

---

7 특히 브라질 정부가 20세기 중반 합성고무 생산에 보조금을 지급하고 아시아산 고무의 수입에 대한 무역 장벽을 낮추면서 1940년대 초반 제2차 세계대전으로 일시적인 특수를 누린 고무 산업은 다시 타격을 입게 된다(Bakx, 1988).

땅은 중요한 생계 기반이 되었다(Bakx, 1988: 151~152; Keck, 1995: 412).

요약하자면 19세기 후반부터 국제 고무 산업이 성장하면서 브라질 북동부 지역에서 아끄리 지역으로 이주가 급증했다. 이렇게 이주한 고무 생산 노동자들은 지리적·경제적으로 고립된 탓에 고무 플랜테이션 농장주들과 착취적인 노동관계를 유지했다. 하지만 20세기 중반 아끄리 지역이 브라질의 정치·경제적 중심부와 보다 긴밀하게 통합되면서, 고무 생산 노동자들이 생계를 유지하고자 하는 과정에서 토지와 산림에 대한 의존도가 더 높아졌다. 이러한 배경하에서 브라질 군사정권이 주도하는 본격적인 아마존 개발이 시작된 것이다.

1970년대 연방 정부 주도의 아마존 개발이 본격화되면서 아끄리주 정부 역시 아마존 개발을 위해 적극적인 투자자 유입 정책을 펼쳤다. 그 결과 1971년에서 1975년 사이 5만 제곱킬로미터가 넘는 토지의 소유권이 바뀌었으며, 이는 아끄리주 전체 토지의 약 3분의 1에 해당했다(Bakx, 1988: 153). 그리고 목축업자들은 목초지를 확보하기 위해 대규모로 벌목 작업을 이어갔다(Grzybowski, 1990: 30). 문제는 소유권이 바뀐 토지의 상당수가 이전에 고무 플랜테이션 농장주들의 관할하에 있던 곳으로, 아끄리 지역에 대한 정부 주도의 개발이 본격화되던 시기 농장주들은 사실상 과거에 관할하던 토지와 노동자들에 대한 실질적인 통제력을 잃은 상태였다(Bakx, 1988: 152~153). 물론 법적으로는 고무 플랜테이션 농장주들이 토지의 소유권을 가진 상태였지만, 자유로운 임노동자가 된 고무 생산 노동자들(posseiros 혹은 seringueiros autonomos)이 실질적으로 이들 토지에 대한 통제력을 행사하고 있었다(Bakx, 1988: 153). 브라질 남부에서 온 새로운 투자자들은 이러한 지역적 맥락을 인식하지 못한 채 대규모 투자를 시행했고, 그 결과 1970년대 이후 지역 토지의 새로운 소유권자가 된 대형 목축업자들rancher과 고무 생산 노동자들 간에 토지분쟁이 빈발하게 된다.

다음 절에서는 1970년대 이후 아마존 개발이 본격화하는 과정에서 대형 목축업자들이 목초지를 확보하기 위해 추진한 대규모 토지 통제와 산림 파괴 행위가 고무 생산 노동자들의 삶의 조건을 어떻게 변화시켰고, 또 고무 생산 노동자들은 이에 어떻게 대응했는지 살펴본다. 또한 아끄리 지역에서 숲/땅을 둘러싼 다양한 행위자들의 이해관계와 가치 체계가 시간이 흐르면서 어떻게 변화했는지, 이러한 복잡한 관계는 지역 환경 거버넌스의 '형성'에 어떻게 영향을 미쳤는지 살펴본다.

4 ┃ 브라질 아마존의 정치화와 환경 거버넌스의 형성

1) 아마존의 토지와 산림을 둘러싼 지역 분쟁

대형 목축업자들의 대규모 토지 통제와 산림 파괴 행위는 고무 생산 노동자들이 생계를 유지하는 데 기초가 되는 토지에 접근하지 못하게 함으로써 이들의 삶의 조건을 위험하게 만들었다(Bakx, 1988: 153). 1970년대 브라질의 토지 관리를 관장한 기관은 브라질 국립농지개혁·식민연구원INCRA: Instituto Nacional de Colonização e Reforma Agrária(이하 INCRA)이었다. INCRA는 1970년대 아끄리주에서 토지분쟁이 증가하면서 지역 조정 분과를 개설했다(Bakx, 1988: 153~154). 하지만 INCRA는 토지분쟁을 해결하는 데 정책적인 효율성을 보이지 못했다. 1972년에서 1981년까지 아끄리주 전체의 3퍼센트 이하에 해당하는 토지만이 분배 대상에 포함되었다(Bakx, 1988: 154~155). 이렇게 정부가 토지문제에 비효율적으로 대응하면서 아끄리 지역에서 1970년대 중반부터 고무 생산 노동자들을 중심으로 토지분쟁이 활발하게 전개되었다(Grzybowski, 1990: 30).

그렇다면 이 시기에 전개된 토지분쟁에서 숲/땅을 둘러싼 여러 행위자들의 입장과 각 행위자들이 어떻게 자신들의 입장을 관철시키려고 했는지 살펴보자. 첫 번째로 토지 운동에서 핵심 위치를 차지한 고무 생산 노동자들에게 숲/땅은 생계를 유지하기 위한 '경제 기반'이다. 동시에 이들은 오랫동안 지역에 거주해 오면서 전통적인 숲 거주자forest dweller로서 정체성을 형성했으며, 이 과정에서 숲/땅은 단순히 경제적 가치를 지닌 생계 수단만이 아니라 고무 산업의 위기를 극복해 가는 과정에서 자연과 조화를 통해 삶을 영위해 가는 방식을 익힘으로써 '생활양식'으로의 가치를 지닌 대상이 되었다(Grzybowski, 1990: 30; Allegretti and Schmink, 2009: 198, 205). 다시 말해 고무 생산 노동자들은 숲/땅에 생계유지를 위한 기반으로서의 물질적 가치뿐 아니라 생활양식이라는 비물질적 가치를 함께 부여한 것이다. 이러한 고무 생산 노동자들의 숲/땅에 대한 다양한 가치 체계는 어떠한 정치사회적 맥락 속에 위치하는지에 따라 각기 다른 형태의 요구로 발현될 수 있다.

한편 1970년대 아마존 개발을 본격화한 군사정권이 가진 아마존의 숲/땅에 대한 인식은 고무 생산 노동자들과 달랐다. 군사정권에게 아마존 열대우림은 무한한 발전의 가능성을 품은 광활한 공간이며, 여기서 '발전'의 의미는 도로를 놓아 브라질의 정치·경제 중심지와 연결시키고, 활발하게 투자를 유치해 지역 경제를 활성화하고, 숲/땅으로부터 다양한 상품을 개발해 수출하는 것이었다(Cepeda, 1998: 78~79). 이러한 맥락에서 군사정권에게 숲/땅은 저발전과 미지의 공간인 동시에 개발을 통해 경제적 가치를 창출할 수 있는 가능성의 공간이었다. 이러한 상황에서 투자자들은 경제적 가치를 만드는 중요한 주체였다. 브라질 정부는 아마존에 투자를 유치하기 위해 적극적으로 인센티브를 제공하는 등 친개발주의적 정책을 시행한다. 이러한 아마존 개발 정책과 정부 주도의 여러 투자 인센티브에 힘입어 1970년대 토지 개발 붐이 일었다. 브라질의 정치·경제 중심지라고 할 수 있는 상빠울루를 포함한 남부 지역의 투자자들이 아마존 개발에 적극적으로 뛰어들기 시작했다(Keck, 1995: 412).

이렇게 숲/땅에 대한 상이한 인식에 기반해 각각의 행위자들은 서로 다른 형태의 정치 행위를 이어갔다. 고무 생산 노동자들은 1970년대 중반부터 다양한 사회집단과 연대해 자신들의 생계 수단과 생활양식을 지키고자 했다. 이들이 연대한 대표적인 사회집단으로 가톨릭교회와 브라질 농민 노조를 꼽을 수 있다. 먼저 가톨릭교회는 1960년대 이후 라틴아메리카의 사회변동에서 중요한 행위자 중 하나로, 브라질 교회의 진보 세력은 조직적·법적 수단을 통해 농민들의 권리 행사를 도왔다. 토지에서 쫓겨난 농민들의 조직화를 지원하거나, 농민들의 법적 대리인 역할을 맡기도 했으며, 정부의 강압적인 진압이 빚은 인권침해 사례를 모아 국제사회에 알리기도 했다(Adriance, 1995: 377).

특히 농촌 사회운동과 관련해 주목해야 할 단체는 기초교회공동체CEBs: The Comunidades Eclesiais de Base(이하 CEBs)로, 1960년대 가톨릭교회의 선교 활동을 위해서 형성되기 시작했다가 이후 공동체에 비판적인 사회의식을 심어줌으로써 농민들이 수행하는 토지 투쟁에 이데올로기적 기반을 제공했다(Adriance, 1995: 378). 1970년대 중반 CEBs의 수는 두 배로 증가했다(Keck, 1995: 412). 농민 노조들이 공식적으로 가톨릭교회와 연관성을 가진 것은 아니었지만, 농민 노조 구성원의 상당수가 CEBs의 구성원인 경우가 많았다(Adrinace, 1995: 379). CEBs가 브라질 농촌 사회의 조직화에 이데올로기적 기반을 제공하는 등의 간접적인 영향을 미쳤다면, 1975년 브라질주교회의CNBB: Conferência Nacional dos Bispos do Brasil의 결과 형성된 토지사역위원회CPT: Comissão Pastoral da Terra는 토지분쟁에서 보다 직접적으로 교회 차원의 제도적인 지원이나 조정자 역할을 맡았다(Adriance, 1995: 378; Keck, 1995).

고무 생산 노동자들은 앞서 언급한 가톨릭교회와 간접적인 연대를 맺음과 동시에 보다 직접적으로는 농민 노조 운동과 연대를 통해 한층 견고하게 조직화되었다. 특히 1975년부터 전국농업노동자연맹CONTAG: Confederação Nacional de Trabalhadores na Agricultura과의 연대는 고무 생산 노동자 운동의 조직화에 중요한 계기가 되었다. 전국농업노동자연맹은 당시 정부의 신농촌정책 중 하나였던 농촌지원기금FUNRURAL: Fundo de Assistência ao Trabalhador Rural의 주요 자금 통로였는데, 1968년 선출된 진보적인 지도부의 지휘하에 농촌 조직화에 앞장서게 되었다(Keck, 1995: 413). 전국농업노동자연맹은 1975년 아끄리주의 고무 생산 노동자들과 영세 농민들을 조직화하기 위해 전국적인 차원에서 지원했다. 노조 조직원들을 교육시키고 토지분쟁과 관련된 법적 소송을 진행하는 등의 역할을 담당했다(같은 책). 한편 아끄리주에서는 고무 생산 노동자들의 지지에 힘입어 당시 형성 초기 단계에 있었던 브라질 노동자당Partido dos Trabalhadores이 조직되었으며, 노동자당은 1970년대 말 고무 생산 노동자들이 저항을 강화하는 데 핵심 역할을 맡았다(같은 책).

이처럼 고무 생산 노동자들은 가톨릭교회 조직들, 농민 노조, 진보 정당과 연대하며 정부와 목축업자들에 대항해 토지 분배를 비롯한 다양한 사회 정의를 요구하고자 조직화되었다. 이를 통해 일부 목축업자들로부터 보상을 받고 협상을 진행하는 등의 성과를 얻기도 했으나 근본적인 토지개혁을 이끌어내는 데는 한계를 보였다(Keck, 1995: 414).

한편 발전 대상으로서 아마존의 숲/땅을 인식한 목축업자와 군사정권은 고무 생산 노동자들에 대해 일부 유화적인 입장을 취하기도 했으나 대부분은 강압적이고 폭력적인 방식으로 대응했다. 군사정권은 1970년대 중반 들어 일부 정치적 자유화를 허용했지만, 1980년대 중반 민주주의로의 완전한 이행이 이루어질 때까지 경제발전을 위한 정치사회적 안정을 정치적 자유보다 우선순위에 두었다. 1970년대 중반 이후 일부 정치적 자유를 용인하면서 고무 생산 노동자 운동과 같은 시민사회 활동이 활발해지기 시작했다. 이때 브라질 정부는 정치사회적 안정이 보장되는 선까지만 이들의 활동을 용인하면서, 그렇지 않을 경우 국가보안법The National Security Law 등 합법적·불법적 수단을 총동원했다(Keck, 1995: 413). 목축업자들과 대지주들도 폭력 수단을 동원해 고무 생산 노동자들의 저항을 무마하며 토지 안정성을 확보하려고 했다(Keck, 1995: 412).

2) 아마존의 국제화

고무 생산 노동자들의 운동은 국가와 목축업자들의 저항에 부딪혀 근본적인 구조 개혁을 이끌어내지 못하고 주춤하다가 1980년대 중반 전환기를 맞이한다. 앞서 밝힌 것처럼 1980년대 중반에 브라질에서 군사정권이 물러나며 민주화가 진행되었을 뿐 아니라 전 세계적으로 환경문제에 대한 인식이 고조되면서 아마존 지역에 대한 관심이 증가했다. 점차 국내외의 정치적 조건이 고무 생산 노동자들의 운동에 유리한 환경으로 바뀌었다. 또한 1992년 브라질의 히우 지 자네이루에서 개최된 환경정상회의에 따라 전 세계의 관심이 집중되었다. 이러한 배경 아래 고무 생산 노동자 운동은 점차 국내외적 연대 네트워크의 범위를 확장하기 시작했고, 이러한 다층적 차원의 연대 네트워크가 만들어지는 중에 산림 관리를 위한 환경 거버넌스의 형성이 제안되었다.

다음에서는 고무 생산 노동자 운동이 아마존의 숲/땅에 대한 다양한 가치와 이해관계를 관철시키기 위해 어떻게 연대 네트워크를 형성했고, 이러한 배경에서 어떠한 환경 거버넌스가 제안되었는지 살펴본다. 이와 함께 아마존을 여전히 개발 대상으로 인식하는 정부와 다자간 기구들이 어떻게 해서 지속 가능한 환경 거버넌스 형성에 긍정적인 입장으로 선회하게 되었는지 살펴본다.

1985년 아끄리 지역의 고무 생산 노동자 조직은 대농장주와 목축업자들의 억압에 맞서 아마존 전 지역에서 고무 생산 노동자들의 이해관계를 반영하는 단일 조직의 필요성을 인식하고, 처음으로 전국고무생산자회의를 브라질리아에서 개최했다(Bakx, 1988: 157). 이 회의를 통해 고무 생산 노동자들은 전국고무생산노동자위원회CNS: Conselho Nacional dos Seringueiros(또는 전국고무채취업자위원회)를 설립하기로 결정했다. 이 위원회에는 아마존에서 고무를 생산하는 모든 주의 대표자들이 참여해 아마존의 숲과 이곳에 거주하는 주민들의 권리를 위해 함께 활동할 것을 확인했다(같은 책). 백스가 밝혔듯이 전국고무생산노동자위원회의 목표는 고무 생산 노동자들이 각자 살고 있는 땅에서 생계 활동을 이어갈 수 있는 권리를 확보함과 동시에 아마존의 생태적·사회적·경제적·역사적 특성을 고려해 지역의 대안적 발전 모델을 제안하는 것이었다(Bakx, 1988: 157). 이를 위해 위원회는 아마존 거주민의 필요needs와 아마존 숲을 위한 ERs를 제안했다(Keck, 1995: 416; Allgretti and Schmink, 2009: 199).

ERs에 대한 제안이 나오고 이것이 정책으로 구체화하고 현실화하는 과정에서 지역 조직의 다양한 연대 활동이 중요한 역할을 했다. 1985년 국제 환경 단체, 환경 운동가, 인류학자 등은 아끄리 지역 고무 생산 노동자 조직의 핵심 지도자인 쉬꾸 멩지스[8]와 그의 조직과 교류하게 된다(Keck and Sikkik, 1998: 140). 이러한 교류 과정에서 국제 환경 단체들과 활동가들은 브라질의 국내외적 상황을 고려할 때 국제사회의 주목을 끌기 위해서는 고무 생산 노동자 운동이 아마존 열대우림 보존이라는 이슈에 보다 주목해야 한다고 제안했다(Keck, 1995: 416). 특히 이 과정에서 국경을 넘나들며 활동하는 환경 전문가, 활동가, 학자들의 역할이 결정적이었다. 브라질의 NGO에서 활동하던 인류학자들은 스티브 슈와르츠만Steve Schwartzman과 1985년 워싱턴 D.C.에서 만남을 가졌다. 당시 슈와르츠만은 인류학자로 오랫동안 아끄리 지역에서 현지조사를 하고 미국으로 돌아가 환경 단체에서 활동하던 중이었다. 이들은 국제 환경 단체들이 활발히 전개하던 다자간 은행에 대한 캠페인 활동과 고무 생산 노동자 운동의 연대가 가져올 시너지 효과에 대해서 논의했다(Keck and Sikkik, 1998: 140; Cepeda, 1998: 82~83). 워싱턴 D.C.에서 만남이 있고 슈와르츠만은 같은 해 브라질리아에서 열린 브라질 전국고무생산노동자위원회에 참석했다(같은 책). 이후 그는 워싱턴 D.C.로 돌아가 전국고무생산노동자위원회가 제안한 ERs의 제안을 국제 환경 단체들의 다자간 은행 캠페인에도 포함시키자고 주장했고, 이 과정을 브라질의 국내 환경 운동가들과 긴밀하게 조율했다(Keck, 1995: 416).

지금까지의 과정을 살펴보면 국경을 넘나드는 활동가들은 아끄리 지역뿐만 아니라 브라질의 국내외 활동가들의 연대를 도모하는 데 중요한 역할을 수행했다. 이러한 활동가들의 노력 덕분에 다층적 공간에 걸쳐 형성된 네트워크 속

---

8 멩지스는 아끄리 지역에서 1975년부터 토지 권리를 지키고 아마존 열대우림에 거주하는 주민들의 삶의 조건을 향상시키기 위해 투쟁한 대표적인 노조 지도자이자 정치인이다. 그는 브라질이 민주주의로 이행하는 과정에서 다른 사회조직들과 활발하게 교류하며 아끄리 지역의 고무 생산 노동자 운동을 이끌었다(Keck and Sikkik, 1998: 140).

에서 ERs라는 환경 거버넌스가 제안되었다고 볼 수 있다. 다자간 은행 캠페인을 진행하던 국제 환경 단체들과 브라질 고무 생산 노동자 조직과 그 전국적 연대의 조응으로 아마존 열대우림 문제는 단순히 지역 고무 생산 노동자들이 생계 수단을 확보하기 위한 계급투쟁이나 북반구에 위치한 환경 단체들의 탈계급 운동이 아닌 공통의 이해 기반에 근거해 생태적·사회적 정의를 추구하는 운동으로 위치하게 되었다. 1970년대 중반 이후 목축업자들의 대규모 토지 점유에 맞서 투쟁해 온 고무 생산 노동자 조직에게 다자간 은행 캠페인 활동을 하는 국제 환경 단체들과의 연대는 이들의 저항이 국제사회의 관심을 끌고, 결과적으로 브라질 정부의 정책 변화를 유도하는 기회를 제공하는 데 결정적인 역할을 했다(Keck and Sikkik, 1998: 141). 동시에 지역에 기반을 둔 아마존 보존 활동 단체와 파트너십을 도모하던 국제 환경 단체들로서도 고무 생산 노동자 단체와의 연대는 미국 의회나 다자간 은행을 상대로 하는 로비 활동의 효율성을 높이는 데 일조했다.

3) 브라질 아마존의 글로컬라이제이션과 환경 거버넌스의 형성

다층적 공간에 걸친 연대 네트워크의 형성을 통해 브라질의 고무 생산 노동자들은 아마존의 숲/땅을 지속 가능한 형태로 관리하기 위한 ERs를 제안하게 되었다. ERs는 목축업자들이나 아마존 개발업자들에 의한 토지 민영화와 그에 따른 산림 황폐화와 지역 주민들의 삶의 조건에 미치는 부정적 영향에 대한 대안으로 제안된 환경 거버넌스 형태다(Greybowski, 1990: 31; Schmink, 2014: 32). 이것은 숲/땅의 '교환가치'보다는 '이용가치'에 우선순위를 두고, 주민들의 이용가치에 대한 권리를 인정해 주면서 숲/땅을 지속 가능한 방식으로 이용하고 보존하고자 한다. ERs는 토지 민영화에 대한 대안으로 숲/땅에 대한 공동재산권common property rights을 제안하고 있으며, 이는 전통적으로 지역에서 살아오면서 숲을 삶의 터전으로 삼은 공동체에게 숲/땅을 이용할 수 있는 권리를 인정해 주자는 제안으로서 원주민 공동체 모델에서 아이디어를 얻었으며, 숲의 건 강성과 전통적인 지역 공동체의 삶의 건강성을 함께 보존하고자 한다(Schmink, 2014: 32; Allegretti and Schmink, 2009: 199; Cepeda, 1998: 83; Grzybowski, 1990: 31~32). 이를 위해 숲/땅에 대한 소유권과 이용권을 분리해 전통적인 토지개혁 방식과 거리를 두었으며, 전통적으로 지역에서 살아온 공동체 주민들의 권리 를 보호함으로써 전통적인 보존주의적 입장과도 거리가 있는 거버넌스 형태를 제시했다(Allegretti and Schmink, 2009: 200, 206). 이러한 제안을 통해 1987년 3월 대표적인 국제 환경 단체인 환경보호기금Environmental Defense Fund과 전미야생 동물연합National Wildlife Federation이 멩지스와 함께 미국 의회, 세계은행World Bank, 미주개발은행IDB: Inter-American Development Bank 등에서 아마존의 실제와 ERs에 대해 발언했고, 이후 여러 다자간 기구들이 ERs 제안을 공식적으로 지지하게 되었다(Keck, 1995: 416; Keck and Sikkik, 1998: 141).

하지만 ERs 제안을 정책으로 현실화하는 것은 순탄한 과정이 아니었다. 브 라질 연방 정부는 1987년 7월 INCRA에서 ERs의 현실화를 위한 법적 조치를 마 련했지만, 목축업자들의 엄청난 반대를 받으며 ERs 형성이 쉽지 않았다. 하지 만 1988년 고무 생산 노동운동의 대표적인 지도자인 멩지스가 암살되면서 국 내외 여론의 압력에 마주해 브라질 정부는 1990년 대통령령으로 ERs 형성을 공식화했다(Allegretti and Schmink, 2009: 199). 이와 함께 브라질 정부는 환경 관 리를 관장할 새로운 기관인 브라질 환경·재생가능천연자원 연구소를 설립했 다(Cepeda, 1998: 84).

한편 세계은행을 포함한 국제 금융 기관 등 다자간 기구들은 특히 1980년대 이후 국제 환경 단체들의 주요 타깃이 되었다. 이는 국제 환경 단체들과 그 활 동가들이 제3세계 국가에서 시행되는 개발 프로젝트에 대한 다자간 기구의 재 정적·기술적 지원이 국제 환경문제와 긴밀하게 상관성이 있다고 보았기 때문 이다. 특히 이 단체들은 다자간 기구들에게 직간접적으로 영향력을 행사할 수 있는 미국 등 선진 산업국들을 상대로 로비하며 다자간 기구들이 지속 가능한 발전을 위한 정책을 모색할 수 있도록 했다. 이러한 활동은 실질적으로 다자간 기구들의 제3세계 개발 프로젝트 지원 정책을 변화시키는 데 상당히 기여했다.

이렇게 브라질 아마존 지역의 숲/땅을 둘러싼 다양한 행위자들이 경합한 결과로 형성된 ERs는 다음과 같은 의미를 가진다. 기존에 국제 환경 단체들은 아마존 문제를 '전문가들'이 맡아야 하는 기술적·과학적인 문제로 설정하고 주로 아마존의 숲과 야생 생물 보존에 주력했다. 반면에 브라질 지역 고무 생산 노동자들과 연대해 ERs와 같은 지속 가능한 발전을 위한 환경 거버넌스를 형성하고자 노력한 것은 기존의 보전주의적 입장에서 생태적·사회적 입장으로 전환하는 데 연대 네트워크의 활동이 중요한 역할을 했음을 상기시켜 준다(Keck and Sikkik, 1998: 141). 이는 아마존 보호와 같은 국제 환경문제를 다루면서 국제 환경 단체들이 선진 산업국 중심으로 접근한다는 기존의 비판을 극복함과 동시에 지역 주민들의 물질적 삶의 조건은 물론이고, 숲/땅과 관련된 다양한 가치들을 보장하기 위한 시도라는 점에서 이전과는 다른 ERs의 형태다. 동시에 아마존 열대우림의 보존과 관련해 숲/땅을 생계 수단으로 가진 탓에 보전주의자들의 비판을 받아온 고무 생산 노동자들을 포함하는 아마존 지역 주민들의 숲/땅과의 다양한 관계 양식을 반영함으로써, 이들이 아마존 보존의 걸림돌이 아니라 아마존의 생태적·사회적 건강성을 보장하는 대안이라고 인식이 바뀌는 계기가 마련되었다.

5 | 브라질 아마존 환경 거버넌스 형성의 현재적 함의

식민 시기 유럽 정복자들은 아마존을 엘도라도가 존재하는 정복해야 할 미지의 세계이자 순수하고 때 묻지 않은 원형 그대로의 자연이 존재하는 에덴동산으로 인식했다. 엘도라도를 품은 아마존은 이후 문명화, 근대화, 세계화의 책무를 완수하고자 끊임없는 개발과 정복의 대상이 되었다. 하지만 다른 한편으로 문명에 물들지 않은 고결한 야만인noble savage이 살며 유럽인들과는 달리 "잃어버린 자연과의 친밀성을 가진 사람들"이 존재하는 공간이기도 했다(윌리엄스 외, 2016: 48). 이러한 고결한 야만인이라는 표상에는 "잃어버린 에덴에 대한 서구 사회의 희구"와 아마존 사람들에 대한 "일상적 실체의 왜곡"이 자리하고 있다(윌리엄스 외, 2016: 50). 즉, 문명의 영향을 받지 않은 아마존이라는 순수한 자연은 심미적 즐거움의 대상이 되었고, 이를 지키려는 보전 정책은 다양한 동식물만이 존재하는 과학적이고 실험실적인 대상으로만 존재할 수 있었다.

하지만 이 장에서 살펴보았듯이 아마존은 실제 인류의 역사와 함께 공존해온 '사회적으로 구성된 자연'이라고 볼 수 있다. 아마존은 미지의 세계로 "문명화" 혹은 "개발"되기를 기다리는 생태 공간이라기보다는 아마존의 "생태·환경에 적응하거나 생태·환경과 공존하는 법을 터득한 사람들에게 생존을 허용한 공간"이었다(서지현, 2021: 201). 다시 말해 아마존은 사회의 외부에 배타적으로 존재하는 물질적 자연일 뿐만 아니라 "생물적 과정, 특수한 자연환경, 인간의 오랜 점유와 관리의 역사적이고 총체적인 결과물"이다(로빈스 외, 2014: 177, 서지현, 2021: 200 재인용). 이러한 관점에서 이 장에서 살펴본 브라질 아마존의 환경 거버넌스가 형성되는 과정은 아마존을 둘러싼 다양한 행위자들 간의 물질적·비물질적 가치관, 권력관계, 이해관계 등의 경합 과정으로 볼 수 있다.

지금까지 살펴보았던 채취 보전 구역과 같은 브라질 아마존의 ERs 형성 과정은 브라질 아마존을 둘러싼 다층 공간에 위치한 다양한 행위자들 간의 경합을 이해하는 데 중요한 시사점을 제공한다. 그렇게 때문에 채취 보전 구역의 정책적 결과는 이 구역을 둘러싼 다양한 이해 당사자들의 경합과 조율이 어떻게 이루어지는지에 따라 달라질 수 있다. 마찬가지로 라틴아메리카에서 등장하고 있는 채취 보전 구역, 원주민 보전 지역, 생물권 보전 지역 등과 같은 다양한 형태의 환경 거버넌스는 '자연의 사회적 구성'이라는 맥락을 고려하고 있으며, 그 정책적 결과는 다양한 이해 당사자 간의 권력관계와 이해관계의 조율에 따라 다를 수 있다(서지현, 2021: 207).

참고문헌

1. 논문, 단행본, 기사

서지현. 2019. 「대안적 환경 거버넌스 형성의 정치생태학: 1970~1980년대 브라질 서부 아마존의 경험을 중심으로」. ≪라틴아메리카연구≫, 제32권 3호, 79~107쪽.

_____. 2021. 「자연의 사회적 구성론의 관점에서 본 지속가능발전 정책에 대한 비판적 고찰: 남미 대두 산업의 사례」. ≪이베로아메리카연구≫, 제32권 2호, 197~228쪽.

윌리엄스, 글린 외. 2016. 『개발도상국과 국제개발: 변화하는 세계와 새로운 발전론』. 손혁상 외 옮김. 푸른길.

윤순진. 2002. 「전통적인 공유지이용관행의 탐색을 통한 지속가능한 발전의 모색: 송계의 경험을 중심으로」. ≪환경 정책≫, 제10권 4호, 27~54쪽.

정영신. 2016. 「엘리너 오스트롬의 자원관리론을 넘어서: 커먼즈에 대한 정치생태학적 접근을 위하여」. ≪환경사회학연구 ECO≫, 제20권 1호, 399~442쪽.

Acosta, A. 2011. "Extractivismo y neoextractivismo: Dos caras de la misma maldición." in VV. AA. *Más Allá del Desarrollo*. Quito: Fundación Rosa Luxemburg.

Adriance, M. C. 1995. "The Brazilian Catholic Church and the Struggle for Land in the Amazon." *Journal of Scientific Study of Religion*, Vol. 34, No. 3, pp. 377~382.

Allegretti, M. and M. Schmink. 2009. "When Social Movement Proposals Become Policy: Experiments in Sustainable Development in the Brazilian Amazon." in C. D. Deere and F. S. Royce(eds.). *Rural Social Movements in Latin America: Organizing for Sustainable Livelihoods*. University Press of Florida.

Bakker, K. 2005. "Neoliberalizing Nature? Market Environmentalism in Water Supply in England and Wales." *Annals of the Association of American Geographers*, Vol. 95, No. 3, pp. 542~565.

_____. 2007. "The 'Commons' versus the 'Commodity': Alter-globalization, Anti-privatization and the Human Right to Water in the Global South." *Antipode*, Vol. 39, No. 3, pp. 430~455.

Bakx, K. 1988. "From Proletarian to Peasant: Rural Transformation in the State of Acre, 1870~1986." *Journal of Development Studies*, Vol. 24, No. 2, pp. 141~160.

Bebbington, A.(ed.). 2007. *Minería, movimientos sociales y respuestas. campesinas: Una ecología política de transformaciones territoriales*. Lima: IEP-CEPES.

Bryant, R. 1992. "Political ecology: An emerging research agenda in Third-World studies." *Political Geography*, Vol. 11, No. 1, pp. 12~36.

Bryant, R. and S. Bailey. 1997. *Third World Political Ecology*. London and New York: Routledge.

Budds, J. 2004. "Power, Nature and Neoliberalism: The Political Ecology of Water in Chile." *Singapore Journal of Tropical Geography*, Vol. 25, No. 3, pp. 322~342.

Cáceres, D. 2015. "Accumulation by Dispossession and Socio-Environmental Conflicts Caused by the Expansion of Agribusiness in Argentina." *Journal of Agrarian Change*, Vol. 15, No. 1, pp. 116~147.

Castree, N. 2008a. "Neoliberalising nature: the logic of deregulation and reregulation." *Environment and Planning A*, Vol. 40, pp. 131~152.

_____. 2008b. "Neoliberalising nature: processes, effects, and evaluations." *Environment and Planning A*, Vol. 40, pp. 153~173.

Cepeda, P. G. 1998. *The Emergence of Environmentalism in Latin America*. Master's Degree Thesis, Carleton University.

Escobar, A. 1995. *Encountering Development: The Making and Unmaking of the Third World*. Princeton: Princeton University Press.

_____. 2006. "Difference and Conflict in the Struggle Over Natural Resources: A political ecology framework." *Development*, Vol. 49, No. 3, pp. 6~13.

_____. 2010. "Latin America at a Crossroads. Alternative modernizations, post-liberalism, or post-development?." *Cultural Studies*, Vol. 24, No. 1, pp. 1~65.

Grzybowki, C. 1990. "Rural Workers' Movements and Democratization in Brazil." *Journal of Development Studies*, Vol. 26, No. 4, pp. 19~43.

Gudynas, E. 2009. "Diez Tesis Urgentes sobre el Nuevo Extractivismo: Contextos y demandas bajo el progresismo sudamericano actual." in CAAP(Centro Andino de Acción Popular) y CLAES(Centro Latino Americano de Ecología Social). *Extractivismo, política y sociedad*. Quito: CAAP/CLAES. pp. 187~225.

Harvey, D. 2003. *The New Imperialism*. Oxford: Oxford University Press.

Hecht, S. and A. Cockburn. 1989. *The Fate of the Forest: Developers, Destroyers and Defenders of the Amazon*. London and New York: Verso.

Heynen, N. and R. Robbins. 2005. "The Neoliberalization of Nature: Governance, Privatization, Enclosure and Valuation." *Capital Nature Socialism*, Vol. 16, No. 1, pp. 5~8.

Himley, M. 2008. "Geographies of Environmental Governance: The Nexus of Nature and Neo-liberalism." *Geography Compass*, Vol. 2, Iss. 2, pp. 433~451.

Keck, M. 1995. "Social Equity and Environmental Politics in Brazil." *Comparative Politics*, Vol. 27, No. 4, pp. 409~424.

Keck, M. and K. Sikkik. 1998. *Activists beyond Borders*, Ch. 4. Ithaca and London: Cornell University Press.

Latorre, S. et al. 2015. "The commodification of nature and Socio-environmental resistance in Ecuador: An inventory of accumulation by dispossession cases, 1980~2013." *Ecological Economics*, Vol. 116, pp. 58~69.

Leff, E. 2015. "Political Ecology: a Latin American Perspective." *Desenvolvimento e Meio Ambiente*, Vol. 35, pp. 29~64.

Mansfield, B. 2004. "Neoliberalism in the oceans: 'rationalization,' property rights, and the commons question." *Geoforum*, Vol. 35, Iss. 3, pp. 313~326.

Martinez-Alier, J. and M. Walter. 2016. "Social Metabolism and Conflicts over Extractivism." in F. de Castro et al.(eds.). *Environmental Governance in Latin America*. Hampshire and New York: Palgrave MacMillan.

McCarthy, J. 2004. "Privatizing conditions of production: trade agreements as neoliberal environmental governance." *Geoforum*, Vol. 35, Iss. 3, pp. 327~341.

_____. 2005. "Scale, Sovereignty, and Strategy in Environmental Governance." *Antipode*, Vol. 37, No. 4, pp. 731~753.

McCarthy, J. and S. Prudham. 2004. "Neoliberal nature and the nature of neoliberalism." *Geoforum*, Vol. 35, Iss. 3, pp. 275~283.

Peck, J. and A. Tickell. 2002. "Neoliberalizing Space." *Antipode*, Vol. 34, No. 3, pp. 380~404.

Pellizzoni, L. 2011. "Governing through disorder: Neoliberal environmental governance and social theory." *Global Environmental Change*, Vol. 21, pp. 795~803.

Perz, S. et al. 2017. "Tenure diversity and dependent causation in the effects of regional integration on land use: evaluating the evolutionary theory of land rights in Acre, Brazil." *Journal of Land Use Science*, Vol. 12, No. 4, pp. 231~251.

Perreault, T. 2006. "From the *Guerra del Agua* to the *Guerra del Gas*: Resource Governance, Neoliberalism and Popular Protest in Bolivia." *Antipode*, Vol. 38, No. 1, pp. 150~172.

Renfrew, D. 2011. "The Curse of Wealth: Political Ecologies of Latin American Neoliberalism." *Geography Compass*, Vol. 5, Iss. 8, pp. 581~594.

Schmink, M. et al. 2014. "Forest Citizenship in Acre, Brazil." *IUFRO World Series*, Vol. 32.

Spronk, S. and J. Webber. 2007. "Struggles against Accumulation by Dispossession in Bolivia." *Latin American Perspectives*, Vol. 34, No. 2, pp. 31~47.

Svampa, M. 2015. "Commodities Consensus: Neoextractivism and Enclosure of the Commons in Latin America." *The South Atlantic Quarterly*, Vol. 114, No. 1, pp. 65~82.

Swyngedouw, E. 2005. "Dispossessing H$_2$O: The Contested Terrain of Water Privatization." *Capitalism Nature Socialism*, Vol. 16, No. 1, pp. 81~98.

Veuthey, S. and J.-F. Gerber. 2012. "Accumulation by dispossession in coastal Ecuador: Shrimp farming, local resistance and the gender structure of mobilizations." *Global Environmental Change*, Vol. 22, Iss. 3, pp. 611~622.

2. 웹자료

Wikipedia. "Acre War." https://en.wikipedia.org/wiki/Acre_War. (검색일: 2019.8.1).

제3부

—

시장과 환경

제 9 장

아마조니아의 생태계 보전 궤도

이미정(한국외국어대학교 중남미연구소 HK연구교수)

1 | 아마존 열대우림의 지속가능성

기후변화의 심각성이 나날이 고조되는 가운데 아마존 숲에서 자행되는 방화는 환경 재앙을 불러오는 첫걸음으로 인식되고 있다. 열대우림의 파괴와 소멸은 이제 더 이상 먼 나라 이야기가 아니다. 빽빽하고 울창한 숲, 끊임없이 출렁이는 물줄기들, 자연에서 삶을 영위하는 원주민 마을 등 이 모든 광경이 지구적 차원에서 유일무이하게 기이한 풍경 같지만, 경제적인 측면에서는 활용을 위한 변형의 대상이다.

아마존 열대우림이 남아메리카 전체에 이바지하는 경제적 혜택은 무궁무진하다. 브라질의 경우 식민 시대부터 국경 안보라는 지정학적 측면과 경제적 이유로 아마존 열대우림이 개발되기 시작했으며 현재도 이러한 행태는 곳곳에서 목격된다. 천연자원을 이용하는 상품생산 방식은 자연을 훼손시키고 생태계를 교란하며 번져가고 있으며 고유한 아마존 열대우림의 경계는 계속해서 줄어들고 있다.

아마존 열대우림의 원주민들은 숲속에서 모든 것을 해결한다. 자연에 동화된 수동적인 생활 방식에 익숙한 이들은 자연의 원리로 살아가고 생물 다양성과 고유 생태계를 보전한다. 적도 기후와 낮은 인구밀도라는 거주 조건은 원주민의 생활 터전으로 자리매김해 왔고, 이렇게 유지된 환경 안에서 원주민 지역사회는 자체적인 고유한 생산방식을 유지해 왔다.

이 장에서는 브라질의 산업화 이후 개발과 함께 변화해 온 아마존 열대우림의 공간 변화를 살펴보고, 그 과정에서 형성된 정치·경제·사회적 함의를 파악한다. 원주민을 포함해 그 안에 내재된 지역사회의 공간 변화를 분석하는 데 이 장의 목적이 있다.

산업화의 물결이 일기 시작한 1930년대부터 브라질은 대대적으로 국토를 개발했다. 대륙적 규모에 걸맞은 다양한 개발 사업을 통해 경제 기반이 마련되었으며, 이러한 개발은 국가 안보를 위한 지정학적 측면과 함께 국가적 통합과 경제성장을 우선시하는 것이었다. 산업과 도시 사회의 발전은 밀접한 경제 관계를 맺었고, 이러한 관계에서 개발을 위한 자연의 변화는 사회적으로 어느 정도 묵인되어 온 것도 사실이다.

그러나 현재 진행되는 브라질의 아마존 열대우림 개발은 전반적으로 시대상에 뒤떨어진 행보로 보인다. 중서부 습지에서 북쪽으로 개발 경계가 확장되면서 열대우림은 훼손되고 기존의 생태계가 위협받고 있다. 특히 아마존 열대우림의 면적은 방대한 규모를 자랑하지만, 규모 확장을 통한 구시대적 산업 방식이 상상을 초월하는 파괴력을 보이며 경제성장과 더불어 환경 훼손을 심화하고 있다.

지속 가능한 성장 환경은 현대사회의 필수 요건이다. 생물 다양성이 높을수록 생태·환경은 자체적으로 기능하고 생산 자원의 제공처 역할을 한다. 온전한 생태계의 가동이 지속 가능한 성장으로 이어지도록 아마존 열대우림 개발은 지역사회의 현실에도 부합해야 하지만 이러한 시스템 가동이 실제로 가능할지는 미지수다. 이러한 맥락에서 아마존 생태계의 온전한 기능 범위를 찾는다는 의미에서 브라질에서 시행되고 있는 원주민 보호구역을 비롯해 아마존 열대우림에서 벌어지는 각종 다양한 경제·정치·사회적 사안들을 분석해 지역의 현실을 종합적으로 파악해 보려고 한다.

2 | 아마조니아 개발과 생태계의 관계

포르투갈어를 사용하는 브라질에서는 아마존 열대우림 지역을 아마조니아라고 부른다. 아마조니아는 일반적으로 남아메리카에 있는 아마존강 주변의 열대우림 지역을 말하지만, 실제로 다양한 차원의 공간적 개념이 존재한다. 브라질에서 정의하는 아마조니아는 정치·행정·경제적 측면에서 브라질 영토를 기준으로 하는 법정 아마조니아 또는 아마조니아 레가우라는 개념이 있고, 크게는 아마존 열대우림을 공유하는 아홉 개의 나라를 포함해 범아마조니아 개념도 존재한다(IBGE).

1) 아마조니아의 지리적 특징과 경제적 관계

법정 아마조니아는 브라질 북부 지역과 함께 경제개발을 위한 국내 지역 통합 측면의 범위를 가리키며, 범아마조니아는 지정학과 지경학적 차원의 잠재력을 포함하는 국제적 차원의 경계를 의미한다. 범아마조니아에서 브라질의 면적은 60.3퍼센트를 차지하며, 페루는 11.3퍼센트, 콜롬비아는 6.95퍼센트, 볼리비아는 6.87퍼센트, 베네수엘라는 6.73퍼센트, 가이아나는 3.02퍼센트, 수리남은 2.1퍼센트, 에콰도르는 1.48퍼센트, 프랑스령 기아나는 1.15퍼센트다. 반대로 브라질 안에서 아마조니아의 비중은 국토의 49퍼센트에 해당하고, 페루는 61퍼센트, 콜롬비아는 43퍼센트, 볼리비아는 44퍼센트, 베네수엘라는 51퍼센트, 가이아나는 98퍼센트, 수리남은 90.1퍼센트, 에콰도르는 42퍼센트, 프랑스령 기아나는 96.5퍼센트의 비중이다(Costa, 2020.2.18). 범아마조니아는 대략 700만 제곱킬로미터로 남아메리카 대륙 면적의 절반에 달하며, 이 중 브라질 법정 아마조니아는 약 500만 제곱킬로미터로 브라질 국토의 절반가량을 차지한다(〈그림 9-1〉 참조).[1]

법정 아마조니아는 원래 아마존 지역의 경제발전을 촉진하기 위해 일반법

그림 9-1 남아메리카의 범아마조니아

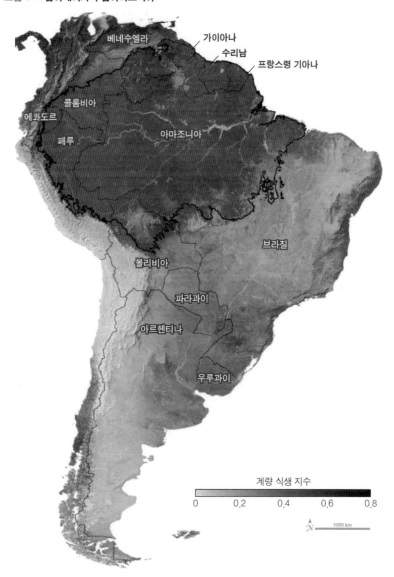

자료: *Diário do Verde*(2010.8.18).

---

1 지구 산림 보호구역의 22퍼센트, 담수의 20퍼센트, 브라질 수력 잠재력의 45퍼센트를 차지한
 다. 그리고 브라질의 아홉 개 주와 남아메리카 8개국 영토를 포함한다(Tavares, 2011: 106~108).

제1806호에 의거해 1953년에 만들어졌다. 이 지역은 브라질 연방 정부 산하 아마존경제회복관리청이 관리하다가 1966년 일반법 제5173호에 의해 아마존개발관리청으로 교체되면서 아마존 지역은 경제개발 촉진 정책 대상이 되었다. 이 지역은 행정 측면에서 아끄리주의 22개 시, 아마빠주의 16개 시, 아마조나스주의 62개 시, 빠라주의 144개 시, 홍도니아주의 52개 시, 호라이마주의 15개 시, 또깡칭스주의 139개 시, 마뚜 그로수주의 141개 시, 마라녀웅주의 181개 시 중에 21개 시가 부분적으로 속해 있다. 면적은 약 501만 5067제곱킬로미터로 브라질 국토의 약 61퍼센트에 해당한다(〈그림 9-2〉 참조). 브라질 국립건강재단 Funasa: Fundação Nacional de Saúde에 따르면 브라질 원주민 인구는 약 47만 명으로 전체 인구의 0.2퍼센트에 그치고, 그중 약 60퍼센트가 법정 아마조니아에 거주하고 있다고 한다. 국립건강재단의 발표와 달리 브라질 지리통계청 자료에 따르면 자신을 원주민이라고 신원을 확인한 인구가 2000년 기준 73만 4000명 이상으로 인구 중 0.4퍼센트를 차지하고, 약 180개 언어를 사용하며, 35개 어족과 총 220개 부족이 존재한다고 한다(Verdum, 2009.7.24).

아마조니아는 아마조나스주와 빠라주를 포함하는 소규모 주들이 비슷한 환경을 가지고 인접해 있다. 특히 아마조니아 지역 경제는 '경제적 군도arquipélago econômico' 역할의 대표적인 사례다. 브라질에서 형성된 생산 활동 체계는 전반적으로 경제적 군도의 형태가 두드러지는 편인데, 브라질 국토 내 지역 경제들이 통합도나 연관성 등이 없어 이 나라의 생산과 운송 체계는 섬이나 반도와 같은 군집 형태를 띠기 때문이다.

브라질의 운송 체계는 내부 통합이 이루어지지 않아 고립되고 분산된 구조이며, 국내보다 해외와 연결이 쉬운 "초국화된 영토território transnacionalizado" 등 확장 가능성이 높게 나타나는 것이 특징이다(Santos, 2005: 260). 아마조니아에 위치한 벨렝과 마나우스가 이러한 범주에 드는 대표 도시로, 국내보다 해외와 접근성이 좋고 내부 순환은 어렵다. 비록 아마조니아 심장부의 마나우스가 면세 지역으로 브라질의 주요 시장들을 연결하는 생산 기지 역할을 맡고 있지만,

그림 9-2 **국제적 아마조니아와 브라질의 법정 아마조니아**

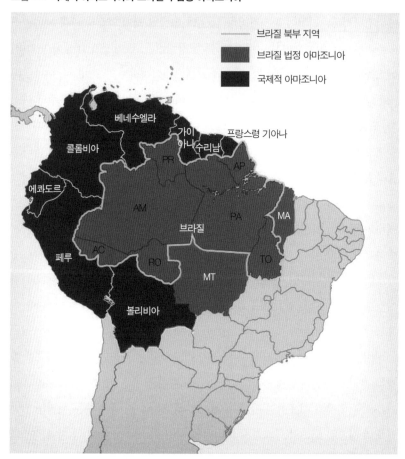

법정 아마조니아에 속하는 브라질의 아홉 개 주: AC(아끄리), AP(아마빠), AM(아마조나스), MA(마라녀웅),
MT(마뚜 그로수), PA(빠라), RO(홍도니아), RR(호라이마), TO(또깡칭스).
자료: Magalhães, "Amazônia Legal."

브라질에서는 지역 간 접근이 어렵기에 철도보다 수로나 항공로의 역할이 더
큰 편이다(이미정, 2011).

한편 개발도상국들이 성장하는 발판이 되었던 자유무역협정FTA: Free Trade Agree-
ment이 내부적으로는 일종의 고립된 '군도arquipélago'의 역할을 수행하지만 실제

로 외부 세계시장에서는 무역으로 연결된 가치사슬의 역할을 맡고 있다. 브라질의 초기 산업화 단계에서 고립된 군도 역할을 했던 마나우스 면세 지역Zona Franca de Manaus[2]이 이러한 범주에서 시작되었다면 농업에서 군도는 중서부 지역이라고 할 것이다. 비록 마나우스는 브라질 내부 시장에 공급하기 위한 도시로 국가 경제와 밀접한 관계가 있지만, 군부 시기에 규제 공간에서 벗어난 다국적기업들의 자유로운 활동 공간이었다는 측면에서 외부 가치사슬 궤도에서 볼 수 있다. 일반적으로 '원자재'나 '상품'으로 알려진 코모디티commodity[3] 산업은 세계시장을 대상으로 하는 외부 지향적 산업이며, 브라질은 역사적으로 외부 지향적 생산 시스템이 국토 안에 이식되어 온 역사를 가지고 있다. 식민 시대부터 브라질 땅에서 얻은 부는 유럽 본국인 포르투갈로 이전되었으며, 현재에도 이러한 인프라의 관계적 구조가 여러 지역에 남아 있다(〈그림 9-3〉 참조).

현재 경제적 군도의 형태가 두드러지게 나타나는 산업은 1차 산업 기반의 대규모 코모디티 산업부문이다. 브라질에서 주류를 이루는 산업부문인 광물과 농축산업 부문이 여기에 속한다. 코모디티 산업은 브라질 수출에서 큰 비중을 차지하고 있으며, 농축산물이나 광물과 같은 1차 산품 생산이 경제적 수익을 올리는 데 중요한 역할을 맡고 있다. 브라질은 세계의 식량 공급을 담당하는 상위 농산물 수출국으로, 농축산업은 구조적으로 국가 성장산업으로 체화되어 있다. 거대한 토지와 자연 자원을 이용해 브라질 국내 수요보다 수출 위주의 상품을 생산하는 체계로, 외부 수요에 따라 국내 생산이 결정된다. 이렇게 외부 수요에 따라 토지가 개발되고 생산량이 조절되는 역학 관계를 형성하고 있다

---

2 마나우스 면세 지역은 1967년 마나우스의 주변 지역을 산업화하고 노동시장을 확장하기 위해 설정되었다. 관세 면제와 자유무역을 바탕으로 브라질 북부의 유일한 산업도시로 군림하고 있지만, 이곳에 진출한 대부분의 기업은 외국 기술을 바탕으로 만든 상품을 조립하는 수준에 머물러 있다(Suframa, 2021.12.14).

3 코모디티는 원자재나 농산물처럼 원료 상태이거나 거의 가공되지 않은 기초 생산품을 말한다. 코모디티는 질이 거의 균일하지만 서로 다른 생산자가 대량생산하는 것이 특징이다.

그림 9-3 **수송 통로로 본 브라질의 국토 조직**

아마조니아 섬

북동부 반도

중서부 반도

중심부

지역 간 교통로
───── 자동차 도로
············ 철도
── ── ── 수로

남부 반도

자료: Vitor Pires Vencovsky(2006: 126).

(이미정, 2010a: 93).

　아마조니아에 자리 잡은 주요 산업군인 코모디티 산업은 광물과 농산물 같은 대규모의 1차 산품이 주를 이루는 가운데 이와 관련된 상품생산 공간의 연계 구조는 세계시장이나 무역 시스템과 관계가 깊다. 즉, 이러한 외생적 연관 관계는 거대 다국적기업과 금융·기술·인프라 산업 주체들이 생산을 주도하고 이들이 내리는 결정이 지역 경제의 역동성에 크게 영향을 준다. 또한 관련 산업의 발전과 유통, 인구 이동, 개발 정도를 결정짓는 중요 요인으로 작용한다.

　그러나 대규모 농작물 생산에 따른 경제적 효과라는 긍정적인 측면과 달리 일부 농업기술과 생산방식은 자연을 훼손하며 심각한 환경문제를 낳고 있다. 단일 작물을 위주로 하는 대량생산은 전통적으로 브라질에서 행해져 온 생산방식이지만 디지털 기술이 발달한 현대 문명에서도 이러한 생산 활동이 변함없이 이어지고 있다. 대규모 농지 이용과 몇몇 작물에 집중된 생산으로 무역 흑자를 이루어 국가 경제의 어려움을 해소하는 생산방식은 진부하다. 이러한 생산방식은 생산의 원천인 생물 다양성을 축소하고 생태계를 파괴하며, 이를 다시 만회하고자 새로운 기술들이 도입되는 추세다.

2) 농·목축업의 확장과 지역 통합

브라질이 농업국으로 거듭날 수 있었던 지리적 배경에는 천혜의 아마조니아가 주는 역할이 절대적이다. 브라질 중서부 지역의 거대 평지로 이루어진 습지는 대규모 농축산업 발달에 매우 적합한 자연환경이다. 이 지역은 브라질의 녹색혁명이 시작되던 1970년대 이후 중서부 개발과 농업 성장에 크게 이바지해 왔다. 아마조니아에 농업 활동에 유리한 지역이 형성되었다는 사실은 이 지역의 자연 지리와 기후가 그만큼 중요함을 방증한다.

세계의 허파라고 불리는 아마조니아는 실제로 수증기 공급에서 중요한 역할을 한다. 아마존 분지는 무역풍과 함께 적도 대서양의 수증기가 이동하면서 아마조니아의 수증기를 보존해 남아메리카 전체에 수증기를 공급하는 주요 원천이다(Rocha et al., 2015: 61). 아마조니아는 650만 제곱킬로미터에 달하는 면적과 지구 열대우림의 56퍼센트에 해당하는 산림을 기반으로 지구 표면과 대기 사이에서 에너지, 수증기, 공기 덩어리가 순환하며 남아메리카는 물론 지구의 기후를 유지하는 기능을 한다. 특히 아마조니아에서 생성되는 수증기는 안데스산맥 서부를 제외한 남아메리카 중남부 전체에 공급되며, 대기 중에 과다한 이산화탄소를 저장·흡수하고, 미량의 가스, 에어로졸, 수증기를 오지까지 운송해 강수를 순환·재활용하는 과정을 만들어낸다(Rocha, 2017: 60).

이러한 천혜의 자연을 통해 브라질 농축산물 수출에 크게 기여하는 지역이 브라질 중서부로 국토 전체에서 고립된 군도의 역할을 맡고 있다. 중서부 내륙에서 기업농이 생산한 상품들은 아마존강 지류와 도로로 연결된 북부의 항구로 운송되거나 일부 제한된 철로, 수로, 도로를 통해 남동부와 남부의 항구도시로 연결되어 있다. 하지만 수송 인프라가 제대로 확립되지 않아 어려움이 많

그림 9-4 **안데스산맥 동쪽 남아메리카 저제트 기류 개념 모델**

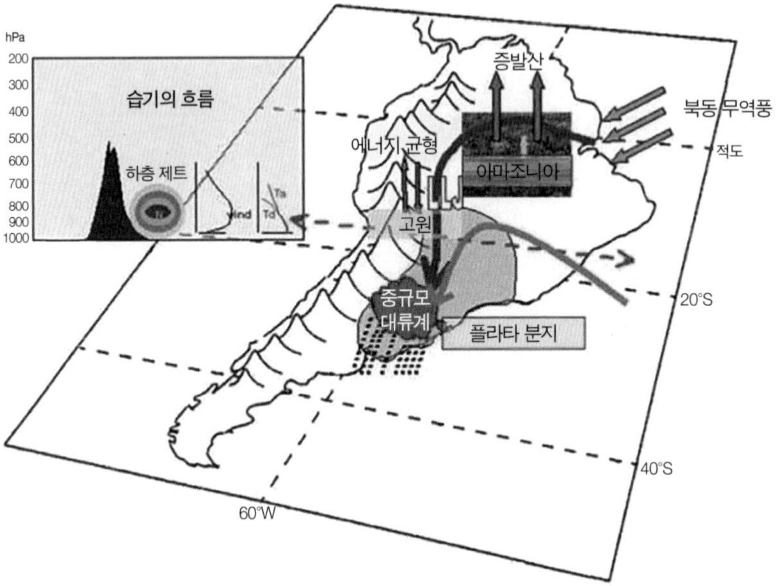

자료: Marengo et al.(2004: 2262).

다. 특히 중서부는 아마조니아와 빵따나우Pantanal가 인접한 내륙에 자리 잡고 있어 생산 환경은 좋지만 물류의 효율성은 매우 낮다. 브라질의 기업농 체계는 공간적으로 외부 수요 체제에 편입된 생산방식으로 내부 물류와 인프라 체계에 통합되지 못한 구조다. 이러한 경제적 군도는 브라질의 후진적인 물류 체계와 국내의 운송 인프라가 통합되지 않은 구도를 설명해 준다(Coelho, 1996: 133; Silva Jr., 2007: 25).

아마조니아는 브라질의 중부, 남동부, 남부 그리고 쁠라따강 유역을 포함해 아르헨티나 북부까지 수증기를 공급해 이들 지역에 대규모 곡창지대가 형성되는 데 크게 이바지한다. 브라질 남부와 아르헨티나 북부에서 발생하는 대류 활동atividade convectiva은 아마존강 유역의 남부 경계를 통해 수증기를 운반해 안데스산맥 동쪽까지 영향을 준다(〈그림 9-4〉 참조). 즉, 아마조니아는 지구 표면

그림 9-5 **아마조니아가 없다면 남아메리카 중남부는 사막으로 변할 수 있다**

자료: Fenatema(Federação Nacional dos Trabalhadores em Energia, Água e Meio Ambiente, 2017.9.6)

과 대기 간의 '피드백 메커니즘' 또는 강수를 재활용할 수 있게 만들어 브라질은 물론 남아메리카 중부까지 농업 활동이 가능하게 한다(Rocha, 2017: 60~62).

아마조니아는 남아메리카 여름 강수의 원천이다. 대서양에서 들어온 수증기와 대기 중의 수증기가 아마조니아에 모였다가 자체적으로 생산되는 증발산과 함께 남아메리카를 순환한다. 자연적으로 아마조니아에서 생성된 수증기 중 일부는 안데스산맥에 가로막혀 저제트 기류low-level jets를 통해 산맥 동쪽에서 뿔라따강 분지로 운반되며 뿔라따강 유역 강수량의 70퍼센트는 내륙에서 온 수증기에 기인한다. 이러한 다량의 수증기 이동을 "대기의 강rios atmosféricos" 또는 "날아다니는 강rios voadores"이라고 부르는데, 이러한 대류가 활성화되면 상당량의 구름이 형성되어 수증기나 비의 형태로 중위도를 따라 남쪽으로 이동한다(Zorzetto, 2009.4). 특히 남아메리카 중서부의 '행운의 사변형'으로 불리는 지역은 지구상의 같은 위도에 위치한 다른 대륙에서 흔히 나타나는 사막지대와 달리 남아메리카의 사막화를 최대한 면하게 하는 혜택받은 곳이다(〈그림 9-5〉 참조).

이러한 아마조니아의 자연환경은 특유의 환경 특성(토양, 기후, 지형, 식물군 등)에 걸맞은 관리를 필요로 한다. 이곳 원주민의 생산방식은 이들의 거주 지역에 맞는 고유한 특성을 가지고 있으며 생물 다양성을 재생하는 방식으로 고착되었다.[4] 하지만 브라질 원주민 특유의 생산방식은 포르투갈 식민 지배자들이 가져온 생산·개발 방식의 영향을 받아 변하기 시작했으며 외생적 생산 체제는 원주민 사회의 전통과 맞지 않았다.

브라질 원주민들의 전통적 농경 방식은 생물 다양성을 보존하고 인간이 자연에 동화되는 수동적 생활 방식을 통해 자연환경의 지속성을 유지함으로써 현재에도 가족농agricultura familiar이나 소규모 농경 기술에 활용되고 있다. 원주민들의 생산방식에서 활용된 벌목이나 불을 놓는 농경 방식은 거주 지역의 생태계를 위협하지 않는 수준에서 이루어졌고, 적용 대상 농경지에서는 휴경 기간이 철저히 지켜졌다(Alves, 2001: 6~8).[5]

3) 브라질의 기업농 확장 궤도

기업식 영농 또는 기업농[6]은 브라질 경제성장에 매우 중요한 역할을 한다. 브라질의 국내총생산에서 기업농 부문이 차지하는 비중은 2020년을 기준으로

---

4 토양이 모래가 없는 점토로 되어 있어 대규모 생산이 어렵다. 즉, 배수가 쉽지 않은 토양 성질 탓에 단시간에 물이 고이는데, 이는 침식을 가속하는 경향이 있다.

5 현대적 생산양식 가운데 혼농임업 시스템은 경제적으로 가격이 높은 작물을 사이사이 끼워 재배해 질병과 해충의 확산을 최소화하는 방식이다. 이렇게 생물학적 장벽을 만드는 모델의 적용 역시 이러한 선상에서 특화된 양식이라고 볼 수 있다.

6 기업농은 영어로 'agribusiness'라고 한다. 이는 농업과 관련된 모든 전문 기업들이 주도하는 사업 부문이다.

26.6퍼센트다. 이 부문은 지속적으로 흑자를 내는 수출 부문으로 브라질이 미래에 전 세계인의 식량을 책임질 거대 공급국으로 부상할 수 있게 해준다. 브라질 무역에서 코모디티 산업 궤도에서 측정할 수 있는 기업농 상품들은 이 나라의 무역에서 지속적으로 흑자를 내는 효자 품목이다. 더욱이 이러한 상품군은 코로나19에 따른 경제성장의 어려움에도 부정적인 영향을 적게 받는 특별한 부문이기도 하다(CNA, 2020.7; 이미정, 2021: 220~222).

반면 토지를 활용하는 방법론적 측면에서 포괄적 의미를 가진 기업농은 전통적 가족농과 다르며, 소규모의 토지를 활용하는 집약식 영농agricultura intensiva과도 구별된다. 즉, 집약식 영농이 중소 규모의 토지를 활용해 최대의 효율성을 얻는 방법이라면, 기업식 영농은 방대한 토지를 이용해 규모의 이익을 창출한다(이미정, 2010a: 79~80). 브라질은 지리적·역사적으로 열대 지역에 맞는 농업이 발달했으며, 이러한 특유의 환경 기반에 적합한 기술을 발달시키고 지속적으로 보존하기 위한 책임 의식을 가지고 있다. 특히 대규모 농업 생산은 브라질 경제에 절대적으로 중요하므로 농촌 생산자들은 농업 기술의 현대화를 통해 경제성장을 추구하고 이에 대한 생산성 제고를 중시한다.

기업농은 또한 농·목축업이라는 1차 산업부문만을 다루는 제한적인 범위를 넘어 농산물 가공과 그와 관련된 농자재, 농기계, 더 나아가 공급, 유통을 포함하는 서비스 산업까지 포함한다. 연관된 산업 측면에서 복합적이고 복잡한 체계를 가지고 있어 기업농은 브라질의 농업 발달 구조를 샌드위치 과정processo sanduíche으로 볼 수 있는 지경학적 문제점을 가지고 있다(Coelho, 1998: 195).

이는 브라질 농업이 한편으로 기계, 비료, 사료 등과 같은 생산재 산업이 주도하고, 다른 한편으로는 농산물을 구매하고 이를 가공하는 산업이 주도하게 고 있는 구조적인 결함을 설명해 준다. 가공이 이루어지는 제조 공정에서 생산재와 여러 다양한 기계, 장비, 설비 등이 이용되는 가운데 농·목축업에서 단순한 1차 산업 생산보다 우위를 차지하고, 이러한 관계는 부가가치를 높이는 방편으로 작용한다. 무엇보다 이러한 구조는 브라질 안에서 생산 활동을 하는 중소 규모의 생산자들에게 어려움을 주는데, 대부분의 주요 브라질 제조업은 다국적기업이 주도하는 등 구조적으로 브라질 개발을 이끈 산업화 과정에 체화되어 있다.

반면 기업식 영농은 생산구조가 국제시장, 무역, 세계 생산 시스템과 관계가 깊으며, 이러한 체계를 지원하는 다국적기업이나 세계적인 금융·기술 연구 단체들의 참여가 두드러진다. 또한 대규모 토지를 이용해 국내 수요보다 수출 위주의 상품을 생산하기에 외부 수요에 맞추어 국내 생산이 결정되고, 이러한 결정에 따라 토지 개발량이 증감하고 상품생산량이 조절되는 역학 관계를 가지고 있다. 1930년대 이후 브라질의 농업 생산은 단일 작물을 생산해 수출하는 식민 시대의 잔재에서 벗어나 국내 수요 지향적인 산업화 단계를 밟기 시작했다. 하지만 이러한 산업 기반은 1950년대 이후 시장이 개방되며 유입된 외국자본, 브라질리아 건설, 국토의 균형적인 발전 구도를 만들어가는 과정에서 이식되었다(이미정, 2010a: 84~85).

특히 기업식 영농이 활성화된 브라질 중서부는 섬은 아니지만 기능적인 측면에서 브라질 특유의 국내 재배 방식과 거리가 멀며, 외부 시장을 겨냥한다는 점에서 브라질 내부 경제에서 방대한 규모의 군도 역할을 맡고 있다. 이 지역에서 생산된 작물 대부분은 수출을 위해 세계시장과 연결된 수요 구조를 가지고 있으며, 이는 공급 가치사슬이 성장할 가능성을 높여주는 동시에 내부 경제와는 동떨어진 운영 체계를 가지게 되는 위험성을 안고 있다.

브라질의 북동부, 중동부, 남부 지역은 각각 경제의 심장부인 남동부와 연결되어 있지만, 반대로 남동부 이외의 지역들은 서로 연결되어 있지 않다. 일명 코모디티라고 불리는 상품군은 방대한 토지와 적합한 토양이 필요하고 생산량 확보가 가장 중요하다. 반면에 생산기술의 내재화internalização는(Silveira, 2009: 484~485) 중요하지 않기에 부가가치가 낮은 상품[7]으로 분류된다(이미정,

---

7　부가가치가 높은 상품은 주로 고가품, 기술 함유 제품, 가볍고 작아서 특별한 운송이 요구되

그림 9-6 **브라질의 운송 인프라를 통해 본 상품 유형의 분포**

① 천연자원/기업농　　　　② 공공 행정/취약한 경제 기반 서비스
③ 낮은 기술집약도/농공업　④ 낮은 기술집약도/도시 생산
⑤ 중급 기술집약도/채굴 주도　⑥ 다양한 유형

자료: PNLT(2007).

2010b: 260~262).

　〈그림 9-6〉은 브라질의 지역 경제를 이끄는 상품 유형을 2002~2023년까지 분석한 것인데, 브라질의 각 지역별 주요 상품들의 특성을 기술 수준의 차이로 나타냈다. 즉, 광활한 면적을 가진 아마조니아가 위치한 브라질 북부와 중서부에는 천연자원과 낮은 수준의 기술에 의존하는 생산 유형이 자리를 잡았고, 남동부의 미나스 제라이스주, 히우 지 자네이루주, 이스삐리뚜 상뚜주를 잇는 지역은 중급 수준의 기술과 광물 생산이 집중되어 있다. 유일하게 남동부의 상빠울루주만이 고급 기술이 들어가는 제조업과 서비스 상품을 생산할 수 있다. 이러한 맥락에서 아마조니아로 확장되어 가는 산업은 기술을 발전시켜 생산 효

는 제품 등이다.

율성을 올리기보다 토지 개발을 확장하는 규모의 경제에 머무를 가능성이 크다. 이러한 생산방식은 보호구역 규제가 엄격히 시행되지 않으면 아마조니아의 자연을 훼손할 수 있다.

4) 아마조니아 개발 프로그램

1973년 1차 오일쇼크에 따른 세계 에너지 위기는 브라질의 국가 개발 정책에도 중대한 변화를 가져왔다. 브라질의 제2차 국가 개발 계획II Plano Nacional de Desenvolvimento: 1975/1979은 산업화에 기반한 새로운 경제성장을 위해 이전부터 진행해 온 수입대체산업화ISI: Import Substitution Industrialization에 더욱 박차를 가했다. 브라질 정부는 내수와 수출을 증대하고, 농업 관련 사업을 장려했으며, 중남부 지역의 농업 기반을 현대화하기 시작했다. 농업 개혁과 토지 분배 프로그램을 실행해 중서부, 아마조니아, 북동부의 미개간지 점유 정책을 시작했다.

이 시기의 주요 추세로 공급자 측면에서는 경제적으로 역동적인 중남부 지역으로 아마조니아를 통합하려는 움직임이 일었다. 아마조니아 지역도 농산물 외에 원자재와 같은 천연자원의 공급처로 국내·국제 분업에 참여할 수 있으리라고 여겼다. 또한 새로운 지역 개발 정책을 통해서 교통 시설(도로, 철도), 에너지(수력발전소), 도시 기반 시설 등 국가 발전에 필요한 인프라 구축을 우선 과제로 삼았다. 무엇보다 브라질 정부가 영토에 대한 통제를 강화하기 위해 아마조나스주 남부 집행 그룹GEBAM: Grupo Executivo do Baixo Amazonas이나 아라과이아-또깡칭스 토지 집행 그룹GETAT: Grupo Executivo de Terras do Araguaia-Tocantins 등 새로운 토지 관리 기관을 두어 국립농지개혁·식민연구원에 대한 개입을 주도했으나 이러한 비체계적인 제도적 환경은 농지개혁에 반대하는 세력들의 무장 폭력을 확대하는 결과를 초래하기도 했다(Rocha et al., 2017)(〈그림 9-7〉 참조).

빠라주는 1980년대부터 아마조니아 광물 생산의 중심지로 부상하기 시작했다. 이 지역은 역사적으로 브라질너트brazil nut 채집이 주요 생산 활동이었지만

그림 9-7 법정 아마조니아 개발 계획과 프로그램(1970~1990년)

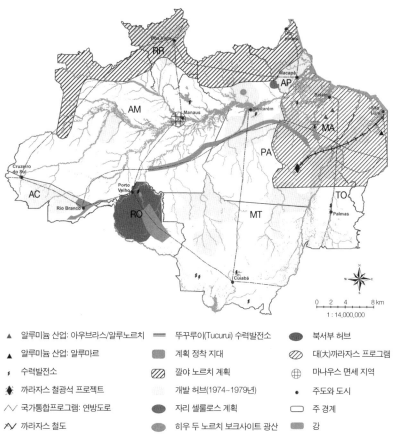

▲ 알루미늄 산업: 아우브라스/알루노르치	═ 뚜꾸루이(Tucurui) 수력발전소	⬤ 북서부 허브
▲ 알루미늄 산업: 알루마르	▨ 계획 정착 지대	▨ 대(大)까라자스 프로그램
⚡ 수력발전소	▨ 깔야 노르치 계획	⊕ 마나우스 면세 지역
⚒ 까라자스 철광석 프로젝트	▨ 개발 허브(1974~1979년)	• 주도와 도시
∧∨ 국가통합프로그램: 연방도로	⬤ 자리 셀룰로스 계획	▭ 주 경계
∧✕ 까라자스 철도	⬤ 히우 두 노르치 보크사이트 광산	▬ 강

법정 아마조니아에 속하는 브라질의 아홉 개 주: AC(아끄리), AP(아마빠), AM(아마조나스), MA(마라녀웅), MT(마뚜 그로수), PA(빠라), RO(홍도니아), RR(호라이마), TO(또깡칭스).
자료: Rocha and Gonçalves(2017).

농업이 확장되면서 농장주, 그릴레이루grileiro(서류를 위조해 원주민의 토지를 빼앗는 이들), 불법 정착민posseiros colonos, 원주민, 가링뻬이루garimpeiros(금 광부), 브라질너트 채집자 간에 갈등이 심했다. 1985년 대★까라자스 프로그램Grande Programa Carajás의 일환으로 까라자스 철광석 프로젝트Projeto Ferro Carajás가 시작되면서, 이 지역은 국가적·국제적 규모의 생산 활동이 진행되었다. 하지만 역사적으로 이어진 토지 소유 구조나 영토 사용에서의 문제를 해결하지 못해 농지 분쟁이 빈번하게 발생했다(Palheta and Neto, 2017: 331~332).

반면 까라자스 프로젝트 이후 빠라주 남동부 지역의 경제적 역동성은 뚜렷하게 차이가 나기 시작했다. 광업과 경제, 사회, 정치가 관련된 다양하고 새로운 형태의 영토 구성 체계가 만들어지기 시작했다. 국토의 연방화가 바로 그것인데, 이는 지역 천연자원의 전용과 사용에 대한 필요에 따라 사적으로 영토 점유를 유도하는 지정학적 관계를 기반으로 한다. 즉, 영토의 외부 통제는 군사 정권이 통치하는 권위주의 시기에 소규모 지역의 정치·행정 구조를 억압하는 수단으로 작용했다. 법정 아마조니아에서도 이러한 정책이 시행되었고, 이 과정에서 강도는 달랐지만 홍도니아주, 마뚜 그로수주를 중심으로 광업, 농·목축업, 수자원 탐사와 관련한 일련의 특화 산업으로 발전했다.

깔야 노르치 계획PCN: Projeto Calha Norte은 국가 주권의 유지, 영토 보전, 지속 가능한 발전이라는 목표하에 세워졌다. 그중 공권력 강화라는 전략 목표를 달성하기 위해 국방, 교육, 스포츠, 공공 안전, 보건, 사회 지원, 교통, 경제개발 분야의 인프라 향상에 초점을 맞추었다. 즉, 개발을 통한 전략적인 영토 점유, 지역 주민의 생활수준 향상, 지역 행정 시스템의 현대화를 자체적으로 작동하게 만들어 지속적으로 경제활동의 역동성을 발휘하려는 시도다.

깔야 노르치 계획이 실행되는 지역은 2019년 기준으로 아끄리주, 아마빠주, 아마조나스주, 마라녀웅주, 마뚜 그로수주, 마뚜 그로수 두 술주, 빠라주, 홍도니아주, 호라이마주, 또깡칭스주의 10개 주에 분포한 442개 자치 시다. 전체 면적은 598만 6000제곱킬로미터로 브라질 영토의 70.3퍼센트를 차지하며, 인구는 1583만 2000명으로 브라질 원주민 인구의 85퍼센트가 포함된다(Ministério da Defesa do Brasil).

1988~2010년에는 국토 정책에 관해 중소 자치 정부들 간의 관계와 국가정책 패턴의 변화가 있었다. 영토의 공동관리를 위해 지원 행위자로서 주 정부와 시 정부의 참여가 확대되기 시작했다. 주 정부들은 정치·제도적으로 조직화해

천연자원과 토지의 사용 계획에 관한 정책을 실행하게 되었고, 시 정부들도 사회 통제와 규제에서 공공 정책의 실행에 중요한 역할을 맡게 되었다(Rocha et al., 2017).

3 | 아마조니아 지역사회의 발전과 내재성

1964년부터 브라질에서는 지역 문제와 국가 발전을 다루는 새로운 접근 방식이 등장했다. 지역 계획의 목표는 사회·정치적 문제에 따라 주도되지만 주로 지역 경제발전과 국가 개발 계획에서는 지역 계획을 국가 계획으로 통합하고는 했다. 이것은 국가의 경제·영토 통합이 제대로 이루어지지 않은 상황에서 지배적인 문제를 극복하려고 했기 때문이다. 새로운 지역 정책은 경제성장과 함께 다양한 지역 통합을 유도하며 시장 창출을 촉진한다는 개념하에 만들어졌다(Rocha et al., 2017).

1) 인프라 통합과 국가 발전의 의미

1960~1970년대 국토 개발도 오지 개발에 초점을 맞추었다. 주셀리누 꾸비세끼Juscelino Kubitschek 대통령의 성장 정책 노선도 그러했는데, 그 일환으로 법정 아마조니아에 위치한 마뚜 그로수주[8]로 남부 지역의 인구를 유입시켰다. 이러한 이주 정책에는 인구를 늘려 오지를 개발하고 낮은 인구밀도를 개선하려는 목적이 있었지만 동시에 안보 전략 차원의 취지도 내포되어 있었다. 인구밀도가 희박한 변경은 국경 방어에 어려움이 많아 외부 침입에 노출되기 쉬운 문제가 있기 때문이다.

---

8 마뚜 그로수주는 브라질의 다섯 권역 가운데 중서부 권역에 속한다.

1964년 쿠데타 이후 제정된 토지제도Estatuto da Terra는 토지개혁을 명분으로 토지 분배에서 불균형을 해소하고 토지 소유권을 대규모로 확대하는 계기가 되었다. 그러나 당시 토지 소유권 확대 정책은 군부가 사회적 요구를 수용했다는 의의 외에 중서부 농촌 지역에 팽배한 불만이 농민 혁명으로 번질 가능성에 대비하려는 정부와 보수 엘리트들의 대처이기도 했다. 당시 쿠바혁명(1959년)과 라틴아메리카와 아시아에서 확산되던 토지개혁의 물결이 브라질에 미칠 파장을 염려하던 정부는 농촌에서 토지개혁을 통해 사회정의를 실현한다는 명분을 내세웠다. 이를 통해 근본적인 문제 해결 없이 농민과 지주들의 불만을 잠재웠다(Coelho, 1998: 190).

또한 브라질 군사정권 시기(1964~1985년) 추진된 법정 아마조니아 안의 인구 정착과 경제통합 체계의 재편은 자연을 자본으로 통합하려는 지정학적 전략의 일환이었다. 원주민과 전통적 농촌 공동체 영역으로 침입해 빚어진 갈등으로 산림 벌목, 국토 통합에 심지어 대학살까지 이어지는 참사가 발생했다. 국토 관리라는 명분으로 광물 채굴, 에너지, 생명공학과 관련된 대형 프로젝트를 통해 천연자원에 대한 접근과 사회·환경 문제를 포함시켰다.

1988년 브라질 연방헌법은 분권화를 위한 기반은 마련했지만 환경에 대한 실천 가능성의 범위는 시대에 따라 변하고 있다. 민주 헌법이 제정된 이래 토지와 관련된 공공 정책들은 숱한 갈등과 불확실성을 야기하며 아마조니아 원주민들에게 피해를 주었다. 현재 아마조니아에는 환경보호와 경제개발이라는 두 가지 상반된 국토 정책을 시행하는 과정에서 수많은 영토 분쟁이 발생하고 있다. 아마존횡단도로의 건설에 따라 기업농이 성장하는 과정에서 수많은 토지분쟁이 일어났고, 목축, 목재, 광물, 부동산 시장, 수력발전 등 구체적인 토지 계획이 마련되기 전에 채굴경제가 전개되었다(Silva et al., 2021: 2).

외국을 상대로 영토권을 수호하고자 "국토 주권을 다른 나라에 넘기지 않기 위해 통합한다"라는 군부 시기의 지정학적 구호가 반세기가 지난 현재에도 효력을 발휘하고 있다. 다양한 기능을 가진 여러 공간 구조물을 설치하고 연방 정부 차원의 포괄적 국토 계획을 실현하는 일은 국가적·국제적 차원의 강력한 대응 방안이다(Nogueira and Oliveira, 2017). 그러나 인프라 사업은 규모 측면에서 자연이 훼손될 가능성이 크고, 북부 지역에 집중 시행된 도로 건설, 전력 생산, 수로·항구 개발 등은 아마조니아가 가진 가치의 절대적 원천인 수자원의 이용을 촉진하면서 아마조니아의 생태계 교란을 가중할 국가사업이기도 하다.

2) 인프라 통합 체계와 지역사회 관계

도로를 통해 아마조니아를 연결하는 통합 체계는 아마존횡단도로(BR-230), 마나우스와 보아 비스따Boa Vista를 잇는 BR-174 연방도로, 북부외곽순환Perimetral Norte도로(또는 BR-210 연방횡단도로),[9] 꾸이아바와 상따렝을 잇는 BR-163 연방 종단도로, 벨렝과 브라질리아를 잇는 BR-010 방사형 연방도로 건설을 통해 형성되기 시작했다. 이 도로들의 역할은 야생(히레아)에서[10] 자연에 역행하는 국가와 자본의 활동이 마을과 도시, 농축산업, 광업, 벌목업자madeireiro들 위주의 시·공간으로 숲을 재구성하고 이를 구체화하기 위한 것이다(〈그림 9-8〉 참조). 가령 법정 아마조니아 내부의 자동차도로는 국토 공간 안의 숲의 세계universo florestal에서 국가정책과 경제의 흐름에 따라 국토 통합을 재구성하는 연결 고리의 역할을 하고 있다(Silva et al., 2021: 3~4).

인구를 유인하기 위해서 브라질 정부, 국제부흥은행IBRD: International Bank for Reconstruction and Development, 국제통화기금IMF: International Monetary Fund의 투자는 아마존횡단도로를 제외한 북-남 방향에 치중되었다. 하지만 주로 브라질 북동

---

9 북부외곽순환도로 건설은 1973년부터 추진된 계획으로, 애초 브라질 아마빠주에서 콜롬비아 까지 연결하는 것이 목표였지만 실행되지 못했다(Rede Amazônica and AP, 2016.7.5).

10 '히레아'는 독일의 지리학자 알렉산더 폰 훔볼트와 에메 봉플랑(Aimé Bonpland)이 아마존 적 도 숲에 붙인 이름이다.

그림 9-8 **브라질 법정 아마조니아의 주요 자동차 도로**

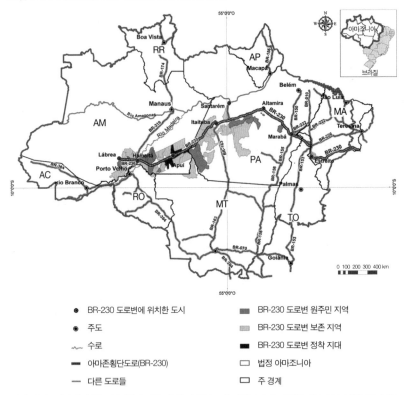

● BR-230 도로변에 위치한 도시　　■ BR-230 도로변 원주민 지역
◉ 주도　　　　　　　　　　　　　▨ BR-230 도로변 보존 지역
〜 수로　　　　　　　　　　　　　■ BR-230 도로변 정착 지대
━ 아마존횡단도로(BR-230)　　　　□ 법정 아마조니아
─ 다른 도로들　　　　　　　　　　□ 주 경계

법정 아마조니아에 속하는 브라질의 아홉 개 주: AC(아끄리), AP(아마빠), AM(아마조나스), MA(마라녀웅), MT(마뚜 그로수), PA(빠라), RO(홍도니아), RR(호라이마), TO(또깡칭스).
자료: Silva(2021: 4).

부의 가뭄 방재에 대한 투자에 집중했고, 주요 목적은 농축산업의 가능성이 큰 지역으로 접근하기 유리하게 하는 것이었다. 이것은 빠라주 동북부, 마뚜 그로수주 남부와 남동부, 홍도니아주 사이의 지역 간 상거래를 증진시키고 아마조니아와 다른 지역들이 교류하는 것에 도움이 되었다. 무엇보다 1971년 입법안 1164호(Projeto de Lei 1.164/1971)에 의거한 순환 축들은 아마존횡단도로의 주변 100킬로미터에 달하는 토지를 할당해서 인구 이주와 정착, 농공업 프로젝트를 수행했다. 1980년대에 국립농지개혁·식민연구원은 인구정착계획PA: Projeto de

Assentamento을[11] 수행해 아뿌이Apuí를 설립했다(〈그림 9-8〉 참조).

이 인구 정착 프로그램은 아마조나스주 정부의 국민 통합 사업의 지원을 받아 '사람 없는 땅, 땅 없는 사람'이라는 슬로건으로 정착민들의 이주를 강행했다. 당시 추진했던 국토 통합 모델은 현재 진행되는 지속 가능한 개발에 기반한 모델과는 달리 농업과 목축에 필요한 산림 벌목과 개간 등 환경 변화로 이어졌고, 1990년대에 들어 강화된 자연보호 논의를 통해 보존구역과 원주민 보호구역으로 구분되었다(Silva et al., 2021: 2~3).

아마조니아는 브라질 수력발전의 새로운 개척지로 부상했다. 브라질에서 가동 중인 다섯 개의 대규모 수력발전소 중 네 개가 아마존강 유역에 자리 잡고 있으며, 이 지역에 국가 수력발전 잠재력의 42.2퍼센트가 집중되어 있다. 또한 수력발전 잠재력의 70퍼센트는 이미 세부적인 시장조사를 마친 상태이며, 수십 개의 대규모 발전소와 수백 개의 소규모 발전소 건설이 계획되었거나 이미 완공되어 가동되고 있다(〈그림 9-9〉 참조). 싱구강에는 건설이 거의 완료된 벨루 몽치 수력발전소가 가동되고 있으며, 상뚜 앙또니우Santo Antônio 수력발전소와 마데이라강 수력발전소 등의 사례는 아마조니아 전력 시스템의 건설을 둘러싸고 다양한 이해관계 상충, 국가의 역할, 입찰을 둘러싼 논쟁, 최저가 건설비 추구, 높은 이윤 보장 등에서 광물과 철강 기업 등의 대규모 전력 소비자들의 생산을 확장하기 위한 "약탈적 모델"이 드러난다(Castilho, 2019: 68).

브라질의 전력 에너지원은 수력발전을 비롯해[12] 재생에너지 비중이 80퍼센트를 넘는다. 자원도 풍부하므로 다양한 에너지 상품을 찾는 국제시장의 요구에 부합하고, 환경 친화적인 자원의 활용이 쉬운 나라로 평가되고 있다. 특히

---

11 주마(Juma)강 정착 계획이라고 한다(Silva, 2021: 4).

12 2020년 기준으로 브라질의 전력 에너지원 비중은 수력(60.2퍼센트), 풍력(8.9퍼센트), 바이오매스(8.4퍼센트), 천연가스(8.2퍼센트), 석유와 그 밖의 화석에너지(5.1퍼센트), 석탄(2퍼센트), 중앙 집중식 태양광에너지(1.7퍼센트), 핵에너지(1.1퍼센트), 수입(4.5퍼센트) 등이다(ABSOLAR, 2020.6.2.).

그림 9-9 법정 아마조니아의 수력발전 잠재력 개발(2016년)

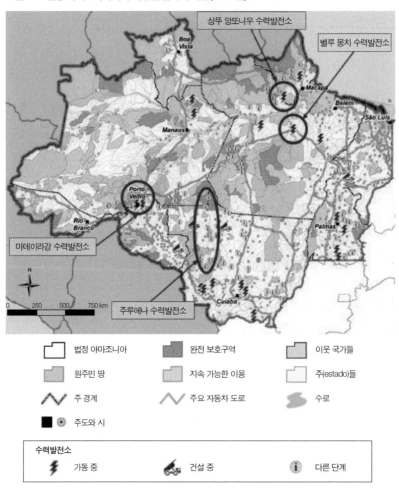

자료: Fonseca et al.(2016: 72).

바이오 에너지의 개발을 비롯해 전력 잠재력은 다른 산업부문을 보조하는 측
면 외에 인프라 구축을 통한 첨단 기술 환경의 조성과도 밀접한 관계가 있다.

　농산물과 원자재의 가격이 오르자 새로운 상품생산 지역을 찾는 일부 거대
투자자들이 브라질의 미개발지로 눈길을 돌리고 있다. 2000년대 초반부터 특

별 환경 지역으로 보호되었던 땅에 규제가 풀리면서 대규모 토지 매입이 증가하기 시작했다(Castro, 2009: 9~10).

2007년부터 시행된 국가적인 규모의 인프라 계획인 경제성장촉진프로그램 PAC: Programa de Aceleração do Crescimento을 시행하기 위한 규제 해제 조치는 지역 간 균형 발전과 지역 편차 축소와 관계없는 방향으로 진행되었다. 아마조니아에서 대·소형 수력발전소의 건설이 계속해서 추진되면서 대규모 전력 생산계획이 구체화하고 있지만, 정작 방대한 전력 공급의 대상인 지역사회의 소비구조는 생산 규모에 부합하지 않는다.

브라질에서 생산되는 전기에너지의 32퍼센트가 원자재 관련 산업, 즉 셀룰로스, 알루미늄, 시멘트, 선철, 석유화학에 쓰이며 북부 지역에서 이러한 생산 시설이 늘어나고 있다.[13] 또한 브라질의 남동부와 남부 지역은 전력 생산을 최대치로 하는데도 불구하고 늘어나는 수요를 감당하지 못하는 데 반해 북부의 수력발전소 건설은 낙후된 북부 지역의 발전을 위한 개발 외에 전력 시스템 통합을 기반으로 지역 외의 확장도 포함하고 있다. 북부에서 생산되는 전력은 브라질의 국가 전력 시스템 통합을 통해 지리적으로 동떨어진 지역으로도 전력을 공급하기에 지역별 전력 생산의 증가가 전적으로 해당 지역사회로의 공급으로 한정할 필요가 없게 되었다.

인프라 개발에 따라 직접적으로 영향을 받는 지역사회에는 공공사업을 통한 보상이 필요해진다. 특히 벨루 몽치 수력발전소 건설과 같은 거대 사업이 추진되는 과정에서 지역사회에 속한 원주민 부족들과 지방정부가 심하게 충돌한다. 그럼에도 지방정부와 국립원주민재단은 소극적인 태도를 취하며 지역사회와 연방 정부 간에 연결 고리 역할을 제대로 하지 못하고 있다.

대규모 수력발전소 건설과 같은 국가적 규모의 사업에 동반되는 제반 시설

---

13 벨루 몽치 수력발전소 건설 입찰에는 글로벌 기업인 아우꼬아(Alcoa), 보또랑칭(Votorantim), 발리(Vale), 게르다우(Gerdau), CSN이 참여 의사를 밝혔다(IHU, 2010).

(도로, 철도, 송전선 등)의 배치에 따라 지역사회는 직간접적으로 타격을 받는다. 국가통합프로그램이 실행되면서 지역사회가 추구하는 구체적이고 진정한 절차들이 무시되었다(Magalhães and Hernandez, 2009: 31~32). 개발에 따른 다양한 차원의 변화는 지역사회의 내재적 발전과 지역 생태계의 보전 대신에 환경 훼손을 불러와 해당 지역사회가 피해를 입는다.

3) 국토 개발과 원주민 보호구역

아마조니아의 원주민들은 드넓은 공유지 내부에 보호구역이 지정되어 있어 경계 안에서 비교적 안전하게 보호받고 있다. 현재 브라질 정부가 관리하는 원주민 구역들은 726곳이다. 이 중에 승인되어 보호 중인 구역terras homologadas e reservadas이 487곳이며, 국립원주민재단장의 승인이 확인되어 토지 증서가 발급된 구역이 43곳, 법무부 장관이 고시한 구역이 74곳이며, 122곳은 확인하는 중에 있다.[14]

브라질 연방헌법은 제231조에 이른바 '원주민 보호구역' 또는 '원주민의 땅'을 정해 이 경계 안에서 원주민들이 천연자원을 이용하고, 문화를 개발하며, 영토에 대해 영구적이고 배타적인 권리를 보장받도록 하고 있다(Jusbrasil). 브라질에서 새로운 원주민 보호구역을 만드는 절차는 명문화되어 있으며, 이러한 절차는 2009년 지방법원의 판결 전까지 큰 변화 없이 유지되었다.

첫 단계는 국립원주민재단이 영토의 식별과 구분 절차를 시작하고 나면 주정부와 시 정부의 검토를 거쳐 나온 결과를 법무부에 보낸다. 원주민 토지의 경계와 해당 지역을 검토한 뒤에 법무부의 승인을 받으면 국립농지개혁·식민연

---

14 '확인 중에 있는 구역'이란 국립원주민재단이 지정한 실무 그룹이 조사 중인 토지를 가리키며 조사 시점에 자발적으로 격리되어 금지된 토지 여섯 곳을 포함한다(브라질 사회환경연구소, 2021.1.25).

그림 9-10 브라질의 원주민 보호구역

법적·행정적인 상황에 따른 브라질 원주민 구역 분류(2018년 12월 11일 기준)

	법적 상황	구역 수	전체 구역 대비 비율(퍼센트)	면적 (제곱킬로미터)	전체 구역 대비 비율(퍼센트)
	국립원주민재단이 조사 중/비원주민의 사용 제한	114	15.99	10,838.44	0.92
	국립원주민재단 승인 토지	42	5.89	43,242.94	3.68
	법무부 장관 고시 토지	74	10.38	51,406.83	4.38
	대통령 승인 토지	483	67.74	1,068,385.20	91.02
	합계	713	100.00	1,173,873.41	100.00

자료: 브라질 사회환경연구소(2021.1.25).

구원에서 해당 지역에 사는 비원주민을 재정착시키고 최종적으로 대통령령으로 새로운 원주민 보호구역이 승인된다(〈그림 9-10〉 참조).

반면에 보호구역 밖에 사는 원주민들은 제대로 된 호구조사도 되지 않아 생존의 위협에 대응할 만한 안전장치가 마련되어 있지 않다. 원주민 보호구역 안이라고 문제가 없는 것은 아니어서 느슨한 행정과 법체계 탓에 지역사회의 특성을 살릴 만한 구체적인 개발이나 대책 없이 국립원주민재단 같은 정부 산하의 몇몇 기관들이 원주민 사회를 대변해 주는 데 그치고 있다.[15] 환경부와 브라질 환경·재생가능천연자원 연구소의 역할도 원주민 보호구역을 관리하는 수준에 불과하다.

브라질 오지에는 예전부터 소규모 농민, 고기잡이꾼, 천연자원 채집자들이 자연에 의존해 경제활동을 해왔다. 일부 정착민, 광부, 벌목꾼, 기업가들이 개발 과정에서 환경을 훼손할 경우 부분적으로 정부의 규제를 받아왔다. 아마조니아 지역사회의 가치는 다양성에 있다. 원주민 사회에서 땅은 환경이 아니라 삶 자체다. 자신들이 속한 자연 속에서 이들은 정치, 경제, 사회, 문화의 모든 것을 해결한다.

최근 기후변화는 인류의 삶을 위협할 정도로 심각해지고 있다. 가뭄, 홍수 등 자연재해는 생태계 보전의 필요를 명백하게 보여준다. '지구의 허파'라고 불리는 아마조니아가 황폐화되지 않도록 지나친 자원 이용을 지양해야 한다고 이야기한다. 하지만 지금까지 진행해 온 산업 활동과 경제적 이익 추구를 단번에 축소하기란 쉽지 않다.

실제로 아마조니아 개발은 원주민을 중심으로 형성된 지역사회의 생존 경제와는 완전히 무관하다. 무엇보다 브라질의 인프라 사업은 지역 간 균형 발전을 통한 국가 통합화나 대륙 통합화라는 거대한 사업적 특징을 띠고 있어 지역

---

15 국립원주민재단은 1967년 창설된 원주민 보호기관으로 브라질 연방 정부 산하에 있다. 이 기관을 통해 브라질 정부는 원주민들의 호구조사를 시행하고, 부족들이 전통적으로 보존해 온 토지의 경계를 정해 보장·보호하고, 부족들에게 기초 교육을 실시하고 있다. 또한 이 기관은 원주민들의 대변인 역할을 하며, 원주민들에게 국가 이익에 대한 인식과 재산 관리의 인식을 심어주고, 이들의 토지를 감독하는 일도 수행한다.

전체의 생태계를 변화시킬 가능성이 농후하다. 반면에 자연에 동화되어 필요한 자원만 소규모로 사용하는 원주민들의 생활 방식은 자연 훼손과 변형의 위험성과는 거리가 멀다.

아마조니아를 위협하는 가장 큰 요인은 고유 생태계의 변형인데, 이것은 자연현상이 아니라 인재人災에 따른 결과다. 가령 브라질에서 빈번한 산림 화재는 산발적인 소규모 화재가 아니라 도미노처럼 일어나는 대규모 화재다. 2019년 브라질 국립우주연구소가 아마조니아 화재를 분석한 결과를 보면 자연과의 조화와 생태계의 균형 유지는 가까운 생활환경에서 주의해야 하는 아주 중요한 자연 원리임을 알 수 있다. ≪미국 국립과학원회보PNAS: Proceedings of the National Academy of Sciences≫도 기후를 조절하고 지구 온난화 완화를 위한 탄소 저장량을 유지하는 데 원주민 보호구역이 중요하다고 밝혔다(브라질 사회환경연구소, 2020.1.28). 이 연구에 따르면 아마존의 원주민 보호구역과 자연보호구역ANP: Áeas Naturais Protegidas에서는 보호되지 않은 지역보다 탄소 순손실이 덜한 것으로 나타났는데, 이는 보호되지 않은 지역의 토지 황폐화에 따른 탄소 방출이 원주민 보호구역과 자연보호구역의 산림 성장으로 상당 부분 상쇄되기 때문이라고 한다(브라질 사회환경연구소, 2020.1.28).

4) 원주민 토지 점유 시간 체계

브라질 원주민 토지 경계에 대한 갈등은 '마르꾸 뗌뽀라우Marco Temporal',[16] 해석하자면 '원주민 토지 점유 시간 체계'라는 법원 판결에서 비롯되었다. 이 판결은 원주민 땅은 1988년 브라질 연방헌법이 제정될 때 원주민들이 이미 점유

---

16 이러한 마르꾸 뗌뽀라우(Marco Temporal 또는 Marco da Ocupação das Terras Indígenas)를 근거로 보우소나루 정부는 2007년 입법안 490(Projeto de Lei 490/2007)을 하원에서 표결하려고 했다(Guia do estudante, 2021.8.15).

하고 있던 토지에 한해서만 권리를 주장할 수 있다는 내용이다. 이 말을 다시 말하면 지금 원주민이 거주하는 땅 가운데 1988년 연방헌법이 제정될 때 전통적으로 토지를 점유하고 있던 사실을 증명하지 못하는 토지에 대해서는 권리를 주장할 수 없고 거주지도 무효로 한다는 것이다(Sartori Jr., 2016: 88).

이 원주민 토지 경계에 대한 판결은 2009년 브라질 연방 대법원이 호라이마주의 하뽀자 세하 두 소우Raposa Serra do Sol 원주민 토지에 대해 판결을 내리며 발효되었다. 당시 이 지역에서는 토지문제로 원주민과 농지 소유주 간에 갈등이 불거지고 있었으며, 이에 대해 연방 대법원에 제출된 탄원서Petição 3388의 합헌 여부를 결정하는 법적 절차에서 원주민 본래의 영토에 대한 권리주장이 받아들여졌다.

반면 2013년 이와 유사한 소송이 상따 까따리나주 제4지방연방법원에서 있었다. 이 소송에서도 원주민 토지 점유 시간 체계를 적용했고, 이 지역의 원주민인 쇼끌렝족, 과라니족, 까이강기Kaigang족은 거주하고 있던 사실을 증명하지 못해 추방되었다.[17] 이에 국립원주민재단은 원주민 보호를 위해 연방 대법원에 상고했고, 2019년 대법원 판사들은 이후 모든 법적 분쟁에 대법원 판결이 적용될 것이라고 발표했다. 또한 대법원의 조치와 병행해 입법안 490/2007 (PL 490)의 원주민 토지에 대한 배타적 용익권 검토를 통해 분쟁 지역과 관련된 주 정부 등 지방자치단체의 참여도 이루어졌다.

무엇보다 원주민 토지 경계 결정 문제는 원주민의 전통적 공간과 관련되어 있으며, 토지는 포르투갈의 식민화 이전부터 원주민의 삶과 문화가 깃든 땅을 기준으로 한다고 헌법에 명시되어 있다. 즉, 브라질이라는 국가가 수립되기 전부터 원주민은 브라질 땅에 거주해 왔고, 고유한 문화를 유지하고 자연을 보전해 왔다는 것이다. 더욱이 원주민의 땅은 조상과 연결되어 있어 전통적으로 토

---

17 원주민 지역은 상따 까따리나주 환경연구소(Instituto do Meio Ambiente de santa Catarina)에
    반환되었다(*Guia do estudante*, 2021.8.25).

지에 대한 원초적 권리가 있고 국가의 유산이므로 사유화할 수 없는 공간인데, 단순히 1988년을 기준으로 정해 원주민을 정착시키거나 추방한다는 것은 납득할 수 없는 기준이라는 비판이 있다(CNN Brasil, 2021.9.1).

이렇게 토지 점유에 대한 원주민의 권리가 헌법으로 보장되어 있음에도 불구하고 실질적으로는 원주민과 농지 소유주 간에 이해관계가 극명하게 갈리면서 사법권 심사가 매우 어려운 상황이다. 토지 경계의 기준이 되는 시기가 헌법 제정일이라고 하지만, 그것은 지금의 시점이고 당시 브라질의 상황은 수십 년에 걸친 정부의 개발 정책으로 원주민 거주지들이 훼손되거나 없어지는 경우가 빈번했기 때문이다.

아마조니아의 토지 경계 문제는 오랫동안 원주민 사회와 농지 소유주 간의 끊임없는 갈등과 다툼을 불러일으켰으며, 이러한 현실은 토지 경계 결정에 대한 대법원의 판결을 더욱 어렵게 만들고 있다(G1, 2021.8.27). 최근 원주민 토지 점유 시간 체계에 대한 합헌 여부를 2021년 9월에 표결하려고 했지만, 대법원 판사들의 검토 요청으로 다시 무기한 연기되었다(G1, 2021.9.15).

브라질 농촌 지역의 토지 점유는 역사적으로 진행되어 온 구조적인 문제다. 브라질의 농지는 사유지 비중이 높고, 이를 소수가 차지하고 있다. 불평등한 토지 분배는 브라질 농촌의 부동산 소유 분포를 보면 알 수 있다. 이는 국립농지개혁·식민연구원과 농촌환경등록시스템CAR: Cadastro Ambiental Rural의 데이터베이스를 기반으로 업데이트되고 있다. 이를 통해 농지 소유 비중을 알아보는 지니계수를 계산하면 브라질은 0.73으로 세계적으로 농지 소유 분포가 가장 불평등한 국가 중 하나다(MAPA, 2021.1.5).

불평등이 심하게 나타나는 지역은 대규모 토지를 이용해 코모디티를 생산하는 주들로 아마조니아의 마뚜 그로수주, 마라녀웅주, 또깡칭스주를 비롯해 마뚜 그로수 두 술주, 북동부의 삐아우이주, 바이아주 등이다(이미정, 2021: 229~231). 불평등한 농지 소유 분포에도 불구하고 아마조니아 지역에서 행해지는 생산 활동은 국가 경제에 이익이 되는 대규모 기업식 영농이다. 결국 생산량을

그림 9-11 브라질 농지 소유 분포에서 보이는 심각한 불평등

그림 9-11 브라질 농지 소유 분포에서 보이는 심각한 불평등

■■ 25% 대규모 농지 소유 분포
▨▨ 25% 소규모 농지 소유 분포

0   250   500 km

자료: IDACE(2020.5.13).

증대하기 위해 농지 규모를 계속해서 늘려가다 보니 농지 집중도가 더욱 심화
되고 "토지 분배의 민주화" 실현도 어렵게 흘러가고 있다(〈그림 9-11〉 참조).

브라질의 농지 정책의 심각성은 토지 정규화regularização fundiária가 제대로 정
립되지 않은 상황에서 불법적이거나 무책임한 부동산 사유화에 따른 구조적인
분배 문제에서 발생한다. 즉, 법과 제도를 근본적으로 개혁하지 못한 채 다양
한 형태의 보완책만 내놓으면서 공유지 문제나 원주민 등 취약 계층의 토지문
제 해결을 지연시키는 기회주의적인 조치를 반복해 왔다.

환경 운동가들이 반대하는 입법안(Projeto de Lei 2633/2020)[18] 역시 브라질 토

---

18 이 입법안은 브라질 사회의 극심한 반대로 국회에서 의결되지 못하고 입법안 2633(Projeto de
Lei 2.633/2020)으로 변경되어 2021년 2월에 다시 상정되었다가 같은 해 7월에도 의결하지 못

지제도의 고질적인 편중성을 보여준다. 환경 운동가들이 '그릴라젱 임시조치 MP da Grilagem'라고 부르는 이 입법안은 위조 서류를 이용해 불법으로 공유지를 차지하는 행위를 활성화할 수 있는 법안이다. 여기서 그릴라젱Grilagem은 '귀뚜라미grilo가 하는 짓'이라는 뜻으로, 애초 존재하지 않는 토지 증서를 만들기 위해 서랍에 위조한 문서와 귀뚜라미를 함께 넣어 오래 묵은 서류처럼 만들어 관할 기관에서 인정받는 수법이다. 인터넷이 발달한 현재는 이러한 방법 대신 부동산 등기소에 등록하고 연방과 관할 토지 기관과 국세청에 교차 등록해 기록을 위조하는데, 이렇게 허술한 법적 장치는 원주민 토지 점유 시간 체계에서도 나타난다(WWF, "Grilagem").

5) 신산림법과 생물 다양성

6년 동안의 심사를 거쳐 2018년 2월 28일 브라질 연방 대법원은 2012년에 제정된 신산림법Novo Código Florestal(법률 12.651/2012)에 대해 합헌이라고 판결했다. 2012년 5월 25일 제정된 신산림법은 농촌 지역의 자생 산림을 보호하기 위해 토지 사용과 천연자원의 보존 방향을 지도하고 규제하는 법적 체계다.[19] 특히 이 법은 산림 보호 공간을 구분해 전반적인 보호 원칙regra de proteção을 만들고, 이를 바탕으로 지역사회의 이해관계에 부합하며 지역의 경제와 사회가 가동할 수 있는 생태계를 만들기 위한 법적 기반이다.

신산림법은 개발 때문에 급속히 훼손되고 있는 농촌 산림의 생태계를 보전하고 지역사회의 지속 가능한 발전을 추구한다는 목표를 가지고 있다. 이 법은 산림을 영구보존구역APP: Área de Preservação Permanente, 법적보호구역ARL: Área de Reserva Legal, 사용제한구역AUR: Área de Uso Restrito으로 크게 구분한다.

하고 다시 연기되었다(((o))eco, 2021.7.6)

19 Embrapa, "Entenda a Lei 12.651 de 25 de maio de 2012."

첫째, 영구보존구역은 생태적·환경적으로 취약한 지역으로 주로 강의 수원, 강변, 산비탈, 산봉우리 등 침식이나 오염되기 쉬운 지역을 대상으로 이러한 토지에 상응하는 규정을 적용한다. 도시와 농촌에 관계없이 환경 변화에 취약한 지역의 수자원, 경관, 지질학적 안정성, 생물 다양성을 보전하고, 동식물의 유전자 흐름을 촉진해 토양 보호는 물론 지역사회에 건강한 생태계를 유지하는 것을 목표로 한다.[20]

둘째, 법적보호구역은 사유지에 해당하는 농장이나 농지 중 일부를 생물 다양성 보전을 위해 지정한 지역이다. 환경이나 자연 특성에 따라 지역별로 편차가 있지만 일반적으로 20퍼센트의 농촌 사유지에 해당한다. 특히 법정 아마조니아는 세하두 지역과 자생 산림 지역 등 두 가지 생태 지역으로 나뉘는데 원래 구역에 자생하는 천연자원을 지속 가능한 경제적 용도로 사용하고 산림 복원을 실천해 생물 다양성은 물론 야생동물과 토종 식물의 성장을 촉진하기 위한 구역이라고 할 수 있다.

이러한 법적 조치를 취하는 이유는 최근 30여 년 동안 아마조니아에서 현격히 줄고 있는 원시림과 반대로 계속해서 증가세를 보이는 농·목축지로 야기되는 폐단을 줄이려는 것이다(〈그림 9-12〉 참조). 즉, 법적보호구역은 미개발지뿐만 아니라 사유지의 개발도 제한해 토종 식생을 늘리면서 생물 다양성을 유지하는 데 목적이 있다(Mapbiomas, 2021).

셋째, 사용제한구역은 두 가지 범주로 나뉘는데, 하나는 습지와 습지 평원이고 다른 하나는 경사가 25도에서 45도 사이에 해당하는 경사 지대다. 환경적으로 민감한 지역을 보호하는 차원에서 다른 지역과 차별화해 양질의 농업과 임업의 적용을 지향한다.[21]

브라질 신산림법에서 가장 혁신적인 부분은 브라질의 생산자들과 관계있는

---

20 Embrapa, "Código Florestal."

21 Embrapa, 같은 글.

그림 9-12 **아마조니아 원시림 분포와 토지 이용의 변화(1985~2020년)**

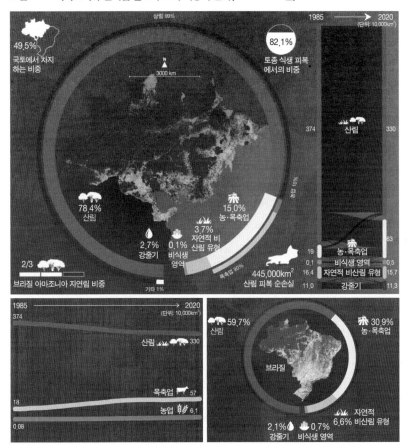

자료: Mapbiomas(2021).

환경 자원 관리의 분권화, 농촌환경등록시스템, 환경회복프로그램PRA: Programa de Recuperação Ambiental,[22] 산림 보전을 장려하기 위한 경제적 수단인 환경보호구역할당량CRA: Cota de Reserva Ambiental 등 다양한 산림 보호 수단을 도입한 것이다.

---

22 환경회복프로그램은 사다리 법칙(regra da escadinha)이라고 불리는 환경 보상에 대한 점진적인 시스템이다.

환경 자원 관리는 대부분 주estado를 단위로 자체적으로 물 사용 허가증을 발급하거나 농촌 프로젝트에 필요한 교육 등의 업무를 수행한다. 농촌환경등록 시스템은 새로운 환경 규제하에서 자산 운용에 필요한 서류로 이를 통해 연방 정부와 주 정부의 환경 기관이 각자 농촌 자산의 위치뿐만 아니라 환경 적합성 상태도 알 수 있게 도와준다. 환경회복프로그램은 농촌 토지 소유자들에게 주어지는 의무로 훼손될 가능성이 있는 지역을 복구하는 것이다. 이 프로그램의 기술 지침은 최저 비용으로 최상의 효과를 얻기 위해 필수적으로 기술이나 기한 등 의무 조항을 준수해야 한다(Embrapa, 2015.12.21).

환경보호구역할당량은 대규모 토종 식생지를 소유한 생산자에게 재정적 혜택을 주는 수단이다. 모든 농촌은 생물 군계에 따라 고유 식생 비율이 있어야 하는데, 이러한 비율이 없는 생산자는 같은 생물 군계에서 보상 지역을 할당받을 수 있다. 따라서 할당량을 만들고 판매하는 사람들에게 이 할당량은 추가 수익원이 되기도 한다. 천연자원의 보존을 목표로 벌목된 산림과 황폐해진 지역의 회복을 위해 재정적 인센티브, 프로그램, 경제적 수단을 제공하는 등 브라질 정부 기관에서는 새로운 법률을 계속 만들고 있다.

특히 불법으로 벌목한 사람들에 대한 의무 규정을 두어 벌금과 함께 환경정규화프로그램Programa de Regularização Ambiental을 이수하게 요구한다. 원주민 토지 점유 시간 체계와 비슷하게 특정 기준일(2008년 7월 22일임)을 만들어 해당 날짜 이전에 위반한 경우는 처벌을 면해주는 조항도 신설했다. 이 조항을 두고 환경 운동가와 농촌 생산자들 간에 갈등과 논란이 끊이지 않지만, 일단 연방 대법원의 사법 심사를 통과한 법률이므로 양측 다 산림에 대한 법적 안정성을 확보했다는 것에는 동의하고 있다.[23]

다만 신산림법은 산림의 고유 식생을 보호하는 제도가 이미 있는데도 2008년

---

23 보존 지역의 경우 산림을 불법으로 벌목한 사람에게 그 식생을 복원해야 할 의무를 부과하는 등 기준일 전과 후의 의무를 명시해 놓았다(TV Cultura, 2018.3.21).

을 기준으로 그 전의 위법 행위자들의 책임을 면제해 주는 것이기에 헌법에 대한 해석 차이를 일으켜 신산림법의 적용에 반대하는 이유를 낳고 있다.

4 | 원주민들의 생산방식과 생물 다양성

개발을 통해 변해온 아마조니아의 자연과 그 공간에서 구조화되고 체화된 다양한 현실 세계는 양면성을 가지고 있다. 아마조니아에는 '피드백 메커니즘'에 따라 강수를 다시 활용해 농업 활동의 지속성을 보장해 주는 생태계가 존재하지만, 경제적 이용을 위해 끊임없는 개발의 대상이 되고 있다. 브라질의 산업화를 통해 고착되고 구조화된 고립된 군도 기능은 오늘날 지구적으로 자유무역 구조에 편입되어 있다.

중상주의 시대부터 브라질은 아마조니아라는 천혜의 자연조건을 이용하며 성장해 왔다. 오늘날에도 아마조니아는 세계시장의 자원 공급처로서 역할을 하며 자연이 훼손되고 있지만 동시에 브라질 성장의 발판이 될 가능성도 가지고 있다. 아마조니아는 이렇게 브라질인들의 삶의 터전이자 생활의 중심이며 전통의 뿌리다. 하지만 자연의 권리와 같은 원주민의 토지에 대한 권리는 합법적으로 축소되고 있다. 불평등한 구조 속에서 삶의 터전을 잃어가는 브라질 원주민들 대다수가 거주하는 아마조니아는 지구적으로 온전하게 유지되어야 할 자연의 보고다. 여기서 아마조니아 원주민 보호구역의 역할이 중요한 이유는 원주민의 생산방식이 생물 다양성을 재생하는 방식이기 때문이다. 아마조니아 원주민의 전통적 생산방식은 생물 다양성을 보전하고, 인간이 자연에 동화되는 수동적인 생활 방식으로 자연의 지속성을 유지하며, 외생적 생산 체제에 결코 굴하지 않은 생태계 보전의 길잡이다. 원주민들에게 아마조니아는 유일한 삶의 터전이며, 이 지역에서 전통적으로 전해 내려오는 고유하고 유일한 생산방식은 다른 생산 체제로는 대체될 수 없는 것이다.

참고문헌

1. 논문, 단행본, 기사

이미정. 2010a. 「브라질의 기업식농업(agronegócio) 발전과 국토개발의 관계」. ≪포르투갈-브라질 연구≫, 제7권 2호, 79~105쪽.

_____. 2010b. 「브라질 인프라 개발 사업이 국토통합에 주는 함의: 사회-경제 공간가치의 변형」. ≪이베로아메리카≫, 제12권 2호, 247~288쪽.

_____. 2018. 「4차 산업혁명과 브라질의 대응: 시간과 공간 차원의 함의」. ≪포르투갈-브라질 연구≫, 제15권 1호, 65~93쪽.

_____. 2021. 「산업 활동과 환경변이의 역학관계: 브라질 농업발달의 통시적 궤도에서」 ≪중남미연구≫, 제40권 1호, 207~244쪽.

ABSOLAR. 2020.6.2. "Energia Solar Fotovoltaica no Brasil." *Infográfico ABSOLAR*, No. 20.

Alves, R. N. B. 2001. "Características da agricultura indígena e sua influência na produção familiar da Amazônia." Embrapa Amazônia Oriental. Documentos No. 105(INFOTECA-E).

Castilho, Denis. 2019. "Hirelétrica na Amazônia Brasileira: da Expansão à Espoliação." in Horacio Capel and Miriam Zaar. *La electricidad y la transformación de la vida urbana y social.* Barcelona: Universidad de Barcelona/Geocrítica.

Castro, Edna. 2009. "Amazônia: fronteira de commodities." *Contra Corrente*, Novembro. Rede Brasil sobre Instituições Financeiras Multilaterais.

CNN Brasil. 2021.9.1. "'Marco temporal é a maior privatização de terras do país', diz Ailton Krenak."

Coelho, Marcos de Amorim. 1998. *Geografia do Brasil*. São Paulo: Editora Moderna.

Costa, Camilla. 2020.2.18. "Amazônia: O que ameaça a floresta em cada um de seus 9 países?." BBC News Brasil em Londres.

Diário do Verde. 2010.8.18. "A Amazônia é nossa!!!." http://diariodoverde.com/a-amazonia-e-nossa.

Fonseca, Rafael Oliveira et al. 2016. "Estado, mercado e meio ambiente: uma análise sobre a implantação de usinas hidrelétricas na Amazônia Brasileira." *Geofrontier*, Vol.2, No.1 (janeiro a junho).

G1. 2021.8.27. "O que é o marco temporal sobre terras indígenas: entenda o que está em jogo no julgamento do STF."

_____. 2021.9.15. "Após 2 votos, pedido de vista suspende julgamento no STF sobre demarcação de terras indígenas." https://g1.globo.com/politica/noticia/2021/09/15/apos-2-votos-pedido-de-vista-suspende-julgamento-no-stf-sobre-demarcacao-de-terras-indigenas.ghtml.

Guia do estudante. 2021.8.25. "Entenda a questão do marco temporal dos territórios indígenas."

https://guiadoestudante.abril.com.br/atualidades/entenda-a-questao-do-marco-temporal-dos-territorios-indigenas.

Magalhães, Lana. "Amazônia Legal." *Toda Matéria*. https://www.todamateria.com.br/amazonia-legal.

Marengo, Jose A. et al. 2004. "Climatology of the Low-Level Jet East of the Andes as Derived from the NCEP(National Centers for Environmental Prediction)-NCAR(National Center for Atmospheric Research) Reanalyses: Characteristics and Temporal Variability." *Journal of Climate*, Vol. 17, No. 12, pp. 2261~2280.

Nogueira, Ricardo José Batista and Neto Thiago Oliveira. 2017. "Estado e Território na Amazonia Brasileira: Novas Infraestruturas." in João Marcio Palheta da Silva et al. *Grandes Empreendimentos e Impactos territoriais no Brasil*, p. 306.

((o))eco. 2021.7.6. "Decisão sobre urgência do PL da Grilagem é adiada pela quarta vez." https://oeco.org.br/noticias/decisao-sobre-urgencia-do-pl-da-grilagem-e-adiada-pela-quarta-vez.

Palheta, João Marcio and Adolfo Oliveira Neto. 2017. "Geografia dos Conflitos pelo Uso do Território na Amazónia." in João Marcio Palheta et al. *Grandes empreendimentos e Impactos Territoriais no Brasil*, Belém: GAPTA, pp. 331~358.

Rede Amazônica and AP. 2016.7.5. "História da rodovia BR-210, no AP foi destaque do Bom Dia Amazônia: Projeto ligaria o Amapá aos países da América do Sul." http://redeglobo.globo.com/redeamazonica/amapa/noticia/2016/07/historia-da-rodovia-br-210-no-ap-foi-destaque-do-bom-dia-amazonia.html.

Rocha, Gilberto de Miranda, Sabrina Fortes and Silva Gonçalves. 2017. "Consideraçõessobre a federalização e a gestão compartilhada do território na Amazônia brasileira." *Confins*, No. 30. https://journals.openedition.org/confins/11665.

Santos, Milton. 2005. "Retorno do território." *En OSAL*, Año VI, No. 16(Enero~Abril). Buenos Aires: CLACSO.

Sartori Jr., Dailor. 2016. "Colonialidade e o marco temporal da ocupação de terras indígenas: uma crítica à posição do Supremo Tribunal Federal." *Hendu*, Vol. 7, No. 1, pp. 88~100.

Silva, Ricardo Gilson da Costa et al. 2021. "Nova Fronteira de Expansão e Áreas Protegidas no Estado do Amazonas." *Mercator(Fortaleza)*, Vol. 20, e20025.

Silveira, Márcio Rogério. 2009. "Logística, sistemas de movimento, fluxos eonômicos e interações espaciais no território paulista: uma abordagem para a geografia dos transportes e circulação." *Revista Eletrónica de Geografía y Ciencias Sociales*, Vol. XIII, núm. 283(1 de Febrero).

Tavares, Maria Goretti da Costa. 2011. "A Amazônia brasileira: formação histórico-territorial e perspectivas para o século XXI." *GEOUSP: Espaço e Tempo*, No. 29(Especial), pp. 106~108.

Vencovsky, Vitor Píres. 2006. "Sistema ferroviário e o uso do território brasileiro : Uma análise do movimento de produtos agrícolas." Master's Dissertation, Unicamp, Brasil.

Verdum, Ricardo. 2009.7.24. "Povos indígenas no Brasil: o desafio da autonomia." ISA.

Zorzetto, Ricardo. 2009.4. "Um rio que flui pelo ar." *Pesquisa Fapesp*, ed. 158.

2. 웹 자료

ISA. Terras Indígenas no Brasil. https://terras indigenas.org.br.

_____. 2021.1.25. "Localizaçãe extensa das TIs." Povos Indígenas no Brasil. https://pib.socioam
   biental.org/pt/Localiza%C3%A7%C3%A3o_e_extens%C3%A3o_das_TIs.

_____. 2020.1.28. "Terras Indígenas são as mais eficazes para manutenção dos estoques de
   carbono." Terras Indígenas no Brasil. https://terrasindigenas.org.br/pt-br/node/51.

Dicionário Priberam. "hileia." https://dicionario.priberam.org/hileia.

Embrapa. "Código Florestal: Apresentação." https://www.embrapa.br/codigo-florestal.

_____. "Entenda a Lei 12.651 de 25 de maio de 2012." https://www.embrapa.br/codigo-florestal/
   entenda-o-codigo-florestal.

_____. 2015.12.21. "Artigo: O Novo Código Florestal brasileiro e as Implicações em propriedades
   pecuárias." https://www.embrapa.br/busca-de-noticias/-/noticia/8496284/artigo---o-novo-
   codigo-florestal-brasileiro-e-as-implicacoes-em-propriedades-pecuarias.

Fenatema(Federação Nacional dos Trabalhadores em Energia, Água e Meio Ambiente). 2017.9.6.

IBGE(Instituto Brasileiro de Geografia e Estatística). "Amazônia Legal." https://www.ibge.gov.
   br/geociencias/cartas-e-mapas/mapas-regionais/15819-amazonia-legal.html?=&t=o-que-e.

IDACE. 2020.5.13. "Estuda mostra o mapa da desigualdade da distribuição de terras no Brasil."

IHU. 2010. "Energia para quê e para quem?." Notícias.

Instituto Amazônia+21. https://institutoamazonia21.org.br.

Jusbrasil. "Artigo 231 da Constituição Federal de 1988." https://www.jusbrasil.com.br/topicos/
   10643688/artigo-231-da-constituicao-federal-de-1988. (검색일: 2021.11.15).

MAPA(Ministério da Agricultura, Pecuária e Abastecimento). 2021.1.5. "O que é o Cadastro
   Ambiental Rural(CAR)." https://www.florestal.gov.br/inventario-florestal-nacional/?option=
   com_content&view=article&id=74&Itemid=94.

Mapbiomas. 2021. "Infográficos: Amazônia." https://mapbiomas.org/infograficos-1.

Ministério da Defesa do Brasil. "ações do Programa Calha Norte." Governo Federal. https://
   www.gov.br/defesa/pt-br/assuntos/programas-sociais/copy_of_programa-calha-norte.

Suframa. 2021.12.14. Ministério da Economia. https://www.gov.br/suframa/pt-br/zfm.

TV Cultura. 2018.3.21. "'Nova Código Florestal' Panorama." https://www.youtube.com/watch?v
   =WCIlSq5moiQ&t=201s.

WWF. "Grilagem." (검색일: 2020.11.20).

———

제10장

도로망, 소, 대두 그리고 기후 위기

'트랜스-아마존'을 상상하며[*]

이태혁(부산외국어대학교 중남미지역원 HK연구교수)

하나의 사회 전체, 한 국가, 또는 동시대에 존재하는
모든 사회를 다 합해도 지구의 소유자가 될 수 없다.
그들은 단지 지구의 점유자이고 수혜자일 뿐이며,
마치 한집안의 훌륭한 가장처럼 그것을 개선된
상태로 후손들에게 물려주어야 한다.

_카를 마르크스(1981: 911)

1 ι 아마존 역설의 도래

아마존의 역설이 시작되었다. 열대우림으로 인간이 사회활동을 통해서 내
뿜는 온실가스(이산화탄소 등)[1]를 포집해 산소를 방출하는 '지구의 허파' 기능이
붕괴되었으며 오히려 기후 위기를 추동하고 있다. 아마존이 이산화탄소의 주
요 배출원으로 특성이 바뀐 것이 감지되었기 때문이다(Qin et al., 2021; McGrath,

———

[*]   이 장은 이태혁(2021a)의 내용을 수정한 것이다.
[1]   지구온난화의 원인이 되는 온실가스는 수증기, 이산화탄소, 오존, 메탄, 염화플루오린화탄소
       (CFCs), 질소산화물(NO_2 등)이다. 이산화탄소는 화석연료(천연가스, 석유, 석탄)의 연소를 통
       해 발생한다.

2021.7.14; Kimbrough, 2021.7.14; Arsenault, 2021.9.1). 다시 말해 아마존이 이산화탄소의 주요 배출원이 되고 있다(Qin et al., 2021; McGrath, 2021.7.14; Kimbrough, 2021.7.14; Arsenault, 2021.9.1). 부연 설명을 하자면 인간의 무분별한 자본주의 논리의 경제활동이 아마존을 파괴하고 이에 대한 결과로 아마존 기능의 역행을 초래한 것이다.[2] 아마존의 역설은 자연이 지배하던 것을 인간이 통제하면서부터 시작되었다(러더먼, 2017: 255). 인류세anthropocene의 극명한 현상이다.[3] 인간의 무분별한 '탄소 발자국'으로 아마존의 순기능이 상실되며 오히려 이산화탄소 배출의 주범으로 변하고 있다. 따라서 아마존이 기후변화를 촉진하는 역기능이 초래된 것이다(Picq, 2016: 1; Hood and Bottollier-Depois, 2021.4.30). 아마존의 역설이다(이태혁, 2021a).

브라질에서 보우소나루 정부가 집권하면서 아마존의 역설은 현실화되었다(Hood and Bottollier-Depois, 2021.4.30).[4] 하지만 이 장은 이러한 불편한 현실을 비단 보우소나루 정부의 결과물로만 치부하지 않는다. 즉, 보우소나루 정부의 신자유주의로 점철된 이념적 정책에 따른 아마존성의 현재적 상실은 개인별 또

---

2 실질적으로 2012년에 발행된 "The Amazon basin in transition(아마존의 변환)"이라는 제목의 ≪네이처(nature)≫ 연구물에 따르면 연구 작성 시기에 아마존의 산림 파괴에 따른 기후변화는 아직까지는 "상당한 탄력성/복원력(considerable resilience)"을 가진 것으로 보인다. 하지만 이 장에서는 아마존의 남부·동부 지역에서 아마존의 이산화탄소 흡수보다 방출의 전조가 감지된다고 분석했다(Davidson et al., 2012: 321). 한편 존슨홉킨스 대학교의 라틴아메리카 연구자 드 볼레(de Bolle, 2019)는 브라질 국립우주연구소의 연구 결과를 인용하며, 2018년 8월 대비 2019년 8월간의 아마존 산림 파괴가 222퍼센트 이상 급증해 2021년에는 아마존 한계의 임계점에 다다를 것으로 전망했다.

3 파울 요제프 크뤼천(Paul Jozef Crutzen)과 유진 스토머(Eugene F. Stoemer)가 제시한 용어다. 현재의 지질연대인 홀로세(Holocene)를 인간의 활동으로 지구의 지질학적 조성에 변화가 온 만큼 현시대를 표현했다(조효제, 2020: 25). 인류세와 관련한 논의는 사이먼 L. 루이스, 마크 A. 매슬린, 『사피엔스가 장악한 행성: 인류세가 빚어낸 인간의 역사 그리고 남은 선택』, 김아림 옮김(세종서적, 2020)을 참고할 수 있다.

4 이 장에서 아마존은 전 지구적 차원의 위치와 의미를 가진다. 아마존은 그것을 소유하고 있는 남아메리카 아홉 개 국가들의 전유물이 아니며, 전 지구적 맥락의 지구재다.

는 국가별 단위 경제성이 투영된 정치적 성향을 넘어 전 지구적 맥락에서 이해해야 한다. 아마존의 '성격'이 변화하며 이른바 '탈아마존화deAmazon'된 것은 전 지구적 정치·경제의 구조 속에 배태된 국가별 단위의 역동성에서 찾아볼 수 있다. 다시 말해 근대화와 자본주의의 역사성에 점철된 국가별 단위의 결과물이 작금의 아마존의 변환, 그리고 무엇보다도 전 인류가 당면한 기후변화에 따른 위기의 양산을 이해하는 단초가 된다.

이 장은 인류세의 특성인 '인위적' 기후변화의 기후 체제하에서 아마존의 의미를 고찰한다. 자본이 자본주의화된 것이 라틴아메리카의 발견과 결부되어 있으며 더욱이 아마존의 '생태 학살'에 따른 '상품화'가 자본 형성 과정의 주요한 초석이 되었다고 주장한다. 그리고 이러한 자본주의 경제와 세계경제체제 world economic system라는 프레임에서 아마존의 식민화를 분석하며 이를 통해 전 지구적 맥락에서 아마존의 현재성과 미래성을 진단한다. 특히 이 장은 아마존의 '이름'을 어떻게 다시 찾을 수 있을지 고민하며 그 방안을 모색한다. 아마존의 순기능, 즉 아마존의 이름을 되찾아 주는 '재아마존reAmazon'화는 단순히 태초 모습으로의 역행이나 기후 대응의 양대 축인 '감축과 적응' 논리의 적용이 아니라 '트랜스-아마존trans-Amazon'을 지향한다. 기존의 '아마존' 담론인 보호/보존을 '넘는trans' 담론 제시다.[5]

아마존의 '지속 가능한 저개발' 함정trap이 결과적으로 기후변화에 따른 위기를 조성하고 확장하는 역설을 불러왔다. '자연의 역동적 균형성'을 저해한 '도구적 이성'의 기제에 함몰된 인류라는 분석이 있을 수 있다(최민자, 2007: 323). 하지만 인류라는 범주로 국한시킨다면 보편적 일반화의 오류에 당착하게 된다. 전 지구적 역사라는 흔적에서 자본주의성에 기댄 제국주의적 특성이 완연하기 때문이다(브란트·비센, 2010). 다시 말해 '장기 지속'에 대한 역사적 분석이 필요하다. 작금에도 구현되고 있는 자본주의 시스템의 시발점인 과거를 소환해 아

---

5   이 장의 본론에서 트랜스-아마존의 의미와 방법론에 대해 논의했다.

마존에 투영된 교환의 불평등성과 자본주의의 폭주성을 확인할 수 있다. 이러한 사유를 통해 미래를 투시할 수 있다. 그리고 생태성의 모습이 온전히 구현되는 트랜스-아마존을 상상할 수 있다.

이러한 관점하에 이 장은 다음과 같이 구성한다. 첫째, 아마존이 더 이상 아마존이 아닌 작금의 현실, 즉 아마존성이 파괴된 '현장'을 이해하기 위한 비판적 시각을 담은 국제 개발(발전)의 주요 접근, 특히 생태주의 담론의 사유를 고찰한다. 비판적 시각에만 머물지 않고 대안적 사유를 탐구한다. 둘째, (앞서 논의된 관점을 통해) 근대화라는 미명 아래 자본주의의 역사적 전개 과정에 나타난 동태를 조명하며 브라질 아마존의 실재實在를 분석한다. 특히 이 장은 이렇게 브라질 아마존의 실재 변화를 야기한 기제가 세 가지 변수와 한 가지 상수로 구성되어 있다고 주장한다. 즉, 한 가지 상수는 식민성을 야기한 세계체제속 자본주의의 자생과 민족주의성에 기댄 발전주의 전략이다. 그리고 세 가지 변수는 글로벌 경제에 기댄 도로망, 소cattle, 대두soybean다. 동시에 이 장은 역설적이지만 전 지구적 맥락에서의 설명력을 통해 그 대안을 고찰한다. 다시 말해 기후 위기를 초래한 것이 글로벌 경제 체제의 유산이기에, 이에 대한 대안 모색 과정도 전 지구적 맥락에서 고민해 본다는 것이다. 특히 이 장에서는 아마존이 개별 국가 등 역내 단위의 '소유재'가 아닌 '지구재地球材'라는 제도적 차원과 이를 공고화할 수 있는 의식의 진화를 고민한다.

2 | 국제 개발의 비판적 담론

1) 근대적 자본주의 체제를 중심으로: 경제적 관점의 사유

후술하게 될 비판적 담론의 기본 시각과 통찰은 "(현재적) 문제는 서구 중심의 근대성에 숨은 식민성이다"(미뇰로, 2010: 152; 건더군트, 1964). 근대성이 식민성을 '희생 제물'로 삼았다는 말이다. 부연하자면 자본이 자본주의화한 것은 산업혁명이 주요한 분기점critical juncture임에 인지한다. 하지만 이 장은 그 지고한 자본주의 세계경제 역사의 시발점이 영국이 물레방아 이후 석탄을 활용하며 증기열의 발생으로 인한 에너지 전환 시점보다 자본이 자본으로서 가치화된 순간, 즉 잉여의 시점으로 돌아가야 한다고 주장한다. 잉여는 식민성의 부산물이다(알트파터, 2007: 52). 즉, 채굴과 단일 경작의 대토지 농업화에 따른 확대와 재생산이 자본화된 것이다(Galeano, 1997; Farthing and Fabricant, 2018). 그 순간부터 자본주의 경제가 시작되었다. 자본주의 세계경제는 근대성으로 발현된 체제다. 이 근대성의 '탄생'은 유럽이 라틴아메리카를 '타자'화한 순간이며, 이 순간은 유럽이 세계사의 중심으로 거듭난 계기가 된다(미뇰로, 2010: 29; 두셀, 2011; Escobar, 2007). 유럽은 라틴아메리카를 식민화함으로써 유럽이 주체가 된 문명화의 새로운 국면을 맞이하게 되었다.

제국주의와 자본주의는 동전의 양면과 같다. 이 동전의 양면 사이에 '끼어' 있는 것이 식민주의다. 제국주의는 식민주의를 지렛대 삼아 (다양한 형태의 자본주의가 있음을 인지하며) 자본주의로 이행했고, 이러한 특성의 자본주의는 제국주의를 강화하는 유럽 중심적 입장에서의 선순환적 체제가 지속되고 공고화되었다.[6] 근대화의 또 다른 이름의 '테제'인 자본주의화에 대한 변증법적 논리에 따른 '반테제'의 근간은 카를 마르크스Karl Marx의 관점이며, 이를 '지적' 토양 삼아 다양한 사유가 등장했다. 이 장은 기존의 지식, 즉 기존의 비판적 발전과 관련된 사유와 관련해 담론 내부에 대립적 사고가 공존하는 명제를 인지하며 그 다양한 스펙트럼을 담는다.

세계 자본주의 체제의 도전과 응전인 비판적 개발/발전 담론의 주요 분석 단위는 국가와 사회, 즉 공간 그리고 사람이다. 담론들의 기본 사유는 시간이 경과하고 현실을 반영하며 진화한다. 특히 이매뉴얼 월러스타인Immanuel Wallerstein

---

6 16~17세기 제국주의하의 중상주의 특성의 자본주의 체제를 확인할 수 있다.

은 '개별 국가와 사회'가 아니라 전체the whole로서의 '세계체제'를 분석 단위로 제시했다(임현진·장진호, 2021: 10). 세계체제의 방법론적 접근은 중심부-반주변부-주변부로 자본주의 세계경제를 구분하고 분석해 지배적 담론인 근대화론에 반박했다. 세계체제론은 유럽의 경험을 토대로 하는 근대화론 명제에 반명제로 등장한 것이다. 이러한 사유는 눈사람 모양의 80 대 20이라는 숫자가 상징하듯 이원화된, 즉 개발할수록 전 지구적 불평등이 고착화되는 현상 탓이다. '거대한 역설'이다(맥마이클, 1990).[7]

아프리카 지역연구를 통해서 인식의 지평을 확대하며 전술한 세계체제론을 제시한 월러스타인은 라틴아메리카적 지적 토양에서 자양분을 공급받으며 연구 영역을 확대했다(임현진·장진호, 2021). 종속이론이라는 사유다. 유럽과 라틴아메리카 국가 간 교역 상품의 차이에 따른 교역 조건terms of trade이 확대 재생산되면서 지속적으로 종속될 것이라는 라울 쁘레비쉬Raúl Prebisch를 위시로 하는 당시 유엔 라틴아메리카경제위원회ECLA: Economic Commission for Latin America의 싱크탱크가 제시한 분석이다. 특히 교역을 통한 경제적 잉여의 사용에 대한 통제를 회복하기 위해 중심부와의 단절을 주장하기도 했다(김원호, 2004: 271). 세계체제론과 종속이론은 마르크스의 사유를 공유하지만, 전자는 저개발의 발전 요인을 외부적 요인으로 규정하고 후자는 내부적 요인을 강조하는 사뭇 다른 시각을 가지고 있다(같은 책). 세계체제론과 종속이론은 마르크스의 국가 내 생산양식의 소유에 따른 계층화를 국제단위로 확장하며 분석한 것이다.

이러한 관점에서 카를 폴라니Karl Polanyi는 『거대한 전환The great Transformation』이라는 역작에 정치·경제의 산물인 자본주의 체제에 대한 비판적 시각을 담아냈다. 폴라니는 경제가 시장화되었을 뿐 아니라 사회가 시장화되었다고 보았

---

7   필립 맥마이클의 도서 원제는 *Development and Social Change*이다. 역자 조효제는 책의 논점인 '왜 개발할수록 불평등해지는가'를 부제로 삼아 『거대한 역설: 왜 개발할수록 불평등해지는가』(2013)라는 제목으로 담아냈다.

다(폴라니, 2009: 242). 사회 내의 주요 기제인 노동, 토지, 화폐가 상품화되었다는 관점이다. 폴라니는 시장에서 판매를 위해 생산된 것이 상품인데 이 세 가지 주요 대상을 시장의 법칙 아래 종속시켰다고 비판하며, 이를 '허구적 상품화fictitious commodities'로 규정했다(폴라니, 2009: 243). 그리고 사회가 스스로 보호해 움직이는 사회의 반작용인 '더블 무브먼트double movement'의 발생으로 귀결된다고 주장했다(폴라니, 2009: 41, 242).[8] 즉, 시장경제에 구성되지 않아야 할 이 세 요소가 시장 논리에 배태되면서 종국에는 사회가 위험에 처하게 된다고 일갈한 것이다. 특히 이 장은 '노동, 토지, 화폐'가 각각 '인간 활동(생명), 자연, 구매력의 징표'로 병기될 수 있고, 이러한 시장화된 사회marketized society 관점의 '자연환경' 특성은 추후 아마존의 산림 파괴를 분석할 때 주요한 접근이 된다.[9] 다시 말해 자연의 문제는 자연에서 온 것이 아니라 인간이 상품화한 것에서 온 것이라는 관점이다. 한편 이렇게 자본주의 체제의 반체제 사유로 발현한 마르크스주의 접근이 경제적 측면에만 함몰되어 있다는 비판(강성호, 2008: 339)이 제기되면서 분석의 대상을 생태로 확장하게 되었다(임현진·장진호, 2021: 28).

2) 마르크스주의 재고찰을 통한 생태적 통찰력

인간이 자연환경, 즉 생태계의 일부이며 이에 대한 논의가 (시장 논리의) 경제적 측면을 강조해 온 마르크스 사조에도 등장한다. 실상은 마르크스의 『정치경제학 비판 요강Grundrisse der Kritik der politischen Ökonomie』의 초기 텍스트에 이미 생태적 통찰력이 피력되었다.

---

8   이주희(2021)를 참고할 수 있다. 폴라니가 『거대한 전환』에서 보여준 '토지, 노동, 화폐' 관점을 대한민국의 주요 의제인 '아파트, 직업, 재산'에 적용해 분석했다.
9   시장 근본주의자로 황금 구속복(Golden Straitjacket)의 전 지구적 '정치경제적 패션'을 규정한 토머스 프리드먼(Thomas Friedman)은 생태의 문제를 즉시하며 '코드 그린'을 제시했다. 즉, 자연환경이 21세기 주요 상품의 가치가 있는 만큼 이를 상품화할 것을 피력했다(프리드먼, 2008).

인간은 자연으로부터 생명을 얻어 살아간다. 즉, 자연은 인간의 몸이다. 그리고 인간이 죽지 않으려면 자연과 지속적인 대화를 유지해야 한다. 인간의 육체적·정신적 삶이 자연에 연결되어 있다고 말하는 것은 자연이 그 자신과 연결되어 있다는 것을 의미할 뿐이다. 왜냐하면 인간은 자연의 일부이기 때문이다(포스터, 2009: 37 in *Marx, Early Writings*, 1974: 328).

현실사회주의 실험의 '오류'로 '역사의 종말The end of history'(Fukuyama, 1992)이 보편화된 지난 30년 이래 생태주의적 관점이 배태된 마르크스의 인식이 재사유되고 있다. 폴 버켓Paul Burkett의 『마르크스와 자연Marx and Nature』과 존 벨러미 포스터John Bellamy Foster의 『마르크스의 생태학Marx's Ecology』이 '죽은' 마르크스를 소생시킨 것이다(고헤이, 2017: 20). 포스터는 이탈리아 지리학자 마시모 콰이니Massimo Quaini의 "마르크스는 (……) 근대 부르주아적 생태 의식이 생겨나기 전부터 자연의 약탈을 비난했다"라는 설명을 인용하며(포스터, 2016), "생태주의는 우리가 흔히 그렇다고 생각하게 된 것처럼 사회주의의 변칙적인 것이 결코 아니며, 처음부터 사회주의 프로젝트의 필수적인 구성 요소였다"라고 주장했다(포스터, 2007: 35). 마르크스의 이러한 사유를 바탕으로 자본축적에 따른 생산 조건의 악화는 생산비를 늘리고 이윤을 압박하는데 이러한 경제적 위기는 계급 적대보다 자연 위기에 기인한 것이라고 주장한 제임스 오코너James O'Connor 같은 학자도 있다(임현진·장진호, 2021: 28). 이들은 마르크스주의적 생태주의자 혹은 생태사회주의자들이다.

3) '생생한' 생태적 논의: 생태주의 내 다양한 스펙트럼과 함의

전술한 생태사회주의를 포함하는 생태주의는 자본주의 세계경제체제 아래 발생한 물질문명의 상흔傷痕인 지구환경 위기에 대한 근본적 성찰의 한 방식으로 등장했다(최민자, 2007; 이상헌, 2011: 56~58).[10] 생태주의 담론의 '공간'은 기존의 패러다임이 사회현상에 대한 설명과 대안 제시에서 한계에 봉착했을 때 새로운 돌파구를 만들어내려는 근본적인 요구, 즉 '성찰의 계기'를 그 안에 품고 있다. 다시 말해 생태적 위기라는 인식이 바로 생태적 사유의 필요성이 대두되는 지점이다. 이러한 관점에서 영국 정치학자 앤드루 돕슨Andrew Dobson은 생태주의 담론 자체에 정치성이 배태되어 있다고 주장한다(이상헌, 2011: 16). 자연, 즉 환경 차원의 문제가 사회문제로 정치화되기 때문이다. 환경문제가 자연 생태계에서 벌어지는 사회 외부의 문제가 아니라 심각한 정치·사회적 문제로 등장하면 이를 정치적으로 해결할 수 있다(클레인, 2014; Adler, 2015).

이러한 현대성이 함축된 일련의 인식의 지평인 생태주의 이데올로기가 다소 과도한 단순화라는 비판도 제기될 수 있지만, 낭만주의적 생태주의와 합리주의적 생태주의라는 두 가지 범주로 크게 분류할 수 있다(이상헌, 2011: 58). 생태 속 인간과 자연의 관계성에 대한 인식 차이에 따른 이해의 정도가 다르다. 즉, 낭만주의적 생태주의는 자연과 인간의 관계성 가운데 인간의 특권화와 우월성을 거부한다. 반면 합리주의적 생태주의는 자연과 인간의 관계 속에서 인간의 합리적 이성이 가진 특권을 중요하게 생각하며, 이성적 태도로 생태적 위기에 대응하고자 한다(이상헌, 2011: 58). 이와 같이 분류된 생태주의 이데올로기는 인간이 구현해 온 현대성에 대한 '자연의 한계(자연 이용의 물리적인 한계)'의 직면이라는 문제 인식을 공유하는 가운데 다양한 견해가 상존한다.[11]

---

10 생태주의(ecologism)와 환경주의(environmentalism)는 자연의 한계에 대한 인식 차이에 따라 구분할 수 있다. 환경보호라는 주제로 보았을 때 전자는 환경보호와 관련된 사회적·정치적 생활양식의 근본적인 변화를 전제했다. 반면에 후자는 현재의 사회적·정치적 생활양식을 변화시키지 않아도 환경을 잘 관리하면 환경문제를 해결할 수 있다고 본다(이상헌, 2011: 31).

11 이 장은 생태주의와 관련된 모든 논의를 다루기보다는 이상헌(2011)이 분류한 두 가지 범주 안의 주요 담론을 다룬다.

(1) 낭만주의적 생태주의

전술한 것처럼 자연과 인간의 관계성 가운데 인간의 특권화와 우월성을 거부하는 낭만주의적 생태주의 프레임 속에도 인간-자연과의 관계성에 대한 다층적 스펙트럼이 존재한다. 먼저 가장 급진적 형태의 생태주의를 표방하는 심층deep 생태주의 또는 근본적radical 생태주의는 단순한 수단으로 풍요로운 목적을 달성하는 것을 지향한다. 특히 "포괄적인 혹은 확장된 자기self라는 개념은 인간을 자연과 떼어놓고 생각하는 것이 아니라 확장된 자아로서 생명권 전체를 이해하고 이 안에서 개별 생명체가 자신의 내재적 가치를 실현하는 것이 규범적으로 옳다고 보는 관점이다"(이상헌, 2011: 66). 특히 생태근본주의의 핵심은 개인, 즉 인성의 변화를 통한 생태성의 추구다. 이에 반해 생태공동체주의는 개인 단위보다 공동체성, 상호의존성, 생태적 영성을 강조한다.

해방신학자 레오나르도 보프Leonardo Boff는 모든 것 안에 신이 있다는 만유재신론panentheism의 개념을 바탕으로 생태적 영성을 신학적으로 체계화해 '생태신학'을 제시했다. 자연을 대상화하지 않고 그 안에 존재하는 신성에 주목하면서 인간과의 조화로운 관계성을 강조한다. 특히 이러한 접근은 라틴아메리카적 가치관이 함축된 트랜스-아마존의 특성을 규명할 때 영감inspiration을 제공한다. 한편 낭만주의적 생태주의의 한 분파로 분류되는 성찰적 현대화론은 울리히 벡Ulrich Beck의 '위험사회'에서 핵심 주장을 확인할 수 있다. 벡에 따르면 현대 과학기술이 초래한 생태적 위험과 불확실성이 상존하는 사회가 '위험사회'이며, 이러한 존재론적 불안을 극복하려면 개인적인 차원의 새로운 자기이해와 새로운 사회적 관계의 제시가 필요하다(벡, 1997; 이상헌, 2011: 89).

(2) 합리주의적 생태주의(생태합리주의)

합리주의적 생태주의 내 다양한 논의들의 기본적 골자는 생태성, 즉 자연과 인간 관계성 가운데 인간의 이성적 접근이 가능한지의 여부다. 이러한 프레임 안에서 상대적으로 급진적이자 주류 스펙트럼을 가진 사유는 시장생태주의로

"기존의 사회질서를 그대로 유지하면서 환경문제에 대응"하려고 한다(이상헌, 2011: 105). 이러한 보수적 성향으로 기후변화 등 환경문제 역시도 기존의 시장 메커니즘의 기능적 프레임을 통해 대처하고자 한다(월, 2013: 49).[12] 시장생태주의 체제의 또 다른 접근으로 생태근대화론이 있다. 버틀(Buttel, 2000)과 윤순진 (2009)에 따르면 생태근대화론은 "자본주의적 경제구조 안에서 환경을 배려하고 환경적 외부효과를 내부화함으로써 환경 개선과 경제성장이 동시에 이루어질 수 있다고 보는 입장"이다(윤순진, 2009: 236).

관점에 따라 중의적 의미를 담고 있는 '지속가능발전론' 분파 또한 시장생태주의 스펙트럼에 포함할 수 있다(이상헌, 2011: 102). 유엔이 제시한 지속 가능한 발전론은 '미래 세대가 필요를 충족시킬 수 있는 가능성을 훼손하지 않는 범위 안에서 현재 세대의 필요를 충족시키는 발전'으로 정의를 내릴 수 있는데, 여기에서 '지속가능성'에 대한 이해관계에 따라 입장 차이가 있다. 지속가능성의 개념을 환경 운동가들은 환경의 지속가능성으로 이해하는 반면에 기업과 정부는 경제성장의 지속가능성으로 이해하는 차이가 존재한다.[13] 경제성장을 주장하는 사람들과 이에 반대하는 환경 운동가들을 화해시키는 계기로 1992년 리우 환경정상회의에서 공식 채택된 지속가능발전론은 가장 포괄적인 담론이다. 한편 지속 가능한 발전론과 관련해 코넬리(Connelly, 2007)는 경제성장, 환경보호, 사회정의라는 세 가지 차원과 이에 따른 담론 유형을 정리하고 분석했다. 합리주의적 생태주의의 스펙트럼 안의 또 다른 갈래로 머레이 북친Murray

---

12 대부분의 국제 환경 협약은 시장생태주의 입장에서 크게 벗어나지 않았다. 대표적인 것이 기후변화협약이다. 교토의정서 제12조는 청정개발체제(CDM: Clean Development Mechanism) 와 관련해 명시했다. 청정개발체제는 온실가스 감축 의무가 있는 선진국이 개발도상국에 투자해 시행한 사업에서 발생한 감축분을 선진국의 감축 실적으로 인정하는 제도로 온실가스 감축과 관련해 유연하게 다른 나라들과 나눌 수 있도록 했다.

13 국제 개발 협력의 당위성이자 방향성을 제시하는 '지속 가능한 발전'이라는 말은 '브룬트란트 보고서(Brundtland Report)'라고도 불리는 『우리 공동의 미래(Our Common Future)』(1987)에서 처음으로 제시되었다.

Bookchin이 담론화시킨 사회생태주의 사유가 있다. 사회(적) 생태주의의 주요 골자는 작금의 사회 내부 문제, 즉 사회 내에 상존해 있는 위계적 지배 구조의 해체가 전제되어야 인간과 자연 간의 정상적인 관계가 가능하다는 것이다(북친, 1998). 다시 말해 '사회적 위기'를 해결해야 '생태 위기'를 해결할 수 있다는 관점이다.[14] 다소 거칠게 두 가지 인식의 틀로 구분한 낭만주의적 생태주의와 합리주의적 생태주의, 그리고 이 프레임 안에 생태성과 결부된 다양한 논의를 담았다. 이를 〈그림 10-1〉처럼 표현할 수 있다.

이렇게 분류한 낭만주의적 프레임과 합리주의적 프레임은 인간과 자연 간의 '소외' 여부의 정도 차이로 구분할 수 있다. 전자는 전술한 것처럼 이 프레임 안에서도 스펙트럼이 존재하지만, 궁극적으로는 자연으로의 회귀에 방점을 두며 인간이 구성해 온 현대성의 폐기 가능성도 열어놓고 있다. 다시 말해 인간이 자연을 위해서는 인간이 구축해 온 문명의 이기와 자연 간의 소외와 분리의 여지가 있다고 이해할 수 있다. 이를 통해서 궁극적으로 자연성이 회복되고 자연과 인간의 공생이 지속된다는 것이다. 후자는 인간이 합리성을 탑재한 주체로 자연과 인간의 공간인 생태 속에서 상생과 공존의 가능성이 있음을 주장한다. 즉, 생태합리주의성을 바탕으로 인간이 성찰을 통해 의식이 성장하는 과정 속에서 인간이 주체적으로 자연과 공생을 만들어갈 여지가 있다고 해석할 수 있다.

이처럼 생태주의 담론은 근대화의 또 다른 테제인 자본주의성으로 발현된 생태성의 위기, 즉 자연과 인간 간의 불균형성을 자양분으로 삼으며 대안적 사유로 등장했다. 특히 생태주의 안의 다양한 논의를 펼쳐놓는 것은 자본주의발

---

14 북친은 근본적이고 실천 가능한 환경문제의 해결 방법은 "사회적 비판과 사회적 변혁에 확고하게 뿌리를 내린 생태주의"뿐이라고 단언했다. 사회문제 해결이 선행되지 않고서 생태 문제를 해결할 수 없기 때문이다. 성차별, 인종차별, 계급주의, 자본주의, 중앙집권 구조의 국가주의 등을 해결하는 것이 급선무라는 것이다. 북친의 생태주의를 '사회적 생태론'으로 명명한 이유다(이상헌, 2011: 108~113).

그림 10-1 **생태주의 담론의 도식화**

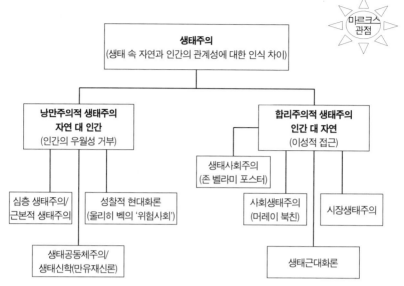

자료: 저자가 기존 문헌을 활용해 작성했다.

현재적 기후변화에 따른 불확실성 양상의 해결을 모색하기 위해 다양한 사유가 필요하고 동시에 이와 결부된 관점들이 적극적으로 제시되어야 하기 때문이다. 무엇보다 이렇게 다소 거칠게 구분된 두 개 프레임 안의 다양한 생태주의적 관점은 아마존 생태적 위기에 대한 인식의 지평을 확대하고 해결 방안을 모색하기 위한 담론의 장을 제공한다.

　따라서 이 장은 현재 아마존 역설의 위기를 바로잡는 것은 트랜스-아마존 상상에서 찾을 수 있다고 주장한다. 자연을 상품화로 가치 변환을 시킨 포식적 자본주의에 함몰된 아마존, 이러한 현실에서의 '탈출'로 현실 너머의 이상을 상상할 수 있다고 본다. 아마존의 생태적 변환이 요구된다. 태고의 모습인 자연first movement의 아마존이 인간에 의해 자본화하면서 역기능, 즉 아마존 특성의 변화second movement가 발생한 현재 이른바 '트리플 무브먼트triple movement'가 필요하다는 발상이다. 즉, 자연과 인간의 관계적 조화의 '온전한' 가치관을 담고 있는 생태문명ecological civilization인 트랜스-아마존으로의 이행이다. 이 장은 트랜스-아마존이 트리플 무브먼트를 통한 실재이며 생태문명의 구현이라고 주장한다. 즉, 트랜스-아마존은 자연과 인간의 상호 존중에 입각한 공존과 상생의 협력 모델이다. 트랜스-아마존은 작금의 지구적 생존 양식modus vivendi의 생태지표ecological barometer/reference가 될 수 있다. 이와 같은 생태성의 발현인 트랜스-아마존 상상은 아마존의 역설적 특성이 재현되는 현 상황이 자양분이다. 아마존의 현재적 실재, 즉 아마존의 역설은 언제, 그리고 어디서부터 시작된 것일까?

3 | 아마존의 개발 사유, 브라질 아마존을 중심으로: '아마존은 죄가 없다. 인간이 문제다'

"아마존 화재는 명백하게 산림 벌목과 연관이 있다"(Escobar, 2019: 853). 즉, 아마존은 죄가 없다. 자본주의 시스템에 충실한 인간이 문제라는 분석이다. 이와 같이 아마존 산림 파괴의 정도와 '주범'은 ≪사이언스Science≫ 제365호에 오롯이 실려 있다. 특히 2019년 브라질 보우소나루 정부의 집권 이래 아마존 화재가 전년의 같은 기간 대비 두 배 정도 발생 차이를 보이고 있다(같은 책). 이에 대해 보우소나루 정부는 건조한 날씨와 바람 등 자연조건으로 화재가 증가했다고 반박한다. 하지만 ≪사이언스≫는 2019년 1월 1일 보우소나루 정부가 출범하면서 친시장주의 정책의 일환으로 진행된 아마존 개발의 문제점을 지적하면서 이를 일축한다(Escobar, 2019: 853). 더욱이 ≪사이언스≫는 지난 2010년 이래 아마존의 화재 발생 건수가 최대치라는 실증 자료를 제시한다. 아마존의 화재 발생이 증가한 것이 아마존 산림 벌목 등의 훼손과 맥이 닿아 있음을 과학적으로 제시한 자료 앞에 반박할 만한 근거는 없다. 보우소나루 정부하에서 아마존이 '탈아마존화'되는 임계점에 이르는 시간이 앞당겨졌다고 볼 수 있다.

하지만 비단 친시장주의 성향의 극우주의자로 이른바 '남미의 트럼프'라고 불리는 보우소나루 정부의 개발주의 정책 때문에 아마존의 순기능이 갑자기 그 특성을 상실하며 역기능인 탈아마존화된 것인가? 자본주의 논리에 따라 기후 위기의 첨병이자 기후 위기의 주범으로 아마존의 '성격'이 변한 것이다. 이것은 왜, 언제부터, 누구에 의한 것인가? 아마존의 생태 학살이 자행된 현장으로 간다.[15]

1) 아마존의 '생태 학살': 군부, 도로망, 소, 대두

"아마존 원주민들의 태곳적 확실성, 상대적 평온함, 고립은 서기 1500년을 기점으로 영원히 산산조각 났다"(헤밍, 2013: 27). 아마존이 유럽이라는 다른 문명과 조우하며 '몸매'가 보이기 시작한 것이다.[16] 태곳적 자연 상태로의 '벗은' 아마존의 인간이 물적 가치로 전락한 순간 자본주의의 '눈'에 벗은 인간의 '몸매'가 들어왔다. 원주민 학살과 함께 '콜럼부스 교환가치'로 아마존 지역을 위시로 라틴아메리카는 급속도로 자본주의화의 주요 동력이 되었다(미뇰로, 2010). 이러한 맥락에서 유럽이 지난 5세기 동안 아마존 지역에서 실존하며 1970년 이전까지 파괴한 산림 면적은 포르투갈 정도다(Fearnside, 2005: 681).

아마존 산림의 급진적 파괴는 1970년대 이후부터다(Fearnside, 2005; Maurer, 2007; Le Tourneau, 2016). 이 시기부터 아마존의 가장자리, 이른바 '산림 파괴의 원호arc of deforestation'의 극심한 훼손이 시작되었다(Fearnside, 2005: 680; Silva, Maria

---

15 아마존을 담고 있는 아홉 개의 나라 중에서 아마존의 60퍼센트 이상을 차지하고 있는 브라질 아마존을 분석 단위로 삼았다. 이 장의 결론에 명시하겠지만, 나중에 아마존을 공유하고 있는 페루, 에콰도르, 콜롬비아, 베네수엘라 등 다른 국가들의 아마존 정책과 관련해 연구를 진행하고자 한다.
16 이태혁, 「지구상에 남아 있는 태초의 땅: 아마존 원주민의 '어제'와 '오늘'」, 『라틴아메리카 원주민의 어제와 오늘』(산지니, 2016)을 참고할 수 있다.

Elisa et al., 2013; Le Tourneau, 2016: 2). 다시 말해 1970년대 전후를 기점으로 아마존 산림 파괴가 변곡점을 맞이한 것이다. 스티븐 벙커Stephen Bunker가 지적한 것처럼 채굴경제extractive economies와 생산경제productive economies의 영향은 다르다(Bunker, 1984: 1017). 하지만 1970년 이전에도 아마존 지역은 지속적으로 세계체제 시스템하에서 채굴경제로 세계시장의 필요에 대응해 왔다.[17] 1970년 이래 아마존 산림 파괴 정도를 급격하게 추동한 것은 바로 아마존을 상하좌우로 관통하는 도로망이다. 도로망과 함께 아마존 산림 파괴의 유의미한 상관관계를 조성하는 다른 주요 변수가 바로 소와 대두다. 이러한 변수들이 브라질 아마존이 태고의 모습에서 현재의 특성인 탈아마존화로 추동한 주요 기제다. 인간의 욕구를 충족하기 위해 건설된 도로망이 자연을 자본화로 안내하는 '길잡이'가 되었고, 그 길잡이를 설계한 집단이 바로 군부였다.

2) 군부가 시작한 아마존 개발의 사유, 아마존 산림 파괴의 상수

1964년 쿠데타로 집권한 브라질 군부는 제뚤리우 바르가스 대통령[18] 시절의 아마존을 목표로 하는 서진 정책과 같은 논리로 아마존에 접근했다(Hecht, 2011; Garfield, 2013; Barbosa, 2015). 군부는 아마존을 경제와 정치·안보적 유산으로 이해한 것이다. 국가의 균형적 발전이라는 정치·사회적 슬로건 아래 수입대체 산업화 기조로 산업 발전을 이행하던 군부에게 아마존은 국가 발전의 주요 대상이면서 동시에 기제(방법)였다. 브라질은 아마존을 국가의 균형적 발전이라는 맥락에서 보았을 때 '구체적인' 발전이 필요한 '빈 공간'으로 치부했으며, 브

---

17 땅콩, 고무, 향신료, 동물성 기름 등이 채굴 상품이다.
18 브라질의 바르가스 대통령은 1930~1945년 집권했다. 바르가스는 '사랑과 비난'을 동시에 받은 독재자로 재임 시절 '신국가'라는 정책을 통해 브라질 현대화의 토대를 만들었다. 그는 '가난한 사람들의 아버지'라는 별명을 얻었으며 노동당을 창당했다.

라질 전체를 놓고 보았을 때 아마존의 '대지'[19]가 품고 있는 가치를 브라질의 지속 가능한 발전을 위한 동력으로 평가했다. 이러한 관점에서 아마존은 이중적 의미를 품고 있는 '백지상태tabula rasa'였다. 아마존은 빈 공간이면서 동시에 가득 찬 공간이었다.

특히 루이스 바르보자Luiz Barbosa는 "군 지도부는 아마존을 브라질로 온전히 통합하지 않으면 외부 세력들이 이 [인적이 드문] 지역을 소유할 것이라는 '편집증세paranoia'를 노출할 정도로 아마존에 집착을 보였다"라고 평가했다(Barbosa, 2015: 31). 이러한 맥락에서 앤드루 허렐Andrew Hurrell과 로널드 포레스타Ronald Foresta는 브라질 군부의 지정학주의geopolitical doctrine 관점이 실천적praxis으로 투영된 곳이 아마존이라고 분석했다(Hurrell, 1991; Foresta, 1992). 다시 말해 브라질 군부의 역동적인 역내·역외 인식은 아마존을 온전히 '내부화'함으로 외부 세력이 이 '빈' 지역을 차지할 것이라는 위협으로부터 브라질을 보호하고 이를 통해 국가 발전의 초석이 될 수 있다는 사유다. 이러한 브라질 군부의 지정학적 인식이 발현된 곳이 아마존이다. 더욱이 지정학의 정치적 사유와 더불어 군부의 실증주의positivism 사조가 아마조니아 작전Operation Amazonia이라는 프로그램으로 제도화되었다(Foresta, 1992: 131).[20]

1966년 군부 출신 첫 번째 대통령인 까스뗄루 브랑꾸가 아마존 지역과 브라질 내의 다른 지역 간의 통합을 촉진하고자 아마조니아 작전 프로그램을 시작했다. 이 프로그램의 일환으로 아마조나스주에 마나우스 자유무역지역ZFM: Zone of Free Trade이 지정되었다. 마나우스 자유무역지역은 입법안 제3173/57호에 따라 "아마존이 지역 특성상 소비 중심지에서 멀리 떨어져 있기에 지역 발전이 가

---

19 이 장의 뒷부분에서 논의할 아마존 대지가 품고 있는 다양한 경제적 역동성이 있다. 대지를 통한 구체화된 코모디티가 목재, 방목, 대두다.

20 이렇게 브라질 군부에서 발현된 지정학적이고 실증적인 사조가 브라질 아마존을 위시로 현재 아마존의 모습을 형성하는 자양분이 된다. 이와 결부된 관점은 추후 논의한다.

능한 경제 조건을 갖춘 산업, 상업, 농축산업 중심지를 세우려는 목적으로 조세 특전을 부여하고 자유교역을 추진한다"라고 명시하고 있다(조희문, 2009.9.12: 1). 최초 30년 동안 관세 특전을 부여해 브라질 내의 이주를 촉진하며 아울러 해외투자를 유치해 아마존을 개발하고 국경을 사수하고자 했다.[21] 수년 만에 마나우스에는 각종 전자제품과 시계 등 소비재들로 즐비한 "특이한 상점bizzare emporium"들로 가득 찼다(Maurer, 2007). 마나우스 자유무역지역 모델을 관리·담당하기 위해 이듬해 마나우스에 본부를 둔 아마존개발관리청이 설치되었다(Bezerra, 2015: 71). 특히 아마존개발관리청의 첫 5개년 발전 계획(1967~1971년)에 따라 인프라 구축과 확장이 추진되었다(Sachs et al., 2009: 259).

한편 브라질 국립원주민재단은 아마존 원주민을 보호하기 위해 1910년부터 설치해 운영하던 원주민보호청을 1967년 대체해 설치한 기관으로 아마존 원주민의 인권 보호를 재천명했다. 하지만 아마존 원주민의 인권 보호는 아마존 개발이라는 논리의 하부secondary로 치부되며 원주민 보호보다 브라질 사회로의 '온전한' 통합을 우선시했다. 자연과 원주민의 인권 보호보다 개발이 애국이라는 민족주의 논리가 '전면적인' 아마존 개발의 추동력이었다(Maurer, 2007; Barbosa, 2015: 33). 이러한 인식은 후술하게 될 군사정권 이후에 문민정부와 좌파 성향의 정부에서도 '아마존은 우리의 것이다Amazon is ours'라는 민족주의 사유와 아마존을 생태적 차원이 아닌 자본주의 논리로 상품화하는 자양분이 되었다. 이것이 아마존 개발 논리의 '상수'다. 다시 말해 아마존 산림 파괴의 '합리성' 논리의 기저에는 브라질의 군사정권(1964~1985년)과 이후 문민정부에서도 지속적으로 이어져 온 민족주의와 자본주의에 기댄 아마존을 향한 발전주의적 사유가 있다.

---

21 2003년 브라질 연방헌법이 수정되어 마나우스 자유무역지역 혜택이 2023년까지 연장되었다.

(1) 도로망: 아마존 산림 파괴의 첫 번째 변수

전술한 아마존 개발의 주요한 분기점이자 작금의 탈아마존의 원형은 1970년 아마존횡단도로 개통에서 기원을 찾을 수 있다. 필립 피언사이드Philip Fearnside는 아마존횡단도로의 개통이 아마존 산림 파괴 '근대화'의 효시라고 주장했다(Fearnside, 2005: 680). 이는 아마존 산림 파괴 정도의 관점에서 볼 때 패러다임의 변화다. 아마존 지역을 관통하는 '선'으로 잇는 도로망을 통해 아마존 산림 지역으로 대규모 인구 이동이 가능하게 되었다. '미지의 세계'였던 아마존이 도로망을 통해 '현실화'된 순간이다.

아마존횡단도로는 메디시 정부가 천명한 국가통합프로그램의 일환이었다(Bunker, 1984: 1049; Sachs et al., 2009: 260). 국가통합프로그램은 1970년부터 5년간 브라질 전역에서 소농petty farmer을 중심으로 인구 100만 명의 이주를 목표로, 이주자들에게 각종 세제 혜택 등을 포함한 재정적 지원을 하고 기업의 아마존 투자를 적극 독려하는 것을 골자로 하고 있다(Sachs et al., 2009: 261; Le Tourneau, 2016: 6). 특히 국가통합프로그램은 1971년에 공포된 입법안 1.164에 따라 군부는 연방 정부 차원에서 '개설한, 개설 중인, 계획 중인' 아마존 지역의 모든 도로 선상의 좌우 100제곱킬로미터를 통제할 권한을 가진다(Bunker, 1984: 1049).

하지만 실질적으로 메디시 정부 시절 아마존횡단도로(BR-230), 꾸이아바와 상따렝을 잇는 BR-163 연방종단도로, 아마존 북부의 북부외곽순환도로(BR-210 연방횡단도로) 등을 통해 아마존으로 유입된 인구는 5만 명이 되지 않는 등 100만 명은 될 것이라는 예상치에 훨씬 못 미쳤다(Maurer, 2007). 더구나 이렇게 들어온 이주자들 중 많은 수가 정부가 제시한 재정적 지원 이행의 미비와 아마존의 지형학적 장애물(산림, 강 등)에 따른 아마존 지역 개발의 난항으로 다시 빠져나갔다. 따라서 아마존횡단도로는 '불운의 도로망Trans-miseriana'으로 불리기도 했다(같은 책). 하지만 포레스타에 따르면 국가통합프로그램이 실질적으로 진행되던 기간을 포함한 1967~1974년 시기는 브라질의 국민총생산이 두 배 이상 늘면서 '브라질의 기적'이 시작된 기간이었다(Barbosa, 2015: 33). 이때 브라질은

그림 10-2 **국가통합프로그램의 아마존 지역 도로망과 그 영향권**

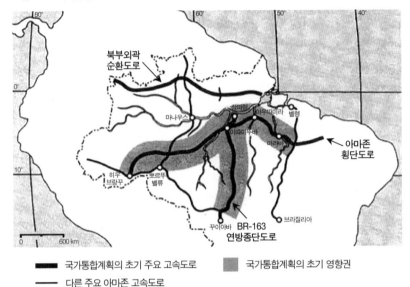

▬▬▬ 국가통합계획의 초기 주요 고속도로	▨ 국가통합계획의 초기 영향권
── 다른 주요 아마존 고속도로	

자료: Foresta(1992: 133).

국제적으로 입지가 확장되었고, 발전국가의 전형exemplar으로 인정받기 시작했
다(Foresta, 1992: 134). 1974년 이후 국가통합프로그램은 아마존 농·목축업 및
농·광산 중심의 프로그램POLAMAZONIA: Programa de Pólos Agropecuârios e Agrominerais
da Amazonia(이하 POLAMAZONIA)으로 대체되었으며, 이 프로그램을 통해 브라질
정부는 대규모 목축, 벌목, 광산 개발, 수력발전 댐 프로젝트에 재원을 집중했
다(Foresta, 1992: 135; Sachs et al., 2009: 260).

〈그림 10-3〉에서 확인할 수 있듯이 POLAMAZONIA 프로그램은 모두 아마
존의 주요 15개 개발 지역을 중심으로 진행되었다. 아마존 지역 세 개 도로망
을 중심으로 진행하고 있던 국가통합프로그램을 바탕으로 군부 출신의 에르네
스뚜 가이젤Ernesto Geisel 대통령(1975~1979년)은 아마존의 각 지역별 축을 중심
으로 주요 1차 경제 상품을 특화하며 집중 개발했다. 브라질 정부는 이 15개의
주요 아마존 지역을 개발하기 위해 외채를 빌리고 해외투자를 유치하는 등 대

그림 10-3 POLAMAZONIA 개발 축

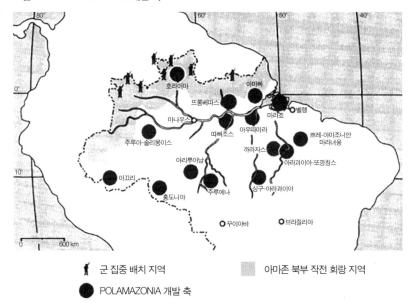

자료: Foresta(1992: 135).

규모 사업을 진행했다.

특히 〈표 10-1〉을 보면 주요 15개 개발 지역의 1차 산품 중에서도 까라자스
Carajás산맥의 철광석과 뜨롱베따강 유역의 보크사이트 채굴 산업에 집중 투자
되었다(Foresta, 1992: 135).

특히 뜨롱베따강 유역에서 발견된 보크사이트를 알루미늄으로 전환하는 데
들어갈 전력 생산을 주목적으로 하는 세계 최대 규모의 수력발전 댐이 또깡칭
스강 하류에 건설되었다(헤밍, 2013: 572).

1980년대에 들어서면서 POLAMAZONIA 프로그램은 아마존 북서부지역 통
합개발프로그램POLONOROESTE: Programa Integrado de Desenvolvimento do Noroeste do
Brasil으로 대체되었는데, 특히 BR-364 도로망의 개발을 역점에 두었다. 그런데
이 프로그램은 결국 이전의 아마존 개발과 동일한 정향과 결과를 양산했다(Le

표 10-1 **POLAMAZONIA 개발 축**

축	주요 경제 영역
싱구-아라과이아	목장 운영, 쇠고기 공정 과정
까라자스	철광석 채굴
아라과이아-또깡칭스	목장 운영, 광물 추출, 수력발전
뜨롱베따	알루미늄 추출
아우따미라(Altamira)	상업 농업: 커피, 고추, 사탕수수 등
쁘레-아마조니안 마라녀웅 (Pre-Amazonian Maranhão)	목장 운영
홍도니아	상업 농업, 주석 추출
아끄리	고무 생산
주루아-솔리몽이스 (Jurúa-Solimões)	산림 관리
호라이마	목장 운영, 쇠고기 공정 과정
따빠조스	장기 순환 작물, 목장 운영, 수력발전
아마빠	어업, 산림 관리, 망간 추출
주루에나	상업 농업, 목장 운영
아리뿌아낭(Aripuanã)	광물 채광, 산림 관리
마라죠	목장 운영, 산림 관리, 고무 생산

자료: Foresta(1992: 136).

Tourneau, 2016: 6). 아마존 산림이 지속적으로 파괴되었다는 뜻이다.

　도로망과 아마존 산림 파괴는 아주 밀접한 관계가 있다. 바버 외(Barber et al., 2014)에 따르면 아마존 산림 파괴 지역의 95퍼센트가 도로에서 5킬로미터 미만의 거리에 위치해 있다. 아마존에도 여러 종류의 도로망이 있는데, 이주 정착민이 만든 도로, 벌목꾼과 대지주들이 만든 비공식 오솔길, 정부가 주도해 건설한 고속도로 등으로 분류할 수 있다(Le Tourneau, 2016: 37; 헤밍, 2013: 594). 그런데 아마존 지역을 잇는 일련의 도로망 가운데 정부 주도의 대형 프로젝트 도로망이 아마존 산림 파괴를 극명하게 야기한다(같은 책).

　특히 대규모 도로망이 개설되자 아마존으로 접근하기 어려웠던 지역에서 토지를 갖지 못한 농민과 투기꾼들이 들어오면서 토지 가격이 상승하게 되었다. 아마존 지역에 도로망이 형성되면서 대규모 발전소(벨루 몽치 수력발전소, 상뚜

그림 10-4 **아마존 식생과 도로망**

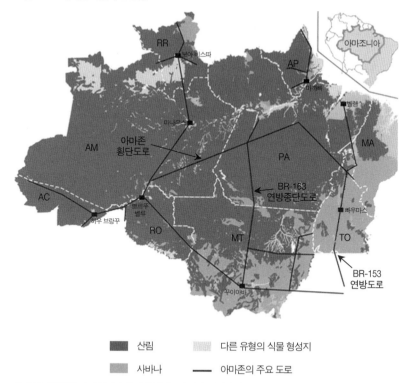

앙또니우 수력발전소 등)가 건설되었다(같은 책, 38). 이에 대해 헤밍(2013: 594)은 도로 건설과 아마존 산림 파괴의 밀접한 관계를 벌목꾼의 연쇄 작용에 비유했다. "(……) 처음에는 벌목, 그다음에는 통나무가 트럭에 실리는 적재 장소, 마지막으로 고속도로까지 이어지는 미로처럼 뻗은 길들이 만들어졌다. 이 모든 길들은 이주 정착민들에게 숲을 열어젖[혔다]."

이처럼 여러 갈래의 도로망이 연쇄적으로 아마존 지역에 개설되고 확장되면서 산림이 지속적으로 파괴되었다. 한편 이러한 도로망을 통해 브라질 남부

그림 10-5 아마존 도로망

자료: 저자가 현지에서 촬영했다.

에서만 소규모로 경작되던 재배되던 작물이 아마존 식생의 세하두를 중심으로 이 지역에 유입되었다. 이 작물이 바로 대두다.

(2) 대두: 아마존 산림 파괴의 두 번째 변수

대두는 아마존 산림 파괴의 중요한 변수다. 대두 생산량을 포함해 코모디티의 확대 생산 여부는 대외 경제 여건에 영향을 받는다. 다시 말해 글로벌 경제에서 브라질 대두의 가격 경쟁력이 있다면 생산량이 늘고 이는 결과적으로 아마존 산림 파괴를 촉진한다. 아이러니하게 브라질 대두의 주 고객은 대두 '원산지'인 중국이다. 2021년 미국 농무부 자료에 따르면 브라질 대두는 생산액과 수출액 모두 세계 1위다. 2021년 4월 한 달 기준 브라질 대두 생산량의 74퍼센트가량이 중국으로 수출되었다(Tinti, 2021). 브라질 대두가 글로벌 경제에서 경쟁력을 가지고 브라질의 1위 수출품이 된 것도 1970년대 군부가 남긴 '작품'이다. 브라질의 인구가 늘면서 식물성 기름의 수입이 증대해 외화 지출의 상당 부분을 차지하자 브라질 군부는 수입대체산업화 정책의 일환으로 식물성 기름의 국내 생산을 장려했다. 이에 따라 식물섬유의 주요 원료인 대두의 브라질 국내 생산이 시작되었다(권기수, 2010: 201).

온대성 작물인 대두가 열대 지역인 브라질에서 대량 생산되고 있는 것은 브

그림 10-6 **2016/2017년 브라질의 주별 대두 생산 비율** (단위: 퍼센트)

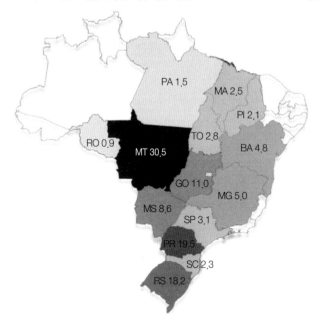

주 이름: BA(바이아), GO(고이아스), MA(마라녀웅), MT(마뚜 그로수), MS(마뚜 그로수 두 술), MG(미나스 제라이스), PA(빠라), PR(빠라나), PI(삐아우이), RS(히우 그랑지 두 술), RO(홍도니아), SC(상따 까따리나), SP(상빠울루), TO(또깡칭스).

자료: Cattelan and Dall'Agnol(2018: 6).

라질 농업 기술이 이룬 성과다. 메디시 정부 시절에 설립된 브라질 농업부 산하의 농업개발공사EMBRAPA: Empresa Brasiliera de Pesquisa Agropecuaria가 열대기후에 적합한 대두 종자를 개발했으며, 병충해종합관리IPM: Integrated Pest Management 체제가 대두 생산을 국산화하는 주요 기제로 작용했다(Panizzi, 2013: 119; 권기수, 2010: 203; 로터, 2020: 210). 브라질 군부의 국토 균등 발전 계획에 따라 브라질 중서부에 위치한 불모의 세하두[22] 지역이 전략적으로 농업 프런티어로 지목되

---

22 세하두(Cerrado)는 포르투갈어로 '닫혔다', '밀폐되었다'는 사전적 의미가 있다. 브라질에서는 모래 토양에 키 작은 관목이 서식하는 지역을 가리키는 명칭으로 브라질 남부의 비옥한 토지

었다. 또한 마뚜 그로수주 등 사바나 식생을 가지고 있는 아마존 지역에서도 대두가 경작되기 시작했다. 이처럼 국산화에 성공한 대두는 점차 브라질의 최대 효자 수출 품목으로 자리매김했지만, 이와 동시에 사회·환경적 비용을 산출했다(Cattelan and Dall'Agnol, 2018: 1).

〈그림 10-6〉은 2016/2017년에 브라질의 대두 생산을 주요 주별을 기준으로 분류한 것이다. 세계 시장의 수요에 맞추어 환금 작물이 된 대두는 이른바 '대두 도로Soybean Road'라고 불린 BR-163 연방종단도로를 따라 아마존 북쪽 지역으로 이동하며 경작지를 확장하고 있다.

열대기후 재배에 적합한 대두 종자가 나오고 농업 시스템이 개발되면서 대두의 실질적 경작지가 아마존 열대우림 지역으로 확장되는 것은 〈그림 10-7〉에서도 확인할 수 있다. 1990년대를 기점으로 아열대 지역에 비해 열대우림 지역에서 대두가 더 많이 생산되는 것을 볼 수 있다.

더욱이 〈그림 10-8〉에서는 브라질에서 생산되는 주요 곡물들을 비교했는데 대두가 다른 곡물들에 비해 브라질에서 생산되는 단위 면적이 지속적으로 늘고 동시에 가장 많은 단위 면적을 차지하고 있음을 확인할 수 있다.

대두가 아마존 식생을 기준으로 사바나는 물론 열대우림 지역에서도 생산되면서 아마존 산림의 파괴를 확산시키는 직접적인 요인 외에 두 가지 간접적인 영향도 추동하고 있다. 첫 번째 간접 영향은 대두 재배 지역의 확장으로 (후술하게 될) 소 목축 지대cattle ranching area를 점점 더 북쪽으로 '밀어 올리고' 있다. 그러면서 소 목축업이 아마존 지역으로 확산되며 산림 파괴를 촉진하고 있다. 두 번째 간접 영향은 대두를 운반하는 물류비logistic cost와 연관이 있다. 기존에 대두는 수출하려면 브라질 남부의 항구로 운반했는데 이에 따라 추가되는 물

와 대조되는 황량한 땅이다. 하지만 브라질 농업개발공사가 열대기후에 맞는 40여 가지 이상의 대두 종자를 개발했고 동시에 세하두 지역의 산성 토양을 석회석과 비료를 투입해 개량해 냈다(로터, 2020: 210).

그림 10-7 **1970~2017년 대두 생산지(열대, 아열대) 비교** (단위: 100만 톤)

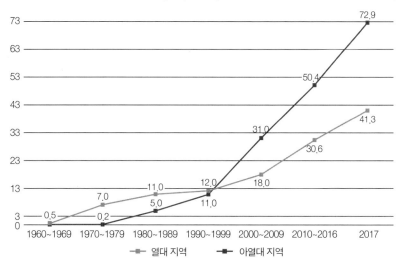

자료: Cattelan and Dall'Agnol(2018: 5)의 자료를 활용했다.

그림 10-8 **브라질의 주요 곡물 생산량 비교(1970~2017년)** (단위: 1만 제곱킬로미터)

자료: Cattelan and Dall'Agnol(2018: 4) 자료를 활용했다.

류비 탓에 브라질 대두 가격의 국제 경쟁력이 저하되었다. 대두 생산자 등 이해 집단은 정치적 압력을 넣어 아마존의 상따렝 항구까지 BR-163 연방종단도로를 확장 건설했고 이후 바닷길을 통해 해외로 수출하고 있다. 〈그림 10-2〉와 〈그림 10-4〉에서도 확인할 수 있듯이 대두 도로망인 BR-163 연방종단도로가 빠라주를 관통하며 아마존강 지류와 연결되어 있다. 결국 대두 생산이 아마존의 산림 파괴를 확대하고 있는 것이다(Le Tourneau, 2016: 37~40).

(3) 소: 아마존 산림 파괴의 세 번째 변수

아마존 산림 파괴의 대략 70퍼센트는 소와 관련이 있다(Fearnside, 2005: 680; Ingraham, 2019.8.27; Butler, 2020.1.4). 아마존 지역에 방목을 확산시킨 '안내자'는 역시 브라질 군부였다. 브라질 군부는 20년의 집권 기간 동안 산림을 초지로 전환할 때 인센티브를 제공했으며 이렇게 개간된 땅을 유지하는 값싼 수단이자 탁월한 유동자산이 바로 소였다(헤밍, 2013: 596; Barbosa, 2015: 102). 앞서 설명한 아마존 지역을 관통하는 일련의 도로망들이 개설되고 확장되면서 다른 지역의 인구가 유입되었으며, 브라질 남부에서 방목되던 소들이 북쪽에 위치한 아마존 지역으로 '진출'하게 되었다. 프랑수아-미셸 르 투르노François-Michel Le Tourneau에 따르면 브라질 농작물의 품종 계량과 기계화로 브라질 남부 지역 등을 포함해 경작지가 확대되었으며 따라서 소들이 아마존의 저렴한 토지로 '강제' 이주하게 되었다(Le Tourneau, 2016: 31). 브라질은 국내 육류 소비량에 따라 소 방목의 규모가 영향을 받았지만, 1970년대 중·후반 이후 외화벌이를 목적으로 수출 품목이 되자 이른바 '소 발자국Beef's feet'이 아마존 전역에서 확인되었다. 대규모 초지가 필요한 방목의 특성 때문이다.

더욱이 기후가 비슷한 인도 등에서 수입된 소들이 아마존 곰팡이균 등의 질병에 이미 면역을 가지고 있었기에 상대적으로 열대우림 환경에 적응하기 용이했다. 그뿐만 아니라 육류는 현금 장사인 만큼 방목이 선호되는 경제 시스템이었다(Le Tourneau, 2016: 33). 〈그림 10-10〉에서 확인할 수 있듯이 아마존 지역의 방목은 꾸준히 확대되었다.

〈그림 10-10〉을 보면 법정 아마조니아와 브라질 북부 지역이 2012년 기준

그림 10-9 **브라질 아마존의 소**

자료: 저자가 현지에서 촬영했다.

그림 10-10 **브라질의 권역별 아마존 방목 증가율 추이 비교(1980~2012년)**　　(단위: 퍼센트)

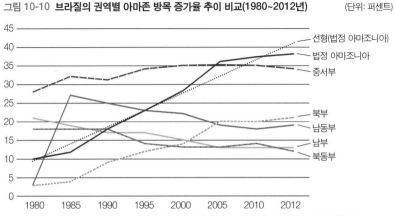

브라질은 모두 다섯 권역(region)로 구성되며, 각 권역마다 최소 세 개 이상의 주(state)를 포함한다.
자료: 바르보자(Barbosa, 2015: 103)의 데이터를 저자가 재활용하며 그래프로 제시했다.

60퍼센트를 차지하고 있다.[23] 특히 법정 아마조니아와 북부 지역에서 1980년 대비 각각 10퍼센트에서 38퍼센트, 그리고 3퍼센트에서 21퍼센트로 산림 지역에서의 방목이 급격히 증가한 것을 확인할 수 있다. 이처럼 방목이 급증하면서

23　아마존강 유역 분지(Amazon River Basin)인 법정 아마조니아는 북부의 아끄리주, 아마빠주, 아마조나스주, 빠라주, 홍도니아주, 호라이마주, 또깡칭스주 등 일곱 개 주와 중서부의 마뚜 그로수주 일부, 북동부의 마라녀웅주 일부를 포함한다.

방목 초지가 늘었다. 베이가 외(Veiga et al., 2002: 253)에 따르면 아마존 산림 파괴 지역의 80퍼센트가 방목지였다.

3) 군부 이후, 아마존 탈산림화 개발 사유의 지속성

'아마존은 우리의 것이다'라는 민족주의적 이념과 아마존을 생태적 차원이 아닌 자본주의의 논리로 상품화하려는 접근은 브라질 군사정권이 끝난 뒤에도 지속되었다. 20년간의 군사정권이 끝나고 등장한 주제 사르네이José Sarney 문민정부는 아마존 개발은 브라질의 발전을 위한 조치이며 선진국이 이야기하는 환경 파괴 담론은 위선적이라고 주장했다(Barbosa, 2015: 37). 근대화 시기 선진국들도 환경 파괴를 야기하는 자원 개발을 통해 발전해 왔다는 논리다. 사르네이 정부 시절 아마존을 중심으로 하는 환경에 관한 보수적 분위기는 농촌민주연맹UDR: União Democrática Ruralista의 결성에서도 확인할 수 있다.[24] 또한 1970년 군사정권 시기에 계획했다가 보류되었던 벨루 몽치 수력발전소 건설 역시 아마존의 산림을 훼손해서라도 개발을 하겠다는 의지가 나타난 사례다(Hall and Branford, 2012: 2).

한편 사르네이 정부는 1998년 입법안 96.944에 의거해 '아마존 복합생태계 보호프로그램Program for the Defense of the Ecosystem Complex of Legal Amazonia', 이른바 '우리의 자연Nossa Natureza' 프로그램을 개시하기도 했다. 이 계획의 실질적 이행을 위해 브라질 환경·재생가능천연자원 연구소를 만드는 등 아마존 개발에 관해 군부와 다른 면모를 보이고자 노력했던 측면도 있다. 하지만 허렐(Hurrell, 1991: 208)의 지적처럼 군사정권 시기 아마존의 활용에 동원된 개발 사유와 대지주 등 아마존 개발과 결부된 이해 집단의 집단적 논리가 사르네이 정부 시절

---

24 농촌민주연맹은 1984년 무토지 농민운동(MST: Movimento dos Trabalhadores Sem Terra) 시기 대지주의 이익을 옹호하기 위해 설립되었다.

에도 그대로 통용되었다.

사르네이 정부에 이어 페르낭두 꼴로르Fernando Collor 정부가 들어섰다. 그는 자신의 첫 환경부 장관으로 환경 분야에 영향력 있는 생태학자인 주제 루첸버거José Lutzenberger를 임명해 아마존 등 환경보호에서 전 정부와 차이를 보이려고 했다(Hurrell, 1991: 210). 특히 꼴로르 정부는 취임식에서 '환경 파괴 없는 발전develop without devastating'이라는 친환경주의 노선을 천명했고, 1992년에는 지구환경 보전 문제를 논의한 사상 최대 규모의 국제회의인 리우 환경정상회의를 개최하기도 했다.[25] 리우 회의에서 지속 가능한 개발sustainable development 담론이 적극적으로 개진되었다.[26]

하지만 꼴로르 정부는 군부의 수입대체산업화 정책의 실패를 바로잡기 위해 신자유주의 노선으로 전환하고, '신브라질 계획New Brazil Plan'을 천명하면서 시장주의 노선으로 선회했다. 뒤에서 좀 더 논의하겠지만 꼴로르 정부 이래 브라질 정부는 신자유주의 담론 속에서 '수사적'으로만 지속 가능한 개발을 추구했다. 1995년 종속이론가 페르낭두 까르도주가 브라질의 새 대통령으로 취임

---

25 리우 환경정상회의는 지구정상회의(Earth Summit)라고 불리기도 했다. 이 회의는 1972년 하나뿐인 지구(Only One Earth)라는 캐치프레이즈를 가지고 스웨덴 스톡홀름에서 개최된 유엔인간환경회의(UN Conference on the Human Environment) 이후 50년 만에 개최된 환경과 관련해서 최대 규모의 국제회의다. 이 회의에서는 '리우 선언'과 '의제 21'을 채택하며 지구온난화방지협약과 생물다양성보존협약 등이 서명되었다. 특히 기후온난화 방지를 위해 이산화탄소를 비롯한 온실가스 방출을 제한하며 세계 각국이 동의한 유엔기후변화협약(UNFCCC: UN Framework Convention on Climate Change)이 1992년 리우 회의에서 채택되었다. 이 협약의 당사국들은 1995년부터 매년 한 차례씩 당사국총회(COP: Conference of the Parties)를 개최했다. 법적 구속력이 없는 협약은 당사국총회가 열릴 때 시행령에 해당하는 의정서(protocol)를 만들었다. 가령 1997년 제3차 당사국총회(COP3)에서는 교토의정서를 채택했다(여기서는 선진국만 온실가스 감축 의무를 명시했다). 2015년 제21차 당사국총회(COP21)에서는 파리협정을 체결하며 모든 나라가 온실가스 감축 의무를 명시했다.

26 지속 가능한 개발은 1987년 세계환경개발위원회(WCED: World Commission on Environment and Development)가 『우리 공동의 미래』에서 제시한 개념으로 환경 정책과 개발 전략의 통합을 모색했다.

하면서 아마존을 위시로 하는 브라질의 통합을 주요 정책으로 삼는 등 일련의 통합 프로그램을 제시했다. 이것이 까르도주 1기 정부의 '행동하는 브라질Brazil in Action' 프로그램으로 1970년대 군사정권이 진행한 (마나우스와 베네수엘라 국경을 잇는) BR-174 연방도로의 건설과 같은 색깔이다. 까르도주 2기 정부 때는 '전진 브라질Advance Brazil'을 내세웠는데 이 역시 과거의 통합 프로그램과 같은 귀결이라고 할 수 있다. 이러한 통합 프로그램들을 통해 아마존의 지역 개발에 430억 달러를 투자했으며, 그중에서 인프라 건설에만 200억 달러를 집행했다 (Fearnside, 2002: 735).

좌파 정책을 전면에 내세우며 집권한 룰라 다 시우바 대통령도 아마존 환경 정책에 관해서는 두 가지 결이 다른 접근법과 이에 따른 사뭇 다른 결과를 도출했다. 부셰 외(Boucher et al., 2013)가 작성한 「산림 파괴를 축소하는 데 성공한 브라질Brazil' Success in Reducing Deforestation」이라는 연구물 제목에서 알 수 있듯이 룰라 정부는 아마존 산림과 관련해 과거 정부들과 다른 면들을 부각했다. 그중 대표적인 것으로 〈그림 10-4〉에서 확인할 수 있듯이 아마존 산림 파괴 중 가율이 감소세로 전환되었다(Boucher et al., 2013: 428). 룰라는 아마존협력을 위한 협약기구OTCA: La Organización del Tratado de Cooperación Amazónica를 창설하고, 노르웨이로부터 10억 달러의 기금을 약정받는 등의 성과를 이끌어냈다. 더욱이 룰라 정부는 '환경 전사'라고 불린 브라질의 환경 운동가 마리나 시우바를 환경부 장관으로 임명했으며, 친환경주의 노선으로 '아마존 산림파괴 조절계획Plan to control deforestation in the Amazon'을 진행했다. 더불어 룰라 정부가 시작한 대표적인 사회복지 프로그램인 보우사 파밀리아Bolsa Familia는 '온전한' 지속 가능한 개발 모델로 평가되었다.

하지만 룰라 정부는 이전 까르도주 정부에서 역내 차원에서 출범한 남미인프라통합구상IIRSA: Initiative for the Integration of the Regional Infrastructure of South America을 활용해 경제성장촉진프로그램PAC을 추진했다(이태혁, 2016). 이 프로그램은 아마존 지역의 수력발전 댐 건설은 물론 지속적으로 논쟁이 되었던 BR-163 연

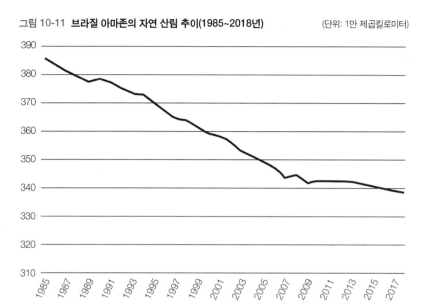

그림 10-11 브라질 아마존의 자연 산림 추이(1985~2018년)　　　　(단위: 1만 제곱킬로미터)

자료: Butler(2020.1.4)을 활용해 저자가 재작성했다.

방종단도로망을 확장해 아마존 산림 지역에 대한 진입을 '개선'하는 것이었다. 특히 룰라 정부 때 대두와 쇠고기 등 농축산물이 주요 수출 품목이 되었다. 이들은 2003~2010년 브라질 전체 수출의 38.1퍼센트를 차지했다(Lazzarotto and Hirakuri, 2011: 40). 이처럼 농축산업, 특히 기업식 영농의 경제적 입지가 증가하면서 국내외적으로 룰라 정부의 정치적 지렛대 구실을 하며 아마존 지역에서 진행된 농축산업의 정치·경제적 이해관계에 중요한 영향을 미쳤다(Baletti, 2014: 10~11). 이러한 상황에서 당시 시우바 환경부 장관은 친환경 정책을 제시하며 아마존의 산림을 파괴하는 일련의 국가사업에 반대 입장을 고수했다. 이러한 갈등은 2008년 시우바 장관의 사임으로 이어졌다. 이는 룰라 정부 역시 아마존을 자연 그대로가 아니라 자본주의 논리에 기대 이 산림을 이용하려고 했음을 단적으로 보여준다. 자본주의의 상징인 '녹색의 달러'를 얻고자 아마존이 가진 '녹색의 산림'이 사라져 가는 형국이 재현된 것이다. 〈그림 10-11〉은 이렇게 아마존의 녹색 산림이 축소되는 추이가 1985년 문민정부 출범 이후에도 지속되고 있음을 보여준다.

전술한 것처럼 좌파 성향의 룰라 정부 시기였던 2003~2010년에 아마존 산림 파괴의 기울기가 다소 완만해진 것을 볼 수 있다. 하지만 룰라 정부의 아마존 산림 등 자연·광물 자원을 활용하는 신채굴주의 형태의 정책은 제2차 경제성장촉진프로그램PAC2으로 그다음 호우세피 정부(2011~2016년)에서 계승되고 발전되었다(Amann et al., 2016: 70). 탄핵으로 물러난 호우세피 정부에서도, 이를 대신한 떼메르 정부(2016~2018년)에서도, 그리고 보우소나루 정부(2019년 이후)에서도 이전 정부와 똑같이 아마존 산림을 브라질의 경제발전과 국내 정치 활동을 위한 전유물로 치부하며 남용하고 있다.

특히 2019년 집권한 극우파 보우소나루 정부의 모습은 심각하다. 첫째, 환경부 예산의 과도한 삭감(24퍼센트 삭감으로 다른 부처와 비교해 가장 높은 비율임), 둘째, 아마존 내 화재 발생 건수의 급격한 증가(2018년 대비 2019년에 85퍼센트 증가함), 셋째, 아마존 산림 파괴에 물리는 벌금 징수액의 급락(2018년 대비 2019년에 29.4퍼센트 감소함) 등 아마존의 산림 파괴를 부추기는 모양새를 보이고 있다(Spring, 2021.7.2; BBC, 2019.8.24). 급기야 "보우소나루와 아마존은 둘 중 하나만 생존할 수 있다"라는 취지의 사설이 《가디언》에 실리기도 했다(Watts, 2019).

이처럼 극우 성향의 보우소나루 정부에서 아마존의 파괴 정도가 부각되고 있다. 하지만 이는 앞서 살펴본 것처럼 브라질의 정권이나 체제의 변화와 별 상관이 없었다. 군부 체제, 민주주의 체제(문민정부 체제), 사회주의 체제, 시장주의 체제 등 브라질 근·현대 체제별 정치 이념 지형에 상관없이 아마존을 민족주의와 자본주의성이 배태된 국가 우선주의라는 가치관 속의 핵심 발전 기제로 활용하는 양상을 모두 똑같이 보여왔다. "아마존은 우리의 것이며, 너희의 것이 아니다The Amazon is ours, not yours"라는 보우소나루의 발언은 아마존에 대한 현재적 시각만이 반영된 응답이 아니다(Paraguassu, 2019.7.20). 아마존 개발을 전면에 내세운 군사정권이 남긴 유산이 문민정부 내 여러 층위의 정치적 이

넘과는 별개로 자국의 경제발전을 위해 자양분화되며 현실 속 가치 체계로 자리 잡은 것이다.

이처럼 글로벌 경제 체제 속에서 브라질은 아마존을 국가 단위의 소유재로 치부하고 있다. 하지만 전 지구적 맥락에서 아마존이 지닌 의미와 역할은 특정 국가의 소유재이자 1차 산품(목재, 육류, 대두 등)의 생산지를 넘어선다. 아마존은 지구의 허파이기 때문이다. 그리고 전술한 것처럼 허파라는 순기능을 맡던 아마존 지역이 과도한 파괴를 겪은 뒤에 오히려 기후변화를 야기하는 역기능을 발생시키고 있다. 아마존의 산소 대비 이산화탄소 배출량을 놓고 보면 이미 아마존은 기존의 특성이 바뀌는 탈아마존화라는 임계점을 넘어섰다. 하지만 전 지구적 맥락에서 보면 아직 시간이 남아 있다. 2021년 COP26에서 국제사회가 기후변화 위기에 맞서 새로운 질서를 모색하며 의미 있는 결과를 도출해 냈다. 특히 브라질을 포함해 137개 국가가 '2030년까지 산림 파괴 종식과 복구 The end and reverse deforestation by 2030' 노력에 합의한 것이다(UKCOP26.org; Rannard and Gillett, 2021.11.2). 2014년 유엔 기후정상회의 때 도출된 산림에 관한 유엔 선언New York Declaration on Forests도 있지만, 당시 브라질은 해당 합의문에 서명하지 않았다.

지금이다. 전 지구적 기후 재난climate disaster의 티핑 포인트에 대비할 수 있는 '터닝 포인트turning point'는 트랜스-아마존을 상상할 때 실재화한다. 되돌아올 수 없는 지점a point of no return인 티핑 포인트로 진입하기 전 '돌아설 수turning' 있는 그 '순간point'이 트랜스-아마존의 구현이다.

4 | 트랜스-아마존의 모색과 실재

"만약 우리가 아마존을 잃는다면 우리는 기후변화와의 전쟁에서 패배할 것이다"(Guajajara, 2017).[27] 이 말은 전 지구적 맥락에서 아마존이 지닌 의미를 말해준다. 즉, '아마존을 구하라, 지구를 구하라Saving Amazon, Saving Planet'다. 아마존을 살리는 것이 전 지구적 기후변화에 따른 위기의 적절한 대응이며, 동시에 기후변화에 대한 적극적 대응이라는 의미다. 전술한 생태주의 담론의 학문적 패러다임 형성은 기존의 자본주의 패러다임의 한계성에 대한 대안적 논의다. 따라서 생태학의 철학적 사유는 비판적 성찰이다. 돌아보아 깨달아 아는 것이다. 인간은 자연에서 와서 자연으로 돌아가는 것이 숙명인데도, 자연을 '홀대'하며 마치 자연과 아무 상관없는 듯 인간 스스로 자본주의 문명을 '탄생'시켜 자연의 자리를 탐해왔다. 따라서 인간이 자연을 당연한 것take it for granted으로 대상화한 것과의 화해emancipation가 동반되어야 한다. 그리고 자연과의 생태성이라는 가치관으로 연대하며 공존할 것을 정향orientation화해야 한다. 이는 자연, 인간, 사회와의 관계성에 대한 성찰이며 고찰이다. 〈그림 10-12〉는 이러한 논의를 도식화한 것이다.

자본이 경제 발달의 주요 동력이 된 신자유주의 시대의 글로벌 경제체제가 기후 위기를 추동한 끝에 '생태주의' 경제 메커니즘으로의 패러다임 이전shift이 가시화되고 있다. 이러한 패러다임의 이동 가운데 실재적 발현 체제가 트랜스-아마존이다. 기후 균형 조절자accommodator에서 기후 위기 가속화accelerator로 특성이 전환된 아마존에 대해 트랜스-아마존의 논지는 이렇다. 첫째, 기존 아마존으로 회귀를 모색하지 않는다. 즉, 낭만주의적 생태주의의 일환으로 자연성에 방점을 두고 과거로의 회귀를 주장하는 것이 아니다. 둘째, 논쟁의 여지가 있지만 합리주의적 생태주의의 일환으로, 특히 시장생태주의의 맥락으로 녹색경제 또는 생태경제라는 또 다른 형태의 이윤 창출 영역terrain으로 접근하는 것

---

27 소니아 구아자자라(Sônia Guajajara)는 원주민 활동가, 환경보호주의자, 정치인이다. 브라질 원주민협회(APIB: Asociação dos Povos Indigenous people of Brazil)의 대표 코디네이터이며, 2018년 대선에서 사회주의자유당(PSOL: Partido Socialismo e Liberdade)의 대선 후보로 출마해 나중에 길레르미 보울로스(Guilherme Boulos)의 러닝메이트로 대권에 도전했다. 즉, 브라질 원주민 가운데 브라질 연방 정부 최고위직에 출사표를 던진 이력의 소유자다.

그림 10-12 **All about 'R': 자본주의 경제 메커니즘 대 생태주의 경제 메커니즘**

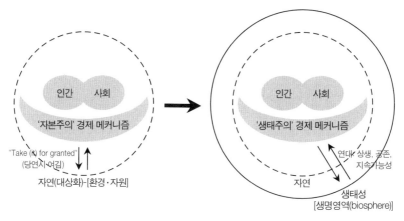

자본주의 경제 메커니즘과 생태주의 경제 메커니즘은 모두 관계성(Relationship)에 기인함을 도식화했다.
자료: 저자가 작성했다.

도 아니다. 생태를 또 다른 이윤의 대상으로 생각하는 차원의 접근은 지양한다
(Keins and Lievens, 2016).

전술한 것처럼 자연의 문제는 자연에서 온 것이 아니라 인간이 자연을 상품
화한 것에서 온 것이다. 인간이 이른바 '허구적 상품'인 노동, 토지, 화폐를 물
신화fetishism한 결과 사회가, 즉 생태계가 문제에 직면하게 되었다. 폴라니는 시
장경제에 구성되지 않아야 할 이 세 요소가 시장 논리에 배태되면서 종국에는
사회가 위험에 처하게 되었다고 일갈했다(폴라니, 2009). '자연=아마존=토지'
의 등가 성립으로 본다면 인간이 아마존을 근대성에 함몰된 자본주의 체제의
논리에 따라 지배한 결과가 오늘날 아마존의 역설을 초래했다고 볼 수 있다(이
태혁, 2017).

따라서 이 장에서 표방하는 트랜스-아마존의 정향은 트리플 무브먼트다. 트
리플 무브먼트는 폴라니의 통찰인 더블 무브먼트 개념을 재사유화한 것으로,
여기서 더블 무브먼트는 기후 변화다. 즉, 아마존으로 병기倂記할 수 있는 자연
이 인간의 자본주의성으로 파괴된 것에 따른 반작용이다. 이를 순화하기 위해

서는 생태주의성, 즉 비판적 성찰에 근거한 진테제syn-thesis인 트리플 무브먼트가 필요하다. 자연 파괴의 반작용의 일환으로 발현한 더블 무브먼트에 대한 변증법적 접근으로서 또 다른 반작용인 트리플 무브먼트는 방법론적으로 초국가적 연대를 가리킨다. 아마존은 지구재라는 지구 공동체적 가치관으로 건전한 글로벌 세계시민 의식을 함양해 전 지구적 행위자들에게 '온전한' 연대를 제시하고 실천해야 한다.

이러한 전 지구적 맥락에서 아마존의 중요성을 사유하는 국제사회의 실질적인 움직임이 확인되고 있다. 트랜스-아마존을 통한 아마존의 회복 움직임이 '아마존 너머trans-amazon'의 전 지구적 위기 극복의 혜안이자 모델이다. 전술했던 것처럼 2021년 COP26에서 산림 파괴 방지와 복구가 주요 어젠다로 논의되었다(UKCOP26.org). 전 세계 산림의 90.76퍼센트를 차지하는 137개 국가가 모여 '2030년까지 산림 파괴 종식과 복구'에 노력하기로 합의한 것이다. 브라질의 보우소나루 정부도 이 공동선언문에 서명했다. 아울러 브라질은 2030년까지 탄소 배출량을 50퍼센트로 줄이고, 2050년까지 '온실가스 순배출 제로'라는 의미의 '넷 제로Net Zero'도 선언했다(Aljazeera, 2021.11.1). 일명 기후 악당으로 지목된 브라질의 이러한 전향적 전환은 아마존을 시장 논리가 아니라 생태적 논리로 인식의 전환을 하고 있는 것이 아닌가 하는 설명의 여지가 있다. 앞서 살펴본 것처럼 보우소나루 정부를 포함한 브라질의 모든 역대 정부가 아마존을 자국의 전유물로 간주하며 국가 발전의 초석으로 삼았다. 그랬던 브라질의 이러한 변화에는 전 지구적 기후 위기를 인식함에 따라 브라질의 국내 정치적 상황이 변하고 동시에 국제사회의 다층적 행위자들이 다양하게 추동했기 때문일 것이다.

첫째, 국제사회가 산림 파괴 종식과 복구에 관한 재원을 마련했다.[28] COP26

---

28 2014년 유엔 기후정상회의 때도 동일하게 산림 파괴 종식과 복구에 관한 국제사회의 협의와 합의가 있었다(New York Declaration on Forests). 단, 당시에는 재원 조성은 없었다.

의 공동선언문에는 '2030년까지 산림 파괴 종식과 복구'를 위해 각국 정부와 민간이 조성하는 140억 파운드(한화 약 2조 2545억 원)의 재원 투입이 제시되었다. 산림과 관련해서 국제사회의 직접적인 재원이 마련된다면 브라질 등 아마존을 공유하고 있는 남아메리카 국가들이 아마존 산림을 보호할 때 재정적으로 도움이 될 것이다.

둘째, 글로벌 금융회사들이 아마존 산림 파괴와 관련된 사업에 대해서는 금융적 지원을 중단하겠다고 한 선언이다. 아비바Aviva, 슈로더Schroders, 악사AXA 등이 포함된 전 세계 30개 이상의 금융회사들이 산림 벌목과 관련된 활동에는 투자를 전면 중단하겠다고 선언했다. 아마존 지역에서 산림을 파괴하고 육류, 대두 등을 생산하고 운반하기 위해 다국적기업들이 해외 금융 자본을 활용하는 만큼 이는 아마존 산림의 파괴를 제어하는 기제가 된다.

셋째, 범국제 NGO와 아마존 지역 단체 간의 아마존 산림 파괴에 대한 국제 연대가 지속되고 있다. 2021년 9월 5~11일에는 국제 NGO 아마존워치Amazon Watch와 브라질 지역 커뮤니티가 주도한 '아마존을 위한 글로벌 행동 주간 선포Global Week of Action for Amazon'가 있었다. 아마존워치 등 국제 NGO 단체와 현지 원주민들은 아마존 산림의 17퍼센트가 훼손되었으며 산림 파괴가 20~25퍼센트가 되면 임계점에 도달해 아마존 열대우림의 회생이 불가능하다는 인식을 공유하고 있다. 이러한 인식하에 원주민 여성의 날인 9월 5일을 아마존의 날로 선포하며 아마존 보호를 위해 다층적 노력을 기울이기로 했다. 더욱이 이 행사 주간에 아마존 활동과 관련된 애플리케이션(NooWorld)이 소개되었다. 온·오프 라인 행사를 통해 전 세계가 아마존의 실체를 확인했으며 아마존의 현실에 대한 경각심이 확산되었다.

넷째, 보우소나루 대통령의 정치적 선택이다. 보우소나루 대통령은 차기 대선 출마를 준비하고 있다(CDE, 2021.11.11). 대통령 당선 이후 몸담고 있던 정당에서 나와 당적이 없는 무소속의 보우소나루는 브라질 현행법상 무당적으로는 대통령 후보가 될 수 없기에 2021년 11월 자유당Partido Liberal에 입당했다. 2022년

대선 출마를 위해 준비 중인데, 국내외 이미지를 쇄신하기 위해 아마존 등 환경 정책[29]이 주요 변수가 될 수 있다.

다섯째, 이와 결부해 아마존과 관련한 미국과의 외교 문제를 들 수 있다. 지난 COP26에서 존 케리John Kerry 미국 대통령 기후특사는 아마존 산림 보호와 관련된 보우소나루 정부의 (앞서 언급한) 일련의 결단에 찬사를 보냈다. COP26 이전에 보우소나루 정부는 아마존 산림 파괴를 직간접적으로 추동하고 있었기 때문이다. 특히 보우소나루 정부가 코로나19 대응에 실패한 것에[30] 따라 탄핵 여론이 조성되는 등 국내에서의 정치적 입지가 협소한 가운데 미국의 영향력이 큰 경제협력개발기구 가입을 추진하고 있다. 그런 만큼 미국과의 아마존 산림 협상을 통해 브라질 국내 정치에서 국면을 전환하는 기제로 삼으려고 할 수 있다.

이렇게 기후 위기의 첨병으로 재인식되고 있는 아마존에 대한 전 지구적 문제의식 아래 생태적 전환이 가속화되고 있다. 이러한 맥락에서 트랜스-아마존은 아마존의 탈아마존화 문제가 해결되면 기후변화와 관련된 문제 해결의 초석이 된다는 점에서 하나의 생태 지표라고 할 수 있다. 동시에 트랜스-아마존은 전 지구적 행위자들이 아마존을 지구재라는 의식 발현의 '플랫폼'으로 인식하고 '아마존을 구하라, 지구를 구하라'를 구현하는 메커니즘이 된다.

---

29 단, 보우소나루의 정치적 지지 기반은 후랄리스따(Ruralista) 등 아마존 지역에서 이윤을 창출하는 기업식 농·목축업자인 만큼 정권 재창출과 관련된 정치적 이해관계는 추가적으로 면밀히 분석해 보아야 한다.

30 브라질에서는 전 세계 두 번째 규모로 코로나19 확진자가 발생했다.

5 । 아마존, 지구재 인식의 재조명

"2021년은 기후변화의 중요한 해다"(구떼흐스, 2021). 이는 2021년 COP26을 위한 사전 준비 회의에서 앙또니우 구떼흐스António Guterres 유엔 사무총장의 발언이다. 그는 파리협정의 적극적 준수를 위해 개별 국가들의 정치적 결단을 요청했다. 나오미 클레인Naomi Klein이 『이것이 모든 것을 바꾼다: 자본주의 대 기후This Changes Everything: Capitalism vs. the Climate』[2016(2014)]에서 밝힌 것처럼 문제는 탄소가 아니라 자본주의다. 그리고 자본주의에서 다른 패러다임으로의 이행은 정치가 할 수 있다. 국제사회를 향해 기후변화라는 엄중한 위기 속에서 근대 문명의 대전환을 위한 정치적 결정을 요구한다.

주지하다시피 근대 문명의 기저는 인간이다. 인간이 주체가 되어 사회 내의, 국가 간의 관계성 속에서 자연을 '이용'하며 성장을 구가해 왔다. 바로 이 성장의 이면에 우리가 겪고 있는 환경 변화, 특히 기후변화가 있다. 폴라니의 사유처럼 허구적 상품, 즉 자연을 사유화함에 따라 자연이 이에 반응second movement하고 있다. 그 대표적 현상이 아마존의 '배신'이다. 아마존의 특성이 변화해 역설이 발생했다. 그리고 아마존 역설이라는 위기를 바로잡는 것은 트랜스-아마존 상상에서 찾을 수 있다고 주장한다. 자연을 상품화로 가치 변환시킨 포식적 자본주의에 함몰된 작금의 아마존, 이 현실에서의 '탈출'이 현실 너머의 이상을 상상할 수 있게 한다.

그동안 글로벌 경제체제와 국제정치 질서 속에서 브라질 아마존은 브라질이라는 특정 국가의 소유재로 간주되어 활용되었다. 세계 정치·경제 체제의 구조적 특성으로 브라질은 아마존을 자국 발전의 수단으로 이용했으며, '생태 학살'의 자행이 용인되어 왔다. 그 결과 아마존의 역설이 발생했다. 따라서 이 장은 작금의 세계 정치·경제 체제의 패러다임에 대한 반테제인 생태주의 담론을 논의하며 트랜스-아마존 사유를 논의했다. 아마존의 회복을 사유하는 실천적 정향이 트랜스-아마존이다. 이는 아마존이 탈아마존화된 작금의 상황에서 국제사회의 다층적 연대의 표현이자 구심점이다. 트랜스-아마존은 낭만주의적 생태주의의 일환으로 태곳적 자연 상태로의 회귀를 주장하는 것이 아니다. 더욱이 이 사유는 합리주의적 생태주의의 갈래인 녹색경제나 생태경제라는 접근으로 아마존을 또 다른 이윤 창출의 대상으로 간주하는 것도 지양한다.

트랜스-아마존은 트리플 무브먼트를 방법론적 기초로 삼은 초국가적 연대를 가리킨다. 아마존은 지구재라는 지구 공동체 가치관으로 건전한 글로벌 세계시민 의식을 함양해 전 지구적 행위자들에게 온전한 연대를 제시하고 실천해야 한다. 따라서 인류세가 아니라 가칭 자연과 인간 간의 온전한 공존과 상생의 세世(시대)인 생태세ecocene를 상상해 본다. 이러한 사유는 라틴아메리카에서부터 시작해야 한다. 역사상 자본이 자본주의화된 것이 바로 라틴아메리카와 아마존이 유럽화, 즉 세계체제로 편입되면서 발생한 현상이기 때문이다. 따라서 트랜스-아마존의 사유는 자본주의발 기후 위기의 주요 레퍼런스가 될 것이다. '아마존을 구하라, 지구를 구하라', 아마존을 살리는 길이 곧 지구를 살리는 길이다.

참고문헌

1. 논문, 단행본, 기사

강성호. 2008. 「유럽중심주의와 포스트모더니즘을 넘어: 라틴아메리카 '근대성·식민성 연구그 룹'의 탈식민 전략」. ≪역사비평≫, 제84호, 337~357쪽.

권기수. 2010. 「대두」. 이성형 엮음. 『브라질: 역사, 정치, 문화』. 까치, 199~210쪽.

김원호. 2004. 「중남미의 발전모델은 순환하는가?: 구조주의에서 포스트 워싱턴 컨센서스까지」. ≪라틴아메리카연구≫, 제9권 4호, 259~297쪽.

두셀, 엔리케. 2011. 『1492년, 타자의 은폐: '근대성 신화'의 기원을 찾아서』. 박병규 옮김. 그린비.

러더먼, 윌리엄 F. 2017. 『인류는 어떻게 기후에 영향을 미치게 되었는가』. 김홍옥 옮김. 에코리 브르.

로터, 래리. 2020. 『떠오르는 브라질: 변화의 스토리』. 곽재성 옮김. 후마니타스.

맥마이클, 필립. 2012. 『거대한 역설: 왜 개발할수록 불평등해지는가』. 조효제 옮김. 교양인.

미뇰로, 월터. 2010. 『라틴아메리카, 만들어진 대륙: 식민적 상처와 탈식민적 전환』. 김은중 옮 김. 그린비.

벡, 울리히. 1997. 『위험사회: 새로운 근대(성)를 향하여』. 홍성태 옮김. 새물결.

북친, 머레이. 1998. 『사회생태주의란 무엇인가: 녹색미래로 가는 길』. 박홍규 옮김. 민음사.

브란트, 울리히·마르쿠스 비센. 2010. 『제국적 생활양식을 넘어서』. 이신철 옮김. 에코리브르.

사이토 고헤이. 2017. 『마르크스의 생태사회주의: 자본, 자연, 미완의 정치경제학 비판』. 추선영 옮김. 두번째테제.

알트파터, 엘마. 2007. 『자본주의의 종말』. 염정용 옮김. 동녘.

월, 데렉. 2013. 『그린 레프트』. 조유진 옮김. 이학사.

월러스타인, 이매뉴얼. 1991. 『역사적 자본주의/자본주의 문명』. 나종일·백영경 옮김. 창비.

윤순진. 2009. 「저탄소 녹색성장'의 이념적 기초와 실재」. ≪환경사회학연구 ECO≫, 제13권 1호, 219~266쪽.

이상헌. 2011. 『생태주의』. 책세상.

이태혁. 2017. 「포용적 개발(inclusive development)의 한계: 남미인프라통합구상(IIRSA) 과정 중 아끄리 강 통합다리 프로젝트의 실증적 경험을 토대로」. ≪포르투갈-브라질 연구≫, 제 14권 1호, 103~137쪽.

_____. 2021a. 「아마존의 역설, 자본주의 모순 그리고 기후변화: '트랜스-아마존'을 모색하며」. ≪중남미연구≫, 제40권 4호, 199~248쪽.

_____. 2021b. 「아마존은 죄가 없다. 인간이 문제다」. 한국외국어대학교 중남미연구소. ≪Web zine≫, 2021년 가을 특집호. http://webzine.21latin.com.

임현진·장진호. 2021. 「21세기 문명위기와 세계체제론: 이마뉴엘 월러스타인(I. Wallerstein)의 비교역사적 전망」. ≪아시아 리뷰≫, 제10권 2호, 3~35쪽.

조희문. 2009.9.12. "브라질에 투자하려면 먼저 마나우스를 구경하라". 이메릭스. https://www. emerics.org:446/issueDetail.es?brdctsNo=113143&mid=a10200000000&&search_option=&

search_keyword=&search_year=&search_month=&search_tagkeyword=&systemcode=06
&search_region=&search_area=&currentPage=81&pageCnt=10.

최민자. 2007. 『생태정치학: 근대의 초극을 위한 생태정치학적 대응』. 모시는 사람들.

클레인, 나오미. 2014. 『이것이 모든 것을 바꾼다. 자본주의 대 기후』. 이순희 옮김. 열린책들.

포스터, 존 벨라미. 2016. 『생태논의의 최전선』. 김민정·황정규 옮김. 필맥.

폴라니, 칼(카를 폴라니). 2009. 『거대한 전환: 우리 시대의 정치·경제적 기원』. 홍기빈 옮김. 도서출판 길.

프리드먼, 토머스. 2008. 『코드 그린: 뜨겁고 평평하고 붐비는 세계』. 최정임·이영민 옮김. 21세기북스.

헤밍, 존. 2013. 『아마존: 정복과 착취, 경외와 공존의 5백 년』. 최파일 옮김. 미지북스.

Adler, P. S. 2015. "(Book Review Essay) The Environmental Crisis and its capitalist roots: Reading Naomi Klein with Karl Polanyi." *Administrative Science Quarterly*, Vol. 60, No. 2, pp. 13~25.

Aljazeera. 2021.11.1. "Brazil pledges 50 percent emissions cut by 2030 in change of tone." https://www.aljazeera.com/news/2021/11/1/brazil-pledges-50-percent-emissions-cut-by-2030-in-change-of-tone.

Amann, Edumund. 2016. "Infrastructure and its role in Brazil's development process." *The Quarterly Review of Economics and Finance*, Vol, 62, pp. 66~73.

Arsenault, C. 2021.9.1. "New study offers latest proof that Brazilian Amazon is now a net CO2 source." *mongabay*. https://news.mongabay.com/2021/09/new-study-offers-latest-proof-that-brazilian-amazon-is-now-a-net-co2-source.

Baletti, Brenda. 2013. "Saving the Amazon? Sustainable soy and the new extractivism." *Environment and Planning A*, Vol. 46, No. 1, pp. 5~25.

Barber, C. P., M. A. Cochrane, C. M. Souza Jr. and W. F. Laurance. 2014. "Roads, deforestation, and the mitigating effect of protected areas in the Amazon." *Biological conservation*, Vol. 177, pp. 203~209.

Barbosa, Luiz C. 2015. *Guardians of the Brazilian Amazon Rainforest*. Routledge.

BBC. 2019.8.24. "Amazon fires: Fines for environmental crimes drop under Bolsonaro." https://www.bbc.com/news/world-latin-america-49460022.

Bezerra, Joana. 2015. *The Brazilian Amazon: Politics, Science and International Relations in the History of the Forest*. Springer.

Boucher, D., S. Roquemore and E. Fitzhugh. 2013. "Brazil's success in reducing deforestation." *Tropical Conservation Science*, Vol. 6, No. 3, pp. 426~445.

Bunker, S. G. 1984. "Modes of extraction, unequal exchange, and the progressive underdevelopment of an extreme periphery: the Brazilian Amazon, 1600~1980." *American Journal of Sociology*, Vol. 89, No. 5, pp. 1017~1064.

Butler, Rhett A. 2020.1.4. "Calculating Deforestation Figures for the Amazon." *mongabay*. https://

rainforests.mongabay.com/amazon/deforestation_calculations.html.

———. 2021.11.23. "Amazon Destruction." *mongabay*. https://rainforests.mongabay.com/amazon/amazon_destruction.html.

Buttel, F. H. 2000. "Ecological modernization as social theory." *Geoforum*, Vol. 31, Iss. 1, pp. 57~65.

Casado, Letícia and Ernesto Londoño. 2019.7.28. "Under Brazil's Far-Right Leader, Amazon Protections Slashed and Forests Fall." *The New York Times*. https://www.nytimes.com/2019/07/28/world/americas/brazil-deforestation-amazon-bolsonaro.html.

Cattelan, Alexandre José and Amelio Dall'Agnol. 2018. "The rapid soybean growth in Brazil." *OCL*, Vol. 25, No. 1. https://www.alice.cnptia.embrapa.br/bitstream/doc/1091243/1/2018The rapidocl170039.pdf.

CDE. 2021.11.11. "Bolsonaro Joins Liberal Party Ahead Of 2022 Election." https://cde.news/bolsonaro-joins-liberal-party-ahead-of-2022-election.

Connelly, Steve. 2007. "Mapping Sustainable Development as a Contested Concept." *Local Environment*, Vol. 12, Iss. 3, pp. 259~278.

da Silva, Bicudo et al. 2020. "The soybean trap: Challenges and risks for Brazilian producers." *Frontiers in sustainable food systems*, Vol. 4.

Escobar, H. 2019. "Amazon fires clearly linked to deforestation, scientists say." *Science*, Vol. 365, Iss. 6456, p. 853.

Farthing, L. and N. Fabricant. 2018. "Open Veins revisited: charting the social, economic, and political contours of the new extractivism in Latin America." *Latin American Perspective*, Vol. 45, No. 5, pp. 4~17.

Fearnside, P. M. 2005. "Deforestation in Brazilian Amazonia: history, rates, and consequences." *Conservation biology*, Vol. 19, No. 3, pp. 680~688.

Foresta, R. A. 1992. "Amazonia and the politics of geopolitics." *Geographical Review*, Vol. 82, No. 2, pp. 128~142.

Fukuyama, Francisco. 1992. *The end of History and the last Man*. Free Press.

Galeano, E. 1997. *Open veins of Latin America: Five centuries of the pillage of a continent*. NYU Press.

Garfield, Seth. 2013. *In Search of the Amazon: Brazil, the United States, and the Nature of a Region*. Duke University Press.

Hall, A. and S. Branford. 2012. "Development, dams and Dilma: the saga of Belo Monte." *Critical Sociology*, Vol. 38, No. 6, pp. 851~862.

Hood, Marlowe and Amélie Bottollier-Depois. 2021.4.30. "Climate change: Amazon may be turning from friend to foe." CTV News. https://www.ctvnews.ca/climate-and-environment/climate-change-amazon-may-be-turning-from-friend-to-foe-1.5409282.

Hurrell, A. 1991. "The politics of Amazonian deforestation." *Journal of Latin American Studies*,

Vol. 23, No 1, pp. 197~215.

Ingraham, Christopher. 2019.8.27. "How beef demand is accelerating the Amazon's deforestation and climate peril." *The Washington Post.* https://www.washingtonpost.com/business/2019/08/27/how-beef-demand-is-accelerating-amazons-deforestation-climate-peril.

Kenis, A. and M. Lievens. 2016. "Greening the economy or economizing the green project? When environmental concerns are turned into a means to save the market." *Review of Radical Political Economics*, Vol. 48, No. 2, pp. 217~234.

Kimbrough, Liz. 2021.7.14. "Brazil's Amazon is now a carbon source, unprecedented study reveals." *mongabay.* https://news.mongabay.com/2021/07/brazils-amazon-is-now-a-carbon-source-unprecedented-study-reveals.

Lazzarotto, Joelsio Jose and Marcelo Hiroshi Hirakuri. 2010. "Evolução e Perspectivas de Desempenho Econômico Associadas com a Produção de Soja nos Contextos Mundial e Brasileiro." *Documents*, Vol. 319. Embrapa.

Le Tourneau, François-Michel. 2016. "Is Brazil now in control of deforestation in the Amazon?." *Cybergeo: European Journal of Geography.* https://journals.openedition.org/cybergeo/27484.

Maurer, Harry. 2007. "The Amazon: Development or Destruction?." Nacla. https://nacla.org/article/amazon-development-or-destruction.

McGrath, Matt. 2021.7.14. "Climate change: Amazon regions emit more carbon than they absorb." BBC. https://www.bbc.com/news/science-environment-57839364.

Panizzi, A. R. 2013. "History and contemporary perspectives of the integrated pest management of soybean in Brazil." *Neotropical entomology*, Vol. 42, No. 2, pp. 119~127.

Paraguassu, Lisandra. 2019.7.20. "Bolsonaro accuses state agency of lying on Brazil deforestation." Reuters. https://www.reuters.com/article/us-brazil-environment-idUSKCN1UE25O.

Picq, M. 2016. "Rethinking IR from the Amazon." *Revista Brasileira de Política Internacional*, Vol. 59, No. 2.

Qin, Y. et al. 2021. "Carbon loss from forest degradation exceeds that from deforestation in the Brazilian Amazon." *Nature Climate Change*, Vol. 11, No. 5, pp. 442~448.

Rannard, Georgina and Francesca Gillett. 2021.11.2. "COP26: World leaders promise to end deforestation by 2030." BBC. https://www.bbc.com/news/science-environment-59088498.

Sachs, Ignacy et al. 2009. *Brazil: A Century of Change*. UNC press.

Spring, Jake. 2021.7.2. "Brazil's Bolsonaro obstructs environmental fines key to protecting Amazon." Reuters. https://www.reuters.com/world/americas/brazils-bolsonaro-obstructs-environmental-fines-key-protecting-amazon-2021-07-02.

Tinti, Eduardo. 2021. "China pays high prices to buy 81% of Brazil's October Soybeans." Fastmarkets. https://www.agricensus.com.

Veiga, J. B. et al. 2002. "Cattle Ranching in the Amazon Rainforest." *Anim. Prod. Aust.*, Vol. 24, pp. 253~256.

Watts, Jonathan. 2019.12.12. "The Amazon is a matter of life and death for all of us. We must fight for it." *The Guardian.* https://www.theguardian.com/commentisfree/2019/dec/12/amazon-matter-of-life-and-death-for-all-of-us-we-must-fight-for-it.

2. 웹 자료

UKCOP26. "UN Climate Change Conference UK 2021." https://ukcop26.org.

UN. 2021. "Secretary-General: 2021 a 'crucial year' for climate change." https://www.un.org/sw/delegate/secretary-general-2021-%E2%80%98crucial-year%E2%80%99-climate-change.

제11장

시장과 아마존의 공진화

장수환(한국외국어대학교 중남미연구소 HK연구교수)

1 ¦ 왜 아마존인가

브라질 아마존의 산림 파괴는 광물, 육류, 농산물에 대한 세계적 수요와 공급의 복잡한 연결망과 밀접하게 관련되어 있다. 채취-생산-공급-폐기 과정에서의 글로벌 경제화에 따라 우리는 그 생산물이 어디에서 채취되었는지 확인하거나 생산과정에서 어떠한 환경적·사회적 영향을 초래했는지 알기가 어렵다. 소비자가 자신의 소비 활동이 다른 지역에 어떠한 변화와 위협을 초래하는지 짐작하기조차 어렵다(zu Ermgassen et al., 2020: 31770). 그렇다고 생산하거나 공급하는 쪽이 그러한 정보에 대해 안다고 해도 공론화될 가능성은 적다. 복잡한 연결 고리와 다양한 이해관계 속에서 지구 생태계의 보고라고 불리는 아마존 산림이 심각한 악화 위기에 처해 있다.

아마존은 브라질, 베네수엘라, 볼리비아, 수리남, 에콰도르, 콜롬비아, 페루, 가이아나, 프랑스령 기아나 등 남아메리카 아홉 개 나라에 걸쳐 있으며, 그중 브라질은 아마존 면적의 약 60퍼센트를 차지하고 있다. 여기서 '아마존'은 통상적으로 이에 속한 여러 갈래의 강뿐만 아니라 그 강들로 흘러드는 육지 면적인 아마존 유역을 일컫는다. 이 면적은 대략 630만 제곱킬로미터로, 열대우림tropical rainforests, 계절림seasonal forests, 낙엽수림deciduous forests, 범람림flooded forests, 죽림bamboo stands, 야자림palm forests, 사바나savannas, 건조림dry forests, 운무림cloud forests 등 다양한 식생대로 이루어져 있다.[1]

이 장에서는 브라질 아마존 산림 지역을 중심으로 산림 악화의 동인을 국제적 수요 증가와 이에 따른 무역량의 증가 측면에서 검토했다. 또한 거대한 아마존 생태계에 영향을 미치는 글로벌 경제 시스템과 최근의 국제적 동향을 추적하면서, 지구촌이 아마존이라는 자연계와 사회-경제라는 인간 체계 간의 상호 관계에서 발생하는 취약성을 극복하고 회복력이 있는 공동의 지구 시스템으로 진화해 나갈 길을 찾을 수 있을지에 대해 생각했다. 현대 문명이 조직화된 기술과 체제로 지구 생태계를 교란하고 있는 현실에서 브라질 아마존 열대우림의 사례를 통해 자연 생태계와 인간 시스템 간의 공진화coevolution에 관해 이야기하고자 한다.

2 | 브라질 아마존 산림의 취약성과 회복력

1) 취약성과 회복력

생태학Ecology에서 다루는 대상에 대해 우리는 종종 '환경'이나 '자연'을 동의어로 사용해 왔다. 자연이나 환경은 의미가 매우 다양한 용어 중 하나다. 사람을 둘러싼 것에 대한 통칭적인 명칭으로서의 '환경'은 정치와 사회에도 붙일 수 있으며 다양한 조건과 상황을 의미한다. 그에 비해 자연은 지리적·지질적·생물적 환경과 그 존재를 의미할 뿐만 아니라 사람의 힘이 더해지지 않고 스스로 존재하거나 이루어진 상태를 의미한다.

---

1   아마존강 유역은 안데스산맥의 동쪽 경사면에서 대서양에 이르는 세계에서 가장 큰 열대우림 지역으로 지구 열대우림 면적의 절반 이상을 차지한다. 다양한 고도로 이루어진 지역으로 가장 높은 곳은 해발 6635미터의 예루빠하(Yerupajá) 봉우리다(Amazon Aid Foundation).

'자연적' 또는 '야생적'인 것에 대한 정의도 매우 다양하다. 우리는 우리가 인식한 자연에 대해 우리가 아는 지식 범위에서 그것을 정의하고, 그 수준을 나눌 수밖에 없다. 가령 우리는 '자연적' 또는 '야생적'이라는 정의에 대해 '자연스러움'의 단계적 차이gradations of naturalness를 떠올릴 것이다(Castree et al., 2009: 181).

'생태계'는 유기체와 물리적 환경 간의 관계로 복잡한 상호 관계성을 함축하고 있다. 여기에는 생물과 무생물과 같은 자연적인 요소뿐만 아니라 인간 사회와 밀접한 상호 관계성을 가진다. 물론 인간도 자연의 일부이기에 인간이 만든 제도와 물건도 자연의 일부가 아닌지에 대한 논쟁도 생각할 수 있지만 여기서는 논외로 한다. 모든 인간의 활동은 환경에 영향을 끼친다. 브라질 아마존 산림 지역에서도 자연에 대한 인간의 영향과 그에 따라 취약해진 자연 생태계를 곳곳에서 목격할 수 있다. 산림 악화와 파괴, 생태계 다양성의 감소, 물과 영양 물질, 에너지 순환에서의 변화 등이 대표적 사례이며, 우리가 우려하는 기후변화도 그와 연결되어 있다. 이 시점에서 두 가지 질문이 놓여 있다. 첫째는 브라질 아마존 산림을 지금의 개발 속도로 이용한다면 아마존 생태계가 어떻게 될지에 대한 질문이다. 둘째는 만약 인류가 아마존 산림을 악화시키는 행동을 줄인다면 악화일로에 처해 있는 아마존이 회복될 수 있을지에 대한 질문이다.

지구의 생태 보고인 아마존 산림을 보호하려는 움직임과 글로벌 경제가 요구하는 생산량을 확보하고자 아마존 산림을 제거하려는 움직임 간의 긴장은 비단 아마존 생태계 내에서의 취약성과 회복력에 관한 문제는 아니다. 이는 아마존이라는 지구 생태계와 관련 있는 지금의 경제 시스템 등을 포함한 우리의 전체 시스템이 우리가 당면한 사회적·경제적·생태적 취약성을 극복하고 회복력을 가질 수 있는 시스템인지에 대한 질문으로 이어진다.

여기서 회복력에 관한 중요 사항은 두 가지로 요약할 수 있다. 첫째는 회복력을 가지기 위해 시장과 무역 등 경제 시스템을 포함해 우리의 시스템은 무엇을 어떻게 해야 하는지에 대한 것이다. 둘째는 그 회복력을 가지는 데 걸리는 시간이 인간의 계획 범위 안의 시간인지에 대한 것이다. 어쩌면 현재 위기에 처한 아마존이 회복되는 데 필요한 시간은 인간이 생각하고 계획할 수 있는 시간의 범위를 벗어날 수도 있다.

취약성과 회복력은 정적인 현상이 아니라 전 지구적인 또는 지역적인 과정에서 가속화되거나 느려질 수 있다. 글로벌 경제의 통합은 새로운 도전과 기회를 제공할 뿐만 아니라 브라질 아마존 산림과 같은 생태계에서의 취약성을 발생시키기도 한다. 무역의 확대는 어느 곳에서는 경제성장의 기회를 제공하지만 다른 곳에서는 생태 자원의 착취를 초래한다.

2) 위기의 아마존 산림

(1) 브라질의 주요 수출

2011~2020년 브라질의 농업 수출액은 1조 달러에 이른다. 주요 농산물별 수출액은 대두 2120억 달러, 쇠고기 1430억 달러, 설탕 990억 달러, 옥수수 480억 달러, 커피 440억 달러, 면화 180억 달러 등이다(한국무역협회, 2021.1.6).[2]

1990년대 세계무역기구WTO: World Trade Organization의 출범, 다국적기업의 등장, 신자유주의의 확산은 개발도상국의 경제성장과 일자리 창출에 도움이 되었다. 브라질에서도 국제 수요와 무역량 증가는 농산업을 발전시키는 외적 동력이 되었다. 특히 수출을 목적으로 하는 농산물의 집약적 단일 생산은 초국가적 자본에 의한 다국적 기업농을 통해 대규모로 이루어졌다(장수환, 2021: 253). 농산물의 국제 이동은 16세기 라틴아메리카를 정복한 스페인과 포르투갈이 아메리카 대륙에서 생산한 사탕수수와 담배 등 기호작물을 구대륙으로 가져온 사례에서 보듯 오랜 역사를 가진다. 그러나 1995년 세계무역기구의 출범은 농업

---

2   언론 보도에 따르면 브라질산 쇠고기의 주요 수출지가 중국이다. 중국은 홍콩을 포함해 브라질 쇠고기 수출의 60퍼센트를 차지하고 있다. 최근 중국이 호주와 갈등을 빚으며 브라질산 쇠고기에 대한 의존도가 더욱 늘어날 것으로 예측되고 있다(정재호, 2021.11.24).

무역인, 공장형 농장주, 대단위 생산자로 연결된 글로벌 농산업이 획기적으로 확대되는 계기가 되었다. 게다가 종자 등 농업기술의 발전과 세계의 도시화는 농산물의 수요와 공급에 밀접한 연계성을 형성하며 보다 구동력을 가지고 농산물 무역을 발전시키게 되었다. 세계 생산 네트워크GPN: Global Production Networks 속에서 농업은 소비와 생산 공간을 분리해 가장 수익이 나는 생산지를 찾았다. 그중 브라질은 대두뿐만 아니라 옥수수, 설탕, 면화, 커피 등을 생산해 유럽과 아시아에 공급하는 위치를 차지했다. 브라질 세하두 지역에서 생산한 대두를 중국 등 전 세계의 주요 소비국으로 수출하기 위해 항구까지 이동시킬 수 있는 BR-162 고속도로가 아마존 산림을 가로지르며 건설되었다. 다국적기업의 외국인 투자는 대규모의 생산·분배·소비 과정을 가능하게 하는 세계 생산 네트워크의 주요 동인이었다(임송수, 2017: 3~4).

〈표 11-1〉은 1980년대부터 10년 단위로 브라질의 생산 그룹별 상품 수출액의 변화를 보여준다. 이 시기 가장 크게 증가한 수출품은 연료와 광업 제품군으로 1980년 22억 5100만 달러에서 2018년 589억 6700만 달러로 약 26배 증가했다. 그 뒤를 이어 제조업이 같은 기간 74억 9300만 달러에서 821억 8800만 달러로 약 11배 증가했다. 수출액 규모로 보면 2018년 기준으로 1위가 농업 생산품으로 933억 5500만 달러였다. 특히 농업 생산품 분야는 2000년에서 2010년 사이 수출액이 현저히 증가했다.

1995~2005년 브라질은 역사적으로 높은 산림 벌목을 기록했다. 1995~2007년 벌목 지역과 산림 벌목 이전 연도의 소 가격 지표가 밀접한 연관성을 보였다는 연구도 있다. 이 시기 브라질에서 대두 생산이 증가한 것도 벌목과 관련 있다는 연구도 있다. 대두 농업이 이미 과거에 방목지를 위해 식생이 제거된 지역에서 일어났다는 주장에도 불구하고 2003년 브라질 벌목 중 약 23퍼센트가 산림을 경작지로 직접 전환하는 과정에서 발생했음을 보인 연구도 있다. 이러한 벌목의 증가와 그에 따른 대두 생산의 증가가 브라질 산림 생태계에 큰 위협이 될 수 있다는 것을 보여준다. 브라질 경제는 당시 룰라 정부의 수출 촉진책에

구분	1980	1990	2000	2010	2018
농업 생산품	10,110	9,779	15,464	68,655	93,355
연료와 광업 제품	2,251	4,980	6,483	56,242	58,967
제조업	7,493	16,137	31,653	71,112	82,188
철강	882	3,567	3,633	8,899	12,623
화학 제품	-	1,856	3,565	12,283	12,210
기계와 운송 장비	-	5,829	15,416	33,491	40,753
섬유	654	769	895	1,106	745
의류	138	247	282	188	148

자료: WTO Data.

힘입어 성장했는데, 특히 농업 부문 수출이 크게 증가했다. 이를 통해 브라질은 값싼 생산물을 무기로 국제시장에서 수출 국가의 대열에 진입할 수 있었다(Banerjee et al., 2009: 137~138).

브라질의 산림 벌목 가운데 약 5분의 1은 쇠고기를 얻기 위한 것이다. 특히 아마존과 세하두 지역에서 벌목된 산림의 약 3분의 2가 방목지로 전환되었다. 소와 쇠고기 수출량은 1961년 1만 3773톤에서 2019년 166만 183톤으로 120배 증가했다. 닭고기의 경우 1961년에만 해도 수출이 전혀 없다가 2019년 395만 1372톤으로 증가했다(장수환, 2021: 261). 금 채굴 활동도 브라질 아마존 열대우림의 산림 피복에 변화를 주는데, 전 세계의 금 수요 증가, 금 생산량의 변화, 영세한 채굴 활동 증가 사이에 명백한 상관관계가 있다고 알려져 있다(Lobo et al., 2016: 18~19).

(2) 줄어드는 나무들

2020년 기준으로 브라질은 국토 중 산림 보호구역으로 지정한 면적이 가장 넓은 국가다(149만 5770제곱킬로미터). 그다음으로 인도네시아(51만 7700제곱킬로미터), 베네수엘라(45만 6050제곱킬로미터) 순이다. 그러나 1990~2020년 매년 가장 넓은 산림 면적이 사라진 국가 역시 브라질로 연간 1만 4960제곱킬로미터가 없어졌다. 참고로 같은 기간 산림 면적 감소율이 가장 높은 국가는 캄보디아(2.68퍼센트 감소함)였다(FAO, 2020: 15).

2000년대 이후 브라질 아마존의 열대우림 지역에서 화재가 늘고 벌목 활동이 급증했다. 브라질 정부가 2020년 집계한 브라질 생태계 계정Brazilian ecosystem extent accounts에 따르면 2000~2018년 경작과 방목으로 인해 약 50만 제곱킬로미터의 자연 지역이 소실되었으며 지역적으로는 아마존과 세하두 지역에 주로 집중되었다.[3] 산림이 벌목되고 화재가 나면서 식물의 잎과 줄기 등 바이오매스가 대기 중의 이산화탄소로 전환된다. 2021년 1~3월 아마존 열대우림이 파괴되면서 대기 중으로 배출된 이산화탄소의 양은 약 1920만 톤으로 추정된다(Woodwellclimate, 2021.4.21). 브라질 국립우주연구소의 조사를 보면 최근 10년간 열대우림 지역의 온실가스를 측정한 결과 열대우림의 약 20퍼센트에 달하는 지역이 '탄소 순배출 지역'으로 바뀌었다. 아마존 열대우림의 탄소 포집량은 1990년대 연간 약 20억 톤에서 2020년 12억 톤으로 약 40퍼센트 감소했다(장수환, 2021: 258). 〈그림 11-1〉은 1990~2018년 브라질의 산림 면적과 살아 있는 바이오매스에 축적된 탄소량이 함께 감소하고 있는 경향을 보여준다.

브라질 아마존 산림이 대규모로 제거되기 시작한 것은 아마존 지역을 국가 경제 지역으로 통합하려고 했던 브라질 군사정권 시기(1964~1985년)로 거슬러 올라간다. 이 당시 아마존강 유역 대책은 도로 건설, 농업 이주, 산업과 농업을 위한 경제적 인센티브를 제공해 브라질 국가 경제에 아마존 지역을 통합해 개발하는 데 목적을 두었다. 이 국가통합프로그램은 1970년대에 시작되었다. 먼저 아마존횡단도로(BR-230)와 꾸이아바와 상따렝을 잇는 BR-163 연방종단도로를 건설했다. 도로 건설 이후 접근성이 좋아지자 이주민에게 고속도로 한쪽

---

3 브라질 생태계 계정은 18년 동안 브라질의 여섯 개 육상 생물권(아마존, 까아칭가, 세하두, 대서양림, 빰빠스, 빵따나우)의 토지 사용 변화에 대한 정보를 국가 수준에서 제공하고 있다. 여기에는 변화의 강도를 공간적으로 나타내는 지표도 포함되어 있다(SEEA, 2020).

그림 11-1 브라질의 산림 면적과 살아 있는 바이오매스에 축적된 탄소량 변화

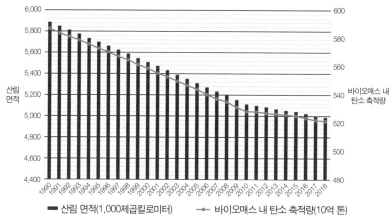

자료: 세계식량기구 STAT 데이터를 이용해 재구성했다. 장수환(2021: 258)을 재인용했다.

면에 20제곱킬로미터의 대상지strip를 할당 배분해 아마존 지역으로 이주를 유도했다. 이주 초기에는 보조금 지급과 목재 판매 혜택에 끌려 많은 가구가 들어왔지만, 점차 목재 자원이 고갈되고 방목과 생존을 위한 작물도 줄어들었다. 결과적으로 많은 가구가 토지를 버리거나 팔고 새로운 지역을 찾거나 도시 중심부로 돌아갔다. 이들이 버리고 간 토지는 대규모 필지로 합병되었다. 이주화 정책 이후에 산림은 사라지거나 파편화 과정을 겪었고, 그러한 대표적인 곳이 생물종이 풍부하면서도 많은 종이 멸종 위기에 처한 대서양림Atlantic Forest 지역이다(장수환, 2012b: 194~195). 이 지역은 브라질 생물권의 구분인 아마존, 세하두, 빵따나우, 까아칭가Caatinga, 대서양림, 빰빠스 중 하나로 아마존과 대서양림 생물권은 브라질 안에서 각각 49.3퍼센트, 13.4퍼센트의 면적을 차지하며 주로 열대우림으로 구성되어 있다(장수환, 2021: 257).

또한 1973년 석유파동 이후 목재 생산이 엄청나게 증가했다. 산림 플랜테이션이 기하급수적으로 성장했으며 이러한 플랜테이션 사업은 생물종 다양성을 감소시키는 계기가 되었다.

3 | 경제활동과 무역

1) 교환을 위한 추동

글로벌 경제화 시대에 상품과 관련된 복잡한 궤적trajectories을 나타내는 사슬, 망, 회로로 개념화된 상품의 시공간 이동이 더욱 복잡해지고 있다. 경제역사학자인 카를 폴라니는 코모디티를 '시장에서 팔리기 위해서 생산되는 물건'이라고 정의했다. 폴라니는 경제적 생산이 점점 교환exchange에 의해, 그리고 교환을 위해 '변화'한다고 주장했다. 아리스토텔레스Aristotles의 글과 애덤 스미스Adam Smith와 카를 마르크스를 포함한 고전 정치경제학자들의 글에서도 점점 교환에 의해 생산이 유발된다는 것의 의미에 주목해 왔다. 상품 교환은 순수하게 잉여생산의 출구라기보다는 이익과 돈의 추구에서 나타난 것으로 보았다. 이 과정에서 사용을 위한 생산은 교환을 위한 상품생산에 밀려 구석으로 쫓겨났다. 전지구적인 상품화는 두 가지 방향성을 가지고 있다. 하나는 시공간을 가로질러 더욱더 멀어지는 교환관계다. 다른 하나는 상품의 형태로 점점 더 많은 형태의 상품이나 서비스를 조직적으로 제공하는 것이다. 이윤 추구와 재투자는 끊임없이 재생산을 추동하고 상품생산의 규모와 범위를 팽창시키는 힘을 제공한다 (Castree et al., 2009: 125). 이러한 과정의 영향을 받은 자연은 고유한 자연적인 대사 과정을 잃거나 변화를 겪고, 대체된 생산지로서의 변형된 형태의 다른 대사 과정을 가지게 된다.

글로벌 농산업 무역은 거대한 기업농의 초국가적 공간을 만들며 여기서 농업은 무역을 위해 재구성된다(Castree et al., 2009: 558). 그리고 자연은 그 농업을 위해 재구성된다. 산림은 시장에서 선호되는 작물의 재배지 또는 소 등 가축의 방목지로 대체되어 왔고, 이 과정에서 산림을 둘러싼 생태적 연결망은 변화되거나 해체되었다.

2) 아마존을 변화시킨 경제활동

(1) 광물 채굴

2017년 인공위성 이미지를 분석한 자료를 보면 까라자스와 같은 산업 형태의 대규모 광산 활동은 집중되는 양상을 보인다. 이와 달리 소규모 형태의 가링뻬이루는 지역적으로 분산된 형태를 보인다. 광산 활동이 진행되는 전체 면적은 1100제곱킬로미터로, 이 중에 65퍼센트가 영세한 규모의 광산 활동에 따른 것이었고 35퍼센트는 규모가 큰 산업 형태의 광산 활동이 차지했다(Souza-Filho, 2021: 1708). 브라질 전역에서 광업 임대, 양허 및 탐사 허가 지역은 165만 제곱킬로미터였는데, 이 중 약 60퍼센트가 브라질 아마존 열대우림Brazilian Amazon biome에 위치했다(Sonter et al., 2017: 2). 그러나 이러한 수치에도 빠진 부분이 있다. 가령 채굴 활동을 위한 부수 작업인 도로와 공항 건설, 관련 작업자들이 거주할 주택 건설 등은 아마존 산림 벌목 통계량에 포함되었지만, 광산 작업에 에너지를 공급하기 위한 신규 수력발전 댐을 짓느라고 벌목된 산림에 대해서는 조사 자료가 거의 없다. 광산으로 인한 산림 벌목을 평가하기 위해서는 수력발전 댐 건설과 함께 광산에서 최대 70킬로미터 떨어진 보조 기반 시설까지 포함

표 11-2 광산으로 점유된 면적 중 보호구역과 비보호구역 비율   (단위: 제곱킬로미터, 퍼센트)

종류	전체 면적	비보호구역 면적	보호구역 면적	보호구역 비율
금	646.1	287.1	359.0	55.6
알루미늄	166.9	94.1	72.8	43.6
주석	146.5	138.4	8.1	5.6
철	87.3	38.8	48.5	55.5
구리	47.6	23.2	24.4	51.2
망간	9.2	0.4	8.8	95.6
니켈	6.3	6.3	0.0	0.0
전체	1109.9	588.3	521.6	

2017년 데이터를 이용해 작성한 것이다.
자료: Souza-Filho(2021: 1711), 장수환(2021: 260)을 재인용했다.

해야 한다(Sullivan, 2017.11.2; 장수환, 2021: 259 재인용).

(2) 목축업

아마존 지역의 주된 황폐화 요인 중 하나가 목축업이다. 화전으로 산림을 파괴해 목초지로 바꾸면 목축업자들이 그 지역을 구매해 주로 소를 방목하는 목장으로 만들었다(박원복, 2010: 9). 이러한 현상은 1960년대 군사정권 때 이루어졌던 아마존 사업으로 거슬러 올라간다. 당시 정부는 농업과 목축업 등에 신규 투자를 위해 관련 기관과 은행을 설립하고, 투자자들에게는 각종 세제 혜택과 보조금을 지급했다. 1970년대 쇠고기의 국제 시세가 톤당 1000달러였는데 브라질 정부의 보조금이 4000달러에 달한 적이 있을 정도다. 그 결과 업자들은 정부 보조금을 타기 위해 목축업에 투자했고, 보조금을 더 받기 위해 산림을 태우기도 했다(곽재성, 2002: 155). 군사정권의 아마존 정책은 아마존 생태계는 물론 그 지역을 기반으로 살아가는 이들에게 사회적 문제를 초래했다.

브라질은 자국 내에서 생산된 쇠고기의 약 20퍼센트를 수출한다. 브라질에서 쇠고기를 생산하기 위해 벌목되는 산림은 브라질 산림 벌목의 약 5분의 1에 해당할 것으로 추정하고 있다. 브라질의 쇠고기 수출이 산림 황폐화와 얼마나 관련이 있는지에 대한 구체적인 수치는 알 수 없다. 많은 연구에서 쇠고기 수출에 따른 산림 황폐화가 아마존 지역에서 일어난 것으로 보고 있으며 특히 아마존과 세하두 지역에서 벌목된 산림 지역의 3분의 2가 방목지로 전환되었다는 기록도 있지만, 실제로 특정 아마존 지역의 쇠고기가 수출과 얼마만큼 연결되어 있는지에 대한 자료는 불명확하다(zu Ermgassen et al., 2020: 31770). 〈그림 11-2〉에서 보듯이 브라질의 소·쇠고기 수출은 1961년 1만 3773톤에서 2019년 166만 183톤으로 120배 증가했다. 또한 닭고기 수출도 증가세가 두드러졌는데 1961년 0톤에서 2019년 395만 1372톤으로 늘어났다. 육분meal meat 수출은 1961년 10톤에서 2019년 17만 580톤으로 늘어났다(장수환, 2021: 261).

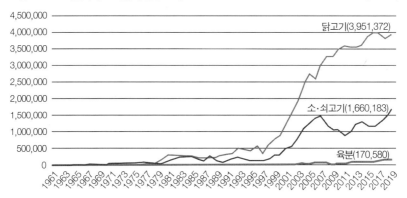

그림 11-2 브라질의 주요 육류 수출량 변화 (단위: 톤)

자료: 세계식량기구 STAT 데이터를 이용해 재구성했다. 장수환(2021: 261)을 재인용했다.

(3) 옥수수와 대두

세계식량기구FAO: Food and Agriculture Organization에 따르면 브라질의 옥수수 생산과 수출은 급격하게 증가했다. 주요 시장은 이란, 일본, 한국, 베트남, 말레이시아 등이다. 이러한 생산과 수출 증가는 옥수수 신품종 도입, 마뚜 그로수주와 같은 수확량이 높은 지역으로의 재배지 확대, 이모작이 가능한 기후, 브라질 통화인 헤알real의 지속적 약세를 들 수 있다. 또한 정부가 항구와 교통 인프라 개발을 강력하게 지원한 점도 수출이 원활해진 요인이었다. 2011/2012년에 항구를 통한 선적량이 50만 톤 미만이었는데 2017/2018년이 되자 1000만 톤에 달했다. 항구를 통한 수출은 중앙아메리카, 아시아, 아프리카로 향하는 운송비를 절감했는데, 이 덕분에 옥수수의 주요 산지인 브라질 북부와 북동부의 마뚜 그로수주, 또깡칭스주, 빠라주에서 생산되는 옥수수의 국제 경쟁력이 올라갔다(FAO, 2019).

〈그림 11-3〉은 옥수수와 대두의 수출량 변화를 보여준다. 옥수수 수출의 경우 1961년 4448톤에서 2019년 4286만 7202톤으로 증가했다. 대두 수출의 경우 1961년 7만 3270톤에서 2019년 7407만 3074톤으로 증가했다. 브라질 정부

그림 11-3 브라질의 옥수수와 대두의 수출량 변화 (단위: 톤)

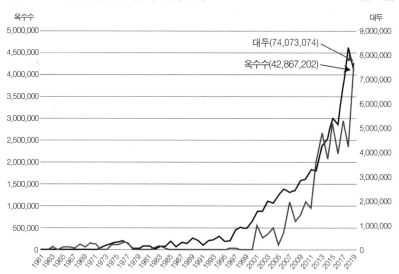

자료: 세계식량기구 STAT 데이터를 이용해 재구성했다. 장수환(2021: 265)을 재인용했다.

는 자국의 아열대와 열대의 평야 지역을 대두 생산지로 바꾸었다. 브라질 남부, 남동부 쪽으로 농업 지역을 확대하는 일이 한계에 부딪히자 북동부, 중부, 아마존 지역의 남부로 관심을 옮겼다. 그러한 대표적인 지역이 세하두다(장수환, 2012a: 125).

농업에서 생산량을 늘릴 수 있는 요소로 주로 생산성과 재배 면적의 증가를 들 수 있다. 농약과 비료 이용과 종자 기술의 발달에 따른 생산성 증가는 농업 혁명이라고 할 만한 변화를 가져왔다. 그러나 생산성 증가만으로 농산물 수요를 따라갈 수 없었다. 실제 단위면적당 대두 생산성은 1만 제곱미터당 1961년 1.1269톤에서 2019년 3.1846톤으로 2.8배 늘었다. 이에 비해 대두의 재배 면적은 같은 기간 2409.19제곱킬로미터에서 35만 8814.47제곱킬로미터로 148.9배나 증가했다. 브라질의 대두 재배 면적도 2000~2017년 14만 제곱킬로미터에서 2017/2018년 35만 제곱킬로미터로 2.5배 증가했지만, 같은 기간 대두 생산성은 1만 제곱미터당 2.8톤에서 3.1톤으로 약 1.1배 증가하는 것에 그쳤다(장수환, 2018: 164~165). 재배지 확대는 수십 년간 꾸준히 일어났으며, 재배지의 확대와 산림 등 자연 지역의 감소는 브라질의 열대우림과 관련해서 제기되는 주요 이슈다.

4 | 공진화의 가능성: 무역과 아마존

1) 경제-환경 시스템의 회복력과 취약성

브라질의 광물, 육류, 농산물 등의 상품생산과 이동은 산림 지역의 토지 피복을 변화시키며 생태계에 영향을 미친다. 세계화 시대에 어느 한곳의 농업과 경제정책은 세계 다른 곳의 생산자에게 직접적인 영향을 미치며, 세계적 수요는 어느 지역의 생산과 관련된 생태적·사회적 변화와 취약성을 가져온다. 여기서 취약성은 일반적으로 스트레스 쇼크나 불리한 변화에 대한 노출 함수이자 이에 대한 민감도를 의미하며, 동시에 그러한 교란에 대응하고 적응하는 능력의 함수이기도 하다. 회복력은 생태학에서 파생된 것으로 시스템의 기능과 본질적인 특성을 유지하는 능력이다. 어떤 면에서 회복력은 취약성의 이면이기도 하고 반대어이기도 하다.

브라질 아마존 생태계와 글로벌 경제 시스템은 노출 또는 민감도를 증가시키는 메커니즘과 교란에 대한 적응 능력에 영향을 미치는 프로세스를 통해 상호 영향을 주고받는 피드백 관계를 가지고 있다. 아마존에서와 마찬가지로 세계 도처의 사회경제 시스템과 생태계 간의 회복력과 취약성을 연결한 상호 의존 메커니즘을 두 가지 측면에서 볼 수 있다.

첫째는 글로벌 차원의 생태·환경 변화를 형성하는 연계된 물리적·생물적·사회적 과정이 있다. 점점 가속화되고 증폭되는 글로벌 속성에 따라 한 지역에서의 생태·환경 변화는 인간의 활동과 대응을 통해 지역적·지구적 시스템과 연결된다. 어떤 환경 변화는 바다, 대기, 육지에서의 탄소와 질소의 순환과 같은 지구 시스템에 변화를 불러오기도 하고, 지역 수준에서의 물 부족, 서식지 파편화, 환경 악화, 대기오염과 같은 영향이 전 지구적 수준의 문제를 초래하기도 한다. 이러한 물리적·생물적 과정은 그 자체의 다양한 규모scale에서 연계되어 있으며 다양한 임계점을 가지고 있다. 따라서 지구적 생태·환경 변화는 지역성이 분명하면서 동시에 다양한 시간적·공간적·사회정치적 스케일에서의 원인과 결과를 수반한 과정의 집합으로 볼 수 있다.

두 번째 글로벌 생태·환경 변화 과정은 사회적·정치적·경제적 글로벌 경향에 따라 더욱 증폭되고 있다. 특히 글로벌 경제하에서 무역 자유화와 세계시장으로의 경제적 통합책은 글로벌 생태·환경 변화와 밀접하게 연계되어 있을 뿐만 아니라 그 자체로 생태계와 경제 시스템 간의 상호 의존적인 취약성을 만들어내는 요인이다. 공간과 시간에 걸쳐 사회경제-생태 시스템의 상호 의존 메커니즘은 세계 도처에서 인간과 자원의 이동을 통해 장소 간에 밀접히 연결되어 있다(Adger, 2008: 151~152). 브라질의 아마존 생태계와 글로벌 경제 시스템 간의 상호 영향과 그에 따른 취약성도 마찬가지다. 대두 수출의 60퍼센트를 수입하고 있는 중국의 대내외적 변화는 브라질 농업에 큰 영향을 미치며, 이는 연쇄적으로 브라질의 토지 피복에 변화를 가져온다. 중국의 농촌 인구 감소, 토지 생산성 저하, 축산 산업 정책의 변화, 도시화와 소득 증가에 따른 식생활 변화는 대두의 수요 증가를 가져왔고, 이러한 증가세는 지난 수십 년간 지속되었다. 이러한 수요 증가에 부응한 주요 공급처가 브라질이다. 그동안 브라질은 유전자 변형 기술의 개발, 다국적기업의 투자, 대두의 재배지 확산 등을 통해 대두 생산량을 획기적으로 증가시켜 왔다(장수환 외, 2018: 165).

2) 아마존의 회복력을 위한 변화

(1) 아마존 유역 외 국가

국경을 뛰어넘는 자원의 관리는 해당 공유 자원을 끼고 있는 국가 간의 문제였다. 하지만 아마존은 해당 유역을 차지하고 있는 국가들뿐만 아니라 지구 공동체에 중요한 생태계라는 점에서 아마존의 보호를 둘러싸고 이견이 발생하는 것은 당연하다.

2019년 1월 자이르 보우소나루 브라질 대통령이 취임한 이후 아마존 열대 우림 지역에서는 화재와 벌목이 현저하게 급증했다. 이 여파로 2009년부터 운용된 아마존기금의 94퍼센트를 기부해 온 최대 기여국인 노르웨이가 신규 기부 계획을 취소하면서 2019년 8월 아마존기금의 운용이 중단되었다. 독일, 덴마크, 프랑스, 이탈리아, 네덜란드, 노르웨이, 영국, 벨기에 등 유럽 여덟 개 나라는 브라질산 제품에 대한 보이콧 가능성을 시사했고, 2020년 유럽연합 의회에는 "유럽에서 판매되는 제품은 그 생산과정에서 산림 벌목 및 인권침해와 관련이 없다는 사실을 기업이 의무적으로 증명해야 한다"라는 내용의 법안이 제출되었다. 특히 이러한 의무를 제조 기업은 물론 은행과 투자사까지 적용하기를 제안했다. 2020년 6월 유럽연합 의회는 브라질 하원에 서한을 보내 유럽연합과 남미공동시장MERCOSUR: Mercado Común del Sur 간의 자유무역협정 협상에서 환경문제를 주요 논제로 삼은 바 있다. 미국에서는 2021년 1월 바이든 정부가 들어서면서 2050년까지 미국 경제에서 탄소 중립을 실현한다는 목표를 발표했다. 특히 기후변화대응 행정명령에 따라 국제개발금융공사DFC: Development Finance Corporation, 재무부, 국무부 등은 시장 기반 메커니즘을 통해 아마존 등 주요 생태계의 보호를 지원한다는 계획을 세웠고, 아마존 열대우림을 보호하기 위해서 200억 달러 규모의 기금을 조성하자고 국제사회에 제안한 상황이다(장수환, 2021.6.29).

아마존과 관련된 국제 협약의 탄생도 가능할까. 사실 아마존강 유역에 자리한 국가들이 서명한 아마존 열대우림 보호를 위한 공동 협약은 이미 있다. 하지만 이것을 아마존 지역과 관련해 무역을 하고 있는 국가들까지 포함해 전 지구적으로 확대한다면 어떨까. 이러한 일이 가능해진다면 이용·개발과 영유권과 관련된 분쟁이 남아 있는 남극의 상황보다 특정 국가의 경계 안에 있는 아마존에 대한 지구적 합의의 도출 가능성이 오히려 커 보인다. 만약 이러한 국제 협약이 출현한다면 이 협약에서는 아마존 지역과 관련된 생산망을 글로벌 경제 시스템에서 검토하는 것이 최우선적인 과제일 것이다. 물론 이러한 작업은 이미 진행되어 왔고, 뒤에서 설명하는 열대림동맹TFA: Tropical Forest Alliance이나 국제소비재포럼CGF: Consumer Goods Forum 등의 활동에서 그 예를 찾을 수 있다. 이러한 기존의 노력을 보다 확대하고 발전시키는 프로그램이 이어져야 한다. 아마존을 보호하는 국가에 충분히 보상하고 보호 의무를 이행하는지 여부에 대한 모니터링도 필수적인 과제다.

(2) 아마존 유역 내 국가

아마존협력을 위한 협약기구는 브라질, 볼리비아, 콜롬비아, 에콰도르, 가이아나, 페루, 수리남, 베네수엘라 등 아마존협력조약TCA: Tratado de Cooperación Amazónica에 가입한 여덟 나라가 참여한 조직으로 아마존 유역의 지속 가능한 발전을 위해 만들어졌다. 현재 진행 중인 프로젝트로는 멸종 위기에 처한 동식물종 모니터링 프로그램Bioamazonia Project, 아마존 유역 내 지속 가능한 수자원을 위한 국경 하천 통합 관리 프로젝트Amazonas Project: Regional Action in the Water Resources Area, 아마존 지역의 산림 피복 모니터링 프로젝트Forest Cover Monitoring Project, 아마존 산림의 지속 가능한 관리와 생물 다양성 보존을 위한 역량 강화 프로젝트Forest Management 등이 있다.[4]

---

4   아마존협력을 위한 협약기구는 라틴아메리카의 사회·환경에 관한 조직으로 정치와 외교, 전략과 기술, 정부, 다자간 조직, 기관, 시민사회, 사회운동, 과학 커뮤니티, 부문 간의 시너지 구

2019년 9월 아마존 보호의 중요성을 부각하고 국제사회의 관심과 지원을 촉구하기 위해 아마존 지역 국가들이 콜롬비아 레띠시아에서 정상회의를 개최했다. 당사국들은 '아마존을 위한 레띠시아 협정' 16개 조항을 결의했는데 주요 내용으로 아마존의 중요성에 관한 교육 분야 협력, 아마존 산림 벌목과 훼손을 막는 조기 경보 체계 구축, 지역 보호를 위한 재정 지원 프로그램의 강화가 포함되었다.[5] 아마존의 회복을 위한 제도적인 움직임도 역내 국가들을 중심으로 나타나고 있다. 2018년 4월 콜롬비아 대법원은 어린이와 청소년 25명이 제기한 소송에서[6] 기후변화와 미래 세대에 관한 역사적인 판결을 내렸다. 대법원은 국가가 수많은 국제 협약을 체결하고 해당 문제에 대한 충분한 규제와 법률이 존재함에도 불구하고 콜롬비아 아마존의 산림 벌목 문제를 적절하게 해결하지 못했다고 확인했다. 대법원은 콜롬비아 대통령과 환경부에게 콜롬비아 아마존의 산림 벌목에 대응하기 위한 행동 계획을 수립하고, 이 지역의 생명을 위한 세대 간 협정을 맺을 것을 명령했으며, 이 지역의 고유 권리를 인정했다(UN General Assembly, 2018.7.23).

(3) 산림 보호를 위한 조직

열대림동맹은 팜유, 쇠고기, 콩, 펄프/종이 공급망에서 산림 벌목을 막고자 민간 부문이 약속을 이행하도록 지원하고 있다. 2019~2021년 열대림동맹은 브라질, 콜롬비아, 페루를 대상으로 프로그램을 진행했다. 브라질에서는 농업 생산, 특히 콩, 육류, 코코아와 관련된 산림 벌목을 줄이려고 한다. 생산성을 높이고, 토착 초목을 유지하며, 소규모 농민과 지역사회에 경제적 기회를 제공하는 것을 세부 목표로 정했다. 또한 국제소비재포럼은 전 세계적으로 소비재와

축과 같은 다양한 차원에서 남남 협력을 꾀하고 있다.

5   주 에콰도르 대한민국 대사관 홈페이지를 참조했다.

6   콜롬비아 NGO인 데후스띠시아(Dejusticia)가 대리했다.

관련된 소매·제조 업체 등 여러 이해관계자들과 협력해 소비자 신뢰를 확보하고 긍정적인 변화를 주도하도록 지원하고 있다. 2020년 9월 포레스트 포지티브 행동연합Forest Positive Coalition of Action을 시작으로 17개의 글로벌 브랜드, 소매·제조 업체들이 함께 팜유, 종이, 펄프, 대두 등의 주요 공급망에 의한 산림 파괴와 황폐화를 막기 위해 관련 산업 전반에서 전향적인 변화를 유도하고 있다(CGF, 2021.1).

(4) 기업 운영에서의 변화

세계 3대 자산 운용사인 블랙록BlackRock은 아마존 개발의 강력한 옹호자인 보우소나루 정부 등장 이후 아마존에서 농업 분야 투자를 확대해 왔다. 이 기업은 2021년 3월 자연 자본natural capital 관리를 촉구하는 보고서에서 물이나 숲과 같은 자연 자본에 대한 이슈를 중점적으로 부각했다. 또한 산림 벌목 금지와 생물 다양성 전략을 공표하지 않는 기업에 불이익을 예고했다. 자연 자본을 계속 이용할 수 없게 되는 '지속가능성의 위기'를 투자의 위기로 인식한 것이다(BlackRock, 2022.2).[7] 이는 최근 기업 운영에서 환경Environmental, 사회Social, 지배 구조Governance의 ESG 요소를 강조하는 분위기와 맞닿아 있다. 상품생산과 채굴업에 중점을 둔 브라질 경제는 환경, 사회, 지배 구조 문제에 중점을 두는 글로벌 투자자들을 유치하기 위한 과제에 직면해 있다. ESG에 중점을 둔 투자자는 브라질에서 가장 큰 기업에 드는 채광 회사 발리, 석유·천연가스 회사 뻬뜨로브라스, 세계 최대 육가공 회사 제이비에스JBS에게 우호적이지 않다. 환경, 사회, 지배 구조의 표준은 브라질 주식시장에서 총거래의 44퍼센트 이상을 차지하는 외국인 투자자가 위험을 줄이는 수단으로 이용하고 있다. ESG 요소를

---

7 블랙록은 지속가능성이 위험에, 특히 기후 위기가 가져다준 위험에 처해 있다고 생각한다. 그리고 이를 투자의 위기로 인식하며 따라서 지속가능성은 투자에 접근하는 데 핵심 요소라고 강조한다.

투자 결정에 고려하는 펀드들의 규모는 2016년 22조 9000억 달러에서 2020년 40조 5000억 달러로 거의 두 배 증가했다(Lewis and Trevisani. 2021.2.4).[8]

산림 벌목을 막는 글로벌 생산 투자와 소비에서의 변화를 통해 브라질 아마존 산림을 보호할 수 있을지는 아직 미지수다. 아마도 전면적 대전환에 가까운 변혁이 없다면 아마존의 위기는 계속될 것이다. 그러나 자연은 자연 자원의 이용을 조정하는 인간의 제도와 영향을 주고받는다. 최근 유례없이 전개된 지구 환경 위기를 겪으며 인간의 제도와 규정은 지구환경을 보호하는 쪽으로 변하고 있다. 환경사Environmental History 측면에서 보면 인간은 행동과 제도의 변화를 통해 자연과 상생의 공진화를 시작한 셈이다.

5 ㅣ 회복력과 생태대

경제성장과 개발을 향한 인간의 행동이 자연에 거대하고 선명한 자취를 남기고 있는 현실에서 몇몇 과학자들은 1만 1000여 년 전에 시작된 지질학적 연대 구분인 신생대 제4기 홀로세Holocene가 아닌, 인류의 영향력에 의한 지구 시대 구분인 인류세를 주장하고 있다. 그러나 토머스 베리Thomas Berry는 이제 지구는 6500만 년에 시작되어 화려하게 번성한 신생대가 끝나고 새로운 생태대 Ecozoic가 도래하고 있다는 메시지를 냈다. 신생대는 인간의 참여 없이 지구 생명체가 가장 화려하고 장대하게 확장한 시기였지만 끝나가고 있으며, 이제 인간이 지구의 창조적 힘을 갱신하기 위해서 지구 공동체를 위해 참여해야 하는 생태대가 도래했다는 것이다. 소비경제를 위해 지구의 자원을 가급적 최대한 빨리 사용하는 것이 경제학의 최고 법칙이 된 현재 지구의 위기를 보며 인간이

8 　경제·환경·사회적 기준에서 세계 최고로 평가받는 기업의 주가를 반영하는 다우존스 지속가 능경영 세계지수(Dow Jones Sustainability World Index)는 근래 들어 더욱 주목받고 있다.

지구와 관계를 맺는 더 나은 방식을 만들어 지구의 창조적 힘이 작동할 수 있도록 해야 한다는 주장이다(베리, 2015: 18~21).

이 장에서 논의한 브라질 아마존 산림 위기는 인류가 생태대로 전환할 수 있는지 가늠하는 시험대 중 하나다. 아마존 생태계에서 교환을 위한 생산을 향해 치닫는 개발을 완전히 멈추는 것은 불가능할지도 모른다. 어쩌면 아마존 개발을 옹호하는 입장과 보호를 주장하는 입장 사이의 틈을 좁히는 것조차 힘들 수 있다. 아마존은 특정 국가의 경계에 있지만 지구 공동으로 보호를 위해 노력해야 할 생태계이면서, 자연 자체인 동시에 경제성장을 위한 자연 자본이기 때문이다.

그렇지만 브라질과 국제사회가 협력한다면 지금보다 아마존에 더 나은 결과를 가져올 수 있다. 인터넷이 발달하면서 한곳에서의 소비가 다른 곳의 생태계에 어떻게 영향을 주는지 개개인이 의식하고 참여할 수 있게 된 만큼 아마존에 관한 정보는 생각보다 우리 가까이에 있다. 개인, 기업가, 투자자 등 다양한 이해 당사자들을 향해 생태계를 위해 보다 책임감을 가지고 행동하라고 촉구하는 것은 지금의 경제체계와 더 심한 갈등과 긴장을 유발할 수 있다. 하지만 이것이 브라질 아마존 산림 생태계와 우리의 사회경제 체계가 취약성을 넘어 아주 느리게나마 회복력을 되찾는 과정이 될 수 있다.

참고문헌

1. 논문, 단행본, 기사

곽재성. 2002. 「브라질 열대우림의 개발과 환경문제」. ≪라틴아메리카연구≫, 제15권 1호, 147~172쪽.

김종욱. 2011. 「복잡계로서 생태계와 법계」. ≪철학사상≫, 제41권, 7~36쪽.

박원복. 2010. 「아마존의 황폐화 속도와 규모가 줄고 있다」. ≪트랜스라틴≫, 제12호, 8~11쪽.

베리, 토마스(토머스 베리). 2015. 『황혼의 사색』. 박만 옮김. 한국기독교연구소.

이강봉. 2017.3.30. "'국가 우선주의'가 남극을 위협한다: 자원에 대한 관심 고조, 남극조약 훼손 조짐". ≪사이언스타임스≫. https://www.sciencetimes.co.kr/news.

임송수. 2017. 「농식품의 세계 가치사슬: 분석의 틀과 현황」. ≪세계농업≫, 제207호, 1~21쪽.

장수환. 2012a. 「글로벌화된 애그리비즈니스(Agribusiness)의 인과관계 분석: 브라질, 아르헨티나의 대두 농업을 중심으로」. ≪포르투갈-브라질 연구≫, 제9권 1호, 101~129쪽.

_____. 2012b. 「브라질 산림 정책의 변천과 전망」. ≪포르투갈-브라질 연구≫, 제9권 2호, 183~207쪽.

_____. 2021. 「브라질 산림 감소에 영향을 준 경제활동 분석」. ≪중남미연구≫, 제40권 4호, 251~272쪽.

_____. 2021.6.29. "브라질 열대우림보호, 해법은 있는가". EMERiCs 중남미. https://www.emerics.org:446/issueDetail.es?brdctsNo=317337&mid=a10200000000&systemcode=06.

장수환·전주람·장유운. 2018. 「중국과 브라질의 대두 무역 동향 분석과 예측」. ≪포르투갈-브라질 연구≫, 제15권 1호, 147~170쪽.

정재호. 2021.11.24. "'광우병 파동' 브라질산 소고기, 3개월 만에 중국 수출 숨통". ≪아시아투데이≫. https://www.asiatoday.co.kr/view.php?key=20211124010014316.

최해성. 2021. 「신채굴주의 관점에서 본 라틴아메리카의 자원 개발과 환경문제: 파타고니아 셰일 개발과 원주민의 저항을 중심으로」. ≪중남미연구≫, 제40권 2호, 161~187쪽.

Adger, W. N., H. Eakin and A. Winkels. 2009. "Nested and teleconnected vulnerabilities to environmental change." *Frontiers in Ecology and the Environment*, Vol. 7, No. 3, pp. 150~157.

Alvarez-Berríos, N. L. and T. M. Aide. 2015. "Global demand for gold is another threat for tropical forests." *Environmental Research Letters*, Vol 10, No 1, pp. 1~11.

Alves, Renato. 2021.3.18. "Brazil's plan to become the world's number one cotton exporter." *The Brazilian Report*. https://brazilian.report/business/2021/03/18/brazils-plan-to-become-the-worlds-number-one-cotton-exporter.

Banerjee, Onil et al. 2009. "Toward a policy of Sustainable Forest Management in Brazil: A Historical Analysis." *Environment & Development*, Vol. 18, No. 2, pp. 130~153.

Castree, Noel et al.(ed.). 2009. *A Companion to Environmental Geography*. Wiley-Blackwell.

Dorn, F. M. and C. Huber. 2020. "Global production networks and natural resource extraction: adding a political ecology perspective." *Geographica Helvetica*, Vol. 75, No. 2, pp. 183~193.

FAO(Food and Agriculture Organization). 2020. *Global Forest Resources Assessment 2020 Main report*. United Nations Rome.

Lewis, Jeffrey T. and Paulo Trevisani. 2021.2.4. "Brazil's Recent Past a Challenge to Winning ESG Credibility: Corruption, environmental disasters and deforestation worry some investors." *The Wall Street Journal*. https://www.wsj.com/articles/brazils-recent-past-a-challenge-to-winning-esg-credibility-11612450800.

Lobo, F. D. L., M. Costa, E. M. L. D. M. Novo and K. Telmer. 2016. "Distribution of artisanal and small-scale gold mining in the Tapajós River Basin (Brazilian Amazon) over the past 40 years and relationship with water siltation." *Remote Sensing*, Vol. 8, No. 7(579). pp. 1~22.

O'Rourke, Dara. 2014. "The science of sustainable supply chains." *Science*, Vol. 344, Iss. 6188, pp. 1124~1127.

Sonter, L. J., D. Herrera, D. J. Barrett, G. L. Galford, C. J. Moran and B. S. Soares-Filho. 2017. "Mining drives extensive deforestation in the Brazilian Amazon." *Nature Communications*, Vol. 8, No. 1(1013), pp. 1~7.

Sullivan, Zoe. 2017.11.2. "Mining activity causing nearly 10 percent of Amazon deforestation." *Mongabay*. https://news.mongabay.com/2017/11/mining-activity-causing-nearly-10-percent-of-amazon-deforestation.

zu Ermgassen, Erasmus K. H. J., J. Godar, M. J. Lathuillière, P. Löfgren, T. Gardner, A. Vasconcelos and P. Meyfroidt. 2020. "The origin, supply chain, and deforestation risk of Brazil's beef exports." *Proceedings of the National Academy of Sciences*, Vol. 117, No. 50, pp. 31770~31779.

2. 웹 자료

주 에콰도르 대한민국 대사관. https://overseas.mofa.go.kr.

한국무역협회. 2021.1.6. "농업 천조국 브라질, 2011~2020년 농산물 수출 1000조 원 규모". https://www.kita.net.

Amazon Aid Foundation. "The Amazon Biome." https://amazonaid.org/resources/about-the-amazon/the-amazon-biome.

BlackRock. 2022.2. "Our approach to engagement on natural capital: Investment Stewardship." https://www.blackrock.com/corporate/literature/publication/blk-commentary-engagement-on-natural-capital.pdf.

CGF(Consumer Goods Forum). 2021.1. "CGF Forest Positive Coalition of Action: Soy Roadmap:

Version 1.1." https://www.theconsumergoodsforum.com/wp-content/uploads/FP-Soy-Road map-v1.0-clean.pdf.

Coffeebi. 2019.3.11. "A focus on Brazilian coffee exports in recent years." https://coffeebi.com/2019/03/11/brazilian-coffee-exports.

FAO. 2019. "Brazil set to the second largest global exporter of maize." http://www.fao.org/ame ricas/noticias/ver/pt/c/1194125.

Grain Central. 2020.8.4. "World's fastest-growing cotton exporter, Brazil, heads for record harvest." https://www.graincentral.com/cropping/cotton/worlds-fastest-growing-cotton-exporter-b razil-heads-for-record-harvest.

OTCA(La Organización del Tratado de Cooperación Amazónica). http://otca.org/poyectos-en-ejecucion.

SEEA(System of Environmental Economic Accounting). 2020. "Brazil Ecosystem Extent Accounts 2000~2018." https://seea.un.org/news/brazil-ecosystem-extent-accounts-2000-2018.

Statista. 2020.11. "Sugar exports from Brazil from marketing year 2009/2010 to 2020/2021." https://www.statista.com/statistics/249646/exported-amount-of-sugar-from-brazil.

_____. 2021.1. "Leading countries of destination for sugar exports from Brazil in 2020, by share of export value." https://www.statista.com/statistics/1122457/sugar-export-value-share-brazil-destination.

UN General Assembly. 2018.7.23. "Harmony with Nature: Report of the Secretary-General." A/73/221. https://documents-dds-ny.un.org/doc/UNDOC/GEN/N18/236/39/PDF/N1823639.pdf?OpenElement.

Woodwellclimate. 2021.4.21. "Amazon Deforestation and Fire Update: April 2021." https://www.woodwellclimate.org/amazon-deforestation-and-fire-update-april-2021.

WTO Data. "WTO Data: Information on trade and trade policy measures." https://data.wto.org.

찾아보기

428

430

지은이 (수록순)

양은미 | 한국외국어대학교 중남미연구소 HK연구교수

임두빈 | 부산외국어대학교 중남미지역원 부교수

최영수 | 한국외국어대학교 포르투갈어과 명예교수

차경미 | 부산외국어대학교 중남미지역원 HK연구교수

하상섭 | 한국외국어대학교 중남미연구소 HK연구교수

박원복 | 단국대학교 유럽중남미학부 교수

장유운 | 한국외국어대학교 중남미연구소 HK교수

서지현 | 부경대학교 국제지역학부 조교수

이미정 | 한국외국어대학교 중남미연구소 HK연구교수

이태혁 | 부산외국어대학교 중남미지역원 HK연구교수

장수환 | 한국외국어대학교 중남미연구소 HK연구교수

한울아카데미 2354
생태문명총서 4

아마존의 길

ⓒ 한국외국어대학교 중남미연구소·부산외국어대학교 중남미지역원, 2022

엮은이 한국외국어대학교 중남미연구소·부산외국어대학교 중남미지역원
지은이 양은미·임두빈·최영수·차경미·하상섭·박원복·장유운·서지현·이미정·이태혁·장수환
펴낸이 김종수 ǀ **펴낸곳** 한울엠플러스(주)
초판 1쇄 발행 2022년 1월 28일 ǀ **초판 2쇄 발행** 2023년 1월 31일
주소 10881 경기도 파주시 광인사길 153 한울시소빌딩 3층
전화 031-955-0655 ǀ **팩스** 031-955-0656 ǀ **홈페이지** www.hanulmplus.kr
등록번호 제406-2015-000143호

Printed in Korea.
ISBN 978-89-460-7354-8 93950
* 책값은 겉표지에 표시되어 있습니다.

이 책은 2019년 대한민국 교육부와 한국연구재단의 지원을 받아 연구되었음 (NRF-2019S1A6A3A02058027).
This work was supported by the Ministry of Education of the Republic of Korea and the National Research
Foundation of Korea (NRF-2019S1A6A3A02058027).

이 책은 2018년 대한민국 교육부와 한국연구재단의 지원을 받아 연구되었음 (NRF-2018S1A6A3A02081030).
This work was supported by the Ministry of Education of the Republic of Korea and the National Research
Foundation of Korea (NRF-2018S1A6A3A02081030).